www.ingramcontent.com/pod-product-compliance
Lightning Source LLC
Chambersburg PA
CBHW052048230426
43671CB00011B/1827

A MADAME
LA COMTESSE
DES HAMEAUX.

ADAME,

 Les faveurs dont vostre bonté continuë tous les jours d'obliger nostre Communauté sont si grandes, & si publiques, que nous ne pouuons desormais éuiter de passer pour des ingrates, tandis que la reconnoissance que nous en auons demeurera secrette.

 Il est vray, MADAME, que l'Institut que nous professons, nous engageant par un veu special à la clôture la plus étroite qui soit dans l'Eglise de Dieu, nous avions pris jusqu'icy le party de ne declarer qu'à luy seul les ressentimens de nos cœurs : Et nous nous estions contentées de luy presenter en secret pour vous nos prieres

EPISTRE.

& nos vœux, puis que c'est le seul tribut que vous pouuez attendre des personnes, qui comme nous n'ont point d'autres moyens pour acquitter des debtes aussi grandes que celles dont nous vous sommes redevables.

Nous estions demeurées fermes dans ce sentiment, MADAME, avec d'autant plus de justice, que nous avons toujours esté fortement persuadées, que la Retraite extraordinaire qui nous distingue par ce Vœu d'avec tous les autres Ordres, a esté le plus grand motif qui vous ait portée à nous preferer à plusieurs Communautez, qui eussent pû mieux que nous attirer vostre estime, & qui se fussent fait un honneur signalé de publier avec plus d'éclat les marques de vostre affection. Car apres que vous avez toûjours esté consideree entre les Dames de Paris comme une des plus illustres & des plus accomplies: Apres que vous avez porté cette haute reputation d'honneur & de vertu dans Venise, où feu Monsieur vostre mary a soustenû si dignement la qualité d'Ambassadeur du Roy: Apres que vous l'avez confirmée dans Rome devant tout ce qu'il y a de plus éminent & de plus éclairé dans cette auguste Cour, où vostre exemple a fait voir que l'esprit & la pieté des Dames de France ne cedent point à tout ce qu'on publie des Dames de l'ancienne & de la nouvelle Rome: Enfin, tandis que cette mesme estime assemble encore tous les jours aupres de vous dans Paris les personnes de la premiere qualité, avec tout ce qu'il y a de civil & de poly, pour apprendre dans vostre conversation ce qu'un long usage, & une prudence consommée vous ont acquis de belles connoissances: Eussions-nous jamais pû

EPISTRE.

MADAME, nous figurer que vous eußiez voulu chercher autre chose dans nostre solitude qu'un azile propre à vostre devotion, & un Sanctuaire où vous pußiez vous retirer souvent, pour vous dérober plus seurement au monde, & pour vous donner plus purement à Dieu?

Cependant ayant pris depuis quelque temps le dessein de mettre au jour la Vie d'une de nos premieres Fondatrices, & de faire sortir de sa Closture apres la mort, la Mere Marie Agnes, qui l'a si inviolablement gardée tandis qu'elle a esté vivante: Nous avons crû, MADAME, que vous souffririez qu'elle parust sous votre Nom, & qu'elle servist à vous rendre pour nous un témoignage public des respects que nous avons esté forcées de retenir jusques à present cachez. Beaucoup de raisons nous ont inspiré cette pensée, & les mesmes nous persuadent que l'effet n'en pourra recevoir de vous qu'un accueil tres-favorable.

La premiere est le merite du subjet: Puis qu'estant la Vie d'une de nos Fondatrices, & de celle qui apres nous avoir établies en France, a gouverné plus long-temps cette maison de Paris à laquelle vous faites tant de graces; nous avons jugé qu'en vous l'offrant, nous nous offrions toutes ensemble avec elle, comme dans la racine & dans la tige, on donne toutes les fleurs & tous les fruits d'un arbre: Et comme avec la source, on donne tous les ruisseaux qui en sont écoulez.

La seconde est nostre propre oblgation. Car Dieu par des mouvemens aussi forts que ceux que vous en avez

EPISTRE.

ressentis, vous ayant inspiré d'estre nostre Protectrice, & notre Bienfaittrice : Et vous, MADAME, par une correspondance aussi fidelle qu'a esté la vostre, ayant remply tous les devoirs & tous les tiltres de l'une & l'autre de ces deux qualitez : Quoy que vostre modestie ait refusé le nom de Fondatrice, nous reconnoissons pourtant que vous en auez le droit & le merite : Et par cette raison, voulant faire un adveu solemnel, que nous n'auons rien qui ne vous soit legitimement acquis, nous vous presentons ce qui nous est de plus cher, en vous offrant le Miroir accomply de la perfection de nostre Institut, en la vertueuse Deffunte qui nous en a tracé le modelle en sa vie, comme par vos bien-faits vous contribuez à nous donner les moyens de la faire reuiure dans celles qui viendront apres nous imiter les exemples qu'elle nous en a donnez.

Mais enfin le sujet qui nous a fait absolument resoudre à vous consacrer cét ouvrage, c'est vous même MADAME, & l'image que nous voyons en vous des plus solides vertus que nous auons admirées en celle de qui nous vous presentons la Vie. Car bien loin d'apporter par vostre entrée dans nostre Monastere quelqu'un des deffauts que les personnes du monde apportent souvent auec elles dans les Religions : Nous n'auons jamais l'honneur de vous voir dans le nostre, que vostre presence & vostre conuersation n'allume en nous des desirs plus ardans de la solitude, de l'humilité, de l'obeïssance, de la devotion, de la charité, & en un mot, de tout ce que cette incomparable Mere

EPISTRE.

nous a enseigné, & de ce qu'elle a inspiré à plusieurs saintes ames du siecle, qui ont voulu profiter de ses instructions. Ce qui fait que vous nous rendez sa memoire presente autant de fois que nous avons le bien de vous auoir, comme on voit encore les rayons du Soleil qui paroissent apres que cét Astre s'est caché dans la nuit : Et que sans auoir fait profession d'une vie separée du monde, vous nous montrez ce que les Religions les plus parfaites & les plus retirées ont de plus saint & de plus essentiel dans tous leurs Instituts.

Ces mêmes considerations nous persuadent encore, MADAME, que c'est à ses prieres que nous sommes singulierement redeuables de l'inclination que vous auez pour Nous. Et comme elle est la plus engagée par là dans nostre debte, nous ne pouuons douter aussi qu'elle ne contribuë dauantage à nous en acquiter aupres de Dieu, en obtenant pour vous ce que nous ne cesserons jamais de luy demander, qui seront tous les biens qui peuuent vous combler de prosperitez dans le temps, comme toutes les graces qui peuuent vous rendre infiniment plus heureuse dans l'éternité. Ce sont les vœux les plus ardans,

MADAME,

De vos tres-humbles, tres-obeïssantes & tres-obligées Filles & servantes, la Prieure & les Religieuses de l'Annonciade Celeste de Paris.

PREFACE
Des Religieuses de l'Annonciade Celeste de Paris.

A tous les Convens de leur Ordre.

OS REVENDES MERES,

C'est par le mouvement d'une estime generale pour les vertus de cette tres-honorée Mere, & par celuy d'une reconnoissance singuliere pour l'éducation qu'elle nous a donnée, que nous avons pris le dessein de mettre sa Vie au jour. Nous croirions estre coupables de la derniere des ingratitudes devant Dieu, & devant tout le monde, si nous ne faisions ce qui nous est possible pour garder la memoire de tant de bons exemples qu'elle nous a laissez, & de tant de saintes Instructions qu'elle nous a données: Et si ayant eu le bon-heur de la posseder durant l'espace de beaucoup d'années qu'elle a exercé toutes les charges de la Religion dans nostre Communauté, nous ne nous mettions en devoir d'en conserver quelque idée pour celles qui viendront apres nous, & de la communiquer à nos autres Maisons, avec lesquelles nous sommes unies par le lien de la charité.

Nostre dessein n'est autre en cela que de chercher avant toutes choses la gloire de nostre Seigneur dont elle a esté une Espouse choisie: Et en suite d'y trouver avec le bien particulier de nos ames, celuy tant de nostre Communauté, que de tout nostre Ordre, dont elle a esté en son temps un illustre ornement. Tous les autres Instituts quelques differens qu'ils soient du nostre, en pourront remporter avec nous les mesmes avantages, en faisant voir à celles qui obeïront, ou qui gouverneront, le miroir d'une parfaite Religieuse, & d'une Superieure accomplie, dans la Vie d'une Mere qui a remply excellemment tous les estats & tous les devoirs de sa profession. Enfin plusieurs personnes de condition & de pieté dans le monde qui ont eu le bon-heur de la connoistre vivante, & qui conservent

PREFACE.

servent pour elle de la veneration apres sa mort, auront de la consolation de voir que le souvenir de ses vertus n'est pas ensevely entierement avec elle, & par la lecture de sa Vie elles se sentiront animées à suivre les saintes pratiques qu'elle leur a apprises.

Nous confessons que ce que nous en dirons ne sera qu'un recueil des choses que nous avons fidellement remarquées en elle, ou que nous avons trouvées dans quelques-uns de ses écrits qui nous sont demeurez. Et dans le vray, ce sera plûtost un essay qu'un recit entier de ce qui s'en pourroit & dire & écrire, si les personnes qui l'ont connuë à fonds ne l'avoient devancée en mourant, cōme elle mesme l'a souvent desiré, & l'a tenu pour une faveur speciale de Dieu, afin d'estre inconnuë apres sa mort, comme elle a travaillé pour l'estre durant sa Vie. Car il est sans doute que ces personnes rendroient des témoignages bien plus amples & plus avantageux du merite & de la vertu qu'elles ont remarquée en elle, ayant pû découvrir les effets de la grace, & les motifs qui ont animé toutes ses actions, que celles de nous qui n'avons pour la pluspart conversé avec elle que dans la vie commune, & n'avons pû voir que les dehors, & observer seulement ce que son humilité n'a pû nous dérober. Mais quoy que nous n'ayons encores eu ny la lumiere ny la capacité pour le faire comme quelques autres l'auroient pû mieux que nous, il y a lieu d'esperer que la sincerité avec laquelle nous produisons les choses que nous avons connuës, les rendra plus croyables, & le soin charitable qu'on a pris à nostre priere pour les mettre depuis cela dans l'ordre & dans l'estat où elles sont icy écrites, les fera plus agreablement recevoir par ceux qui les liront. Nous nous sommes contentées de les representer en la maniere que nous les avons veuës ou apprises par des personnes tres-dignes de creance, sans y apporter d'ornement par des pensées ou par des paroles recherchées avec estude : La vertu estant d'elle-mesme assez belle pour n'avoir pas besoin de ce que l'artifice y peut adjouster. Et nous reconnoissant d'autre costé trop inhabiles pour le faire avec quelque succés, nous laissons volontiers à d'autres plus industrieuses que nous, à mettre dans un beau jour & à relever hautement le portrait des personnes qu'elles loüent : Et il nous suffit pour faire estimer celle dont nous parlons, d'en avoir fait un crayon fidelle, & un ébauchement qui fasse juger par conjectures ce que nous n'avons pû exprimer en effect.

En quoy nous pouvons mesme nous donner cette satisfaction

PREFACE.

que nous avons suivy parfaitement ses inclinations. Car outre les dons de grace qu'elle a receus de Dieu, & le Saint usage qu'elle en a fait durant toute sa vie, son plus grand soin a esté de cacher tout ce qui pouvoit estre extraordinaire. Et pour garder son thresor elle a fait autant qu'elle a pû, qu'il ne fust connu de personne, que de ceux ou de celles à qui elle estoit obligée indispensablement de rendre un compte fidelle de son ame. Nous sçavons mesme qu'elle a demandé à nostre Seigneur, à l'exemple de beaucoup d'autres Saints, qu'il luy pleust de destourner d'elle tout ce qui pourroit luy attirer l'estime des creatures, comme sont les extases & les ravissemens, les visions sensibles, la connoissance du secret des cœurs, & les predictions des choses à venir. Elle n'employoit pas mesme pour cela les hauts termes de la vie mystique, des degrez d'Oraison, d'union, de contemplation, & de transformation, dans lesquels elle disoit qu'il y a souvent plus d'ostentation que de solidité, & beaucoup plus d'illusion que de perfection. Que s'il est arrivé quelques-fois que pour se regler elle-mesme & s'asseurer par la conduite de quelques Peres spirituels qui ont esté ses Directeurs, ou que pour le bien de ceux ou de celles avec qui elle traitoit, elle ait parlé de la vie spirituelle d'une maniere qui estoit au dessus du commun, elle couvroit aussi-tost cela de tant d'humilité, & de deffiance de soy-mesme, qu'on voyoit bien que c'estoit malgré elle qu'elle s'en estoit expliquée, & par un mouvement d'obeïssance, de charité, ou de necessité, ou par une permission divine, que ces paroles échappoient de sa bouche. Sa maxime estoit que toute la science de l'ame qui veut plaire uniquement à Dieu, doit estre de se cacher entierement au monde: & que tout ce qui a éclatté dans la vie des Saints, n'est point ce qui les a faits Saints: que plusieurs l'eussent esté avec plus d'asseurance, s'ils eussent moins paru. Que toute l'estime qu'ils ont eu durât leur vie, ou mesme aprés leur mort, est tout au plus quelque signe ou quelque recompense de leur vertu. Enfin on peut dire d'elle avec verité ce que le Prophete à dit de la Fille du Roy, *Que toute sa gloire a esté au dedans d'elle-mesme.* Mais quoy qu'elle ait pû faire pour ne paroistre qu'aux yeux de celuy qu'elle avoit toûjours dans sa pensée, elle n'a pû si bien cacher le feu de l'amour divin qui brusloit dans son ame, qu'il n'ait jetté de l'éclat & des estincelles au dehors, qui ont fait juger quelle estoit son ardeur au dedans. On le verra dans le recit de ses actions, que nous commencerons par son enfance, & par le temps

Psal. 44.

PREFACE.

qu'elle a esté dans le monde & à la Cour. Nous le continuerons par son entrée en la Religion, & par la maniere dont elle s'y est gouvernée jusques à sa Profession. Nous passerons de là à ce qu'elle a fait estant Maistresse des Novices & Superieure. Nous adjousterons quelques Chapitres de ses plus remarquables vertus,& de ses plus belles Instructions. A quoy nous joindrons sa derniere maladie & sa sainte mort. Et enfin nous mettrons les témoignages que Dieu a donnez de ses merites par les graces extraordinaires qu'il luy a faites, ou à d'autres par ses prieres, & ceux qu'en ont rendu plusieurs personnes de qualité, de science & de pieté, qui ayant eu la consolation de la connoistre, ont laissé des marques bien certaines de l'estime qu'elles en ont conservée apres sa mort.

Nous ne voulons pas neantmoins obmettre pour la gloire de Dieu, qui nous oblige à donner quelque credit à ce petit Ouvrage, qu'ayant recueilly avec autant de soin que de fidelité tout ce que nous avons veu d'elle, & ce que nous en avons pû apprendre, tant par les memoires qu'on en a gardez, que par les écrits qui en sont demeurez, nous avons tres-instamment prié une personne plus capable que nous, de vouloir repasser l'œil & la main sur le projet que nous en avions fait, & donner une meilleure forme à toute cette Histoire. C'est le R. Pere de la Barre de la Compagnie de JESUS, amy de nostre Communauté, à qui nous nous sommes addressées pour cela, & comme il conserve une haute estime pour cette incomparable deffunte, avec laquelle il se souvient d'avoir eu le bien de conferer plusieurs fois, il s'y est employé avec tant d'application, & tant d'exactitude, pour le choix des choses, & pour l'ordre, & mesme pour les termes, que nous pourrions dire, s'il le vouloit permettre, que hors de la matiere que nous avons fournie, l'Ouvrage n'a rien qui ne doive passer pour estre entierement à luy. Cependant comme ce n'est ny la satisfaction qu'il en recherche, ny la reconnoissance que nous pretendons luy en rendre: Nous continuons à dire, que quelque diligence que nous y ayons apportée, & quelque estude qu'il ait employée pour achever le portraict de cette admirable Mere, ny ce que nous en avons remarqué, ny ce qu'il en a écrit n'égale point l'idée qu'elle en a elle-mesme imprimée dans nos esprits, ny celle que nous desirerions avec justice en pouvoir laisser aux personnes qui liront ce que nous en donnons au public.

Mais parce que nous apprenons que nostre Saint Pere Urbain

PREFACE.

Huitiéme, Souverain Pontife, a deffendu par un Bref exprés, qu'on ne donnaſt le tiltre de Saint ou de Sainte à aucune perſonne decedée, ny le nom de Miracle à aucune action qu'elle ait faite, ou obtenuë de Dieu, ſans l'approbation du Siege Apoſtolique, à qui ſeul il appartient de declarer les Saints, & de juger des veritables Miracles : Et que de plus Monſeigneur l'Illuſtriſſime Archeveſque de Paris, a depuis peu renouvellé les meſmes Ordonnances: Comme Filles tres-obeïſſantes à l'Egliſe noſtre commune Mere, & à Noſſeigneurs les Prelats qui ſont nos legitimes Paſteurs, nous profeſſons hautement que nous n'attribuons, ny le nom de Sainte à celle de qui nous écrivons la Vie, ny le nom de Miracle à tout ce que nous racontons d'elle, ſinon dans le ſens où on employe communément ces mots en parlant des perſonnes qu'on croit avoir eſté d'une vertu rare & exemplaire, & dans la bonne foy qu'on fonde ſur le rapport de ceux qui ont eſté les témoins des choſes qui ſemblent n'eſtre pas ordinaires: Leſquels quoy qu'ils ſoient croyables autant qu'ils paroiſſent ſages, ſçavans, & vertueux, ne meritent pourtant aucune creance qui approche de celle qu'on doit à l'Egliſe de Dieu. C'eſt ce que nous avons jugé à propos de vous dire, avant que de commencer l'Hiſtoire de la Vie que nous vous preſentons : Et apres vous avoir conviées à joindre avec nous vos prieres, pour demander à noſtre Seigneur qu'il donne ſouvent de ſemblables ſujets à noſtre Ordre, & qu'à vous & à nous il accorde la grace d'imiter parfaitement celle de qui nous nous faiſons un honneur de publier les excellentes actions, Nous demeurons,

NOS REVERENDES MERES ET TRES-CHERES SOEVRS,

Vos tres-humbles & obeïſſantes Sœurs & ſervantes en Noſtre Seigñeur, la Prieure & les Religieuſes de l'Annonciade Celeſte de Paris.

TABLE DES CHAPITRES
contenus en ce Livre.

CHAPITRE I. Des parens, & des heureux commencemens de la Mere Marie Agnes Dauvaine. page 1

CHAP. II. De son éducation au logis de ses parens. 8

CHAP. III. Comme elle fut demandée pour aller à la Cour de Lorraine, & la façon dont elle s'y gouverna. 12

CHAP. IV. De l'Ordre de l'Annonciade Celeste, comment elle y fut appellée, & demanda congé pour y entrer. 17

CHAP. V. De ses combats pour entrer en Religion, & comme elle en obtint enfin la victoire. 24

CHAP. VI. De son entrée en la Religion, comme elle prit l'habit, & commença son Noviciat. 34

CHAP. VII. Du decedz de ses parens, & des difficultez qui se trouverent à sa Profession. 38

CHAP. VIII. Comme elle fit sa Profession, & ce qui suivit jusques à sa sortie du Monastere de Nancy. 43

CHAP. IX. Des Religieuses qui furent choisies à Nancy pour venir établir l'ordre de l'Annonciade Celeste à Paris. 49

CHAP. X. Comme elle commença d'exercer l'office de Maitresse des Novices, & les premieres instructions qu'elle donnoit à ses filles. 54

CHAP. XI. Suitte des instructions qu'elle donnoit à ses Novices pour les faire advancer en toutes les vertus. 59

CHAP. XII. Du soin particulier qu'elle avoit de porter ses Novices au recueillement interieur, & à l'union avec nostre Seigneur. 69

CHAP. XIII. Comme elle fut sous-Prieure, & gouverna le Monastere durant la maladie de la Superieure, à qui elle succeda. 77

CHAP. XIV. Comme la mere Marie Agnes fut éluë de toute la Communauté pour Prieure, & comment elle commença son gouvernement. 88

CHAP. XV. Suitte de son gouvernement, & ce qu'elle fit pour estre dechargée. 99

CHAP. XVI. Ce qu'elle fit apres qu'elle fut déchargée, & comme étant esleuë une autre fois elle modera la ferveur de son Zele. 112

CHAP. XVII. Des principales vertus de la mere Marie Agnes, & premierement de sa Foy vive. 122

Table des Chapitres.

CHAP. XVIII. De sa confiance filiale en Dieu & en sa Providence. 129
CHAP. XIX. De sa charité ardente envers Dieu. 135
CHAP. XX. De sa charité pour le prochain. 149
CHAP. XXII. De sa devotion & de son Oraison. 163
CHAP. XXIII. De sa devotion particuliere pour le S. Sacrement & pour la Communion. 172
CHAP. XXIV. Sa devotion pour l'Office divin, & pour les mysteres que l'Eglise celebre durant l'année. 193
CHAP. XXV. De ses devotions particulieres pour des sujets differens. 205
CHAP. XXVI. De son humilité, & premierement de la basse opinion qu'elle avoit de soy-mesme. 218
CHAP. XXVII. De sa parfaite pauvreté d'esprit. 232
CHAP. XXVIII. De sa pureté Angelique, & de sa grande mortification. 242
CHAP. XXIX. De sa parfaite obeissance. 253
CHAP. XXX. De son zele extraordinaire pour la closture, & des peines qu'elle a endurées pour cela. 264
CHAP. XXXI. Des connoissances qu'elle eut avec les grands, & de la maniere dont elle en usoit pour les porter à Dieu. 276
CHAP. XXXII. De sa douceur & de sa patience, & premierement dans les traverses qu'on luy a suscitées. 292
CHAP. XXXIII. Continuation de sa patience, & particulierement dans les maladies du corps. 309
CHAP. XXXIV. Suitte de sa patience dans les peines de l'esprit, & dans les delaissemens de Dieu. 323
CHAP. XXXV. De l'extremité de sa maladie, & de sa sainte mort. 342
CHAP. XXXVI. Des graces extraordinaires accordées à la Mere, ou obtenuës par son moyen. 350
CHAP. XXXVII. Du jugement que plusieurs personnes considerables ont fait d'elle, & des loüanges qu'elles luy ont données. 362

Fin de la Table.

APPROBATIONS DES DOCTEVRS.

LE deſſein du Fils de Dieu venant ſur la terre a eſté de nous en détacher, & de porter toutes nos penſées vers le Ciel. C'eſt en cette veuë que l'Apoſtre S. Paul deſire que noſtre converſation ſoit toute celeſte : & ce devoit eſtre en effet l'avantage des Chrétiens, duquel la pluſpart eſtant décheus par leur negligence, & par les embaras du ſiecle : ce bon-heur eſt reſervé aux ames ſaintes, telles que ſont celles que S. Cyprien appelle la plus illuſtre portion du troupeau de Jeſus-Chriſt. C'eſt des Vierges qu'il parle, & de qui S. Ambroiſe adjouſte que la Vie eſt ſur la terre une image de la Vie des Anges dans le Ciel. Telle a eſté ſans doute la Venerable Mere Marie Agnes Dauvaine, l'une des premieres Fondatrices de la Maiſon de l'Annonciade Celeſte de Paris. Ce qui en eſt écrit dans ce Livre, *composé par un Pere de la Compagnie de* JESUS, nous confirme dans ce ſentiment, & nous fait eſperer que ſi par les exemples de ſes vertus elle a élevé parmy les Vierges une Congregation toute Celeſte, ce que nous avons leû dans ce devot & pieux Ouvrage, en fera naiſtre l'eſtime & le deſir dans les cœurs des fideles. C'eſt dequoy Nous ſous-ſignez Docteurs en Theologie de la Maiſon & Societé de Sorbonne, rendons témoignage. Fait à Paris en Sorbonne, le 23. jour de Février 1674. Signé,

JAC. GAUDIN.
CLAUDE DENYAU.
T. DE PINTEVILLE.

JE ſous-ſigné Docteur en Theologie de la Maiſon & Societé de Sorbonne, Certifie avoir leu un Livre intitulé *la Vie de la Venerable Mere Marie Agnes Dauvaine, Religieuſe de l'Ordre de l'Annonciade Celeſte*, dans lequel ie n'ay rien trouvé de contraire à la Foy Catholique, Apoſtolique & Romaine, ny aux bonnes mœurs. Fait ce 4. May 174.

Signé, M. GRANDIN.

PERMISSION DE MONSEIGNEVR *l'Archevesque de Paris.*

FRançois, par la Grace de Dieu & du S. Siege Apostolique, Archevesque de Paris, Duc & Pair de France, Commandeur des Ordres du Roy : Veu par Nous les Attestations cy-dessus, Nous avons permis de donner au public ledit Livre, en observant l'ordre accoustumé. Donné à Paris ce vingt-troisiéme Juillet 1674. Signé, FRANÇOIS, Archevesque de Paris ; *& plus bas*, Par Monseigneur, MORANGE.

Permission d'imprimer.

PErmis d'imprimer le present Livre. Fait ce vingt-sixiéme jour de Juillet mil six cent soixante-quatorze.

Signé, DE LA REYNIE.

LA VIE
DE LA VENERABLE MERE MARIE AGNES D'AUVAINE,
L'UNE DES PREMIERES FONDATRICES DU MONASTERE DE L'ANNONCIADE CELESTE DE PARIS.

Des Parents, & des heureux commencemens de la Mere Marie Agnes Dauvaine.

CHAPITRE PREMIER.

ON considere volontiers les personnes Illustres jusques dans leur naissance, comme on recherche le ruisseau dans sa source, le Diamant en la roche, & la perle dans l'écaille de laquelle on la tire. C'est ce qui m'oblige en écrivant la Vie de la Reverende Mere Marie Agnes Dauvaine, de

commencer par ses Parents, qui meritent par eux-mêmes de tres-justes loüanges, & ont esté apres Dieu les premieres causes de celles qu'a meritées leur vertueuse fille.

Monsieur son Pere se nommoit Antoine Dauvaine, fils de Jean Dauvaine, Gouverneur de Brie. Ses Ancestres étoient du païs d'Auvergne, où il y a une maison d'ancienne Noblesse, dont ils estoient issus, & dont ils portoient le nom. Madame sa Mere s'appelloit Anne de Saleigne, fille du Seigneur René de Saleigne, & de Dame Anne de Pannar, d'ancienne Noblesse de Normandie, & du pays du Maine. Cette Dame ayant perdu sa Mere, lors qu'elle étoit encore fort jeune, fut donnée à une de ses Tantes, parente de la Comtesse de Salme, qu'elle voyoit souvent en un lieu nommé Carouge en Normandie. La Comtesse par cette parenté se lia d'affection avec Mademoiselle de Saleigne, en sorte qu'estant mariée en Lorraine, elle l'enmena avec elle; & estant femme d'un Prince qu'on appelloit le Comte de Salme, elle prit à cœur de procurer à sa jeune parente une alliance qui ne fust pas indigne de la qualité qu'elle avoit auprés d'elle. Entre plusieurs partis qui se presenterent, il ne s'en trouva point de plus sortable soit pour la Noblesse, soit pour la Vertu, ou pour les autres qualitez, que Monsieur Dauvaine. Il en fit des premiers la recherche, & il l'épousa bien-tost apres, avec l'approbation generale de tous ceux qui connoissoient le merite tant de l'un que de l'autre.

Dieu par sa Providence unit ensemble ces deux cœurs par les liens de la charité, plus que par ceux de la chair; & il leur donna des inclinations si semblables pour la pieté, qu'ils paroissoient estre plus conjoints par la grace que par le mariage. Ils n'estoient pas extrémement riches des biens de la fortune, mais ils estoient fort avantagez des

richesses de la grace, & des vertus Chrestiennes. Nous en ferons voir en l'un & en l'autre quelques exemples remarquables, puis qu'ils se sont tous deux rendus illustres dans tous les lieux & dans tous les emplois où ils se sont trouvez, en sorte que leur memoire est en benediction parmy tous ceux avec qui ils ont conversé, & dans tous les pays où ils ont habité.

Monsieur Dauvaine estoit Maistre d'Hostel de feu Monseigneur le Duc de Vaudemont, & premier Escuyer de Madame la Duchesse sa femme. Il a toûjours vescu à la Cour fort éloigné des vices qui y regnét; & dans la guerre il a esté fort retiré des mauvaises coustumes qui s'y trouvent. Il y a fait de fort beaux exploits contre les heretiques, estant extremement vaillant; & une fois entr'autres il se porta si courageusement dans une deffaite de plusieurs ennemis, qu'il n'en sortit que par une espece de merveille, s'estant toujours jetté dans les plus grands hazards, & ayant par tout signalé son courage par de tresbelles marques.

Ce Chevalier Chrestien avoit une sainte pratique, lors quil prenoit le matin son épée il en baisoit toujours la garde, qui en ce temps-là estoit faite en forme de croix : & sa fille aisnée dont nous allons parler, luy en demandant un jour la raison, il luy répondit : *Ma fille c'est par la Croix que nous sommes sauvez, & ce signe m'avertit de n'user jamais de mon épée que pour la cause de Dieu, & pour le service de mon Prince.*

Il estoit tres-exact Observateur des Commandemens de Dieu : Il se declaroit par tout ennemy de ce qui estoit contraire à ses Divines loix, & ne pouvoit souffrir que le vice regnast en pas un de ses domestiques. S'il appercevoit quelque chose qui fust condamnable en eux, il les en

reprenoit; & si les avertissemens n'avoient point d'effet, il leur donnoit aussi-tost leur congé.

Il estoit si éloigné des excez de la bouche, qu'il jeûnoit tous les Vendredis, & tous les Samedis en l'honneur de nostre Seigneur & de sa sainte Mere. Les personnes qui l'ont connu ont remarqué que jamais on ne l'a entendu jurer mesme sa foy, & sa pieté se faisoit si bien voir en toutes occasions, que quand il trouvoit le nom de Dieu écrit en un papier, il prenoit le soin de conserver ou de brusler ce papier, plustost que de souffrir qu'on le laissât traisner, ou qu'on le foulast sous les pieds avec irreverance. Il frequentoit les Sacremens avec une grande édification dans un temps où la pratique n'en estoit pas commune, & il s'appliquoit à l'Oraison Mentalle; de maniere que par tous ces saints Exercices il se rendoit aussi grand serviteur de Dieu, qu'il étoit brave & honorable Cavalier à la Cour.

Sa chere Espouse le secondoit dans toutes les vertus propres à son sexe & à sa qualité, & leur bonne intelligence les rendit l'un & l'autre le veritable modele d'un mariage parfait. Sa coduite fut en toutes choses si reglée qu'elle la fit choisir par dessus toutes les autres Dames pour être Gouvernante de feuë Madame de Vaudemont, & elle éleva si parfaitement bien cette Princesse, que la suitte de sa vie en a esté une continuelle preuve. Mais apres avoir donné à cét employ tout le temps & le soin que l'on desiroit d'elle, cette sage Gouvernante prenant pour soy-mesme la conduite de la grace qui l'attiroit à une vie plus sainte, quitta la Cour & alla demeurer dans une maison de campagne proche de Nancy, où elle s'adonna à tous les exercices de la haute pieté, sous la conduite des Reverends Peres Minimes: & la ferveur qui animoit son cœur estoit déja si grande, qu'elle la porta à faire tant

d'austeritez & de macerations, que sa santé en fut beaucoup interessée.

Dans ce lieu elle estoit la mere des pauvres, & elle s'occupoit à donner les soulagemens tant du corps que de l'esprit à tous ceux qui en avoient besoin. Elle alloit visiter les malades qui étoient dans les lieux de sa dépendance: elle faisoit de ses propres mains leurs remedes, & les leur portoit elle-mesme sans les confier à personne de ses gens. Il y a tout sujet de croire que tant de saintes actions de ces deux mariez ont puissamment attiré les benedictions d'en haut, tant sur eux que sur leur famille, comme il se verra incontinent apres: car on peut dire avec toute verité, aussi bien de l'un que de l'autre, que le bon arbre a produit le bon fruit, puisque de ce saint mariage sont sortis plusieurs enfans, qui jouïssent autant que l'on peut juger, du bon-heur eternel, ayant mené une vie vertueuse, suivie d'une pareille mort.

Cette Dame avoit plusieurs garçõs, mais elle souhaitoit extremement d'avoir aussi une fille; & apres beaucoup d'Oraisons presentées à Dieu pour cét effet, elle se sentit poussée d'avoir recours à la Mere de bonté & de misericorde à laquelle elle estoit fort devote. A ses prieres elle joignit un vœu d'establir en son honneur une Confrairie, dont elle seroit la premiere associée, & de luy consacrer la fille qu'elle luy donneroit, en luy faisant porter son nom. Nostre Seigneur reçeut ses vœux si favorablement, qu'incontinent apres, cette fille tant demandée vint au monde l'année 1602. & il pleut mesme à Dieu de donner quelque marque pour montrer qu'il avoit sur elle des desseins qui n'estoient pas communs. Car pendant que sa mere en estoit enceinte, elle se voyoit souvent environnée de feux: ses Domestiques en appercevoient encores

souvent autour d'elle plus qu'elle n'en remarquoit. Mais un jour entr'autres le R. P. Minime son Confesseur la venant visiter, & ne la trouvant point en sa chambre l'alla chercher dans un jardin où elle se promenoit seule, & en y entrant luy & son compagnon, ils l'aperçeurent de loin environnée de feux, dont ils eurent frayeur, & en s'approchant d'elle ces clartez diminuoient. Ils luy dirent à l'abbord ce qu'ils avoient vû, & elle leur répondit que depuis sa grossesse cela luy estoit ordinaire, & que le même luy estoit arrivé en celle de l'un de ses garçons, duquel pour cela nous dirons icy quelque chose en passant.

Car nous apprenons qu'apres la bonne éducation qu'il reçeut de cette vertueuse Dame il vescut tres-chrestiennement à la Cour, & qu'il est mort avec la ferveur d'un Martyr dans un combat contre les Heretiques. Il commandoit un Regiment d'Infanterie qui fut des premiers attaquez; mais comme il estoit fort pieux, & qu'il avoit un soin tout particulier de son salut, il s'estoit confessé & communié deux heures avant le combat; & apres avoir de sa propre main mis par terre plusieurs des ennemis, il fut blessé à mort, & tomba de dessus son cheval. S'estant relevé il se mit à genoux le mieux qu'il luy fust possible, & commença à dire l'*Ave Maria* tout haut. Il se fit remonter par ses gens, & mit encores deux des ennemis par terre, & voyant qu'il n'en pouvoit plus, il dit à ceux qui étoient proches de luy: *Ie voy bien qu'il me faut mourir, mais ie m'estime heureux de mourir pour la Foy Catholique*: il redoubloit souvent cette exclamation. *O ie meurs de bon cœur, puis que c'est pour la gloire de Dieu, & pour la defense de l'Eglise.* Puis prenant son épée & l'élevant en haut, la pointe dans sa main, & la garde faite en forme de croix vers le Ciel, comme heritier de la pieté de son Pere; il dit: *Voila*

ma confiance, voila mon appuy; & à ceux qui estoient proches de luy, *Courage, compagnons, vengez la querelle de Dieu, exterminez ses ennemis. Ha! je meurs le plus content du monde, de rendre ma vie à mon Seigneur & à mon Dieu:* & incontinent apres il expira.

Il n'y a eu que durant la grossesse de ce fils, & de cette fille dont nous parlons, que cette Dame ait esté veuë environnée de ces feux, & le Pere Minime son Confesseur, luy dit qu'elle avoit grand sujet de se réjoüir, parce que ses enfans seroient sans doute des enfans de lumiere. Prophetie qui a esté accomplie, tant en la personne du fils qu'en celle de cette heureuse fille, qui a esté remplie de la lumiere des plus sublimes veritez de la Foy, & de l'amour de Dieu le plus ardent, ainsi que l'on verra dans la suitte de sa vie.

Aussi-tost que la vertueuse Dame eut entendu ce que ce bon Pere luy avoit dit, elle promit à Dieu, que moyennant sa grace elle les éleveroit, avec un soin tout extraordinaire en son amour & en sa crainte. Elle pria la tres-sainte Vierge de prendre sous sa protection cét enfant dont elle estoit enceinte, & que si c'estoit une fille elle la consacroit dés-lors, ainsi qu'elle avoit déja fait, à son perpetuel service, & reïtera le vœu de la faire nommer Marie; ce qui s'effectua tout aussi-tost dans son Baptesme. Le jour de la premiere sortie de cette Dame, apres ses couches, elle fit porter avec elle à l'Eglise cét enfant de benediction, & le posant sur un Autel de nostre Dame, au jour de son Annonciation, elle renouvella l'offrande qu'elle en avoit déja faite, unissant son oblation à celle que la tres-sainte Vierge fit d'elle-mesme en cét adorable mystere. Cette action fut un presage de ce que cette fille seroit dans la suitte du temps, & a fait connoistre que le par-

tage que noſtre Seigneur luy deſtinoit, eſtoit d'eſtre employée à rendre ſes hommages à ce ſacré myſtere. Car elle y fut conſacrée dés ce moment, & beaucoup davantage depuis la profeſſion Religieuſe dans l'Ordre qui en porte le nom, & qui eſt tout à fait dédié à honorer cette ineffable union de Dieu avec les hommes dans le ſein de la Vierge : & qui reïtere tous les ans cette meſme conſecration, par le renouvellement des vœux que chaque Religieuſe en fait publiquement en ce meſme jour. De ſorte qu'on accomplit ſans le ſçavoir, en cette petite fille, ou pour mieux dire en cette Annonciade future, ce qui ſe pratique ce jour-là dans tout l'Ordre pour lequel Dieu l'avoit choiſie de toute éternité, & ce qu'elle pratiqua elle-meſme tout le reſte de ſa vie dans ce ſouvenir avec un reſſentiment ſingulier de ſon cœur.

De ſon Education au logis de ſes Parents.

CHAPITRE II.

L'Education eſtant aux Enfans une ſeconde naiſſance, les Parens qui ont ſoin de les bien inſtruire, leur en donnent une meilleure, que celle par laquelle ils les ont mis au monde. Apres que cette fille eut avec le Saint Bapteſme receu le beau nom de Marie, la tres-devote Dame ſa mere prit un ſoin extraordinaire de l'élever en l'amour de nôtre Seigneur, & en la devotion envers la tres-ſainte Vierge. Elle voulut la nourrir elle-meſme de ſon propre laict, ſans la confier à d'autres pour en eſtre les Nourrices. Dés ſa petite enfance juſques à l'âge de douze ou de treize ans elle eſtoit ſi docile, que les moindres

ſignes

signes des volontez de sa mere luy estoient comme des Oracles du Ciel, & ses saintes instructions ont fait en elle de si vives impressions, qu'elle s'en est toûjours servy constamment jusques à la mort. Car toute âgée qu'elle estoit, elle disoit en diverses rencontres; *Ma mere m'a appris cela, je me suis toûjours bien trouvée de suivre ses advis.*

Elle estoit si portée au bien, que jamais l'on n'a remarqué en elle aucune mauvaise inclination. Seulement on trouvoit qu'elle avoit un courage qui ressentoit trop sa naissance, & l'éloignoit de tout ce qui paroissoit bas. Mais comme l'on voit communément que le bon naturel est le fondement de la grace, on a connû que cette disposition luy a esté avantageuse. Car depuis que par la lumiere de Dieu elle a sçû distinguer la vraye Grandeur d'avec celle qui n'est qu'imaginaire, elle a toûjours recherché l'une, & méprisé l'autre.

Elle estoit si amoureuse de la verité en toutes choses, qu'on ne l'a jamais trouvée en mensonge volontaire, & tout ce qu'elle a rapporté d'elle-mesme en s'humiliant & s'accusant, a esté, qu'une fois elle en avoit commis un dont elle se souviendroit toute sa vie. Ce fut que par une mauvaise humeur, sur quelque chose qui ne luy plaisoit pas, comme on alloit la querir pour la faire disner, elle n'y voulut point aller, & feignit d'avoir mal à la teste. Mais si-tost qu'elle eut fait ce petit mensonge, nostre Seigneur jaloux de la pureté de son ame, permit que sur le champ un veritable & fort grand mal de teste la prît, de telle sorte qu'elle a dit plusieurs fois n'en avoir jamais éprouvé de semblable : & cela luy a toûjours servy d'une belle instruction, pour apprendre combien le mensonge est déplaisant à Dieu. De maniere qu'elle fit pour lors de fortes resolutions de n'y retomber jamais, comme elle les

a toûjours du depuis parfaitement gardées.

Noſtre Seigneur en d'autres rencontres pour de petites échappées qui luy ont eſté neantmoins aſſez rares, luy faiſoit éprouver ſur le champ la peine de ſes fautes par des terreurs, par des ſcrupules, & d'autres ſentimens fort particuliers qu'il luy donnoit, pour la preſerver de tomber meſme dés ſon enfance, dans des deffauts qui puſſent ou flétrir ſon innocence, ou laiſſer quelques inclinations dangereuſes au reſte de ſa vie.

En ce bas aage elle parloit des Myſteres & des veritez de la Foy, avec tant de lumiere & de fermeté, qu'elle mettoit dans l'admiration toutes les perſonnes qui l'entendoient. Car elle avoit la maturité d'une perſonne faite, de ſorte qu'elle pouvoit dire auſſi bien que le Prophete, en rendant graces à Dieu, *J'ay ſurpaſſé en ſageſſe & en ſcience les perſonnes âgées, parce que ma recherche a eſté dans vos Commandemens;* & pluſieurs de ceux qui la voyoient, parloient d'elle d'une façon rapportante à ce qui a eſté dit autrefois du bien-heureux Precurſeur S. Jean Baptiſte, *Que ſera ce de cette petite fille? Car il paroiſt dés ſon enfance que Dieu eſt avec elle, pour la conduire à quelque choſe de grand.*

*Pſal.*118.

*Luc.*1.

Elle avoit déja une foy ſi vive, que pour guerir ſes petits maux, elle joignoit avec ſes prieres un peu d'Eau-Benite, & elle en recevoit la gueriſon. Elle enſeignoit aux autres d'en uſer ainſi pour leur ſoulagement; mais un effet ſemblable ne leur arrivoit pas, parce qu'ils n'avoient pas une foy pareille à la ſienne.

Elle eſtoit ſi affable & ſi prompte à faire l'aumoſne, que pour la porter elle meſme elle ne marchoit pas; mais plûtoſt elle volloit, en ſorte que perſonne ne la pouvoit devancer.

Elle avoit une tendreſſe de devotion toute particuliere

vers la tres-sainte Vierge, & les Saints qui luy avoient esté devots, comme S. Jean, S. Bernard, & les autres, & elle luy rendoit ses petits devoirs chaque jour, & principalement les Samedys. Ses exercices de devotion estoient si reglés, qu'aucun divertissement n'eût pû l'en retirer.

Elle faisoit pour l'ordinaire ses prieres le soir & le matin avec sa chere sœur, qui estoit sa cadette & son unique, & qui depuis a esté Religieuse de la Visitation sainte Marie. Leurs petits differents estoient assez souvent, que la cadette par humilité n'estimoit pas ses prieres assez bonnes pour estre utiles aux autres, & ne vouloit prier que pour elle; & l'aisnée qui brûloit déja de l'amour de Dieu & du prochain, vouloit toûjours faire ses prieres pour soy-mesme & pour les autres. Toute sa vie elle a gardé cette inclination non seulement dans ses prieres, mais aussi dans toutes ses bonnes actions, d'en faire part à ses prochains, & de les y comprendre.

Cette heureuse fille, qui estoit prevenuë des graces de nostre Seigneur, & en qui le desir d'estre Sainte, estoit né aussi tost qu'elle, voulut joindre deslors à ses devotions l'austerité de la vie, par une conduite toute extraordinaire de celuy qui a fait paroistre en beaucoup d'autres Saints dés leur commencemens, les vertus qu'ils ont davantage cultivées durant le reste de leur vie.

C'est pourquoy dans cette tendre jeunesse ayant entendu rapporter les actions des Saints, dont plusieurs avoient couché sur la dure, jeusné & veillé, porté la Haire, & fait d'autres penitences; elle s'embrasoit d'un grand desir de suivre leur exemple : elle cherchoit des inventions de se mortifier en toutes les manieres qu'elle pouvoit le faire. Elle se couchoit sur des chaires fort dures; elle prenoit des lacets ou des fers d'aiguillettes, pour s'en servir au l

de Disciplines : elle se tenoit les journées entieres enfermée dans une chambre, afin d'éprouver l'aspreté de la solitude : elle alloit dans la basse-cour de sa maison prendre des cordes & des sangles qui servoient à lier le bestail, & elle les serroit fortement sur sa chair nuë par dessous ses habits ; de sorte que les Serviteurs & les Servantes estant en peine de sçavoir ce qu'estoient devenus ces sortes d'instrumens, alloient s'en plaindre à Madame sa mere; mais si tost que la fervente fille s'en appercevoit, elle alloit les reporter secrettement, & cherchoit d'autres inventions pour se mortifier, en imitant plusieurs ames tres-pures, qui ont joint une tres-rigoureuse penitence, avec une extrême innocence. Tels ont esté les commencemens, & comme les premieres ébauches de la Sainteté à laquelle Dieu l'alloit preparant.

Comme elle fut demandée pour aller à la Cour de Lorraine, & la façon d'ont elle s'y gouverna.

CHAPITRE III.

Lors qu'elle eut atteint l'aage de treize ans, Madame la Comtesse de Salme la demanda à Mr son pere, luy disant que comme sa Filleulle, & de plus son alliée, elle la vouloit avoir pour quelque temps avec elle, ce qu'il ne pût refuser à cette Illustre Dame. Cette separation fut neantmoins fort sensible, principalement à la mere, qui cherissoit cét enfant comme un present que le Ciel luy avoit fait en suite de ses vœux ; mais il fallut ceder à la demande qu'une si vertueuse Princesse, & si considerable faisoit avec tant d'empressement.

Aussi-tost que nostre jeune fille parut à la Cour, chacun remarqua que la Grace & la Nature l'avoient avantagée de plusieurs excellentes qualitez. Car elle estoit belle & bien faite de corps, elle avoit l'esprit rare & tout-à-fait au dessus du commun, l'humeur en elle estoit fort agitable, sa modestie, sa douceur, sa condescendance, & sa civilité estoient ravissantes. En un mot, elle estoit accomplie en tout ce qu'on pouvoit souhaiter en son sexe, en son âge, & en sa condition, de sorte qu'on luy donnoit de toutes parts tant de loüanges & tant d'applaudissemens, qu'il sembloit qu'elle fust l'objet des complaisances & des inclinations de tout le monde. Cependant en l'espace de trois ans qu'elle y demeura, elle y vescut comme un Ange du Ciel, sans que jamais les objets de la Cour ayent fait aucune impression sur ses affections, ny que les divertissemens que l'on y trouve ayent apporté aucun relâchement à sa devotion.

Elle fuyoit autant qu'il luy estoit possible la conversation des hommes, & elle a dit plusieurs fois du depuis à quelque confidente, qu'elle n'en avoit jamais aimé aucun pour quelque sujet que ce fust: que dans les occasions où il s'en rencontroit, bien éloignée d'écouter leurs cajolleries, & leurs folles douceurs, elle avoit pour eux une severité qui leur donnoit du respect, & fussent-ils Princes ou Souverains, elle ne souffroit jamais aucune familiarité qui pust estre contre les regles les plus exactes de la bien-seance. Ce qu'elle fit bien voir lors qu'elle donna un soufflet à un Prince, qui par surprise avoit voulu luy donner un baiser: & la response qu'elle adjousta à ceux qui la blasmerent d'une si grande incivilité, fut, que quand c'eust esté son Altesse mesme, pour qui elle avoit toute sorte de respect, elle auroit fait la mesme chose: & que

quiconque l'attaqueroit de la sorte, n'en remporteroit pas un meilleur traitement. On n'a jamais reconnu en elle aucune marque d'affetterie ny de legereté. Ses parolles estoient si mesurées, & ses discours si justes, que pour chose du monde elle n'eust voulu mentir, ny dire chose aucune qui eust pû apporter du déplaisir ou du dommage à personne. Elle n'affectoit aucunement la braverie, & l'apprehension qu'elle avoit que les vanitez du siecle ne fissent quelque impression en son ame, la faisoit user d'une sainte pratique qui luy servoit de preservatif, par laquelle on verra ce que dit le S. Apostre, *Que tout reüssit en bien aux Esleus de Dieu, & à ceux qui l'aiment veritablement.* Car cette sainte fille qui prenoit matiere de s'élever à Dieu, des mesmes choses dont les autres se servent pour se perdre, disoit quelquefois par recreation qu'elle avoit profité de l'exemple d'une Sorciere, de qui on luy avoit raconté, que comme on la menoit au supplice, on l'interrogea d'où venoit qu'entrant dans les Eglises elle prenoit de l'Eau-benite : Elle répondit que quand elle en prenoit, elle disoit toûjours : *Eau-benite je te prends sans déplaire à mon Maistre* (entendant le Demon) *ce que j'en fais n'est que pour abuser les gens.* Ainsi lors que j'allois à la danse (disoit cette vertueuse fille) ou que je me trouvois dans les grandes Assemblées, & que pour cela je mettois sur moy quelques ajustemens, & quelques ornemens de pompe & de ceremonie, je disois, *Vanité je te prends sans déplaire à Iesus qui est mon divin Maistre, ce que je fais n'est que pour amuser les gens.* Elle prenoit ainsi toutes ces choses dans un grand détachement, parce que c'estoit sa condition, & qu'elle ne s'en pouvoit dispenser.

Elle continua cependant toûjours, & mesme elle aug-

menta ses exercices spirituels, & sur tout sa devotion envers la tres sainte Vierge, qu'elle avoit, comme l'on dit, succée avec le laict. Tous les jours reglement elle disoit son petit Office, sans y manquer pour quoy que ce fust. Si quelqu'une de ses compagnes la vouloit divertir, elle faisoit semblant de se trouver mal, afin qu'on la laissast; Et si pour suivre la Princesse il falloit aller à quelque promenade, elle prioit dans le carosse sans que l'on s'en apperceût, avec autant d'attention que si elle eust esté à son Oratoire.

Elle frequentoit les Sacrements avec un si grand fruict, que par sa modestie & par son recueillement elle faisoit rentrer en eux-mesmes ceux & celles qui la voyoient, & qui se trouvoient par là doucement invitez à suivre son exemple.

Elle faisoit aussi des austeritez corporelles sans que personne s'en apperceût. Elle mettoit souvent une ceinture de crain, ou un cilice assez grand dessous ses habits de parade, & dans les entretiens familiers avec quelqu'une de ses plus confidentes, elle l'excitoit à faire de semblables mortifications inconnuës au mode, où elles vivoient encore. Elle donna pour cela une ceinture à cette bonne fille, qui a depuis avoüé qu'elle n'en avoit pû souffrir la rudesse : car il n'y avoit que le seul amour de Dieu qui brusloit dans le cœur de celle dont nous parlons, qui luy faisoit trouver de la douceur, dans ce qui estoit insupportable aux autres. De cette sorte elle vescut à la Cour de Lorraine, & elle fit faire deslors à d'autres filles qui la suivirent, les apprentissages de la Religion qu'elles ont embrassées apres elle, avec beaucoup de ferveur & de perfection.

Un an apres qu'elle y fut, les Reverendes Meres de

l'Annonciade celeste de Nancy acheterent les maisons où elles ont depuis basty leur Monastere; Et la divine Providence voulut qu'elles y fussent conduites processionellement par les Princesses, les Dames, & les filles de leur suite, dont nostre Demoiselle Dauvaine estoit l'une. Elle fut si charmée de leur modestie Angelique, de la couleur celeste de leur habit, de leur psalmodie toute devote & toute sainte ; mais sur tout de ce qu'on luy rapporta qu'elles vivoient comme des Anges, entierement separées du monde, sous une protection filiale de la Mere de Dieu, estant consacrées par leur Institut à honorer incessamment sa Maternité divine; qu'aussi-tost qu'elle eut entendû un Eloge si avantageux, & si conforme à la disposition de son cœur, elle crut sans aucun doute que Dieu la vouloit en cét Ordre, à cause du desir qu'il luy avoit donné de tout temps de mener une vie Angelique sur la terre, & de se consacrer pour jamais au service de la Mere de Dieu. Sur cela elle fut si puissamment inspirée du Ciel, qu'elle promit dés l'heure d'entrer dás ce Monastere. Car quoy qu'elle eust bien eu de tout temps le dessein d'estre Religieuse, elle n'avoit pas encore resolu, en quel lieu, ny en quel Ordre elle se determineroit. Elle se resolut en ce momét avec tant d'onction & de force, que jamais depuis elle ne changea de pensée, jusques à ce qu'elle fust entrée dans ce nouvel Ordre, pour lequel Dieu l'avoit destinée, avant qu'elle naquist au monde, comme nous avons remarqué, & dont il donna un presage quand elle fut regenerée dans les eaux du Baptesme, au jour où s'est accomply le Mystere qui a donné le nom & la naissance à cét Institut, par lequel il vouloit achever de la sanctifier.

De l'Ordre

De l'Ordre de l'Annonciade Celeste, comment elle y fut appellée, & demanda congé pour y entrer.

CHAPITRE IV.

COmme l'Ordre dont nous parlons estoit encores peu connu dans la Lorraine, & dans la France ; & comme il ne le sera jamais beaucoup dans le monde, à cause de la grande retraite dont par un vœu special il fait une profession toute extraordinaire ; il est necessaire d'en dire icy quelque chose de plus que le sujet ne porte, afin d'en instruire ceux qui n'en ont aucune connoissance, & d'en renouveller la memoire à ceux qui ont pû lire ailleurs ce qui en est écrit. Je le fais encores avec d'autant plus de raison, que c'est en cét estat que nostre vertueuse Mere a acquis une si haute perfection, & qu'elle en a esté un des plus celebres ornemens sur la terre, comme elle en sera un des plus fermes appuis dans le Ciel.

Entre les Ordres Religieux que dans ces derniers temps la divine Providence a voulu donner à son Eglise, celuy de l'Annonciade Celeste, où des filles consacrées à la Vierge pour honorer le mystere de l'Incarnation du Fils de Dieu en elle, estoit né dans l'Italie il y avoit déja quelques années, en la Ville de Gennes. Une Dame des plus considerables de la Ville & de la Republique, nommée Victoire Fornari, apres avoir vescu fille dans une grande innocence, femme dans une pieté tres-rare, & veufve dans une austerité & dans une charité toute extraordinaire, fut appellée de Dieu, pour estre enfin l'exéple & le fondement d'une perfection achevée dans l'Estat Religieux

Son attrait particulier estoit le desir de mener sur la terre la vie des Anges autant qu'il est possible à des creatures mortelles, & d'imiter dans la chair ces Bien-heureux Esprits qui sont incessamment autour du Throsne de Dieu. Pour cela elle desiroit estre tout-à-fait separée du monde, inaccessible, & invisible à toutes creatures : & comme les Chœurs des Anges ne cessent jamais de voir & d'adorer Dieu, son instinc estoit d'assembler une trouppe de Filles qui ne cessassent jamais de le considerer & de l'aimer. Mais parce que ces Esprits Bien-heureux en le contemplant dans le sein de son Pere, le loüent & le benissent pour toutes ses Grandeurs divines, elle vouloit que ces Filles comme creatures mortelles, le contemplant dans le sein de sa mere, l'adorassent & l'imitassent en toutes les perfections humaines qu'il a fait paroistre en l'estat de ses abbaissemens. Par une suitte necessaire elle entendoit qu'elles se consacrassent à honorer la Mere, comme le Throsne sur lequel il a fait admirer ses vertus divines & humaines, & le miroir dans lequel il les propose pour les faire imiter. De maniere que son dessein estoit d'instituër un Ordre qui sur la terre glorifiast Dieu, Jesus-Christ Homme-Dieu, & la Vierge sa Mere, comme les Anges les glorifient dans le Ciel; & qui fist par un devoir special, ce que ces trouppes celestes font par le bon-heur de leur condition.

C'estoit la grande idée que Dieu luy inspiroit & le plan de tout l'Institut qu'il traçoit en l'esprit de cette Fondatrice sur lequel son Ordre a esté estably. Mais pour arriver à une fin aussi haute, & aussi excellente qu'estoit celle-là, les moyens qu'elle trouva les plus propres furent, la separation d'avec tout le monde la plus universelle qu'on la pûst avoir en vivant sur la terre.

La mortification des sens & des affections la plus solide qu'on la puisse acquerir dans un corps mortel : Et l'union avec Dieu la plus intime que l'éloignement du monde & la pureté de la vie puissent obtenir. Pour cela outre les trois vœux de Pauvreté, de Chasteté, d'Obeïssance, dans lesquels consiste l'essence de l'estat Religieux, cét Ordre en fait un quatriéme d'une Closture si étroite qu'elle va pour les Religieuses, jusqu'à ne voir & à n'estre veuës d'aucune personne du monde, si ce n'est des parens les plus proches, à qui la charité Chrestienne n'a pû refuser cette consolation ; au moins six fois dans l'année, où elles reçoivent leurs visites plûtost pour les édifier par leur conversation spirituelle, que pour estre par des entretiens du siecle diverties de leur devotion.

L'Austerité pour le corps y est pratiquée, selon que le sexe, les forces, la ferveur, & l'obeïssance le peuvent inspirer. Outre la Regle de saint Augustin, on observe les abstinences, & les jeusnes, & les autres penitences prescrites par les constitutions particulieres. Mais pour la Mortification de l'esprit, & l'abnegation de soy mesme, on s'efforce de l'avoir sans bornes par tout ce qui peut éteindre les desirs & les pensées du monde, & assujettir les sens à la raison, & la raison à Dieu. C'est ce qui met ces ames dans le bien-heureux estat, dont saint Paul a parlé quand il a dit : *Vous estes mortes & vostre vie est cachée en Dieu avec Iesus-Christ, afin que comme il est ressuscité par la vertu de son pere, ainsi vous meniez avec luy une vie nouvelle.* Coloss. 3.

A tout cela est jointe comme la principale partie de cét Institut qui porte le nom de Celeste, l'application aux choses qui unissent l'ame avec Dieu. Et elle y est aussi continuelle qu'on la peut avoir quand l'esprit dégagé du monde & de ses passions est uniquement attaché à ce

que nostre Seigneur appelloit *le seul necessaire*, qui n'est autre que luy. Pour cela elles ont l'Office Canonique, les Meditations deux fois par jour, l'Examen de Conscience, les Lectures, les entretiens spirituels, les frequentes retraittes, & tous les exercices de pieté qui peuvent leur faire dire avec le mesme Apostre: *Nostre conversation est dans les Cieux* Voila en peu de mots l'idée de cette admirable Fondatrice, le Tableau de sa vie, & la fin que la Vierge luy revela pour fonder son Celeste Institut.

Luc. 10.

Philip. 3.

Elle eut pour premieres compagnes dans ce dessein quatre personnes de qualité pareille à la sienne, & de pareille pieté, & toutes cinq ensemble eurent pour Directeur un Pere de la Compagnie de JESUS, nommé Bernardin-Zanon, grand serviteur de Dieu, & connu dans la Ville de Gennes pour un tres-sçavant & tres-vertueux personnage. Ce fut luy qui par l'ordre de Monseigneur l'Archevesque du lieu qui estoit pour lors Horace Spinola, & par l'advis de plusieurs autres hommes Doctes, Pieux, & Prudens, dressa des Constitutions propres à cet estat, & qui comme telles furent approuvées par deux Souverains Pontifes: Clement VIII. l'an 1604.: & Paul V. l'an 1613. avec de grandes benedictions pour celles qui les observeroient. Mais parce que ces approbations n'étoient d'abord que pour Gennes & pour l'Italie, Gregoire XV. & Vrbain VIII. l'un de vive voix, l'autre par une Bulle expresse de l'an 1631. accorderent la propagation de cet Ordre par toutes les Provinces & tous les Royaumes de la Chrestienté, avec des loüanges qui monstrent la perfection de cét Institut, suffisante au jugemét d'un de ces Souverains Pontifes, pour meriter la Canonization d'une Religieuse qui auroit répondu entierement a l'excellence de sa vocation.

C'est en suitte de ces permissions & de ces confirma-

tions, que divers Monasteres ont esté fondez en plusieurs Villes d'Italie, de France, d'Allemagne, & de Flandres en assez peu de temps, & qu'environ l'an 1619. ces Religieuses furent appellées à Nancy, Ville Capitale du Duché de Lorraine, où nostre Mere Marie Agnes, pour lors Mademoiselle Dauvaine, les vit pour la premiere fois, & que par la connoissance qu'elle eut de leur entiere separation du monde, & de leur estroite union avec Dieu sous la protection de la Vierge, elle s'y attacha par de si forts liens, que rien depuis cela ne l'en pût jamais separer. Mesme comme elle estoit extrémement fidelle à la grace qui l'appeloit, elle declara aussi-tost son dessein à son Pere, & elle en écrivit à Madame sa Mere, qui estoit pour lors en sa maison de campagne; mais ny l'un ny l'autre n'y voulurent point entendre, ayant trop de tendresse pour elle, & jugeant à propos d'esprouver sa constance. Cependant dés le moment qu'elle eut pris cette resolution, le monde ny ses attraits ne luy furent plus rien, elle ne vouloit s'amuser à aucun de ses divertissemens. Elle discontinua d'apprendre à danser comme de coustume; & quand ceux qui avoient du pouvoir sur elle luy ordonnoiét de poursuivre, elle ne faisoit seulement que quelques pas pour leur obeïr. Elle ne vouloit non plus chanter si ce n'estoit des Cantiques spirituels; & si ses Compagnes la vouloient porter à faire quelque chose qui fût moins serieux, ou qui repugnast à sa grande retraite, elle leur respondoit, *Il ne le faut pas faire, puisque je ne suis plus du monde; il faut que ie commence à faire ce que ie veux faire toûjours.*

L'ardeur qui la brusloit pour avoir bien-tost l'effet de son desir, ne pouvoit souffrir de retardement qu'avec une indicible peine; & il fit par un autre effet qu'elle mit, s'il le faut dire ainsi, le feu à toute cette Cour, pour la convertir

en un Saint Monastere. Car elle anima si bien toutes les filles à la pieté, que Mademoiselle de Vaudemont fut une des premieres qui l'embrassa hautement avec ses filles d'honneur. Le Cabinet de la Princesse leur servoit de Convent où elles chantoient ensemble les loüanges de Dieu, & suivoient autant qu'elles pouvoient les exercices du Monastere de l'Annonciade, qu'elles vouloient imiter dans le monde, puis qu'elles ne pouvoient encore s'y ranger dans la Religion.

Cette fervente Princesse avec ses vertueuses filles eslûrent nostre Damoiselle Dauvaine pour leur Superieure, & elles prenoient leurs plus grands divertissemens à ces Saints exercices, qui servirent à plusieurs d'un essay pour estre en suite consacrées à nostre Seigneur en divers Monasteres, & principalement en celuy de l'Annonciade Celeste, où quelques-unes ont advoüé tenir leur vocation des prieres & des saints exemples de nostre bonne Mere.

Elle demeura deux ans apres sa resolution prise menant dans cette Cour une vie Religieuse, & attendant qu'elle pût obtenir son congé, pour se rendre où nostre Seigneur l'appelloit. Tous ses entretiens avec ses Compagnes n'estoient que des choses spirituelles, & elle ne taschoit que de les animer toutes à chercher le vray bien, & à mépriser les vanitez du siecle.

Monsieur son Pere la venoit souvent voir, & faisoit des Conferences si spirituelles avec elle, que quand on les voyoit ensemble, on disoit ordinairement, *Voila le bon Pere avec la bonne Fille.* Elle n'osoit pourtant luy parler que fort rarement de son dessein; car elle n'avoit sur cela que des refus de luy. Son recours principal estoit à nostre Seigneur en luy demandant instamment qu'il luy accordast bien-tost la grace qu'elle esperoit de luy.

Ce delay pourtant n'apportoit aucun prejudice à sa grande vertu ; car tout ce qu'elle voyoit de charmant dans cette Cour, au lieu de l'attacher, faisoit un effet tout contraire. Nostre Seigneur éclairoit son esprit, pour luy faire estimer avec le Sage, *Que tout ce qui est sous le Ciel n'est qu'une pure vanité, & une affliction d'esprit.* De sorte que portant un vray jugement des choses, tout luy servoit de matiere pour s'affermir dans sa sainte resolution ; & tous les soirs dans le temps de son examen, faisant reflexion sur ce qu'elle avoit veu d'agreable en toute la journée, & quelle utilité luy en estoit restée, elle ne trouvoit autre chose, à ce qu'elle a rapporté elle-mesme plusieurs fois depuis, qu'une perte de temps, & une grande lassitude d'esprit & de corps, pour avoir esté toûjours inutile, debout, & en contrainte. Et lors que la tentation venoit quelquefois traverser le dessein de sa vocation luy faisant voir du plaisir en ces choses, & luy disant, qu'elle ne faisoit point de mal en vivant dans le monde & dans la Cour comme elle y vivoit ; Elle se répondoit elle-mesme, *Cela se peut faire ; mais il ne suffit pas si ie n'ay point fait de mal. Où est le bien que i'ay fait ? Et s'il me falloit maintenant paroistre devant Dieu, que pourrois-ie produire en sa presence qui luy peust agréer & meriter le Ciel ?*

L'accident qui arriva à la Gouvernante des Princes, & des Princesses, enfans de Madame de Vaudemont, luy fut un grand motif pour haster son dessein. Cette Dame passant par une gallerie pour voir le feu de la S. Jean, une planche se rompit sous ses pieds, d'où elle tomba de fort haut, & mourut toute fracassée deux heures apres. Nostre Damoiselle Dauvaine qui estoit pour lors allée en visite avec la Princesse, ayant apris la nouvelle de cette triste mort, en fut merveilleusement touchée : car sans doute

elle se fust trouvée dans le mesme accident, si la divine Providence ne l'eust preservée par une bonté singuliere, parce qu'elle estoit fort souvent avec cette Gouvernante, & ce jour-là elle y devoit aller. C'est pourquoy cét exemple surprenant d'une mort si subite dans une telle personne, luy fit prendre la resolution de ne plus differer un moment sa sortie du siecle. La Providence divine qui l'avoit permis, & qui en avoit preveu cét effect, adjousta en son ame une nouvelle grace, & la fit determiner de poursuivre finallement le consentement de M^r son Pere, *De crainte*, disoit-elle, *que si un pareil accident m'arrivoit, ie ne me rendisse responsable à nostre Seigneur du manquement à ma vocation, & à toutes les misericordes par lesquelles il m'a voulu preparer à estre un iour parfaitement à luy.*

De ses combats pour entrer en la Religion, & comme elle en obtint enfin la Victoire.

CHAPITRE V.

IL n'est rien de plus ordinaire que de voir les saintes entreprises qui se font pour la gloire de Dieu, traversées de beaucoup de difficultez & de tentations; Dieu le voulant ainsi pour sa propre gloire, pour le bien de ses élûs, & pour la confusion du Monde & du Diable qui s'y sont opposez. Suivant cette sacrée conduite, celuy qui avoit choisi cette genereuse Fille, & qui la tiroit dans la solitude pour luy parler au cœur, permit qu'auparavant qu'elle y entrast, elle eust pour accroistre ses merites, plusieurs combats à surmonter, tant de la part du Monde, que de la Chair, & du Diable. Mais il la fortifia si puissamment

ment qu'elle en sortit victorieuse, & que pas un de ses ennemis ne pûrent en aucune façon luy ravir le bon-heur d'avoir suivy son Dieu dans l'estat auquel il l'appelloit.

Poussée donc fortement des mouvemens de la grace qui l'animoit, de telle sorte qu'elle ne pouvoit attendre davantage, elle se resolut de faire son possible pour terminer la longue resistance qu'on luy faisoit. Mais la premiere des difficultez estoit d'aborder Monsieur son Pere & Madame sa Mere, qui eussent souhaité de l'engager dans le mariage, à cause qu'elle estoit l'aisnée de la maison, fort cherie de l'un & de l'autre, & pourveuë de toutes les qualitez qui pouvoient la faire estimer dans le monde. Elle sçavoit bien que sa demande ne leur seroit pas agreable, & elle reciproquement les honoroit & cherissoit beaucoup. De maniere qu'elle a dit plusieurs fois, que ç'a esté un des plus grands sacrifices qu'elle ait faits en sa vie que de se resoudre à les quitter, & qu'il n'y avoit jamais eu que Dieu qui eust eu ce pouvoir sur elle.

Elle fut mesme en ce temps-là recherchée de quelque personne de la condition de Comte ou de Marquis; mais elle congedioit avec des reparties devotes & agreables, tous ceux qui venoient à elle à ce dessein. Et comme un jour quelques gens s'efforçoient de luy en donner de l'estime, luy representant les bonnes qualitez, afin de gagner quelque chose dans son affection; toutes leurs loüanges furent sans effet, & apres les témoignages reciproques de respect & de civilité, sa derniere responce fut, Que s'ils pouvoient luy donner quelqu'un qui fust meilleur que Dieu, elle leur promettoit de le prendre sans delay; mais que s'ils n'avoient rien à luy presenter qui le pût égaller, ils cessassent de l'importuner contre le choix qu'elle avoit déja fait. Par cette repartie elle leur imposa silence, & par

D

cette connoissance qu'il n'y a rien de preferable à Dieu, ils la laisserent en repos.

Pour reüssir en son entreprise elle alla voir Madame sa Mere, afin d'obtenir d'elle son congé & sa benediction. Mais cette Dame, quoy que fort vertueuse, n'estant pas dans les sentimens de sa Fille, fit tout son possible pour l'en divertir. A cét effet en l'espace de dix-sept jours qu'elle la retint en sa maison, elle la faisoit coucher avec elle, & toutes les nuicts elle luy moüilloit le visage de ses larmes afin de l'attendrir, & de faire enfin qu'elle ne la quittast point. Mais toutes ces tendresses ne pûrent en aucune maniere alterer la sainte resolution de cette fervente fille, qui representoit tous les jours à sa Mere qu'elle l'avoit dédiée à la tres-sainte Vierge mesme dés devant sa naissance & qu'elle avoit reiteré plusieurs fois depuis cette donation : que les Saints avoient dit, qu'il falloit pluftost oublier l'obeïssance des Peres & des Meres, que de manquer à correspondre à la vocation de Dieu : qu'elle ne vouloit point du tout s'engager dans le monde, ny s'abaisser jusques à ce point que d'estre sujette à un homme, mais seulement à Dieu. Elle adjoustoit d'autres choses semblables que la ferveur luy suggeroit, & ayant perseveré long-temps sans pouvoir rien gagner, elle s'avisa enfin de s'adresser à Monsieur son Pere & d'user d'artifice, en luy faisant paroistre qu'elle vouloit se jetter dans la braverie, & dans les ajustemens. Car comme elle sçavoit que ce Seigneur estoit remply de la crainte de Dieu, elle jugea bien qu'il seroit fort surpris d'entendre les demandes qu'elle se preparoit à luy faire, & qu'il croiroit qu'en quittant le desir de la Religion, elle auroit aussi oublié le soin de son salut. Elle fit donc semblant de ne plus penser à son premier dessein, & afin de

toucher l'esprit de son pere d'une plus grande crainte, elle le supplia de luy envoyer des pendans d'oreille de diamants, des perles, & d'autres choses de prix pour se parer, pretendant par ce moyen luy persuader qu'elle pensoit à se jetter dans l'air du monde, & dans la vanité, & faisant estat qu'il consentiroit plutost à la laisser entrer en Religion, que de la voir s'engager dãs une vie qui la mettroit en danger de son salut. Ce ne fut pas neantmoins encore pour cette fois qu'elle obtint ce qu'elle desiroit. Le Pere se contenta de luy faire une petite remonstrance, en luy mandant qu'il s'étonoit fort qu'une fille qui vouloit estre Religieuse, faisoit de semblables demandes, qu'elle étoit mieux accommodée qu'aucune de sa sorte, & qu'elle n'avoit pas besoin de chercher d'autres ajustemens. Il ne laissa pas pourtant le lendemain de luy envoyer par son vallet de Chambre, tout ce qu'elle luy avoit demandé, & elle commença de s'en accommoder avantageusement pour mieux couvrir aux yeux du monde le dessein qu'elle conservoit d'en sortir au plutost.

Cette Fille industrieuse pour le Ciel, voyant que cette addresse n'avoit pas encore reussi, ne perdit pas courage. De temps en temps elle alloit se preseter à Monsieur son pere, & s'en retournant sans oser luy rien dire, elle luy declaroit assez par son silence ce qu'elle avoit dans le Cœur. Car le pere la regardoit d'une maniere si tédre qu'il luy fermoit entierement la bouche, jusques à ce qu'un jour apres qu'il eût fait ses devotions & receu la sainte Communion, elle crût que ce temps seroit favorable pour obtenir ce qu'elle desiroit. Elle alla donc apres qu'il se fut retiré, se jetter à ses pieds, & avec beaucoup de larmes, elle luy demáda pour la derniere fois son consentemét, afin qu'elle pût se rédre au plutost où Dieu l'appelloit depuis si long-

D ij

temps. Et comme ce Seigneur craignoit de resister aux volontez divines dont il estoit trop persuadé, il luy permit enfin avec beaucoup de regret, ce qu'elle poursuivoit avec tant de constance. La Fille en receut une indicible consolation: Mais le pere affligé ne laissa pas d'envoyer encore son Confesseur, qui estoit un Reverend Pere Minime, afin d'éprouver de nouveau la resolution de la fille. Le sage Directeur feignit de la vouloir détourner de sa sainte entreprise, en luy disant plusieurs choses propres à cét effet. Mais elle, à qui ce discours n'estoit pas agreable, respondit avec un zele meslé d'aigreur. *Hé quoy, mon pere, vous parlez contre vostre profession. Ie me confie en Dieu. I'obeïray à sa voix, ou je mourray dans la peine. I'entreray en Religion, & ie feray si bien avec son aide, que ie n'en sortiray point.* Le bon Pere ayant reconnu le courage de cette fervante fille, changea de discours, & luy dit. *Que me voulez vous donner afin que ie prenne vostre parti auprés de Monsieur vostre pere? Me voulez vous donner vostre Collier de Perles pour en faire des Aumosnes?* Sás deliberer elle se mit aussitost à se l'oster du col, dequoy le pere estát ravy luy dit en souriant que tout ce qu'il avoit fait n'estoit qu'une petite épreuve. *Ma Fille, Ayez bon courage,* adjousta-il, *vous entrerez en Religion, & vous serez une fervente Religieuse.* Surquoy il luy donna de salutaires advis & conclud avec ses parens l'execution de son pieux dessein.

Elle ne fut pas plutost au dessus de toutes ces difficultez que le saint Esprit qui combattoit & qui vainquoit en elle, ne luy permit pas de perdre aucun temps pour recuillir le fruit de sa victoire. Elle en fit confidence à une femme aagée, qui estoit amie des Religieuses de l'Annonciade Celeste, & elle l'envoya demander vne place pour elle en ce Monastere, qui estoit comme il

est encores à present en une grande estime de pieté & de Regularité. Ce fut pour leur demander la place qu'elle desiroit avec ardeur il y avoit si long-temps. A quoy la Superieure qui connoissoit particulierement le merite des parents aussi bien que celuy de la Postulante, s'accorda volontiers avec toutes les Religieuses, qui receurent cette Fille comme un Thresor du Ciel, reconnoissant en elle une insigne vocation pour leur Ordre, & une disposition singuliere pour en estre un jour un illustre ornement.

Mais auparavant que de l'y voir entrer, je ne puis obmettre une reflexion, qui montre que la Providence divine l'ayant choisie pour cela, prit justement le temps de l'appeller à ce nouvel Institut peu de mois apres qu'elle eut retiré du monde la Venerable Mere Marie Victoire, qui en avoit esté la premiere Fondatrice, comme si nostre Seigneur eut voulu dire, qu'il n'abandonnoit pas l'Ordre qui luy estoit consacré, puisqu'en appellant à soy celle qui en estoit le premier fondement, il appelloit à l'Ordre celle qui en devoit estre le fidelle soustien. La Mere Marie Victoire mourut à Gennes le 15. de Decembre 1617. & la Mere Marie Agnes entra dans le Monastere de Nancy le 3. de Mars de l'année 1618.

C'est ce qui nous fait croire avec de grandes reconnoissances que nous en rendons à Dieu, que cette digne Fille se rendit heritiere de l'esprit de sa Sainte Mere, & qu'elle a esté dans le Monastere de Paris, ce que la premiere a esté en celuy de Gennes; une forte colomne de l'Observance & de la Regularité, qui par la grace de Dieu y subsiste dans sa premiere ferveur, comme nous esperons qu'elle s'y conservera par les prieres de cette mesme Mere, qui pour l'y establir & pour l'y maintenir s'est consommée jusques à la fin dans les soins & les travaux qu'elle y a employez,

De son entrée en la Religion. Comme elle prit l'Habit, & commença son Noviciat.

CHAPITRE VI.

LE jour estant venû apres lequel cette devote Fille avoit si long-temps souspiré, elle entra dans le Monastere de Nancy, aagée de 16. ans, & selon la coustume elle y demeura quelque peu avant que de prendre l'Habit. Ce fut dés ce temps-là que nostre Seigneur qui l'appelloit à une haute perfection, voulut aussi luy-mesme l'éprouver à son tour. Afin que son offrande fût entierement épurée, il permit que toute la ferveur sensible, & toute la douceur qu'elle avoit éprouvée jusques alors s'évanoüit en un instant de son ame, toute la lumiere de son entendement s'obscurcit, & la laissa dans des tenebres estranges, & dans un dénuëment general de toute consolation. Son esprit estoit plongé dans une nuict épaisse, & dans son cœur elle souffroit de violents combats contre elle-mesme. De telle façon qu'elle ne sçavoit plus que faire, & qu'elle se trouvoit comme dans une agonie spirituelle, qui estoit si estrange que son corps mesme en souffroit beaucoup, ainsi qu'elle l'a rapporté depuis. Mais parmy tout cela elle estoit resoluë de se donner à Dieu quoy qu'il coustast, & de passer par dessus toutes les difficultez qui pourroient s'opposer: & il arriva comme à plusieurs autres personnes éprouvées de Dieu, qu'aussi-tost qu'elle eut franchy ce pas, & formé en son ame cette ferme resolution, dans l'abord, & dans le premier entretien qu'elle eut avec une tres-vertueuse Religieuse, qui pour

lors estoit Soûprieure de ce Monastere de Nancy, le calme revint dans son esprit, tous ces nuages se dissiperent, & elle commença de nouveau à respirer le doux air de son aimable solitude, & à gouster combien il est agreable de servir à Dieu, & de porter son joug. Apres quoy elle s'offrit à luy avec plus d'ardeur que jamais, pour le servir parfaitement dans l'estat auquel il l'avoit appellée.

Mais voyons maintenant les progrez qu'elle a fait dans la vie Religieuse, & comme elle est allée de vertu en vertu pour arriver au comble de la perfection. Car enfin cette fervente Novice ayant heureusement passé par ces premieres épreuves que Dieu voulut faire de son courage, receût le S. Habit 5. ou 6. jours apres qu'elle fut entrée au Monastere; qui fut le 8. de Mars. Mois de grace pour toute la nature humaine, & où se sont operez nos plus grands mysteres, sçavoir l'Incarnation du Verbe Eternel, l'Institution du tres-Saint Sacrement, la Mort & la glorieuse Resurrection de nostre Seigneur JESUS-CHRIST. Il fut aussi un mois de benediction particuliere pour nostre Novice, puis qu'elle y receut l'estre de la grace, & tous les avantages d'une nouvelle vie: ce qui enflammoit son cœur d'un nouvel amour vers la divine Majesté, se voyant revestuë des livrées de la tres-sainte Vierge, dans le temps auquel le Fils de Dieu s'estoit revestu dans ses sacrées entrailles de l'Habit de nostre Humanité.

Les Superieures luy firent donner le nom de Sœur Marie Agnes, à cause de la devotion qu'elle avoit à cette grande Sainte, si genereuse & si ardante en l'amour de nostre Seigneur, & qui dés son bas aage luy avoit consacré ses premieres affections. Madame la Duchesse de Vaudemont, & la Princesse de Salme

estoient au dehors de la Grille, où elles assistoient à la ceremonie, l'une desquelles dit à nostre Novice; Voicy Monsieur vostre Pere, regardez-le. Elle tout au contraire ferma les yeux, & leur témoigna par cette action que les tendresses du sang, ny les respects du monde, ne luy estoient plus rien, & que l'amour de Dieu prevaloit uniquement sur celuy de toute la Nature.

Estant donc revestuë de l'habit Religieux, elle voulut travailler plus que jamais pour acquerir les vertus propres de son estat. Elle commença son Noviciat avec une ferveur admirable, & dans une pratique extraordinaire de toutes les actions d'humilité, d'obeïssance, de mortification, & de toutes les vertus qui sont les fondemens de la vraye Sainteté: de maniere qu'elle se rendit la bonne odeur, & l'exemple du Noviciat dans lequel elle estoit.

Dieu qui par sa Providence conduit doucement toutes choses pour les faire puissamment arriver à l'accomplissement de ses desseins, disposa les choses en telle sorte que cette bonne Novice eut pour Maistresse une Religieuse des plus Regulieres, & exactes qui fût dans le Monastere. Cette Mere par inspiration de Dieu qui vouloit remplir ce vaisseau d'election de merites fort extraordinaires, voyant quelle estoit la capacité du sujet qu'elle avoit à gouverner, & comme cette Fille portoit excellemment les mortifications, tascha d'en faire en elle un exemple achevé, l'exerçant en toutes choses plus que pas-une des autres Novices. Ce qui sembloit mesme aller jusques à l'excés: car elle luy faisoit des corrections sans sujet, & fort aspres; elle luy exageroit des deffauts sur des choses où il n'y avoit aucun ombre d'imperfection. Elle n'avoit autre fondement pour la reprendre que le trop d'exactitude, de ferveur, & de zelle, qui la portoit

dans

dans des extremitez. Jamais on n'a reconnu que cette humble Novice ait donné pour cela aucun signe de ressentiment, ou d'abbatement, d'excuse, ou de replique; mais pluftoft elle avoit un amour & une eftime finguliere pour fa Mere Maiftreffe, fans penfer qu'elle ufaft de rudeffe ou de feverité pour elle; & bien loin d'expliquer le traitement qu'elle luy faifoit en la maniere de plufieurs qui s'indignent contre celles qui les mortifient, elle l'interpretoit d'une façon toute contraire. Elle difoit que celles qui travaillent à deftruire en nous les deffauts, & nous donner matiere d'avancer en la vertu, nous veulent plus de bien que celles qui nous laiffent croupir dans nos imperfections, & que partant l'on les doit cherir & aimer davantage. Elle l'a ainfi pratiqué pour foy-mefme, & enfeigné aux autres.

Cette Maiftreffe luy fourniffoit toûjours de nouveaux fujets pour mettre fes bons defirs en pratique. Car elle l'exerçoit inceffamment en toutes les manieres qui luy eftoient poffibles: à quoy la fervente Novice correfpondoit d'une pareille refolution; car elle avoit un cœur fi flexible pour la vertu, & eftoit fi bien difpofée pour recevoir les avertiffemens, qu'il fuffifoit de luy dire une feule fois ce qui n'eftoit pas bien, pour n'y retomber plus. De façon que la Maiftreffe ne trouvoit point en elle de deffauts à deftruire, mais elle s'efforçoit de la faire avancer tous les jours en vertu. Elle éprouvoit fon obeïffance en des chofes fort difficiles, & cette chere Novice eftoit fi ponctuelle, qu'il falloit ufer d'une grande retenuë & circonfpection pour ce qu'on luy difoit; car elle prenoit tout au pied de la lettre. On en pourroit montrer un million d'exemples. Nous en rapporterons quelques-uns feulement pour faire tirer conjecture des autres.

E

Trois jours apres qu'elle fut entrée, comme elle estoit encores dans ses habits du mode, sa Maistresse luy fit porter du fumier au Jardin: & comme elle demanda permission de prendre une fourche, ou quelque autre chose pour le lever, la Mere luy dit, Non, ma sœur, prenez-le avec vos mains, & le serrez dedans. C'estoit une sorte de fumier tout liquide, qui couloit entre ses doigts. Cette mortification n'a pas esté des moindres pour une fille qui sortoit de la cour, & qui estoit accoustumée à conserver ses mains avec le soin qu'en ont celles de sa condition. C'estoit pourtant une chose assez ordinaire d'en user de la façon : & un jour entr'autres qu'elle demanda permission d'aller laver ses mains, la Maistresse sans y penser luy dit, Et les pieds aussi. C'estoit dans le temps de l'Hyver, & des fortes gelées : elle fit l'un & l'autre, & elle fut en suite aigrement mortifiée de l'avoir pratiqué, comme ayant manqué de jugement & d'esprit, pour n'avoir pas compris ce qu'on luy vouloit dire. Il en estoit ainsi de toutes les autres choses que l'on eût pû luy ordonner, elle les accomplissoit, sans faire de reflexion, ny apporter de discernement, dans une simplicité tout-à-fait admirable.

Une autre fois sa Maistresse qui sçavoit qu'elle estoit naturellement peureuse, luy commanda d'aller de nuict querir des fagots au grenier, ce qui luy fut fort difficile. En y allant elle se recommandoit à tous les Saints de Paradis pour l'apprehension qu'elle avoit : mais nostre Seigneur benit tellement cét acte genereux d'obeïssance, qu'elle perdit cette foiblesse, & ne l'eut jamais depuis : tant un acte heroïque a de force pour surmonter les imperfections, & pour acquerir bien-tost les vertus consommées.

Cette bonne Maistresse s'entendoit souvent avec la Superieure pour mortifier nostre jeune Novice, & un

jour entr'autres elle l'envoya au Jardin, & luy dit, qu'elle cueillist & mangeât quelques fruicts avec ses compagnes. La Mere Prieure qui estoit instruite, ne manqua pas de s'y trouuer, & de loin elle s'adressa à Sœur Marie Agnes, comme à la plus ancienne, & qui pour l'ordinaire estoit reprise pour toutes les autres. Elle luy fit une severe correction, comme si elle eût mangé par friandise, & sans permission. La Novice mit la bouche contre terre, & écouta humblement à deux genoux cette reprehension sans apporter le moindre mot d'excuse, ny alleguer qu'on luy avoit permis, ou commandé ce qu'elle avoit fait.

La mesme Maistresse luy ordonna un jour de luy mettre une corde au col, & luy dire ses deffauts, selon l'écrit qu'elle luy en donna. Apres quelques remonstrances & prieres tres-humbles que cette bonne Novice luy fit pour en estre dispensée, elle s'y soûmit nonobstant sa grande repugnance, causée par l'estime & par le respect qu'elle portoit à cette digne Maistresse, & elle accóplit humblement ce qui luy estoit ordonné. Elle a pratiqué beaucoup d'autres mortifications fort heroïques devant Dieu, fort estimées dans les Religions, & fort contraires à la Nature; mais de crainte qu'elles ne paroissent ridicules aux yeux du monde, je ne les veux pas rapporter en détail.

Le Monastere estoit pour lors assez dépourveu des choses temporelles, mais fort riche de vertus. La pauvreté estoit si grande que les Religieuses estoient contraintes de travailler de leurs mains pour la subsistance du Convent; car à grand peine avoient-elles ce qui estoit necessaire pour vivre. De sorte que cette jeune Novice accoûtumée aux viandes de la Cour, eut beaucoup de difficulté pour les mets de la Religion, & dans le commencement elle eut de grands maux d'estomach, neantmoins sa fer-

veur faisoit qu'elle passoit par dessus, sans le faire paroître; car elle n'affectoit aucune singularité, ny delicatesse, bien éloignée d'en rechercher. Il luy est arrivé plusieurs fois que rencontrant quelque salleté par la maison qui luy faisoit bondir le cœur, pour se surmonter elle se mettoit à la lecher par terre, & elle a dit, que nostre Seigneur luy avoit fait la grace de n'avoir pas eu tant de difficulté à mortifier son goust, comme elle eust crû en devoir ressentir, depuis qu'elle l'avoit vaincu si genereusement.

Comme elle estoit quelquefois travaillée de la necessité du vivre, sa Maistresse luy ordonna de luy venir dire toutes les fois qu'elle sentiroit la faim, ce qu'elle ne manquoit point de faire fort humblemét & à deux genoux, & quand elle y alloit cette bonne Maistresse ne luy respondoit autre chose sinon, Ma Sœur, endurez-la pour l'amour de nostre Seigneur. La fidelle Novice se retiroit doucement, & ne laissoit pas d'y retourner une autre fois, bien qu'elle sceust qu'elle n'auroit point d'autre responsse que celle-là qu'elle mettoit en pratique, comme une vraye obeïssante; & au deffaut des viandes corporelles, elle se nourrissoit de cét aliment precieux qui consiste à accomplir la volonté de Dieu.

Avec la faim elle souffroit encores beaucoup d'autres incommoditez sur tous celle du froid : mais le feu de l'amour divin qui brusloit au dedans de son cœur, surmontoit la froideur du dehors, & luy adoucissoit toutes choses. Elle estoit fort portée aux penitences corporelles dans ses commencemens, comme elle le fut toûjours jusques à la fin de sa vie. Elle demandoit souvent permission d'en prendre d'extraordinaires, jusques à lasser quelquefois sa Maistresse, qui n'estoit pas d'elle-mesme fort reservée en ces pratiques, ny pour soy, ny pour les autres;

Ayant eu congé de suivre quelquefois sa devotion en cela, elle le faisoit avec une merveilleuse joye, & portoit ses compagnes à exercer sur elles une pareille haine. Outre les disciplines ordonnées par la Reigle, elle s'en alloit à l'escart durant les plus grandes gelées, & la prenoit jusques au sang, dont on voyoit aisément les traces sur le pavé, & contre les murs, apres qu'elle estoit sortie.

Elle faisoit aussi avec les autres Novices des accords ou des deffits spirituels, à qui seroit la plus humble, la plus obeïssante, la plus patiente, & qui feroit le plus d'actes de vertus. Elles en prenoient une particuliere à la fois, & sur tout elles avoient un zelle singulier de faire toutes leurs actions par des motifs surnaturels de glorifier Dieu: mais nostre Sœur Marie Agnes avoit toûjours l'avantage & l'emportoit par dessus toutes les autres. Car il est constant qu'on voyoit en elle une mortification si generale en toutes choses, principalement dans ses sens, qu'on n'y a point remarqué de regards inutils: jusques là que des Filles postulantes qui entroient dans le Monastere pour estre Religieuses, & avec lesquelles elle conversoit tous les jours, y passoient les cinq & les six mois sans qu'elle les regardast au visage, & il y en a eu qu'elle n'a jamais veuës du tout: & quand on luy en parloit depuis, elle ne sçavoit qui elles estoient & ne les connoissoit que de nom. Elle est aussi sortie de ce Monastere de Nancy, apres y avoir demeuré 4. ou 5. ans, sans avoir veu plusieurs endroits de la maison, ou sans y avoir pris garde.

Son silence estoit égal à ses autres vertus. Si la derniere syllabe du mot qu'elle vouloit dire suffisoit pour se faire entendre, elle n'en disoit pas davantage. Son receüillement estoit si profond, qu'elle a dit plusieurs fois sans y penser, qu'en ce temps-là elle ne sçavoit quasi ce que

c'eſtoit que diſtraction. Elle recitoit des parties entieres de l'Office divin ſans en avoir aucune, & s'il arrivoit que l'on euſt beſoin d'elle, il falloit entrer dans le Chœur, & la tirer par ſes habits pour la faire ſortir, parce qu'elle eſtoit ſi abſorbée en Dieu qu'elle n'appercevoit rien de ce qui eſtoit autour d'elle. Tels ont eſté les commencemens de ſon Noviciat, & les premieres marques de ſa devotion, de ſon obeïſſance, & de ſa mortification.

Du decez de ſes parens, & des difficultez qui ſe trouverent à ſa Profeſſion.

Chapitre VII.

Quoy que cette fidelle Eſpouſe de noſtre Seigneur ne connût plus d'autre pere que Dieu, ny d'autre mere que la tres-ſainte Vierge, neantmoins il luy reſtoit encores un pere & une mere ſur la terre qu'elle honoroit beaucoup, & de qui elle eſtoit extrémement cherie. C'eſtoient les uniques perſonnes pour leſquelles elle pouvoit, & devoit eſtre encores ſenſible: & elle l'eſtoit en la façon que les Saints le ſont dans la veuë de Dieu; c'eſt à dire, en aimant en luy, & pour luy, les choſes qu'il nous ordonne d'aimer, en la maniere, & au degré qu'il ſçait que nous les devons aimer. De cette ſorte elle les reveroit & prioit Dieu pour eux, & ſe ſentoit plus obligée pour l'education qu'elle en avoit receuë, que pour la vie qu'ils luy avoient donnée. Mais pour les tendreſſes de la chair & du ſang, elle eſtoit déja ſi morte au Monde, & à la Nature, que les ayant perdus durant l'année de ſon Noviciat, elle n'en fut non plus émeuë que s'ils euſſent eſté pour elle

les plus eſtranges du monde. Car quand on luy apporta la nouvelle du decez de Monſieur ſon Pere qui mourut le premier, elle demeura ſi tranquille, qu'elle ne fit point d'autre réponſe, que de dire à l'imitation du grand S. François, *Pater noſter qui es in cœlis. Ie n'en ay plus ſur terre, mais j'en ay un au Ciel qui ne mourra jamais.* Elle adjoûta en ſuite, *Ma Mere le ſuivra bien-toſt.* Et cela arriva ainſi qu'elle l'avoit dit : Car cette Dame mourut 14. ou 15. jours apres ſon mary, & ce qui eſt remarquable, c'eſt qu'il n'y avoit aucune apparence d'une mort ſi prompte, parce qu'elle n'eſtoit aucunement malade. Cependant la Maîtreſſe qui ne laiſſoit paſſer aucune occaſion, où il y avoit lieu d'éprouver ſa Novice, voulut en cette rencontre voir quel eſtoit ſon détachement, & ſi elle ne s'attendriroit point. Pour cét effect, elle luy fit dire une des Leçons de l'Office des Morts, qui ſe fait ſelon la pieuſe couſtume de cét Ordre, au deceds des proches parents; & elle le dit avec une fermeté & conſtance merveilleuſe, ſans jetter une ſeule larme, qui fiſt éclatter malgré elle les ſentimens qu'on ſçavoit aſſez qu'elle avoit dans ſon cœur.

Le deceds du Pere & de la Mere fut cauſe qu'on retarda ſa profeſſion durant quelque eſpace de temps, à raiſon des affaires de ſa Maiſon : & elle dans cette diſpoſition d'enfant de Dieu s'abandonnoit ſi parfaitement à la Providence de ſon Pere celeſte, qu'elle ne s'intereſſoit en rien du tout, ſinon à attirer avec elle ſa chere Sœur dans la Religion dont elle gouſtoit déja le bon-heur. Mais elle n'y reüſſit pas tout-à-fait comme elle ſouhaitoit, noſtre Seigneur deſtinant cette Sœur pour eſtre, comme on verra dans la ſuite un autre exemple de perfection dans l'Ordre de la Viſitation Sainte Marie. Quant à ſon aiſnée, apres cette eſpreuve de la mort de ſes parents, Dieu

luy en fit souffrir plusieurs autres qui luy furent encore plus sensibles, & il la mit bien avant dans le creuset des tribulations, afin non seulement d'accroistre ses merites & la purifier de tout point, mais aussi pour la rendre experimentée dans les voyes interieures, & capables d'ayder les Ames qu'il destinoit pour estre en peu de temps soûmises à sa conduite.

Elle eut donc quelque espace de temps de fort grandes afflictions d'esprit, & elle souffrit de terribles tentations, qui luy sembloient tres-dangereuses pour son salut. Car le diable, ou sa propre imagination, Dieu le permettant ainsi, luy mettoit dans la pensée qu'elle seroit damnée, ce qui la faisoit fondre en larmes tres-souvent: & elle ne recevoit de la part de nostre Seigneur que des rebuts interieurs, quand elle s'efforçoit de recourir à luy. Elle se sentoit comme une pauvre ame déja abandonnée, & elle se trouvoit dans des tenebres & des desolations si fortes, quelle ne sçavoit de quel costé se porter, pour trouver de l'appuy, n'ayant encores jamais éprouvé de si tristes agonies. Mais la grace de nostre Seigneur qui estoit en elle la soustenoit, & sans la consoler sensiblement, la portoit à la pratique des actes heroïques d'une charité épurée, luy donnoit des mouvemens plus ardans que jamais, de chercher de nouvelles inventions pour plaire à son divin Espoux qu'elle croyoit irrité, & pour l'appaiser par les humiliations & par les mortifications de l'esprit & du corps, plus les pensées du desespoir de son salut estoient fortes pour l'atterrer, plus elle se roidissoit au contraire, afin de s'élever dans des actes fervents d'un amour genereux & desinteressé. Elle prenoit sur cela des resolutions dignes des vrais enfans de Dieu, & disoit souvent en elle-mesme, *Quand bien la divine Majesté auroit resolu de me perdre*

& de

Marie Agnes Dauvaine.

& de m'envoyer dans le fonds des Enfers, je m'efforcerois avec plus de zelle de faire tout le bien qui me seroit possible pour luy plaire, & le glorifier sur la terre, puisque je ne le pourrois faire dans l'eternité. De maniere qu'elle perseveroit dans tous ses exercices spirituels avec une plus grande fidelité qu'à l'ordinaire; elle augmentoit ses Penitences, nonobstant toutes ses amertumes, & demandoit mesme de prolonger son Oraison, ayant pris à cœur dés ses premieres années de ruiner tout-à-fait l'amour propre, afin de porter en sa place l'amour divin jusques au dernier point de sa perfection.

Nostre Seigneur permit dans cét estat de souffrance que sa Maistresse qui luy estoit severe en toutes choses, le fust encores en celle-cy. Car elle ne connoissoit point la voye de Dieu sur cette ame, & elle luy faisoit pratiquer plusieurs choses qui augmentoient merveilleusement ses peines & ses inquietudes; à tout cela neantmoins cette ame affligée se soûmettoit avec un parfait abandon, jusques à tant que le Pere des misericordes, & le Dieu de toute consolation, ne voulût pas la laisser plus long-temps dans de si grandes amertumes, sans luy donner quelque soulagement, se servit de l'une de ses compagnes de Noviciat: qui se nommoit Sœur Marie Jeanne Magdeleine, de laquelle on peut dire seurement qu'elle a esté une personne choisie de Dieu pour le bien de son Ordre, & en particulier pour le Monastere de l'Annonciade de Paris. J'en diray icy peu de chose, parce que sa vie & ses vertus sont remarquées ailleurs.

Cette personne estoit fort éclairée & fort interieure, elle avoit un esprit rare, & un don tout-à-fait particulier pour discerner les voyes de Dieu sur les Ames, de maniere que nostre Seigneur luy fit connoistre l'estat de cette

E

Novice affligée, & elle demanda permission à sa Maistresse de conferer quelquesfois avec elle, & luy representa qu'à son advis elle usoit envers elle de trop de severité. La Maistresse luy advoüa franchement qu'elle s'en appercevoit bien; mais qu'elle ne pouvoit faire autrement, luy semblant que Dieu le vouloit ainsi, pour la sanctification plus prompte de cette ame; mais elle permit volontiers à cette jeune Sœur de conferer plus souvent avec sa compagne, & dans l'entretien qu'elles eurent ensemble cette Sœur luy fit voir clairement son estat, & comme toutes ces choses n'estoient que des tentations & des épreuves de nostre Seigneur, ce qui la soulagea beaucoup, sans neantmoins la délivrer entierement de ses peines, qui durerent encores long-temps, tant devant qu'apres sa profession.

Elles estoient de telle nature, à ce qu'elle a rapporté elle-mesme, qu'elles n'avoient leur principe que du desir de plaire à Dieu en toutes choses, & de la crainte de l'avoir offencé dans celles où elle estoit davantage opposée au peché: car elle parle ainsi dans l'un de ses écrits. *Ma plus grande peine estoit, que je n'avois pas encores bien compris que Dieu n'est offensé que par le mal qui est voulu: & parce que je ne pouvois empescher que des choses mauvaises ou inutiles n'entrassent en mon ame contre ma volonté, ie pensois avoir offensé Dieu autant de fois qu'elles s'estoient presentées à mon imagination: & neantmoins c'est une verité certaine que j'aurois plustost choisi & demandé à Dieu tous les tourmens de l'Enfer, que de consentir à aucunes des choses que i'aurois crû luy estre desagreables.* Et poursuivant elle dit, *Cette bonne Religieuse à qui ie declaray ma peine, me fit entendre clairement que le mal qui nous est suggeré n'est aucunement peché, sinon quand la volonté s'y porte, ou y consent, ou qu'elle neglige de*

s'en deffaire lors qu'elle s'en apperçoit, ce qui me fit un peu respirer, & ie souffrois depuis toutes ces suggestions comme des tourmens, mais non plus comme des pechez que i'estimasse avoir commis, & ie demeuray par ce moyen plus tranquille que ie n'avois esté.

Comme elle fit sa Profession, & ce qui suivit iusques à la sortie du Monastere de Nancey.

Chapitre VIII.

Enfin le jour heureux de son grand sacrifice s'approchant elle fut receuë à la Profession, apres avoir passé par toutes les difficultez, à l'imitation de nostre Seigneur qui apres l'agonie du Jardin alla consommer sa vie en mourant sur la Croix. Ainsi cette Espouse fidelle qui n'avoit autre inclination que de se rendre semblable à son divin Espoux, fit ses vœux dans ces hautes dispositions, & s'attacha à la Croix de la Vie Religieuse, surmontant toutes les tentations qu'elle avoit éprouvées & les delaissemens qu'elle avoit encores à endurer apres.

Le jour estant arresté, elle voulut faire un receüil de Confession extraordinaire, pour se mieux preparer à une si importante action, & pour se rendre encores par ce moyen plus agreable aux yeux de son celeste Espoux. A cét effet on luy donna un Reverend Pere de l'Oratoire, qui apres sa Confession dans l'entretien qu'il eut avec elle, fit semblant de la vouloir tenter, luy disant que dans le temps de Carnaval où l'on estoit, plusieurs personnes avoient inventé tant de nouveaux sujets de divertissement à la cour, qu'il croyoit serieusement qu'elle les trou-

veroit fort agreables si elle les voyoit. Mais elle fut surprise, à ce qu'elle a dit depuis, d'un mouvement si violent d'impatience, que ce fut tout ce qu'elle pût faire que de se retenir & de dissimuler, répondant seulement, *Mon Pere, ie benis Dieu de ce que vous me prenez justement pour ce que ie suis, & pour un enfant qui s'amuse à des bagatelles. Il ne faudroit pas avoir gousté Dieu, pour faire estat de ces choses, & luy preferer ces amusemens.* Quand elle rapportoit puis apres le discours de ce Pere, elle disoit que c'estoit l'une des choses du monde où elle se souvenoit d'avoir eu en sa vie plus de colere, se figurant que des hommes spirituels pussent relever de telles choses pour en donner de l'estime. Aussi n'avoit il dit cela que pour voir ce qu'elle répondroit, & il l'encouragea apres de persister dans sa sainte resolution, il l'asseura que Dieu la beniroit, & luy promit d'avoir memoire d'elle au S. Autel : il luy demanda reciproquement part en ses saintes prieres. Et ainsi ils se separerent l'un de l'autre.

Le decez de ses Pere & Mere, comme nous avons dit, avoit esté cause qu'elle fut retardée, jusques au 2. Juillet de l'année suivante 1619. Elle estoit lors aagée de 17. ans & demy : mais durant tout le temps de ce retardement elle preparoit incessamment son ame, pour la rendre plus belle aux yeux de son divin Espoux, par des actes fervents de son amour, & par des mortifications ordinaires & extraordinaires. L'une de ses pratiques que l'on a trouvé en un papier écrit de sa main, fut que l'année de son Noviciat elle alloit tous les jours mandier humblement à la porte du Ciel la grace de faire la Sainte Profession, & elle s'adressoit pour cela à la tres sainte Trinité, à la Sainte Vierge, & à tous les Saints, & mesme à **leur** Venerable Fondatrice la Mere Marie Victoire, demandant à Dieu par

les merites de son Fils, de sa tres-sainte Mere, & de tous les Saints, qu'il luy plût d'augmenter en elle l'esprit de ce Saint Institut, pour vivre & pour mourir en parfaite Religieuse. Elle demandoit la grace que si nonobstant son indignité, elle obtenoit ce bien-fait de sa main liberale, elle pût luy en estre parfaitement reconnoissante, puisque tous les biens ne peuvent venir que de luy : & elle proposoit de faire un an durant tous les jours quelques devotions particulieres, quelques actes d'humiliation de soy-mesme, & d'adoration de la bonté divine, en action de graces de ce qu'il n'auroit pas dédaigné les souhaits de la plus miserable, & de la plus indigne de toutes ses creatures.

Le jour donc qu'elle desiroit si fort estant arrivé, sa Maistresse qui estoit vigilante à ne laisser rien échaper pour l'exercer en la vertu, trouva encores dequoy adjoûter à son sacrifice, en luy ordonnant de proferer une parole autrement qu'elle ne se prononce parmy les gens de qualité, mais de la dire tout haut, & devant toute la compagnie qui estoit fort celebre, comme elle est dite par les paysans & par les gens de village. Cette obeïssante Novice qui se donnoit à Dieu sans aucune reserve, ne manqua pas à faire ce qui luy estoit ordonné, bien qu'elle eût une grande repugnance de commettre cette faute dans une action si celebre, & devant une si belle compagnie : elle advoüa qu'en ce rencontre elle mit sa reputation aux pieds du Crucifix, s'abandonnant à estre estimée ridiculle ou extravagante par des personnes de la premiere qualité, qui la prendroient pour estre dans la derniere lourdise de n'avoir pas sceu mieux prononcer les vœux qu'elle faisoit à Dieu.

Cette derniere victoire remportée sur elle mesme, la

disposa à se donner à Dieu avec un amour encores plus ardant, & à recevoir de luy de plus grandes faveurs. Car nostre Seigneur ayant éprouvé sa fidelité, la retira incontinent apres de ses peines interieures, & luy fit éprouver des douceurs & des caresses surprenantes. Il éclaira son entendement de plus abondantes lumieres, il recrea son ame du don d'une Oraison plus sublime, & pour la fidelle correspondance qu'elle rendit aux attraits de ce divin Espoux, elle advança en peu de temps à une perfection si extraordinaire, que toutes celles de la Communauté en demeuroient estonnées. Quelque temps apres sa Profession comme elle estoit encores au Noviciat, Mademoiselle de Vaudemont entra dans le Monastere, pour y demeurer, & s'y faire Religieuse, sans le sceu ny la permission de son Altesse de Lorraine. Durant tout le temps qu'elle y fut les Superieures donnerent soin à nostre jeune Professe de demeurer avec elle, & de l'entretenir. Cependant comme les personnes de dehors menoient un grand bruit, afin de retirer cette Princesse : dans la crainte extréme où elle estoit à cause des puissances souveraines qui s'opposoient à son pieux dessein, elle demanda conseil à nostre Sœur Marie Agnes de ce qu'elle devoit faire en cette conjoncture. Nostre jeune Professe toute de feu & de ferveur, luy conseilla de faire ouvrir la porte, de se couper les cheveux elle-mesme, & de les leur jetter à la teste, ce qu'elle ne pût pas pourtant effectuër : parce qu'elle fut à l'instant retirée par violence pour estre mariée au Prince de Phalsebourg, comme elle le fut bien-tost apres, auquel estat nostre Seigneur luy a fait bonne part de sa Croix.

Mais pour revenir à nostre jeune Professe, les Superieures trouverent bon de la mettre d'abord dans l'exercice des petits Offices de la maison, & premierement on luy

donna celuy de Sacristine, où elle se comporta avec une édification tout-à-fait remarquable. Comme elle avoit soin de réveiller les Religieuses pour aller à Matines, l'apprehension d'y manquer estoit cause qu'elle dormoit fort peu ; de sorte que dans la grande jeunesse où elle estoit, elle fut fort travaillée du sommeil, principalement au temps de l'Oraison : elle usoit de diverses inventions afin de le combattre ; elle prenoit des disciplines frequentes, elle se perçoit les oreilles d'autant plus volontiers qu'elle l'avoit fait autrefois pour le monde, elle se tenoit debout sur un pied les bras estendus en Croix, elle y joignoit encores d'autres mortifications par une ferme resolution qu'elle avoit de ne donner à son corps aucun moment de repos, dans le temps destiné à l'entretien avec Dieu. Mais ce fut particulierement dans cét employ de la Sacristie qu'elle fit paroistre sa grande pieté envers nostre Seigneur, l'honorant avec un respect inconcevable, dans tout ce qui sert au Sacremét adorable de son divin amour. Elle touchoit avec une reverence nompareille les ornements sacrez : elle joignit à cela le silence, & la modestie telle que les Anges luy sembloient la pouvoir apporter. Elle tenoit à un bon heur extréme d'estre obligée de donner le signal pour inviter les Religieuses aux Offices du Chœur, s'imaginant qu'elle imitoit les Anges qui s'excitent continuellement à chanter les loüanges divines.

Aprés l'Office de Sacristine, elle eut celuy de Tourriere où elle se rendit aussi exemplaire, tant pour le dedans que pour le dehors : car elle estoit également exacte pour servir ses Sœurs, & reservée pour n'entretenir jamais de discours inutils les personnes du monde. Elle a témoigné en quelques rencontres, que quand il luy auroit fallu ne manger que des cendres, & ne coucher que sur le pavé,

elle n'auroit pas voulu changer sa condition contre toutes les fortunes du siecle, & qu'elle prefereroit la grace de sa vocation à tous les Empires de la terre, quand mesme dans l'un & dans l'autre estat il y auroit autant de gloire à rendre à Dieu, à cause seulement du bon-heur qu'elle estimoit par dessus tout d'appartenir entierement à Jesus-Christ & d'imiter sa vie. Comme elle estoit si dégagée des affections du monde, & qu'elle avoit une aversion si forte du Parloir, elle s'en dispensoit le plus qu'il luy estoit possible, & elle avoit au contraire une ponctualité si exacte à tous les exercices de la Religion, que rien ne s'y pouvoit égaller. Il arriva un jour qu'une de ses compagnes d'Office, la vint querir pour aller au Tour ou à la Grille, comme elle avoit commencé selon la coustume à dire sa coulpe apres Vespres devant la Mere Prieure. Cette Mere fut demandée du dehors pour quelque chose qui pressoit, & sortit à la haste sans avoir donné par mégarde à la Sœur Marie Agnes la penitence qu'elle attendoit pour ce dont elle s'estoit accusée. La Sœur demeura à genoux demy courbée l'espace d'une bonne heure, sans changer de place ny de posture, jusques à ce que la Mere Prieure estant de retour luy donnast sa penitence & son congé, non sans un merveilleux estonnement de cette obeïssance, & de cette patience qui a peu de pareilles. C'estoit sa coustume de faire beaucoup d'actions semblables de toutes les autres vertus, & plusieurs des Religieuses qui ont esté ses compagnes, ont fait raport de beaucoup d'autres que nous avons laissées. Ces bonnes Meres dont quelques-unes sont encores vivantes, ne se peuvent lasser de la proposer pour modelle à celles qui ne l'ont point veuës, & qui se trouvent animées à suivre son exemple, par le recit qu'elles en entendent souvent.

Ce fut en

Ce fut en l'espace de trois ou quatre années qu'elle fit tant de progrez, que la divine Providence voulut l'employer pour conduire les autres, & travailler à leur sanctification. Elle disposa toutes choses pour cela, en sorte que cette Mere fut éleuë Maistresse des Novices de la nouvelle Fondation du Monastere, qu'on meditoit d'establir à Paris, & ce sera là que nous ferons voir les fruicts de sa sage conduite, en qualité de Maistresse des Novices, de Soûprieure, & enfin de Prieure : parce qu'elle s'est signalée en vertus dans chacun de ces Offices successivement, & que dans aucun elle n'a rien relasché en l'espace de 40. ans, de l'extrême ferveur, & de l'exactitude qu'elle y a apportée.

Des Religieuses qui furent choisies pour venir de Nancey, & pour establir l'Ordre de l'Annonciade Celeste à Paris.

Chapitre IX.

LA Providence divine ayant disposé de fonder une maison de l'Annonciade Celeste dans Paris, en avoit long-temps auparavant donné de fortes inspirations à feuë Madame la Marquise de Verneüil, qui la premiere a fait l'honneur à ces Religieuses de les faire venir en France, & de leur donner un fonds assez considerable pour y commencer leur establissement dans la Ville principale du Royaume.

Aussi-tost que les offres charitables de cette Dame furent signifiées aux Meres du Convét de Nancey, la Superieure assembla toutes les Religieuses, pour voir avec elles

si on accepteroit cette fondation, & qui on destineroit pour la mettre en effet. Apres l'avoir receuë avec actions de graces, il fut conclû que l'on en donneroit la commission à la Reverende Mere Marie Jeanne Magdeleine, qui estoit déja Superieure, quoy qu'elle fust lors des plus jeunes Professes. Elle n'accepta cette charge qu'avec beaucoup de peine, & avec des preuves si certaines, qu'elles ne luy permirent pas de douter des volontez de Dieu : ce fut toutesfois à condition qu'il luy seroit permis de choisir celles qui l'accompagneroient, & qui l'assisteroient en cét employ, dont la Mere Marie Agnes fut la principale, sans laquelle jamais elle n'eust pû, disoit-elle, ny voulu l'entreprendre. Il est sans doute que Dieu avoit choisi ces deux ames pour les joindre ensemble par les liens d'une charité inseparable jusques à la mort, parce que leur union ayant pris son commencement dés leur Noviciat, elle s'estoit accruë depuis par la veuë des dons & des graces qu'elles reconnoissoient l'une dans l'autre ; & l'effet a montré combien cette liaison a esté profitable, non seulement à la perfection de l'une & de l'autre, mais encores au bien de tout l'Ordre, & particulierement de la maison de Paris, ayant esté les deux pierres fondamentales de ce nouvel establissement.

Comme la Mere Marie Jeanne Magdeleine estoit en grande estime dans le Monastere de Nancy, on luy accorda tout ce qu'elle demanda ; & par le don qu'elle avoit du discernement des esprits, elle choisit neuf excellentes filles, dont la Mere Marie Agnes estoit la principalle. Il ne falloit pas des personnes d'une moindre vertu pour establir dans une aussi grande Ville que celle de Paris, un Ordre aussi inconnu qu'est celuy dont nous parlons : & il se trouva de si fâcheuses difficultez à surmonter à l'abord

en cét ouvrage du Seigneur, que plusieurs autres qui ne se feroient pas si fort appuyées en la force de son bras, auroient quitté leur entreprise. Des personnes mesmes de pieté conseilloient de ne s'engager pas à un si grand dessein, d'autres n'en prevoyoient que de la honte & de mauvais succés : de sorte que si ces bonnes Meres eussent suivy leurs advis, & non pas les mouvemens de Dieu, & la prudence de la chair, plustost que celle de l'esprit, elles ne se seroient pas consommées comme elles ont fait, pour le bien spirituel & temporel de cette maison, où Dieu a appellé des ames qui joüissent maintenant du fruict de leurs travaux, & qui sont redevables apres luy à ces deux Fondatrices, du bon-heur qu'elles ont d'y trouver tous les moyens possibles pour se rendre tous les jours plus agreables à celuy auquel elles sont consacrées.

Avant que de partir de Nancy, la Mere Marie Agnes se voulut asseurer de celle qu'on prendroit pour estre Maistresse des Novices, apprehendant que cét employ ne luy fust destiné : mais la Mere Marie Jeanne Magdeleine jugeant bien que si elle eust sceu son dessein tandis qu'elle estoit encores dans sa maison de Profession, elle eust pris le parti d'y demeurer plustost que d'accepter une charge dont elle s'estimoit tout-à-fait incapable, se contenta de luy dire, *J'espere que Dieu y pourvoira*, & luy nomma une de celles qu'elle menoit avec elle sur qui elle pourroit jetter les yeux s'il en estoit besoin. Cela mit en repos la Mere Marie Agnes qui ne s'en informa pas davantage : & apres les embrassements charitables, & les recommandations mutuelles de toute la communauté; celles qui sortoient ayant fait leurs devotions, & receu la Benediction de Monseigneur l'Evesque de Toul, leur Prelat & leur Superieur, la separation se fit de part & d'autre,

avec beaucoup de soûpirs & de larmes. Une grande multitude de peuple vint pour voir leur sortie, & pour leur dire Adieu. Il y en eut mesme qui dirent, Que le bon-heur de Nancy s'en alloit avec elles, & la suite a fait quasi passer cette prediction pour une Prophetie : car toutes les calamitez que l'on sçait estre arrivées à la Lorraine, ont commencé peu de temps apres. De cette multitude qui estoit presente c'estoit à qui pourroit toucher & baiser leurs habits. Plusieurs personnes de condition qui leur estoient plus affectionnées, les accompagnerent la premiere journée jusques à la Ville de Toul : & le soir venu la Mere Marie Jeanne Magdeleine, qui estoit Superieure par commission distribua les Offices, & nomma pour Maîtresse des Novices la Mere Marie Agnes, qui n'estoit encore aagée que de 21. an. Ce fut ce qui la mit dans une tres-grande affliction, se trouvant à son sens inhabile pour cét employ, si important dans le commencement d'une Fondation. Elle representa avec larmes son impuissance & sa grande jeunesse, ne pouvant du tout se resoudre à prendre cette charge, & elle fit de si grandes instances pour obtenir qu'on la laissast retourner en son Monastere avec les Dames qui les avoient conduites jusques-là, qu'elle a dit plusieurs fois depuis qu'elle croyoit que les resistances qu'elle avoit apportées en cette rencontre à la Sainte Obeïssance, estoient l'un des plus grands pechez qu'elle eust commis en sa vie. Cependant la Mere Prieure voyant son affliction la consola, & la fortifia en toutes les manieres qui luy furent possibles, luy promettant son assistance en tout ce qui luy seroit necessaire, sur tout elle l'exhorta à se confier en Dieu qui n'abandonne point ceux qui se soûmettent à ses divines volontez. Nostre Seigneur donna tant de benediction aux paroles

de cette Superieure, que la Maistresse choisie embrassa humblement cette Croix, dans laquelle à l'imitation du bon Pasteur, elle a employé quasi toute sa vie pour le secours des ames qui luy ont esté commises.

Tout le long des chemins elle donna une merveilleuse édification à ceux qui la virent, & comme la presence de Dieu & son amour estoit la reigle qu'elle avoit imprimée dans le fonds de son cœur, elle n'avoit pas besoin des murailles de son Monastere, pour se maintenir exactement dans ses saintes Observaces, & autant qu'il luy estoit possible dans les privations & les mortifications propres de son estat. Car bien loin de s'émanciper dans les occasions d'entretiens & de visites que les voyages donnent, il ne fut jamais possible de luy faire regarder des jardins, ny des maisons, ou des meubles exquis, quelques instantes prieres que l'on luy en pût faire: & comme son esprit estoit tout-à-fait élevé au dessus des choses de la terre, elle s'estonnoit extrémement de voir des ames raisonnables creées pour le Ciel, faire tant d'estat d'autre chose que de Dieu, pour qui seul elle avoit de l'estime. De maniere, qu'elle arriva à Paris le 3. Juillet, sans estre sortie pour ainsi dire de sa sainte Closture, & elle fit tout le chemin comme si elle fût demeurée dans sa Cellule, pouvant dire avec S. François, *Mon Dieu, mon tout* : & avec nostre Sauveur, *Là où est mon thresor, là est aussi mon cœur.* Matth. 6.

Comme elle commença d'exercer l'Office de Maistresse des Novices, & les premieres instructions qu'elle donnoit à ses filles.

CHAPITRE X.

LA coustume qu'elle a toûjours gardée, de ne rien entreprendre sans implorer le secours special de la grace de Dieu, fit que deslors qu'elle fut arrivée à Paris, elle demanda permission à la Mere Prieure, de faire les exercices spirituels sous la conduite d'un Reverend Pere de la Compagnie de Jesus, pour se disposer à bien commencer son Office. Ce Pere s'estant appliqué avec un soin extraordinaire à remarquer les conduites que Dieu tenoit sur elle, comme sur une personne qu'il avoit choisie pour establir un nouvel Ordre dans cette grande Ville, parla d'elle apres sa retraite avec tant d'admiration, qu'il dit à la Prieure que c'estoit une ame toute penetrée & toute possedée de Dieu, qu'elle estoit gouvernée par luy visiblement, & qu'il mettoit en elle des dons qui iroient toûjours croissant, & qui se communiqueroient abondamment pour le bien de plusieurs. Il adjousta plusieurs autres témoignages de la vertu extraordinaire qu'il découvroit en elle, & la suite a fait paroistre qu'il ne se trompoit pas.

Cette jeune mais fervente Maistresse, sortit de sa retraite comme d'une fournaise embrasée, & comme l'Espouse des Cantiques qui entrée dans les celliers du celeste Espoux, n'en sort que pour y attirer aussi-tost ses compagnes. Elle se mit sur l'heure à exercer sa Charge autant qu'il se pouvoit faire dans les commencemens d'une mai-

son qui ne faisoit que naistre. Elle n'avoit qu'une seule Novice, choisie entre quinze ou seize du Monastere de Nancy pour venir à cette fondation de Paris : elle se nommoit Sœur Marie Therese, & elle portoit heureusement ce nom ; car elle suivoit en ferveur sa Maistresse, & imitoit sa sainte Patronne. Elle estoit si spirituelle & si interieure qu'on l'appelloit ordinairement *le petit Ange* : & elle a tant profité sous la conduite de sa bonne Maistresse, que n'estant encore aagé que de 23. ans, elle a esté capable d'estre employée dans les premiers Offices de plusieurs de leur Maisons. Ce n'est pas mon dessein d'en parler icy plus au long, ny de plusieurs autres excellens sujets que nostre Seigneur a donnez à cette sage Mere, qui par la fidelité qu'elles ont renduë à la grace de leur vocation, & par les progrez qu'elles ont fait sous une si sainte conduite, se sont renduës éminentes en vertu, & apres avoir esté envoyées en divers Monasteres, se sont estimées heureuses de venir mourir sous les assistances de celle qui les avoit enfantez à la Religion. Il est parlé d'elles plus au long dans le Livre des Annales de cette Maison de Paris. C'est pourquoy je n'en diray rien davantage en ce lieu.

Cette digne Maistresse qui avoit toutes les conditions requises pour un si saint employ, estoit particulierement exacte à l'observance des Reigles : elle estoit charitable, modeste, diligente, mortifiée, & sur tout experimentée dans les voyes de l'Oraison. Elle avoit un cœur de Mere envers ses Novices, & de plus elle estoit avantagée entre les autres graces surnaturelles, d'un esprit si sublime, qu'il luy faisoit parler des mysteres de la foy avec tant de sens & de lumiere, qu'elle ravissoit en admiration toutes celles qui avoient le bon-heur de l'entendre. Car il estoit facile de voir qu'elle estoit puissamment remplie de l'Esprit

de noſtre Seigneur, & qu'elle recevoit abondamment de luy les dons d'intelligence & de ſageſſe, dont elle faiſoit paroiſtre ſi viſiblement les effets au dehors.

Pour ne negliger aucune des plus petites choſes, ſa couſtume eſtoit avant que de commencer ſes inſtructions de prendre de l'Eau-beniſte, & ſe mettre à genoux, & élevant ſon cœur faire quelque courte, mais fervente priere au S. Eſprit, pour luy demander la grace d'inſpirer dans les ames ce qu'elle y vouloit mettre. De là elle parloit d'une maniere, ſi excellente & ſi relevée ſur toutes les choſes ſpirituelles ſans avoir rien premedité, que quelquesfois apres ſes inſtructions faites, ſi quelqu'une de ſes Novices la ſupplioit d'en repeter quelque choſe, elle reſpondoit franchement, *Ie ne le ſçais plus, car cela m'avoit eſté donné en ce temps-là pour vous*: Et neantmoins pour ne les pas laiſſer vuides, elle diſoit encores d'autres choſes qui ne cedoient en rien à ce qu'elle avoit déja dit.

Elle écoutoit volontiers toutes les queſtions qu'on luy propoſoit, & elle y répondoit avec une merveilleuſe douceur, quand meſme quelque eſprit un peu ſimple en avoit fait qui euſſent pû paſſer pour ridicules, elle demeuroit dans ſa gravité ordinaire, & parloit ſi ſpirituellement là deſſus, que de ce qui n'eſtoit rien, elle en faiſoit quelque choſe qui eſtoit profitable à toutes. Ainſi elle leur laiſſoit une entiere liberté de dire ce qu'elles vouloient, & de toutes choſes elle prenoit matiere pour les porter à la perfection, dont chacune pouvoit eſtre capable. Elle parloit d'une façon ſi convainquante & ſi pleine d'onction, que l'on eſtoit facilement perſuadé d'embraſſer le bien qu'elle propoſoit. Mais comme elle avoit un amour ſingulier pour l'Humanité adorable de noſtre Seigneur JESUS-CHRIST, l'on ſentoit dans toutes les occaſions qu'elle

faiſoit

faisoit son possible pour l'imiter, & toutes ses instructions, ses oraisons, & ses conferances, tant generales que particulieres, ne tendoient à rien tant qu'à inspirer cét amour à celles qui estoient sous sa conduite, avec un desir embrasé de le faire vivre & regner dans tous les cœurs. Elle ne parloit quasi d'autre chose, comme elle ne pensoit aussi à autre chose, & tout ce qu'elle faisoit ou disoit n'estoit que pour animer ses Sœurs à conformer leur vie & leurs actiós à celles du Verbe incarné, auquel elles estoient consacrées par le devoir de leur Profession. Elle versoit dans ces ames preparées de si hautes idées des grandeurs & des perfections de Dieu-Homme, qu'elles estoient excitées à apprendre de luy comme de leur Maistre Celeste, la maniere d'honorer le Pere Eternel, de le prier, de l'adorer, de l'aimer, & de consommer tout ce qu'elles estoient pour sa gloire : ce divin Sauveur nous ayant bien fait paroistre en son adorable personne l'estime qu'il en faisoit, par sa venuë au monde, par toutes ses actions, par toutes ses oraisons, ses humiliations, & ses souffrances, & enfin par le Sacrifice qu'il a consommé en mourant sur la Croix, & qu'il continuë à faire tous les jours sur l'Autel jusques à la fin des siecles.

Par ces instructions, & par d'autres aussi pleines de force & d'amour, elle leur apprenoit que toutes leurs actions ne devoient tendre qu'à estre des copies de cét adorable Prototype, & recevables dans l'union à celuy qui est la source de toute sainteté. Que c'estoit le miroir sur lequel elles se devoient sans cesse regarder, pour reconnoistre & pour recevoir tout ensemble les beautez & les graces qui les rendroient aimables à leur Pere celeste. Que c'estoit l'ouvrage du Saint Esprit de former dans leurs ames ces vertus pour en faire son Temple. Et le dessein de la sacrée

H

Vierge par le tiltre de Mere qu'elle avoit, de produire en elles l'image de son fils, & de les lier par cette ressemblance à son parfait amour. Elle adjoustoit plusieurs choses semblables que l'onction de la grace luy fournissoit: Et s'il arrivoit à quelqu'une de tomber en quelque faute, apres une reprehension charitable, elle luy disoit quelques fois les larmes aux yeux, & la douleur en l'ame, *Ma chere Sœur, Nostre Seigneur a-il fait de la sorte? est-ce ce qu'il nous a enseigné, & ce qu'il a pratiqué?* En suite l'amour qu'elle avoit pour leur perfection estoit cause qu'elle s'étendoit de nouveau à leur parler des actions adorables de nostre Seigneur JESUS-CHRIST, de ses dispositions interieures au regard de son Pere, ou de sa sainte Mere, des Anges & des Saints, afin que penetrées de ces impressions, elles fussent aydées dans les occasions à se conformer, & à s'unir à luy avec plus de facilité, & de fidelité.

Ioan. 8.   Elle leur rapportoit quelquefois les paroles de Nostre Seigneur, qui disoit, *Ie ne fais rien que ce que je voy faire à mon Pere;* Et sur cela elle vouloit qu'elles apprissent à faire la mesme chose au regard du Sauveur, qu'il faisoit au regard de son Pere, en se rendant ses imitatrices en leurs actions, comme il estoit imitateur de son Pere agissant sur la terre. Pour cela elle les enseignoit à attacher uniquement leur perfection aux pratiques de leur Institut; d'en faire leur lecture, leur oraison, & toute leur estude; les assurant que ce seroit par cette seule voye qu'elles recevroient l'esprit solide & veritable de leur vocation. Elle leur recommandoit de plus, de prendre garde particulierement à éviter une legereté d'esprit ordinaire en plusieurs qui se remplissent l'affection des desirs d'une perfection excellente, mais contraire à leur estat: & laissent pour cela bien souvent ce que Dieu demande d'elles,

dans les pratiques qu'elles ont entre les mains. Sur quoy elle avoit des lumieres si belles & si insinuantes, que l'on voyoit bien que la Sagesse divine l'avoit enseignée pour instruire les autres. Car la plus grande partie de ses écrits sont comme la moüelle de cét esprit interieur avec lequel elle a écrit sur plusieurs points de ses Constitutions, dont elle donnoit à ses Novices un amour & une estime singuliere, pour leur faire acomplir dans les moindres choses toutes les volontez de Dieu. Elle taschoit de leur insinuër par l'exemple des Anges, comme une action qui d'elle-mesme est petite, estant faite par l'ordre de la volonté divine, est aussi digne de luy, & demande autant d'application que la plus relevée; & qu'elle valloit mieux pour elles que de visiter les Hospitaux, faire de grandes aumosnes, pratiquer les plus rigoureuses penitences : leur remonstrant toûjours que nostre Seigneur & sa tres-sainte Mere en avoient ainsi usé, lesquels leur Institut se propose uniquement pour modelles, afin d'apprendre à celles qui le professent à regarder les choses & à les estimer, non par ce qu'elles sont en elles mesme, ny par ce qu'elles paroissent aux yeux des hommes; mais par ce qu'elles sont dans l'idée & dans l'estime de Dieu.

Suite des instructions qu'elle donnoit à ses Novices pour les faire avancer en toutes les vertus.

CHAPITRE XL

QUoy que le plus grand soin de cette sage Mere fust de donner à ses filles ces sentimens, dans lesquels comme dans son abbregé consiste tout l'esprit de cét Or-

dre : elle n'obmettoit pas pourtant de les inſtruire ſur les autres vertus qui ſont communes à toutes les Religions, & qui ſont les moyés pour arriver à la vraye ſainteté. Elle avoit une vigilance ſi exacte pour faire que ſes Novices marchaſſent en eſprit, & fiſſent toutes leurs actions par des motifs ſurnaturels de plaire à Dieu, & de le glorifier, qu'elle les en advertiſſoit continuellement, & reconnoiſſant leurs moindres manquemens, elle n'en laiſſoit paſſer aucun ſans une charitable, mais ſevere correction. *Car jamais*, diſoit-elle, *il ne faut favoriſer la Nature, ny l'imperfection de qui que ce ſoit.* Et s'il arrivoit par rencontre qu'elle interrogeaſt quelqu'une de ſes Sœurs, & luy demandaſt par quel eſprit elle faiſoit une choſe : Cette fille ſurpriſe ſans avoir penſé à s'appliquer à aucun bon deſir, en demeuroit confuſe ; mais comme elles ne ſçavoient toutes ce que c'eſtoit que de cacher leurs imperfections, ou de diſſimuler leurs fautes, elle luy reſpondoit ingenuëment en ſe jettant à terre, qu'elle n'avoit eu en particulier aucun bon motif. C'eſtoit pour lors que la Mere montroit ſon zelle, & la reprenoit fortement de negliger ainſi des actions dediées à Dieu ſelon leur Inſtitut, & qui pouvoient beaucoup luy plaire & le glorifier, ſi elles eſtoient faites comme elles doivent eſtre, *Parce*, diſoit-elle, *que Dieu ne regarde, & ne reçoit que ce que l'on fait pour ſon amour.* Elle luy reprochoit ſur cela de n'eſtre encore que dans l'exterieur, & de ne ſervir Dieu que comme feroient des manœuvres, ou des eſclaves ſans y avoir penſé. *Encores*, diſoit-elle, *ces gens là ont le motif d'avoir un peu d'argent au bout de la journée, & vous n'avez pas meſme celuy de gagner le Paradis, qui eſt bien moindre que celuy de pouvoir plaire à Dieu.* Ainſi par ces petites confuſions, & par d'autres ſemblables, elle les rendoit ſoigneuſes de marcher toû-

jours en esprit & verité devant luy.

Elle ne pouvoit non plus souffrir que dans des cœurs Religieux il y eust aucune reserve pour Dieu. Lors que quelque jeune Novice luy faisoit cette question, si en telle ou en telle chose il y avoit peché mortel, ou veniel, ou seulement de l'imperfection; toutes ces distinctions luy estoient insupportables: *Hé! Mon Dieu,* leur disoit-elle, *que cela est indigne d'une ame Religieuse! Quoy, ne suffit-il pas de voir & de sçavoir qu'une chose déplaist à Dieu, pour ne la jamais commettre ? Sçachez donc qu'il n'y a rien de petit de ce qui peut plaire, ou déplaire à un si grand Seigneur. Il n'a pas examiné si pour nous sauver il suffisoit d'estre venu au monde, ou de s'estre fait homme: mais il s'est livré à une infinité de tourmens pour accomplir la volonté de Dieu son Pere, & obtenir nostre salut, & pour rendre, comme dit le Psalmiste, nostre Redemption abondante. Il ne faut donc pas aussi avoir un cœur retressi avec luy, ny regarder de si prés pour éviter seulement ce qui est peché; mais plustost il faut faire tout ce que l'on cognoist luy estre agreable, & accomplir à son exemple ce qu'il a dit en parlant de son Pere, Ie fais toûjours ce qui luy est agreable.* Ainsi en toutes les occasions elle proposoit nostre Seigneur pour l'exemple, & pour le motif de tout ce qu'elle demandoit.

Elle enseignoit admirablement bien ses filles à faire un Saint usage de tous les évenements fâcheux qui contredisent nos desirs, & qui choquent les sens & la raison: Et elle vouloit qu'au lieu de se remplir de repugnances, de chagrins, ou de troubles, elles s'élevassent en esprit jusques à Dieu qui fait toutes choses, ou qui le permet pour le bien des ames qui le cherchent, ou qu'il a choisies. Elle leur apprenoit à faire en ces occasions mille petits sacrifices d'elles-mesmes, & mille actes de Penitence,

H iij

d'obeïssance, d'humilité, & d'abnegation, leur faisant dire par exemple à nostre Seigneur : *Il est bien juste, ô mon Dieu! puisque j'ay tant de fois contredit vos saintes volontez pour accomplir la mienne, que maintenãt ma volonté soit aneantie pour ceder à la vostre.* D'autres fois si l'on attendoit long-temps à une porte, & que quelque mouvement d'impatience vint surprendre le cœur, elle leur enseignoit de le reprimer, en disant ; *Mon Dieu, vous avez tant de fois frappé à la porte de mon cœur pour y entrer, & ie n'ay pas fait semblant de vous entendre : Ie veux donc maintenant souffrir ce retardement en esprit de Penitence pour vous avoir si long-temps rejetté.* Si dans la veuë des deffauts d'autruy quelque chose les choquoit, elle leur faisoit dire, *Helas! mon Dieu, combien fais-je de choses tous les iours qui offencent vos yeux divins, & vous me supportez?* Et ainsi dans une infinité de rencontres que l'on pourroit produire, & dont la pratique pourroit servir d'une oraison continuelle, elle se servoit des mesmes choses qui abbatoient l'esprit pour l'eslever au dessus de la Nature, & le porter à Dieu.

Elle les instruisoit aussi de faire leurs actions dans l'esprit de chaque vertu, & de se donner à nostre Seigneur au commencement de chacune pour la faire avec toute la perfection qu'il vouloit d'elles dans le moment present. Comme en entendant la Sainte Messe, en recitant l'Office divin, en conversant les unes avec les autres, en prenant leur repas, en servant aux malades, & en toutes les autres choses, les faisant selon qu'elles pourroient estre faites parfaitement, pour suivre tous les mouvements de la grace, qui les portoit à l'exemple de JESUS-CHRIST à remplir tous les desseins de Dieu, & le glorifier en se sanctifiant.

Elle leur enseignoit encores dans les solemnitez de

l'année d'honorer les Mysteres qui s'y celebrent, & de se preparer à participer à la grace de la Feste, à frequenter dans cét esprit les Sacremens avec fruict, & de s'en approcher avec la pureté requise. Et elle leur donnoit sur cela des motifs excellens, principallement pour la sainte Communion, que ses Novices luy demandoient avec un grand soin les veilles de ces Festes, & à laquelle elle les preparoit avec une application égalle à sa ferveur.

Cette bonne Maistresse qui ne negligeoit rien, leur apprenoit à lire les Livres spirituels, non par curiosité, ny par amour propre; mais pour le seul desir d'en profiter: & elle les avertissoit de mortifier à l'abbord l'appetit de sçavoir, & se donner à l'esprit de Dieu qui parle par les Livres, afin de bien entendre ses saintes volontez pour les mettre en pratique, se souvenant que les Bien-heureux ne sont pas ceux qui écoutent; mais ceux qui font la parole de Dieu. Elle leur faisoit souvent lire pour cela le Livre des Constitutiós, & les autres qui sont propres de leur Institut, & leur en expliquant le sens & l'esprit interieur, elle leur parloit avec tant de lumiere & de suavité, que ses Novices estoient toutes embrasées d'amour pour leur vocation, & pour l'excellence de leur estat, qu'elles estimoient plus que toutes les fortunes du monde, & qu'elles ressentoient meilleur pour elles que tout autre qui soit dans l'Eglise de Dieu. De maniere que par ces saintes Conferences elle allumoit un zelle si ardant de garder parfaitement leurs Reigles, & un desir si fort d'y perseverer, que de là venoient les craintes excessives, & les larmes qu'elles versoient pour l'apprehension qu'elles avoient quelque fois sans sujet de perdre un si grand bien. Car s'il arrivoit que pour les mortifier, on leur en fit quelques fois des menaces, elles estoient presques inconsolables, & il falloit que la Supe-

rieure le deffendist de crainte de les trop affliger.

Cette mesme Directrice avoit un merveilleux discernement des esprits, pour bien juger de celles qui estoient propres à la Religion, & à leur Institut : & l'experience a fait voir en plusieurs sujets qu'elle ne se trompoit pas dans le rapport qu'elle faisoit pour leur reception. Car il n'y avoit ny respect ny consideration humaine qui eust pû la fléchir pour se rendre favorable à un sujet qui n'eust pas esté propre, parce qu'elle n'envisageoit que le seul bien spirituel de la Communauté, & connoissoit quelle estoit l'importance de ces Receptions, puisque tout le bien & le mal des maisons Religieuses dépend des bons ou des mauvais sujets.

Elle formoit pour cela ses Novices à une si grande simplicité de cœur, au regard de leurs Superieures, qu'elles le portoient en leurs mains. Elle leur enseignoit que c'estoit le tres seur & tres-puissant moyen pour arriver à la perfection : Et elle disoit quelquefois, Qu'elle aimoit mieux une personne moins parfaite avec cette sincerité, qu'une autre plus accomplie qui agiroit avec plus de reserve, pour les grandes utilitez qu'elle avoit experimentées en cette maniere fidelle de se découvrir dans la Religion. Elle leur rapportoit sur cela ce qui luy estoit arrivé dans le temps de son Noviciat, où ayant eu un grand desir d'estre semblable à Dieu, selon ce que nostre Seigneur nous dit en l'Evangile : *Soyez parfaits, comme vostre Pere celeste est parfait.* Quoy que ce ne fust, comme il luy sembloit, que par un mouvement d'amour, & par un desir d'imiter ses perfections infinies, neantmoins le demon s'en servit pour la troubler, luy faisant acroire qu'elle avoit fait le peché du diable, en voulant s'égaller à Dieu. Dans cette affliction elle recourut à sa Mere Maistresse

Matth. 5.

qui dissipa aussi-tost ses tenebres & ses tentations : car cette pratique d'humilité, & de soûmission au jugement d'autruy, disoit-elle, attire fortement les graces de nostre Seigneur, donne la paix à l'ame, elle previent la tromperie du jugement propre, destruit entierement les ruses du demon, qui lors qu'il est caché ravage tout l'interieur, & si-tost qu'il est découvert, comme un superbe qu'il est, il s'enfuit & n'ose plus paroistre.

Comme elle ne faisoit estat que d'une bonne ame, où Dieu pust habiter, elle portoit les Novices à ne rien souffrir en elles qui leur causast du trouble, & qui alterast cette paix & cette union avec luy, qui leur devoit estre infiniment chere: puisque c'estoit pour ce sujet qu'elles estoient si retirées du monde, & qu'elles avoient choisi une si estroite closture. Pour les y exciter elle leur rapportoit ce qu'a dit le Sage, *Que la bonne conscience est un festin perpe-* Prov. 15. *tuel, & que la tristesse déreglée sert de siege au demon.* Que pour bien regler sur cela leurs desirs, elles devoient n'aimer que Dieu, ny rien craindre que le peché; que c'estoit toute la science pour n'estre point troublées, & pour estre *comme la montagne de Syon*, qui selon le Psalmiste, *ne sera* Psalm. 45. *point émeuë dans les siecles des siecles.*

Cette charitable Mere estoit si remplie de bonté, que si-tost qu'elle appercevoit une ame dans le trouble, elle se rendoit son Ange consolateur par toutes les manieres possibles de la secourir, de la divertir, & de l'ayder: & elle avoit un instinc & une grace si particuliere pour cela, que non seulement par elle-mesme, mais aussi par d'autres, tant du dedans que du dehors, elle procuroit tout le soulagement qu'elle pouvoit à celles qui estoient dans la peine. Et certes il est arrivé à plusieurs, particulierement à quelques Novices nouvellement entrées au Monastere,

qui ordinairement sont plus sujettes à la tentation qui les porte à vouloir sortir, d'éprouver l'effet de ses soins & de ses charitez; mais beaucoup plus encores celuy de ses prieres. Car un jour entr'autres il y en eut une qui l'alla trouver pour luy exposer sa peine & sa tentation qui estoit tres-grande. Le premier remede qu'elle y apporta fut de prendre cette Sœur avec elle, & s'en aller ensemble devant le tres-saint Sacrement, pour l'offrir & la recommander à nostre Seigneur. Elles dirent ensemble 5. *Pater* & 5. *Ave Maria*, les bras en Croix, & ce fut assez: Car ce remede fut si efficace, qu'aussi-tost cette Novice reprit sa resolution, & depuis elle a perseveré jusques à la mort dans sa vocation. Cela est encores arrivé à plusieurs autres qui ont témoigné que quand il leur venoit des doutes, la seule presence de cette vertueuse Mere les faisoit dissiper. Sa façon mesme exterieure portoit à la ferveur & à la devotion. De maniere que plusieurs de ses Novices & des Religieuses, s'approchoient d'elle tout exprés pour participer non seulement à ses saintes pensées, mais encores à ses ardantes affections, & il leur sembloit que sa proximité donnoit de la ferveur en la poursuite de la vertu, & qu'à la regarder seulement agir & marcher avec sa modestie & sa gravité Religieuse, on voyoit nostre Seigneur en elle, & on reconnoissoit comme il agissoit sur la terre, ce qui servoit quelque fois plus que n'eust fait un Sermon. Elle imprimoit la presence de Dieu par son maintien, & il y a eu quelqu'une de ses Novices, si convaincuë de sa bonne disposition interieure qu'elle disoit tout simplement, *Mon Dieu, ie vous offre l'action que ie fais, selon les motifs & les intentions de nostre bonne Mere.* Jugeant bien qu'elles n'en pouvoit avoir de meilleures que celles que cette sainte ame avoit dans le fonds de son cœur.

Mais pour revenir à ses instructions, comme rien ne la pouvoit contenter que Dieu seul, mesme dans les heures qui sont données pour relascher & divertir l'esprit, elle ne pouvoit parler que de luy; de maniere que ses recreations estoient de veritables conferences spirituelles où elle enflammoit toûjours ses Novices en l'amour de nostre Seigneur, & de la vertu; & elles en sortoient toutes embrasées de ferveur: à quoy elles s'excitoient l'une l'autre par des accords, ou des deffits, à qui seroit la plus humble, la plus obeïssante, la plus mortifiée, & la plus unie à Dieu.

Cette Mere avoit sur tout un zele & une grace singuliere pour les porter à destruire le vice, ou l'imperfection dominante dans elles. Elle leur faisoit voir les tours & les détours de la Nature corrompuë, & de l'esprit humain: elle leur découvroit les artifices du demon, qui nous prend toûjours par la partie où nous sommes plus foibles: elle y adjoustoit la force des coustumes anciennes, qui sont les filles, & les meres de toutes nos mauvaises inclinations, & qui par de foibles commencemens, quand ils sont negligez, arrivent à des chuttes effroyables. Par ces raisons elle donnoit une merveilleuse aversion pour les moindres deffauts, & elle montroit si bien l'importance qu'il y a de ne rien laisser passer, principallement dans les commandemens, que chacune sortoit animée *à combattre ses ennemis*, comme parle David, *jusques* Psalm. 17. *à l'extremité, & à ne se reposer point qu'ils ne fussent entierement destruits.* Dans ses entretiens familiers aussi bien que dans ses conferences communes, elle employoit son experience & sa generosité à destruire le mal le plus enraciné, & le plus dominant. Et comme elle estoit née d'une race guerriere, elle disoit avec son agréement & sa ferveur ordinaire, *Pour moy si i'eusse esté Soldat, le premier ennemy*

I ij

que i'eusse voulu mettre à bas dans un combat, eust esté le chef, & si i'avois eu à tirer i'aurois toûjours tiré tout droit au Capitaine, comme David tira contre Goliath : car l'ayant abbatu, tous les autres, comme firent les Philistins, se mettroient aussi tost en fuite.

Un jour une de ses Novices luy demandoit la raison pourquoy elle ressentoit tant de difficulté à se surmonter en des choses tres legeres, apres avoir franchy un pas aussi difficile comme est celuy de quitter le monde. La Mere luy répondit : Qu'il ne s'en falloit pas estonner, & que quand il plaisoit à nostre Seigneur de faire cette grace à une ame, de l'attirer dans la Religion, il se comportoit avec elle comme fait un bon pere, qui voyant un passage fort difficile d'où son enfant qui est trop foible ne pourroit se retirer, le prend entre ses bras, & fait seul tout le mauvais chemin ; mais quand le danger est passé, & que le chemin est assez beau, il met son fils à terre, & le conduit doucement par la main pour luy apprendre à marcher : de sorte que le pauvre enfant qui a passé sans peine les grands dangers, travaille & se laisse souvent tomber en un beau chemin. C'est ainsi, disoit-elle, que Dieu nous a prises entre ses bras pour nous faire franchir un pas le plus dangereux & le plus difficile, qui est la sortie d'Egypte & du siecle, & puis il nous laisse marcher en nous tenant seulement par la main ; c'est à dire, en nous aydant d'une grace ordinaire avec laquelle nous tombons souvent. Mais ayons recours à nostre bon Pere, afin qu'il nous releve bien-tost. Nos chuttes ne nous nuiront point, & au lieu de causer nostre perte, elles profiteront à nous tenir sur nos gardes, & en nous humiliant par la veuë de nos foiblesses, nous faire haster plus promptement, & plus seurement nostre course vers Dieu.

Du soin particulier qu'elle avoit de porter ses Novices au recueillement interieur, & à l'union avec nostre Seigneur.

CHAPITRE XII.

ENtre tous les soins que cette devote & prudente Maistresse avoit pour ses Novices, le plus continuel estoit de leur faire acquerir l'esprit de recollection, se souvenant de ce que nostre Seigneur a dit à ses Disciples, *Le Royaume de Dieu est dans vous-mesme.* C'estoit pour nous apprendre que c'est de ce principe que vient tout le bien qui se trouve dans nos actions. Que si cét advis est commun pour tous les Chrestiens, il est singulierement propre aux Religieux, & entre les Religieux, il semble essentiel à cét Institut qui ne s'est si absolument retiré du monde, que pour vaquer plus purement à Dieu. C'est pourquoy afin d'éviter toutes les choses qui pouvoient causer du divertissement à ses Novices, elle leur montroit comme ce mal est directement opposé à l'esprit de leur Ordre, qui est tout à fait separé des choses exterieures, pour s'adonner à la vie interieure, & à l'union intime avec Dieu. Elle leur racontoit comme plusieurs personnes se sont perduës par ce deffaut de recollection, qui n'est pas si petit que l'on pourroit penser, parce qu'en se privant d'un moyen aussi puissant & aussi necessaire qu'est celuy-là, on s'expose à beaucoup de pensées & d'affections qui peuvent soüiller le cœur. C'est pourquoy elle demandoit souvent à quoy elles pensoient, ou dans quels sentimens nostre Seigneur les tenoit occupées. Ces devotes Novices luy répondoiét

sincerement, soit que leurs pensées fussent inutiles ou saintes, de la terre ou du Ciel : & elle prenoit sujet là dessus de leur faire un entretien spirituel, pour leur enseigner la maniere d'acquerir ce recueillement interieur, & de suivre fidellement en toutes choses l'attrait de la grace divine.

Elle vouloit aussi connoistre comment elles passoient le temps de l'Oraison, & le fruict qu'elles tiroient des autres exercices spirituels. Sur quoy elle ne se contentoit pas qu'elles luy rapportassent seulement les bonnes pensées, & les desirs qu'elles avoient. Elle vouloit les effects qui en restoient, pour ne perdre pas un temps si precieux. Que s'il arrivoit qu'elles y fussent steriles ou distraites, elle leur donnoit des moyens pour leur faciliter la pratique de l'Oraison, en quelques sortes d'Estats qu'elles se trouvassent, & disoit quelquefois que nous devions nous réjoüir dans nostre pauvreté, de ce que les graces & les vertus sont toutes en nostre Seigneur, & non pas en nous, parce que nous en serions de mauvaises gardiennes; mais les ayant toutes, il nous les donne liberalement quand nous les luy demandons humblement, ayant dit si amoureuse-

Ioan. 16. ment, *Demandez, & vous recevrez.* Elle se servoit quelquefois de la comparaison d'une fontaine publique qui donne de l'eau à qui en va querir, & selon la grandeur ou la petitesse du vase qu'on y porte, on en rapporte plus ou moins. *Nostre Seigneur,* disoit-elle, *se comporte ainsi envers les ames, & leur donne selon leur confiance, & selon leurs desirs. Plus on est liberal envers luy, plus il est prodigue envers nous : Et quand il nous donne un puissant mouvement pour quelque chose, c'est un témoignage qu'il nous en veut donner l'effect. Car il veut que nous la luy demandions alors avec plus d'ardeur, afin de l'obtenir avec plus d'abondance, & la*

garder avec plus de fermeté.

Elle leur montroit aussi l'importance qu'il y a de se rendre fidelles à la grace dans les petites choses, & d'en faire un grand estat, & elle parloit sur cela d'une façon si pressante, qu'elle faisoit fremir celles qui l'entendoient. Car elle disoit que quelques fois nostre salut dépend d'un acte de fidelité en une chose legere que Dieu vouloit de nous, & que le mépris de cette grace estoit si dangereux, que les grandes chuttes que l'on voit plusieurs fois arriver, n'ont commencé que par de petits manquemens ; parce que quand nous méprisons la grace, la grace se retire, & nous demeurons à nous-mesmes, qui est la plus méchante garde que nous puissions avoir, & c'est à quoy Dieu abandonne une ame ingratte, quand apres beaucoup de recherches & d'attentes, il s'est à la fin retiré.

Pour donner encores plus de terreur de cette verité, elle montroit qu'entre la personne du monde la plus sainte, & la plus abandonnée, il n'y avoit que la grace receuë ou méprisée qui faisoit le discernement : que cette grace n'estoit point à nous, & que nous ne la pouvions ny avoir, ny meriter de nous-mesme. C'est pourquoy elle vouloit que l'on la traittast avec un grand respect; que l'on en dépendist avec un attachement extrême, & que l'on taschast de l'employer comme un talent precieux qui nous est confié, & duquel nous devons rendre un compte tres-exact. Elle adjoustoit quelques-fois, afin d'animer ses filles, que Dieu se plaist de voir que l'on luy demande incessamment ses graces, cherchant comme source de toute bonté à se communiquer, lors principalement qu'il trouve des cœurs vuides des choses de la terre. De maniere, leur disoit-elle, *Que si nous sommes dans l'indigence & dans la disette des biens spirituels, il ne s'en faut prendre qu'à nous-*

mesmes: Comme celuy qui ferme la fenestre par où le iour peut entrer dans sa chambre, ne doit accuser que soy-mesme s'il demeure dans les tenebres.

Elle vouloit de ses Novices un dépoüillement general de toutes sortes de choses, soit de celles qui regardent le corps, soit de celles qui regardent l'esprit; & elle leur enseignoit le parfait abandon propre aux enfans de Dieu, qui s'appuyent sur sa divine Providence, sans aucun soin d'eux-mesmes, comme faisoit le Saint Enfant JESUS; & elle leur disoit quelques-fois, que plus elles se priveroient d'elles-mesmes, & de toutes choses, plus Dieu les rempliroit. S'il arrivoit à quelqu'une de témoigner de l'inclination particuliere pour quelque chose, ou de s'attacher à son propre jugement & à sa volonté, elle l'en reprenoit aussi-tost & luy disoit, *Vous n'estes pas vrayement pauvres, & vous ne pouvez pas dire à nostre Seigneur, Nous avons tout quitté pour vous, puisque vous conservez encores vostre iugement, & vostre volonté.* Et pour les accoustumer à ce dépoüillement & à cette pauvreté d'esprit, elle vouloit qu'elles éprouvassent de temps en temps quelques privations de ce qu'il leur estoit mesme necessaire, soit dans les habits, soit dans le vivre, soit dans le logement: & si dans leurs ouvrages elle y reconnoissoit quelque complaisance & attache, & mesme dans l'apprehension qu'elles y en prissent, elle les en privoit incontinent, & leur faisoit faire toute autre chose qui ne leur plaisoit pas, afin de les accoustumer à ne chercher, & à ne vouloir faire que la volonté de Dieu, avec toute la promptitude, & toute l'allegresse possible. Elle leur disoit quelques-fois, *Mes cheres Sœurs, si vous avez tant de satisfaction à faire vostre volonté, sçachez qu'il y en a infiniment plus à faire la volonté de Dieu; parce qu'il est le vray bien & la vraye ioye de la terre & du Ciel.*

Ciel. C'est pourquoy faisons-la, & oublions la nostre.

Elle ne pouvoit souffrir non plus que leurs affections se portassent à aimer autre chose que Dieu, & si entre quelques-unes elle voyoit de la sympathie, ou de l'inclination naturelle, elle les separoit l'une de l'autre, sans leur permettre aucune communication particuliere ; & mesme à son égard l'on ne pouvoit luy faire un plus grand déplaisir que de luy dire que l'on l'aimoit. De sorte que celles de ses Novices qui luy témoignoient de l'attache & de l'affection, estoient toûjours les plus mortifiées, & au lieu de les souffrir auprés d'elle, elle les envoyoit au bout de la Châbre, disant souvent, *Ie n'aime point celles qui m'aiment.* Elle haïssoit sur tout les paroles flatteuses, & ne toleroit point de puerilitez & de foiblesses enfantines. Elle vouloit voir ses filles dans une modestie & une gravité Religieuse, se traiter l'une l'autre avec respect, & selon la qualité d'Espouses de nostre Seigneur Jesus-Christ, & elle leur disoit, que toutes les autres façons estoient seculieres, & ressentoient le monde où l'on ne s'aime que d'une amitié purement naturelle, & bien souvent trompeuse : mais que parmy les Espouses de nostre Seigneur, il ne falloit point parler d'autre amour que de celuy de Dieu, ou qui estoit pour Dieu, qui venoit de Dieu, & qui menoit à Dieu. *Nostre cœur,* disoit-elle, *est déja si petit, pourquoy le partager encores ?* Et comme c'estoit sa coustume de proposer toûjours nostre Seigneur pour modelle, afin de les animer à ce parfait dépoüillement, elle leur montroit que nostre Seigneur n'avoit jamais voulu estre attaché à aucune chose, si ce n'estoit seulement à la Croix, & qu'il n'en a esté détaché que pour estre apres eternellement uny avec Dieu son Pere.

Elle leur montroit aussi comme la mortification des

sens est necessaire à un parfait recueillement interieur, & pour acquerir l'esprit d'Oraison. Elle les encourageoit de fermer les yeux à toutes choses, leur disant, Que puis qu'elles avoient tout quitté elles n'avoient plus rien à voir ny à pretendre en ce monde ; & puisque leurs yeux devoient avoir un jour le bon-heur de voir la sainte Humanité de nostre Seigneur, il ne falloit plus qu'elles fissent estat de voir les choses perissables de cette vie. Elle adjoûtoit quelqu'autre fois, Que puis qu'elles s'estoient consacrées à son divin amour, & à celuy de sa sainte Mere, ce seroit bien fait qu'elles offrissent en sacrifice un de leurs yeux au Fils, & l'autre à la Mere, & donnassent leur cœur qui est unique, à tous les deux ensemble, puis qu'ils ne se pouvoient separer.

Ce ne seroit jamais fait s'il falloit rapporter en détail toutes les instructions qu'elle donnoit sur toutes sortes de sujets semblables. Il y en auroit pour faire un gros volume, qui donneroit de l'édification & de la consolation à ceux qui le verroient ; mais comme nous ne les pouvons rapporter dans ses propres termes, & que nous en amoindririons le merite en y mettant les nostres, nous n'en dirons pas davantage. Le peu qui est resté de ses écrits rendra témoignage de cette verité : & nous concluërons par celle-cy qui les comprend toutes, que comme elle estoit une Regle vivante de tout ce qu'elle enseignoit, elle instruisoit ses Novices autant & plus par ses œuvres que par ses paroles, & les unes & les autres jointes ensemble faisoient de si fortes impressions dans leurs ames, que l'on leur voyoit en peu de temps faire de merveilleux progrés. Car on y voyoit reluire premierement un profond respect pour les Superieures, une obeïssance aveugle à tout ce qui leur estoit ordonné. Il en estoit qui demeuroient im-

mobiles à ce à quoy elles estoient appliquées. Quelques-unes ont passé les nuicts entieres la bouche en terre, sans se lever, en suite de quelque reprehension qu'on leur avoit faite, lors que par mégarde on s'estoit oublié de les faire relever. Quelques-unes ont gardé le silence les sept & les huict jours, parce qu'on leur avoit dit sans dessein, Attendez pour parler qu'on vous interroge. D'autres se couchoient la nuict à platte terre, sans que l'on en sceust rien, & se laissoient geler de froid, jusques à se causer des maux considerables, & le tout par un zele loüable à la verité, mais pourtant indiscret. D'autres par esprit de penitence s'exposoient au Soleil pour se laisser haller, afin de reparer le soin superflu qu'elles avoient pris dans le monde pour conserver leur teint. Quelques-unes, parce qu'il leur avoit esté dit innocemment, Allez vous promener, le firent tout le long d'une nuict. Et d'autres se coucherent sur des marches de pierre au milieu du Jardin, parce qu'on leur avoit dit, qu'elles s'y allassent reposer : & les unes & les autres demeuroient ainsi jusques à ce qu'une nouvelle obeïssance les vint relever. On a veu quelques-unes de ces ferventes filles pour se punir d'avoir rompu le silence, ou dit quelque parole indiscrette, ou qui eust pû fascher les autres, prendre à la bouche des baillons si pesants qu'elles s'en défiguroient le visage, & on n'avoit autre peine avec elles, sinon à empécher les excez où alloit leur ferveur. L'on ne parloit non plus des aises ou des commoditez du corps, que si elles n'en eussent point eu du tout. Et pour les appetits de la bouche, l'on ne pouvoit discerner leurs inclinations d'avec leurs repugnances, sinon qu'elles prenoient toûjours le plus mauvais, & laissoient le meilleur. Elles se contentoiét si bien de ce qu'on leur donnoit pour se vestir, aussi bien que pour vivre, que c'estoit

76 *La Vie de la Venerable Mere*

à l'envy à qui auroit les choses les plus viles, & les plus incommodes. Durant les heures de recreation, on ne parloit ny des nouvelles du monde, ny des parens, ny des amis, mais toute la conversation estoit au Ciel, comme parle l'Apostre, & elles vivoient & conversoient en filles qui ont le corps sur la terre, & l'ame dans le Ciel.

Phil. 3.

Elles avoient sur tout une ardeur insatiable à l'exemple de leur Maistresse, d'estre jour & nuict, s'il eust esté possible, devant le tres-saint Sacrement de l'Autel, comme aussi d'assister au Sacrifice de la Messe si on leur eust permis de les entendre toutes. Elles avoient une faim pareille pour la tres-sainte Communion, & elles la recevoient si souvent, que cette divine Viande estoit devenuë presque le pain quotidien de cette innocente trouppe : quelques fois les Superieures leur permettoient de la recevoir tous les jours durant des Octaves entieres, principalement durant celle du tres-saint Sacrement, & de la sacrée Vierge. Elles le faisoient avec une devotion égale au profit qu'on remarquoit en elles, & l'on voyoit assez que toute cette ardeur n'estoit qu'un rejallissement du feu que cette incomparable Maistresse allumoit dans leurs ames.

Dans le temps du Carnaval, ou en quelques Festes principalles, ou pour des necessitez publiques, la Mere Prieure donnoit quelques fois la liberté, tant aux Novices qu'aux Professes, de faire des penitences extraordinaires, selon leur devotion. C'estoit alors leur donner leur plus grand souhait : car tout aussi-tost l'on voyoit comme les plus ingenieuses en la mortification, en inventoient de nouvelles pleines de confusion & de travail, comme de manger par terre dans des vaisseaux sales, faire des Confessions publiques des fautes les plus humiliantes, porter de grosses pierres au col qui les obligeoient à marcher

toutes courbées, & beaucoup d'autres plus rigoureuses & plus douloureuses, qu'il seroit trop long de rapporter icy. Il falloit que la Mere Prieure veillast soigneusement pour moderer les excez, tant de la Mere que des Filles, & qu'elle fust sur ses gardes, pour ne leur point donner de lieu d'interpreter ses paroles au delà de son intention. Elle a mesme esté obligée pour cela d'interdire plusieurs fois à la Mere Marie Agnes beaucoup de mortifications plus grandes, & plus fortes que celles que nous venons de dire: Mais pour ne les avoir pas accomplies en effect, son merite n'en a pas esté moindre, nostre Seigneur preferant l'obeïssance au Sacrifice, & considerant la volonté plus que les Victimes.

Nous aurions bien encores d'autres choses à dire sur ce mesme sujet, que nous n'avons fait qu'effleurer: Mais nous laissons à juger du reste, par ce que nous avons dit. Afin de suivre cette Mere en un autre exercice, qui a esté le gouvernement de toute la maison.

Comme elle fut Soûprieure, & gouverna le Monastere durant la maladie de la Superieure à qui elle succeda.

Chapitre XIII.

QUoy que dans toutes les charges, les vertus de la Mere Marie Agnes ayent excellemment paru, cependant reservant d'en parler en particulier à la fin de sa vie, nous ne traiterons icy que de sa conduite dans ce nouvel employ, & singulierement de sa maniere d'agir avec leur premiere Superieure la Reverende Mere Marie

Jeanne Magdeleine. Car ces deux grandes servantes de de Dieu furent jointes ensembles jusques à la mort, par l'union des cœurs, autant que par le rapport des Offices. La divine providence ayant choisi l'une & l'autre pour se donner un secours reciproque, & en procurant le bien particulier de cette Communauté, donner un exemple à tout l'Ordre.

La Mere Marie Jeanne Magdeleine estoit extrémement infirme, & avoit necessairement besoin d'une assistance telle qu'il y avoit sujet de l'esperer de la Mere Marie Agnes, sur laquelle elle se reposoit seurement de la plus grande partie de toute la maison. Cette charitable Mere correspondoit si bien aussi à cette attente, qu'elle ne s'épargnoit en aucune maniere. Elle se trouvoit par tout aux observances, afin de regler toutes choses au nom de la Prieure, & connoissant le merite de celle dont elle tenoit la place, elle la soulageoit en tout voyant combien elle estoit necessaire pour l'establissement: & pour l'accroissement de cette nouvelle Fondation. C'est pourquoy elle craignoit à tous moments de la perdre, à cause des violentes maladies, dont le plus souvent l'on n'attendoit que la mort. De maniere qu'elle fut fortement inspirée de recourir à nostre Seigneur, pour luy demander humblement une grace, qui estoit de conserver la vie à la Reverende Mere Marie Jeanne Magdeleine tout au moins l'espace de douze ans. Nostre Seigneur exauça si ponctuellement les prieres de son humble Servante, que cette premiere Superieure vescut justement ce temps-là, & ne mourut que l'année 1635. dans la treiziéme année de la Fondation de ce Monastere. Sur quoy il est à remarquer qu'un peu de temps avant qu'elle expirast, la Mere Marie Agnes parlant à une Religieuse qui estoit dans l'In-

firmerie, luy dit par un sentiment de reconnoissance envers la bonté divine, que nostre Seigneur luy avoit accordé la faveur qu'elle luy avoit demandée autrefois, de garder jusques alors la Reverende Mere. Et la Religieuse voulant la porter à faire encores la mesme demande, elle luy répondit: *Helas! quelque desir que j'en aye, ie n'oserois le faire, n'ayant aucun présentiment que cette demande soit agreable à Dieu, il faut que ie la laisse au bon plaisir de celuy à qui elle est plus chere mille fois qu'à nous.*

Dans les autres maladies de cette ancienne Mere, le premier remede qu'y apportoit celle dont nous parlons, c'estoit toûjours la priere: elle y joignoit celles de toute la Communauté, qui avoit aussi beaucoup de respect & d'amour pour sa Superieure: de sorte qu'on faisoit lever les Religieuses la nuict pour aller devant le tres-saint Sacrement, quand le mal estoit plus pressant; & l'on peut dire avec verité que le plus souvent la malade n'estoit soulagée, ou guerie, que par l'Oraison de la Communauté, & principallement par celle de nostre Mere Marie Agnes, qui s'y portoit avec plus de ferveur. Les effects en ont esté si visibles que le Medecin en est demeuré tres-souvent estonné. Car venant visiter selon la coustume plusieurs fois la malade, apres l'avoir cruë du tout abandonnée, & n'y avoir trouvé aucun lieu d'esperance, la voyant puis apres tout d'un coup revenir de la mort à la vie contre toutes les regles de son Art, il disoit, Pour moy je croy que vous faites des miracles; car cette personne, selon nostre science, ne devroit plus estre en vie, & la voila qui semble revenir de la mort. Et ce qui est plus remarquable, c'est que la malade mesme l'a reconnu, & l'a plusieurs fois advoüé, tant aux personnes de dehors, qu'à celles du dedans, disant: *Ie ne sçay pas pour quel sujet Dieu me fait*

demeurer au monde ; mais i'ay bien reſſenty pluſieurs fois qu'étant toute preſte à expirer, une vertu ſecrette ſembloit me r'appeller. Ce qu'elle attribuoit aux prieres qu'on faiſoit pour elle, & principallement à celles de la Mere de qui elle eſtimoit davantage les merites.

Pour retourner à celle dont nous écrivons particulierement icy l'Hiſtoire, elle portoit à meſme temps trois charges, ſur leſquelles roulloit le bien de tout le Monaſtere : celle de Prieure, celle de Soûprieure, & celle de Maiſtreſſe des Novices. Neantmoins elle y ſatisfaiſoit avec tant de paix & de perfection, que tout le long du jour elle ſe trouvoit dans les obſervances communes, elle donnoit audiance aux Officieres de la maiſon, elle répondoit au parloir, elle écrivoit toutes les Lettres neceſſaires, & ne laiſſoit pas pour cela d'eſtre toûjours unie avec Dieu. Mais elle ſe rendoit ſur tout au Noviciat le plus exactement qu'il luy eſtoit poſſible ; & comme dans les dernieres années elle n'y pouvoit eſtre ſi aſſiduë qu'elle euſt ſouhaité, à cauſe qu'il falloit qu'elle fuſt preſente à beaucoup d'autres choſes qui regardoient le gouvernement general, cela luy cauſoit une grande douleur pour l'importance de cét Office, & luy fit ſouvent demander à deux genoux, & avec larmes, que l'on l'en déchargeaſt. Neantmoins apres ces humbles remontrances elle ſe ſoûmettoit à tout ce que l'obeïſſance vouloit d'elle : & tout le temps qui luy reſtoit, eſtoit pour aſſiſter devant le tres-ſaint Sacrement, d'où venoit ſon ſecours ; ou aupres de ſa chere malade, dont elle tiroit ſes plus ſages conſeils. Elle veilloit ſur ſes beſoins ſans s'en repoſer ſur l'Infirmiere, elle luy preſentoit elle-meſme ſes remedes, & la ſervoit avec une charité nompareille, dans les choſes les plus viles : Et apres les fatigues du jour, elle paſſoit ſouvent
la nuict

Marie Agnes Dauvaine.

la nuict à luy faire des Lectures spirituelles, ou à la divertir en luy parlant de Dieu. Elle luy rendoit compte de tout ce qui se passoit autant qu'il estoit necessaire, & elle recevoit d'elle les ordres pour tout ce qu'elle avoit à faire : & elle faisoit toutes ces choses avec un amour & un respect interieur, comme à la personne de Jesus-Christ mesme. Cela donnoit de l'admiration à toutes celles qui estoient presentes. Et une Religieuse a rapporté que voyant les rares vertus de l'une & de l'autre, elle passoit beaucoup d'heures estant retirée le soir en sa Cellule, à benir Dieu des graces qu'il faisoit paroistre en ces deux admirables Servantes de son Fils.

Cependant quand il plaisoit à nostre Seigneur d'accorder un peu de relasche à la malade, elle faisoit son possible pour soulager celle qui luy estoit donnée pour son ayde, & pour l'ordinaire elle a si bien soustenu les principales obligations de sa charge, qu'elle n'a cessé de prendre connoissance de toutes les necessitez spirituelles & corporelles de ses Religieuses, nonobstant les infirmitez violentes qu'elle a long-temps souffertes. Elle faisoit dans son Infirmerie des exhortations où toute la Communauté assistoit, quelques-fois elle demandoit compte de son Oraison à la Mere Marie Agnes, & de sa Communion, pour instruire les autres. Cela mortifioit fort celle qui estoit obligée de parler de soy mesme ; mais elle ne laissoit pas de répondre syncerement. Et pour l'ordinaire elle disoit des choses si rares & si touchantes, que toutes en demeuroient surprises. Une fois entr'autres qu'on l'interrogea de sa Communion, elle répondit. Ma Reverende Mere, J'ay « consideré que le S Esprit a formé en la sainte Vierge le « Corps de nostre Seigneur Jesus-Christ. Ma pre- « miere affection a esté sur cela de me donner pour jamais «

L

" au S. Esprit, afin qu'il luy plaise me former à tout ce qu'il
" veut de moy, dans la certitude qu'il veut y mettre Jesus-
" Christ, puisque le mystere de l'Incarnation, & celuy
" du S. Sacrement ont un mesme effect & une mesme grace,
" pour verifier les paroles du Fils de Dieu qui dit, *Comme ie
vis à cause de mon Pere, ainsi celuy qui me mange vivra à cause
" de moy.* J'ay fait en suite quelques colloques affectueux,
" au Pere, au Fils, & au S. Esprit, mais je ne les puis expri-
" mer. J'ay prié la sainte Vierge qu'elle eust soin de l'En-
" fance de Jesus en mon ame, comme Dieu luy en don-
" na le soin quand il fut conceu en ses flancs sacrez, &
" quand elle le portoit en ses bras. La seconde affection
" que j'ay euë a esté un desir d'adorer & d'imiter les pre-
" miers mouvements de l'ame de Jesus ; mais je ne sçay
" comme cela s'est passé, non plus que l'attention que j'ay
" euë à la sainte Messe, & l'action de grace que j'ay faite ;
" car mon esprit n'estoit pas en moy, mais en Dieu. Je n'ay
" point fait de reflexions, où si j'en ay fait, elles ont esté
" fort rares & fort courtes. J'ay demandé aussi que com-
" me nous sommes un petit monde en abbregé, il plust au
" Createur de dilater en nous la connoissance de ce sacré
" mystere de l'Incarnation, qui est fait pour le salut de tout
" le monde. Elle poursuivit plusieurs autres choses semblables, qui nous éloigneroient trop de nostre sujet, si
nous voulions nous estendre sur toutes.

La Mere Marie Jeanne Magdeleine dont nous parlions,
avoit un don tres-excellent pour traiter des choses divines, & ce don estoit joint à une grace toute particuliere de
toucher les cœurs. De sorte que la parole & la science de
Dieu, qui pour lors estoient en si grande abondance dans
ce Monastere, le rendoient florissant en toutes sortes de
vertus. Mais si on peut dire qu'elles estoient en leur Re-

gne sous le Gouvernement de ces deux admirables Superieures, on peut adjouster aussi qu'il n'y avoit aucune lasche connivence pour la moindre imperfection que ce fust. L'amour propre ne trouva jamais moins son compte que sous elles; rien du monde n'estoit en consideration que la plus grande gloire de Dieu, & rien n'avoit de prix que la plus parfaite vertu. Car on éprouvoit que cette Superieure, quoy qu'infirme de corps, estoit tres-vigoureuse d'esprit: & Dieu donnoit aussi tant de benediction à son zele, & à l'application fidelle qu'elle avoit à tout ce qui regardoit le service divin, qu'elle a plus fait toute malade qu'elle estoit pour le progrez spirituel & temporel de la maison, que beaucoup d'autres n'eussent pû faire auec une parfaite santé.

Pour la Mere Marie Agnes qui concouroit d'un mesme esprit à tous ses bons desseins, quand elle voyoit quelqu'une de ses Novices dans les peines & les tentations, elle la portoit à les aller declarer à la Mere Superieure, dont elle recevoit un grand soulagement. Et cette Superieure de son costé, quand elles y alloient, leur disoit: *Allez à vostre Maistresse, & la faites parler: car elle est si pleine de lumiere & d'amour, qu'elle est tres-propre à les communiquer; profitez de son abondance, vous estes heureuses de l'avoir.* Elle leur dit une fois apres une devote conference la veille de l'Assomption de Nostre Dame, qu'elle s'estoit retenuë de parler de la Feste plus long-temps, par la seule crainte que la grace à laquelle la Mere Marie Agnes estoit extrémement sensible, n'operast en elle quelques effets extraordinaires qu'elle ne pust retenir au dedans de son cœur, & empescher qu'ils n'allassent jusques à des transports, & à des langueurs visibles. Qu'elle prenoit tout le soin possible pour les cacher quand elle les ressentoit; c'est pour-

L ij

quoy peu d'autres qu'elle en avoient connoiſſance, mais ils n'en eſtoient pas pour cela moins frequens.

L'eſtime que cette Superieure avoit pour la Mere Marie Agnes, ne luy permettoit pas de faire choſe aucune ſans la luy communiquer. Elle diſoit quelquefois, qu'elle s'eſtimoit heureuſe d'avoir le conſeil de cette ame admirable, qu'elle croyoit avoir encores ſon innocence Baptiſmalle; & nonobſtant toutes ces rares qualitez, elle ne laiſſa pas d'adjouſter une fois en parlant d'elle, *Ie ſçay bien qu'elle aura le Gouvernement apres moy, & ie ſuis ſeure qu'elle ne laiſſera pas déchoir la regularité. Mais à cauſe de ſa grande ferveur, il ſeroit à craindre qu'elle n'excedaſt dans les Corrections & dans les Penitences, pour ſoy-meſme & pour les autres, ou qu'elle n'euſt pas aſſez d'application pour les affaires temporelles, c'eſt ce qui m'oblige à la former doucement pour l'en rendre capable.* En effet, elle la mortifioit en toutes occaſions, & la reprenoit aigrement dans tous les ſujets qu'elle en pouvoit trouver, mais pour l'ordinaire ce n'étoit que pour des excés de ferveur & d'exactitude, ou pour trop de ſeverité: car connoiſſant ſon zele, elle vouloit qu'elle euſt plus de condeſcendance & de compaſſion des foibleſſes de ſes Sœurs. Noſtre humble Mere écoutoit le tout à deux genoux, demandoit pardon avec autant d'humilité que ſi c'euſt eſté pour quelque faute griefve, & de la meſme façon qu'auroit fait la moindre des Novices, ſans excuſe, & ſans replique, ny devant ny apres. Elle monſtroit au contraire un viſage joyeux, & auſſi-toſt qu'elle eſtoit abſente, celle qui l'avoit repriſe & traittée ſi ſeverement, ne pouvoit s'empeſcher de parler d'elle avec raviſſement à toutes celles qui eſtoient auprés d'elle.

Mais auparavant que de rapporter le decez de cette premiere Superieure, je rapporteray quelques témoignages

particuliers qu'elle a donnez de la Mere Marie Agnes qu'elle a connuë à fonds. Quelque Religieuse luy parlant avec un grand estonnement des vertus heroïques, & des belles lumieres qu'elle avoit remarquées en elle. La Mere respondit, *Il est vray qu'elle est maintenant dans une grande abondance ; mais il viendra un temps que Dieu destruira tout cela, & qu'elle n'aura plus rien de ce qu'on admire.* Cela est arrivé visiblement, ainsi qu'il paroistra dans la suite de sa vie. Et poursuivant la Mere adjousta : *C'est une chose assez ordinaire que quand Dieu veut favoriser une ame de quelque grace speciale, il la dispose par de grandes Croix & tribulations. Ie l'ay veuë dans les afflictions d'esprit, & dans les peines interieures qu'elle eut dans le temps de son Noviciat, dont Dieu la retira tout aussi-tost apres sa profession ; Il faut advoüer qu'elle agissoit comme un Ange incarné, avec une fidelité admirable, c'est pourquoy nostre Seigneur luy a fait en suite des graces bien extraordinaires.* Elle ne les expliqua pas davantage, mais elle donna bien à entendre qu'elles estoient au dessus des paroles. Une autrefois la mesme Religieuse suppliant la Reverende Mere de vouloir faire écrire à la Mere Marie Agnes, quelque chose de ses communications interieures avec Dieu, elle luy dit : *Ie le ferois tres-volontiers, mais ie la mortifierois trop. Car elle est si ennemie de tout ce qui la peut mettre en estime parmy les creatures, qu'elle ne pourroit rien dire, ny écrire s'il devoit estre veu.* Et continuant ce discours, elle adjousta : *Il est vray que je n'ay jamais vû une ame si fidelle, & si attachée à Dieu : Et bien que vous ne voyiez pas en elle des effets exterieurs des graces extraordinaires, comme sont les extases & les ravissements, c'est qu'elle les apprehende & les refuse, & qu'elle fait des prieres exprés pour demander à nostre Seigneur qu'il l'en preserve, comme d'un mal ou d'un danger fort grand. Mais ie vous diray neantmoins qu'elle n'en est pas*

entierement exempte, & que ses visions sont intellectuelles, & qu'elle a des connoissances de choses si intimes & si sublimes, que peu d'autres seroient capables de les entendre, & qu'elle mesme auroit de la peine à les expliquer. Puis poursuivant encores, C'est une ame, dit-elle, si penetrée de Dieu, & si remplie de son divin amour, que si je luy voulois permettre de faire tout le bien qu'elle souhaitte, & qu'elle me demande, vous verriez une Oraison perpetuelle, des austeritez inoüyes, des jeusnes au pain & à l'eau, & des mortifications toutes pareilles à celles qu'on rapporte en la vie des Saints qui ont le plus éclatté en ferveur: Mais je retiens son feu, & c'est une de ses plus grandes peines ; ie le fais neantmoins, parce que ie sçay que son merite n'en sera pas moindre devant Dieu, & que sa conservation nous doit estre chere pour le bien de cette maison: C'est pourquoy il ne faut pas la laisser se destruire soy-mesme.

Jusques icy est le témoignage de la Reverende Mere Marie Jeanne Magdeleine, qui connoissoit fort bien celle dont nous parlons, & qui estoit comme elle tres-instruite dans les voyes de Dieu. Mais comme il n'est point d'union si estroite que la mort ne separe, nostre Seigneur qui trouvoit l'une de ses deux Meres digne du Paradis, & qui vouloit élever l'autre à un plus entier dégagement, permit que la premiere finit le reste de ses jours par une longue maladie d'hydropisie, qui luy dura six mois, dans lequel l'autre s'appliqua sur tout pour luy ayder à faire heureusement cét important passage à l'eternité. Elle se donnoit des fatigues extraordinaires ; elle veilloit quasi toutes les nuicts, & se rendoit à toute heure aupres d'elle. Que s'il arrivoit qu'elle fust absente quelque temps, la malade aussi-tost que son mal augmentoit la faisoit appeler ; car c'estoit toute sa consolation. Et une fois entr'autres comme elle luy faisoit quelques plaintes dans ses grandes dou-

leurs, nostre Mere Marie Agnes à deux genoux devant elle, respondit d'un cœur attendry de douleur: *Helas! ma Reverende Mere, ie vous considere en cét estat comme le Fils de Dieu attaché sur la Croix, & moy ie me tiens comme la sainte Vierge à vos pieds, ie participe en esprit à ce que vous souffrez en vostre corps.* Et dans ces derniers momens les secours & les services qu'elle luy rendoit, estoient avec une affection pareille à celle quelle eust voulu rendre à nostre Seigneur JESUS-CHRIST present, si elle eust eu le bon-heur de se trouver sur le Mont de Calvaire alors qu'il mouroit.

Enfin il plut à ce Dieu de bonté de destacher de la Croix cette pauvre Souffrante, le propre jour de la Pentecoste entre sept & huict heures du matin, le 27. de May, & un peu auparavant qu'elle passast la Mere Marie Agnes, qui estoit aupres d'elle, luy demanda, Si elle ne vouloit pas de bon cœur rendre son esprit à Dieu, le jour auquel il nous avoit donné le sien. Elle luy fit une réponse fort humble, & fort devote, Qu'elle le desiroit grandement, quoy que le sien fust peu de chose pour estre comparé à celuy de son Dieu. Et incontinent apres elle entra en l'agonie, ayant auparavant exhorté les Religieuses à l'observance de leur Saint Institut, & donné sa Benediction à toute la Communauté, qui se mit en devoir de dire les Prieres des Agonisans, ausquelles elle répondit, & de fois à autre elle leva les yeux, & invoqua les Saints ausquels elle avoit une particuliere devotion. Et elle expira incontinent apres que ces Prieres furent achevées.

Cette perte fut extrémement sensible à toute la Communauté, mais par dessus toutes à la Mere Marie Agnes, qui en porta long-temps une grande tristesse. Et apres qu'on eut rendu à cette Illustre deffunte les derniers de-

voirs, on demanda la grace à nostre Seigneur de faire élection en sa place, d'une autre qui ne cedast point à la perfection qu'on avoit reconnuë en elle, & qui conservast la maison dans celle où elle l'avoit mise. C'est dequoy nous allons parler dans le Chapitre suivant.

Comme la Mere Marie Agnes fut éleuë de toute la Communauté pour Prieure, & comment elle commença son Gouvernement.

CHAPITRE XIV.

LEs Religieuses ayant perdu cette premiere Superieure, qui dans l'espace d'environ treize ans avoit merveilleusement avancé cette Communauté, tant pour le temporel, comme pour le spirituel, ne douterent pas que pour reparer cette perte, elles devoient jetter la veuë & s'attacher uniquement à la Mere Marie Agnes, dans l'attente ferme & assurée qu'elle continuëroit ce que la deffunte avoit heureusement commencé. Elles l'élurent donc si unanimement qu'il ne luy manqua du tout que sa voix. Elle estoit aagée de 32. ou de 33. ans, & nonobstant toutes ses repugnances elle fut obligée de se soûmettre humblement à la charge. Mais quand il fallut luy aller rendre l'obeïssance, & luy baiser la main selon la coûstume, elle prit son siege qui estoit au milieu devant l'Autel du Chapitre, & se mit au dessous avec un Crucifix entre ses mains qu'elle interposa entr'elle & les Religieuses, afin qu'au lieu de luy baiser la main, elles baisassent les pieds du Crucifix, reconnoissans nostre Seigneur au lieu d'elle, & rendant à luy seul leurs respects & leurs obeïssances.

ces. Aprés que toutes eurent achevé cette ceremonie, elle se mit à genoux à son tour fondant en larmes, & remettant le Crucifix sur l'Autel, elle luy baisa les pieds d'une maniere qui toucha tous les cœurs, & en tira des larmes, & s'adressant à luy, comme pour luy décharger la douleur de son cœur, elle luy dit : *Monseigneur, je vous promets aussi le respect & l'obeïssance que ie vous dois, & i'invoque vostre divine assistance, pour m'acquitter fidellement de la charge que vous m'avez imposée, vous protestant qu'il n'y a rien au monde pour quoy i'aye plus d'horreur, & que i'apprehende davantage apres le peché, que la Superiorité.* Action qu'elle a dit depuis avoir crû estre obligée de faire, pour reprimer les revoltes qu'elle sentoit contre cette obeïssance qu'elle devoit à sa Communauté. En suite elle exhorta toutes les Religieuses d'estre fidelles aux promesses qu'elles avoient faites à Dieu, tant en leur Profession, qu'en l'action presente. Elle continua à leur dire plusieurs autres choses qui édifierent beaucoup toutes celles qui les entendirent.

Ce fut le premier Sacrifice que cette nouvelle Superieure offrit à nostre Seigneur, par lequel retenant l'affection qu'elle avoit d'estre toûjours sujette, & dans l'oubly de tout le monde, elle se voyoit establie sur les autres, & chargée de répondre pour elles. Cela luy fit ressentir qu'elle estoit obligée encore plus que jamais à se rendre exemplaire, dans toutes les pratiques Religieuses ; c'est pourquoy elle prenoit un soin particulier d'estre assiduë à toutes les actions de la Communauté, & principallement à l'Office divin, comme à la principalle & à la plus noble partie de son devoir. Elle estoit toûjours la premiere à toutes les fatigues, comme à porter le bois en la maison, & le fumier au Jardin, à laver la lessive, à ballier le Dortoir

M

& les Chambres ; & aux choses semblables qu'elle disoit estre ses plus grandes delices : car elle faisoit tout avec tant d'esprit interieur qu'il estoit facile de juger que l'amour de Dieu luy faisoit gouster du plaisir dans tout ce que les autres trouvent difficile. Son exemple aussi estoit bien si puissant qu'il attiroit les autres à faire le mesme, sans qu'il fust besoin de le leur commander : & soit les Novices, soit les Professes qui s'alloient joindre à elle pour l'ayder, toutes luy demandoient aussi-tost quelque part au bon motif avec lequel elle faisoit cette action. La charitable Mere leur en donnoit de tres excellens, qui les animoient au travail, & à la mortification, à l'imitation de nostre Seigneur JESUS-CHRIST. A une Sœur qui portoit du bois, elle dit une fois. *Souvenez vous, ma Sœur, du Fils de Dieu qui a porté le bois de sa Croix, & ioignez vous au motif qu'il avoit de glorifier son Pere par cette charge si pesante.* Une autre fois à une autre qui luy demandoit un motif pour porter du fumier au Jardin, elle luy dit : *Honorez le Fils de Dieu qui a porté tous les pechez du monde, qui estoient pour luy une odeur plus infecte & plus insupportable que n'est celle que vous portez. Souvenez vous encore que nous ne sommes nous-mesmes que fumier & pourriture.* Sa pieté mesme s'estendoit jusques aux Ouvriers & aux personnes qui entroient dans le Monastere, pour y apporter les provisions de bled & de choses necessaires : car lors qu'elle les voyoit accablez sous leur faix, elle les encourageoit en leur disant : *Mes bonnes gens, souvenez-vous de la penitence que Dieu a imposée à l'homme apres son peché, quand il luy dit,* Tu mangeras ton pain à la sueur de ton front ; *Prenez courage, & recevez de bon cœur cette penitence pour expier vos fautes.* Et ainsi par toutes sortes de moyens elle taschoit de porter Dieu par tout, & porter tout à Dieu. Mais elle n'exemptoit

personne de toutes ces pratiques d'humilité pour quelque consideration que ce fust, si ce n'estoit pour celle de leur infirmité : car elle tenoit que les personnes estoient arrivées au plus haut point du veritable honneur, quand elles estoient dans la pratique de la plus grande humilité. Et elle adjoustoit quelquefois pour raison de son peu d'indulgence en cela, Que l'on n'acqueroit les vertus que par les actes des vertus mesmes, & qu'elles se perdoient quand on en perdoit l'exercice.

Elle avoit un zele si ardant de faire avancer les Religieuses à la perfection, qu'elle n'épargnoit ny ses peines, ny ses advis, ny ses instructions. Elle executoit en mesme temps l'Office d'une vigilante Superieure, celuy d'une soigneuse Maistresse des Novices, & celuy des Sœurs destinées au travail. Elle faisoit fort souvent des Conferences spirituelles en public, sur toutes les vertus, & sur l'esprit interieur des Reigles & des Constitutions, où toute la Communauté se trouvoit : & pour les particulieres avec chacune de ses filles, c'estoit à toutes les heures & à tous les momens qu'elles en avoient besoin, ou qu'elle en trouvoit le loisir.

Elle reconnoissoit tant d'humilité en l'ouverture du cœur franc & sincere au regard des Superieurs, qu'elle y excitoit chacune de ses Sœurs, & disoit d'une façon agreable aux unes & aux autres. *Hé bien, comment va nostre interieur ? à quoy vous peut-on estre utile ? nous ne sommes en charge que pour vous.* Les Religieuses aussi toutes persuadées des avantages qu'il y a d'user de ce moyen, ne la laissoient guere en repos. Elles recouroient à elle comme à leur bonne Mere, avec une confiance de veritables Filles, & elles en recevoient beaucoup de secours & de consolation. Que si elle en connoissoit quelqu'une plus timide,

elle alloit à l'imitation du bon Pasteur la chercher la premiere d'une façon obligeante, & elle l'attiroit par des paroles qui luy ouvroient le cœur. Cette grande inclination qu'elle faisoit paroistre pour ce sujet, estoit principallement afin de fomenter la correspondance qui doit estre parfaite entre les Superieures & les Inferieures, qu'elle appelloit avec beaucoup de raison, l'ame & l'esprit de la Religion. C'estoit encores pour empescher le trop d'épanchement au dehors, sous pretexte de Conferences spirituelles, qui n'estant pas necessaires, apportent plus de dommage que de profit dans les Communautez. Enfin c'estoit pour former ses Filles à cette humble pratique de découvrir naïvement leurs cœurs à leur Superieure : Car elle leur disoit, *Mes cheres Sœurs, si vous voulez estre parfaites Religieuses, soyez parfaites en l'obeïssance, & regardez Dieu en la personne de celles qui vous conduisent. Car si vous regardez la creature, elle vous repondra comme une creature. Mais si vous allez à elle comme à Dieu, vous y trouverez la consolation & le secours d'un Dieu, & agissant ainsi quelque Superieure que vous ayez, elle sera toûjours tres capable de vous ayder, & vous serez seures que celuy qui vous conduit par elle ne vous trompera jamais.*

Outre le zele du progrez spirituel des ames, elle avoit encores l'esprit si penetrant qu'elle a connu en diverses rencontres la disposition interieure de quelques-unes qui ne la luy avoient pas declarée. Une fois entr'autres une Religieuse fut si surprise de ce qu'elle luy avoit dit de son interieur, qu'elle ne cessoit de penser en elle-mesme par quelle voye elle avoit pû en avoir connoissance, la chose ne s'estant passée qu'entre Dieu & son ame, & elle fut si fort convaincuë que la Mere avoit veu ce qui estoit au fond de son cœur, qu'elle ne sçut du tout que luy répon-

dre. Le mesme est encores arrivé à plusieurs autres personnes, tant du dehors que du dedans ; c'est pourquoy plusieurs de celles qui connoissoient ce don & cette grace dont elle estoit avantagée, apres en avoir fait l'experience, donnoient tant de croyance à son jugement, que quand elle les avertissoit de quelque chose, elles prenoient un soin tres-exact de suivre ses advis. Elles les luy demandoient aussi dans les choses douteuses & importantes pour le bien de leurs ames, & pour leur salut. Quand elle sçavoit quelqu'une de ses Filles dans les peines & les tentations, apres luy avoir donné les remedes & les consolations necessaires, sans en voir tout l'effet qu'elle desiroit, elle la prenoit avec elle & la menoit devant le tres-saint Sacrement pour faire des prieres & des neufvaines, à quoy elle joignoit des jeusnes, & des disciplines, & d'autres penitences rigoureuses qu'elle faisoit pour elle, afin de luy obtenir le calme necessaire à son ame, ou pour demander le changement de son cœur, si elle y reconnoissoit quelque opposition aux volontez de Dieu.

Elle convioit fort souvent les Religieuses à faire les exercices spirituels des dix jours, & il y avoit presse à qui seroit du nombre de celles qu'elle y dirigeoit elle-mesme. C'estoit pour l'ordinaire avec un tres grand fruict & consolation, & quoy qu'elle fust fort portée à procurer par toutes sortes de moyens l'avancement spirituel de chacune de ses Sœurs, neantmoins elle n'approuvoit pas les communications au dehors sans beaucoup de consideration & de discernement. Elle en craignoit les suites & les mauvais effets, qui sont la perte du temps, la diversité des esprits, la des-union des cœurs, l'éloignement des Superieurs, & l'engagement avec les estrangers. On a mesme jugé qu'elle a parû durant quelque temps un peu trop ri-

gide en ce point, & elle a refusé dans les premieres années, ce qu'elle a mesmes offert dans les autres. Sa raison estoit, qu'il est facile à la foiblesse humaine d'abuser des choses les meilleures, & qu'elle pensoit suivre en cela les sentimens de leur Venerable Fondatrice la Mere Marie Victoire, qui disoit à ses Religieuses, qu'en ce qui estoit de la conscience il falloit avoir un grand respect & soûmission aux Peres Confesseurs; mais que pour les advis particuliers il ne falloit pas les rapporter indifferemment: *Parce*, disoit-elle, *qu'on donne les advis proportionnez aux personnes qui les demandent, & aux choses qu'elles proposent: & la diversité des opinions peut causer de grandes divisions dans les Communautez.*

Elle ne pouvoit gouster sur tout que l'on cherchast des explications sur des points de Reigles & de Constitutions: car elle estimoit que c'estoit ouvrir la porte au relaschement, & donner une marque évidente que l'on se porte à vouloir autre chose que ce qu'on a promis. Son zele alloit jusques à ce point qu'elle vouloit que l'on les gardast à la lettre: *Et s'il y a*, disoit-elle, *quelque difficulté dans la pratique, c'est en cela qu'est nostre merite: Il ne faut pas chercher l'esprit de l'Institut hors de l'Institut mesme: C'est aux Superieurs à qui il faut avoir recours pour iuger quels sont ceux avec qui il faut communiquer, pour ne refuser pas d'une part les advis salutaires, & pour ne donner pas lieu d'autre costé à des pertes de temps, & à des attaches nuisibles, à des partialitez, & à des innovations, quand les conseils ne viennent pas des sources où l'on doit les puiser.* Comme elle estoit dans un parfait détachement de toutes choses, elle animoit ses Sœurs à se passer de tout pour ne posseder que Dieu seul. Elle leur disoit, qu'il valloit mieux recourir à luy, comme à nostre bon pere, qu'à ceux qui nous parlent

selon leur pensée, mais non pas toûjours de sa part, ny selon son esprit.

Tous ces bons enseignemens faisoient de si fortes impressions en celles qui ont esté sous sa conduite, qu'elles vivoient contentes sans rien desirer davantage, & elles agissoient dans une si grande simplicité, au temps de son Gouvernement, que les Superieurs parlans de ce Monastere, disoient, Que c'estoit une demeure de paix & d'union, où il n'y avoit rien à faire, sinon qu'à benir Dieu, & demander la perseverance du bien qu'ils y voyoient. Car il est veritable qu'outre l'estime & l'affection que les Religieuses avoient pour elle, sa seule presence regloit tout par l'exemple de ses vertus ; comme par le merite de ses prieres, elle attiroit sur elles les benedictions du Ciel.

Elle faisoit son fort à maintenir exactement l'esprit de ce saint Institut, qui est celuy de la retraite, & de la separation du monde. Elle ne souffroit point qu'il entrast dans le Monastere aucun écrit de nouvelles, ou que l'on y parlast des affaires du siecle, si ce n'estoit pour les recommander à Dieu. De maniere que les Religieuses vivoient dans Paris comme dans une Thebaïde, sans sçavoir ce qui se passoit au monde. Elle mesme le pratiquoit ainsi ; car elle évitoit autant qu'il luy estoit possible les conversations au parloir, & quand elle y estoit demandée elle s'en tiroit le plustost qu'elle pouvoit, apres avoir satisfait à ce qui estoit de la necessité, ou de la bien-seance. Mais si la cloche venoit à sonner pour aller à l'Oraison, ou à l'Office divin, pour peu de temps qu'elle eust esté au Parloir, il n'y avoit aucun respect humain, quand c'eust esté celuy d'une Princesse, qui l'empeschast de prendre congé avec tout le respect & la prudence requise. Car elle disoit d'une façon obligeante : *Voila un plus grand Seigneur qui m'appelle, au-*

rez-vous pas agreable que ie m'en aille vous recommander à luy, & que ie luy parle de vostre affaire ? Aussi-tost on la laissoit aller, & on demeuroit tres-édifié de son exactitude.

Toutes les personnes aussi qui la connoissoient estoient fort convaincuës qu'elle ne prenoit pas une grande satisfaction dans l'entretien des creatures, & qu'elles luy faisoient un singulier plaisir de ne la pas tenir long-temps. De sorte qu'une Dame de condition familiere amie du Monastere, luy disoit une fois la venant visiter, *Ma Mere, ie viens vous mortifier, mais il faut que vous l'enduriez.* Cependant leur entretien n'estoit que de Saints discours qui laissoient cette Dame dans une allegresse spirituelle, & dans une envie plus forte que jamais d'estre à Dieu. Pour la Mere elle ne vouloit ny contracter ny entretenir aucune amitié ou complaisance mondaine, ny occuper son temps à écrire des lettres de complimens ou de nouvelles, afin d'avoir le temps de satisfaire à ses exercices spirituels, & de se trouver aux Observances Regulieres. Que si elle estoit quelquefois retenuë au Parloir durant le temps de l'Oraison, aussi-tost qu'elle en estoit sortie, elle demandoit permission a la Mere Soûprieure, de prendre un autre temps pour y satisfaire, & ne rien perdre de ce qui luy estoit plus cher que tous les entretiens du monde. Il sembloit, à la voir dans la tranquillité & dans la modestie d'une Novice qui n'auroit autre soin que celuy de soy mesme, qu'il n'y avoit aucune affaire dans toute la maison, jusques-là qu'une Religieuse d'un de leur Monasteres, refugiée pour lors en celuy de Paris, disoit avec estonnement, *Pour moy ie croy que son bon Ange fait tout pour elle, pendant qu'elle prie Dieu : car dans cette Communauté, sans qu'elle y paroisse, tout va aussi bien que si elle estoit par tout.* Aussi est-ce une generale creance qu'elle soustenoit

noit tout le Monaſtere par ſon Oraiſon, & que Dieu gouvernoit en ſa place, quand elle eſtoit occupée avec luy.

Elle inſpiroit aux Religieuſes ce meſme éloignement du Parloir, & ce détachement d'avec les perſonnes du dehors. Car elle leur diſoit, que puiſque par leur eſtat elles eſtoient obligées d'honorer la vie cachée du Fils de Dieu inconnu ſur la terre, & occupée ſeulement à aimer Dieu ſon Pere, elles devoient y vivre tout-à-fait retirées, & imiter les Saints Anacoretes qui vivoient au fonds des deſerts où ils n'avoient d'entretien qu'avec Dieu. Que tout au moins quand elles eſtoient obligées d'aller aux grilles pour recevoir les viſites de leurs parents, elles devoient prendre un ſoin ſingulier de les porter à Dieu, & de leur parler de l'excellence de l'eſtat Religieux, montrant comme bonnes Religieuſes, par le contentement d'eſprit qu'elles y trouvoient, & par le ſilence qu'elles gardoient pour tout le reſte, qu'elles eſtoient mortes au monde, & ne vivoient plus qu'au Ciel: que de ſçavoir des nouvelles, ce n'eſtoit pas deſormais une choſe plus propre pour elles, que pour ceux qui ſont dans le ſepulcre, de s'informer de ce qui ſe faite ncores ſur la terre.

Comme elle eſtoit ſi attachée à la contemplation, & que noſtre Seigneur l'avoit gratifiée d'une Oraiſon auſſi continuelle que nous la verrons dans la ſuite, elle ne pouvoit penſer qu'avec peine aux choſes exterieures. C'eſt pourquoy l'on eut égard dans les élections à luy donner pour Soûprieure une perſonne plus agiſſante qu'elle, afin de joindre Marthe avec Marie, & que gardant la meilleure part qu'elle avoit choiſie, elle puſt ſe repoſer du reſte ſur le miniſtere d'une autre. Elles vivoient toutes deux enſemble comme Sœurs, & dans une auſſi grande union que ſi elles n'euſſent eu qu'un cœur & qu'un eſprit. Cette bonne

ne Soûprieure faisoit quelquefois à la Mere des reproches pareils à ceux que Marthe faisoit contre Marie, de ce qu'elle ne faisoit que prier, & qu'elle luy laissoit tous les soins domestiques. Mais elle luy respondoit: *Ne sçavez-vous pas, ma Mere, que ie suis responsable de tout? & que ie suis chargée des Ames de toutes nos Sœurs? ignorez-vous que qui respond paye? Il faudroit donc, s'il estoit possible, que ie vacasse à tous les exercices, que i'accomplisse tous les devoirs, & que ie reparasse tous les manquemens: il faudroit que i'entendisse tous les iours quarante Messes, & que ie fisse autant d'heures d'Oraison;* (car c'estoit le nombre des Religieuses qui estoient pour lors en la Communauté,) *Vous ne devez donc me reprocher autre chose, sinon que ie fais incomparablement moins que ie ne devrois.*

Elle ne laissoit pas nonobstant cela quand il estoit necessaire, de quitter Dieu pour Dieu, & de s'appliquer aux devoirs qui estoient indispensablement attachez à sa charge. Mais c'estoit sans trouble, sans inquietude, & sans empressement; à la façon des Anges qui sont auprés de nous, pour nous deffendre, ou pour nous conduire, sans se separer un moment pour cela de la presence & de la veuë de nostre Pere celeste. Elle alloit mesme quelquefois de son propre mouvement consulter sa Soûprieure, s'il luy estoit arrivé quelque affaire impreveuë, ou luy communiquer les pensées qui luy estoient venuës en l'esprit, pour le temporel ou le spirituel, pour le general ou le particulier, de la Cómunauté. Et si elle trouvoit les raisons de sa Soûprieure meilleures que les siennes, elle cedoit tout aussitost, & s'il falloit executer les choses proposées, elle les appuyoit aussi fortement qu'elle les avoit sagement resoluës. Mais parce que toutes les vertus qu'elle a fait paroistre en son Gouvernement, ne se peuvent renfermer en

ce seul Chapitre, nous continuerons d'en parler dans le suivant.

Suite de son Gouvernement, & ce qu'elle fit pour estre déchargée.

Chapitre XV.

La sage & vertueuse Mere sçavoit si parfaitement bien joindre ensemble la charge de Superieure & l'esprit d'Inferieure, qu'elle ne faisoit aucune chose sans une exacte dépendance des Superieurs majeurs, ou des personnes de conscience qu'elle consultoit en tout ce qui estoit necessaire : Comme elle rendoit aussi compte à la Soûprieure & aux Meres Discretes, de tout ce qui arrivoit, & quand elle alloit au Parloir, elle leur rapportoit ce qu'on luy avoit dit, & ce qu'elle avoit répondu, sans y vouloir quasi jamais estre, ny parler qu'avec une des Assistantes. Elle montroit à quelques-unes d'elles les Lettres qu'elle écrivoit, & celles qu'elle recevoit : & demandoit permission de se servir des moindres choses dont elle usoit. Elle rendoit compte de son interieur à la Soûprieure, & luy disant sa coulpe à deux genoux, elle la supplioit de luy permettre de faire des penitéces extraordinaires. Elle agissoit ainsi pour toutes les pratiques propres d'une Inferieure, faisant ces choses non par aucun devoir, mais par une affection inseparable qu'elle avoit à la subjection, & pour se maintenir dans l'esprit de celuy qui estant le Maistre & le Seigneur de tous, s'est soûmis à sa Mere, & à S. Joseph, & accomplir la parole par laquelle il dit, *Que celuy qui est* Luc. 22. *le plus grand parmy vous, se fasse le plus petit.*

Quand quelques-fois la Mere Soûprieure confuse de son humilité, la vouloit moderer en luy disant, Qu'il y avoit de l'excés: Cette fervente Superieure luy répondoit, comme nostre Seigneur répondit à S. Jean; *Laissez nous accomplir toute sorte de Iustice. Ne faut-il faire que ce qu'on doit? Ie ne pense pas qu'on puisse faire des excez pour Dieu; mais ie sçay bien que souvent on en fait contre Dieu. Faut-il que pour estre Superieure ie ne sois point Religieuse?* Elle prioit instamment non seulement la Mere Soûprieure, mais aussi les Discrettes, de l'avertir de tous ses manquemens; & elle déploroit quelques-fois comme un grand malheur de se voir privée plus qu'un autre du bon-heur de la reprehension, qu'elle estimoit la souveraine medecine de l'ame contre ses imperfections. Elle disoit d'ordinaire que qui aime la vertu, aime conjointement d'estre reprrisé, & qu'elle faisoit plus d'estat des personnes qui la recevoient de bonne part en faisant quelques fautes, que de celles qui ne la recevoient pas bien, & qui pour tout le reste avoient moins de deffauts. Que si par rencontre qui que ce fust l'eust avertie de quelque chose, elle témoignoit une reconnoissance si extraordinaire, qu'elle donnoit de la confusion, & accusoit les autres de manquer de charité, quand ou par respect pour elle, ou par faute de sujet, elles ne la reprenoient pas. La basse estime qu'elle faisoit de soy-mesme, la faisoit agir dans cette dépendance avec ses Officieres, & elle les faisoit fort souvent assembler pour leur communiquer les moindres choses qui luy survenoient sur les affaires de la maison. Elle leur proposoit tout avec sincerité, & ne concluoit rien sans leur consentement. De maniere qu'elles vivoient avec elle dans une merveilleuse union & respect, comme elle de son costé leur deferoit quasi en toutes choses, à la reserve seulement

Matth. 3.

de celles qui pour sembler avantageuses au temporel de la maison, pouvoient estre prejudiciables à l'estroite clostu-re, ou à l'exacte observance des Reigles. Car elle tenoit ferme en cela seulement, & répondoit à toutes les obje-ctions qu'on pouvoit apporter, que le plus grand bien de la Communauté estoit d'estre bonnes Religieuses, & bien garder ses Reigles, & qu'il falloit laisser à Dieu le soin de tout le reste. Elle rapportoit sur cela le passage de l'E-vangile, qu'elle observoit parfaitement bien : *Cherchez le* Luc. 12. *Royaume de Dieu & sa Iustice, & tout le reste vous sera ad-jousté* : ou bien ces paroles du Psalmiste ; *Si Dieu n'édifie la* Psal. 126. *maison, en vain ont travaillé ceux qui la veulent bastir.*

Mais comme il se trouve toûjours par tout quelque per-sonnes plus zelées pour l'avancement temporel, on luy rapportoit quelques-fois les commoditez qui arrivoient à d'autres Communautez, soit en sujets, soit en leurs reve-nus, soit en bastimens. Elle écoutoit doucement tout ce-la, & au lieu de se piquer de jalousie, ou d'entrer en tenta-tion, elle répondoit en soûpirant les yeux levez au Ciel, [*Beati pauperes spiritu:*] *Pour moy ie ne veux rien que Dieu, &* Matth. 5. *son Royaume : il sçait ce qu'il nous faut, il est nostre bon Pere.* Si on luy repartoit : Mais vous voulez donc attendre des miracles. Elle disoit : *Non, ie n'en attends point ; l'on va si viste au devant de la Providence, que nostre Seigneur n'a gar-de d'en faire, on ne luy en donne pas le temps.* Il a neantmoins par sa misericorde beny le zele & la confiance de son humble Servante : car encores qu'elle ne se soit pas mise en peine d'acquerir ny de ménager avec excez des biens, jamais l'on n'a manqué d'aucune des choses necessaires dans le temps de son Gouvernement.

Comme la Mere Soûprieure & les Discretes, selon les Reigles de leurs Monasteres, doivent prendre soin de la

santé de la Mere Prieure, s'il arrivoit que par le desir de la conserver elles voulussent luy faire prendre quelque soulagement, pour le vivre, pour le repos, ou pour autre chose differente du commun, à moins qu'elle ne fust tout-à-fait convaincuë d'une veritable necessité, elle n'en usoit point du tout, & elle resistoit invinciblement à tout ce qui portoit l'image de la complaisance & de la flatterie. Et si par adresse l'on taschoit de luy donner au Refectoir quelque nourriture differente des autres, sur le moindre soubçon qu'elle en avoit, elle la changeoit aussi-tost avec celle qui estoit auprés d'elle. De maniere qu'en cela ny en aucune autre chose l'on ne pouvoit la surprendre, & la raison qu'elle apportoit, estoit que si elle souffroit cela on en feroit coûtume, & que c'estoit par ces petits commencemens que venoient les relasches, & qu'à la fin on rendroit les Superieures des Monasteres, comme des Abbesses, qui ont leur table & leurs meubles à part, & ont le rang & le tiltre de Dames. Elle ne dispensoit pas plus facilement les autres que soy-mesme des observances de la Reigle. Elle ne le faisoit jamais sans une cause tout-à-fait legitime, & n'avoit pour ce sujet aucun respect humain; parce, disoit-elle, que l'on n'a que le temps de cette vie pour bien faire, & que plus l'on donne au corps, & à son amour propre, plus il veut avoir. Dans le commencement de sa charge, quand on luy alloit demander permission ou dispense de quelque chose, l'apprehension qu'elle avoit de se rendre complice de quelque imperfection, luy faisoit respondre : *Ie vous le permets ; Mais s'il y a quelque meslange d'amour propre, ou quelqu'autre motif qui ne soit pas assez épuré, ie declare que ie n'y consens point.* Ainsi elle laissoit à chacune le soin d'examiner sa conscience, ce qui n'estoit pas sans donner aux plus ferventes beaucoup de

sujets de scrupulle ; mais qui fermoit aux moins parfaites la porte de tout relaschement.

Pour maintenir la discipline Religieuse en sa vigueur, elle appercevoit jusques aux moindres manquemens, & comme elle estoit libre de tout respect humain, elle ne laissoit point passer les moindres fautes sans penitece & sans reprehension. Ce qu'elle faisoit d'une maniere si touchante & si efficace, qu'elle donnoit autant d'amour pour la vertu, que de haine pour les deffauts. Car en reprenant le mal, elle enseignoit le bien : Mais si-tost qu'elle voyoit quelqu'une s'humilier à la veuë de ses manquemens, cette vertu d'humilité avoit tant de charmes pour elle, qu'elle disoit que les armes luy tomboient des mains, & qu'elle n'avoit plus de penitence à donner, ny de reprimandes à faire. Jamais elle n'en imposoit aucune qui fust considerable, sans en avoir l'advis d'autruy. Mais outre que les moindres imperfections la touchoient vivement, elle estimoit estre d'une si grande importance de ne point condescendre au mal, quelque petit qu'il fust, qu'elle a passé pour estre trop severe, & ce qui la rendoit telle, estoit premierement l'amour & le respect de Dieu ; en second lieu, c'estoit la crainte de se rendre responsable du mal qu'elle auroit toleré ; & enfin c'estoit la connoissance que par ce moyen les Ordres & les Communautez se maintiennent dans leur premiere ferveur. Elle sçavoit que la difference des maisons bien reglées, d'avec celles qui ne le sont pas, consistoit en cela, que dans les unes & dans les autres on commet des fautes ; mais que dans les unes on les tolere, & dans les autres on les punit. Elle adjoustoit de plus, Que si l'on estoit quelque temps sans avertir & sans reprendre, l'on verroit en peu de temps le mal faire un grand progrez, parce que le propre de la nature est de

tomber toûjours, & de demeurer en bas, si nous n'avons quelqu'un qui nous releve. Mais quoy qu'elle fust si peu favorable à la nature, elle ne laissoit pas d'estre tres-sensible à la charité de ses Sœurs. Elle les aimoit toutes, & elle estoit aimée de toutes les personnes qui aimoient la vertu. Ce qui l'a neantmoins fait estimer trop severe de plusieurs, a esté qu'elle se proposoit, ainsi que l'on verra ailleurs, de suivre l'esprit de Dieu envers toutes les creatures, les Saints, les Justes & les pecheurs. Et pour imiter sa conduite, selon qu'elle se la figuroit, autant qu'elle estoit indulgente pour celles qu'elle voyoit ferventes, autant croyoit-elle devoir estre rigide pour celles qu'elle jugeoit lasches & imparfaites. Pour cela mesme & sans aucun autre sujet, sinon que pour donner matiere d'exercer les vertus solides, & la mortification heroïque de soy mesme, elle éprouvoit quelques-fois fortement ses Religieuses, & disoit pour raison à celles qui y trouvoient à redire, que le cousteau s'enroüilleroit dans la gaine, si on ne le faisoit servir, & l'ame se ralentiroit si on ne l'exerçoit.

Elle avoit entr'autres choses un ascendant merveilleux sur les naturels durs & revesches, afin de les soûmettre. Elle ne s'estonnoit, & ne se rebuttoit point pour des paroles mal digerées, qui pouvoient échapper dans le premier abord. Elle reduisoit au devoir avec un zele, une addresse, & une patience indicible, & taschoit d'imiter la conduite de Dieu, qui fait les choses avec la force & la suavité. Jamais l'imperfection n'avoit l'avantage contr'elle, elle ne cedoit à quoy que ce fust pour maintenir la Justice & la sainte Observance des Reigles; Mais comme sa vie estoit exemplaire, chacune estoit facilement convaincuë du bien qu'elle luy vouloit persuader, & apres avoir usé de zele & de douceur, si c'estoit sans fruit de la

part

art du sujet, elle prenoit le deffaut sur elle-mesme, & à l'imitation de nostre Seigneur qui a porté les pechez d'autruy, elle reparoit en sa personne par une rigoureuse penitence les fautes qu'elle n'avoit pas faites. On l'a veuë plusieurs fois avec une profonde humilité s'accuser comme coupable des manquemens des autres, & prosternée à genoux en demander pardon à toute la Communauté. On l'a veuë prendre des disciplines publiques pour cela, faire des jeusnes au pain & à l'eau, & d'autres austeritez, & des mortifications extrêmes tant en public qu'en particulier, & elle faisoit cela avec tant de grace & d'humilité, qu'elle donnoit de la componction, & tiroit des larmes de toutes celles qui estoient presentes, & mesmes de celles qui avoient failly, & qui estoient émeuës par cét exemple à faire les mesmes penitences, & à se corriger.

Cette vigilante Superieure n'avoit pas seulement le zele pour reparer les fautes, elle avoit aussi la prevoyance pour en oster toutes les occasions. Sur tout elle prenoit à tasche d'empescher ou de rompre les amitiez particulieres entre les Religieuses; & si elle appercevoit en quelques-unes des privautez, & des entretiens de choses qui ne fussent pas communes avec les autres, elle les faisoit separer aussi-tost, & repetoit fortement ce qui est trop veritable, que la ruine de la vraye charité sont les amitiez partialles, & les intelligences secrettes.

Elle ne vouloit pas seulement ce destachement des unes & des autres, mais aussi elle pretendoit encore les dépoüiller toutes de ce qui les attachoit à elles-mesmes. Car soit dans les habits, soit dans les Cellules, soit dans quelqu'autre chose qui fust à leur usage, lors qu'elle y voyoit de la complaisance, quand ce n'ust esté qu'à une image, ou à un Chappelet, elle le faisoit tout aussi-tost

quitter, & ne permettoit à aucune d'avoir que ce qui eſtoit purement neceſſaire, diſant dans les rencontres où elle craignoit quelque attache. *Mes cheres Sœurs, il faut peu de choſe pour occuper le cœur, autant que vous aimerez cela, autant aurez vous moins d'amour pour Dieu.* Elle vouloit meſme pour ſon regard que l'on agiſt ainſi, & elle ne pouvoit ſouffrir que l'on l'aimaſt d'un amour naturel. Mais comme les Religieuſes l'honoroient & la cheriſſoient grandement, elles taſchoient le plus qu'elles pouvoient de ſe mettre auprés d'elle pour la faire parler de Dieu, principallement aux heures de la recreation, qui n'eſtoiét que des entretiens ſpirituels pour elle. Mais il falloit prendre garde à ne pas témoigner qu'on euſt de l'affection pour y eſtre, ou pour l'entendre, autrement elle faiſoit changer de place à celles qui eſtoient les plus proches, & qui l'écoutoient avec plus d'attention.

Par ce meſme deſpoüillement elle n'eſtoit pas portée à permettre aux Religieuſes de s'occuper en des ouvrages qui puſſent fomenter leur inclination, ou attirer l'affection des autres, non pas meſme pour en faire des preſents à leurs propres parens. Quoy que la choſe fuſt de ſoy-même aſſez innocente. Elle la rejettoit & traittoit tout cela du nom de bagatelles, de crainte que ſes filles ne côtractaſſent, & n'entretinſſent par là des amitiez trop humaines. Elle ne laiſſoit pas pourtant de ſatisfaire à toutes les civilitez qui ſont duës aux parens & aux amis. Mais c'eſtoit d'une maniere qui n'engageoit point les cœurs, & elle les faiſoit pluſtoſt par les mains des autres, que de celles qui eſtoient intereſſées. Il n'y avoit que pour les ornements, qui ſervent au tres-ſaint Sacrement qu'elle avoit une application qui alloit juſques à l'empreſſement. Car elle croyoit faire faveur aux Religieuſes de les y employer; elle

n'avoit pas mefme une extrême difficulté de les difpenfer quelque temps de l'affiftance du chœur, pour un fujet auffi Saint que celuy-là. Mais pour ce qui eftoit de l'Oraifon mentale, qu'elle eftimoit l'élement & la nourriture des ames Religieufes, elle n'en difpenfoit jamais celles qui y pouvoient ou devoient affifter. Au contraire, elle exhortoit inceffamment par paroles & par exemples à s'y rendre affiduës & ferventes, comme à l'action dans laquelle les hommes imitent les Anges, & approchent davantage de Dieu.

Le plus ordinaire ouvrage de cette bonne Mere eftoit de cette nature. Car elle ne pouvoit fe refoudre à employer fes mains, fon temps, & fon efprit, à d'autres chofes qu'à celles qui eftoient pour le fervice de Dieu. Et elle travailloit à ces chofes dans un fentiment de pieté, à l'imitation de la tres-fainte Vierge, qui a rendu un fidelle fervice à fon Fils l'efpace de trente ans qu'il a vefcu avec elle, & elle tafchoit de porter toutes fes Filles à faire en cét efprit tout ce qu'elles avoient à faire, felon que leur devot Inftitut le leur ordonne.

Il refteroit beaucoup de chofes à dire de la charité de cette mefme Mere, tant au regard des malades, qu'à celuy des autres; de fon humilité, de fa patience, & de toutes les vertus qu'elle a fait paroiftre dans le temps de fon Gouvernement; mais je les laiffe pour ne pas obmettre icy les efforts qu'elle fit pour obtenir que toutes les Religieufes qui ont efté fous fa conduite, parvinffent au plus haut poinct de la perfection propre de leur eftat. Car il eft certain que celles qui ont eu ce bon-heur, fe font fait diftinguer par des marques toutes particulieres de la regularité qu'elles en ont apprife : & font que plufieurs regrettent encores avec raifon un fi faint Gouvernement,

en demandant à Dieu qu'il en conferve toûjours & en fubftituë de pareils dans cét Ordre.

Ses trois premieres années finies, quand il fallut proceder à une nouvelle élection, ce fut offenfer toutes les Religieufes, que de leur parler de jetter les yeux fur une autre. Toutes les Religieufes qui honoroient & cheriffoient uniquement cette Mere, ne pouvoient fe refoudre de la laiffer fortir d'une charge qu'elle avoit fi dignement remplie. Elles la vouloient abfolument retenir malgré elle. Et elles l'euffent fait, fi elle ne s'y fuft oppofée, avec tant d'addreffe & de force, qu'elle les contraignit enfin de ceder à fon humilité. Car comme toutes les Religieufes de cette maifon, l'avoient euë pour Maiftreffe pendant leur Noviciat, & comme toutes avoient des tendreffes pour elle fi grandes, qu'elles ne la pouvoient prefque perdre de veuë ; c'eftoit à qui luy rendroit les plus grands témoignages d'amitié : Mais cette ame fidelle ne prenant aucun plaifir en toutes ces tendreffes, qui luy caufoient autant d'ennuy, que les efclaves de l'amour propre y trouvent de fatisfaction, craignoit que fes cheres Filles par cette attache ne fuffent retardées en l'amour qu'elles doivent uniquement à Dieu. C'eft pourquoy elle apportoit une diligence nompareille à leur perfuader en fes Conferences publiques & particulieres, que toute affection pour peu qu'elle foit engageante à quelque creature, & fous quelque beau motif qu'on luy donne, eft un grand obftacle aux ames Religieufes pour leur avancement, & que tandis qu'elles ont une Superieure pour qui elles fentent des tendreffes naturelles, elles font en danger de perdre tout le merite de leur obeïffance, pour avoir plus obey à la creature à qui elles s'eftudioient de plaire, qu'à Dieu qui eft le feul qu'il falloit regarder. De plus apprehen-

dant que cette affection ne fuft caufe qu'elles la continuaffent plufieurs années de fuite en cette charge, elle commença dés la feconde année de fon premier triennal, à leur perfuader qu'il ne falloit jamais y retenir perfonne. Que cela n'eftoit pas permis par la Reigle, qu'encores que l'on l'euft fait dans les premiers téps de l'eftabliffement, ç'avoit efté par une neceffité indifpenfable, à raifon qu'aucune n'avoit l'aage convenable. Que l'on n'avoit pû faire alors cela fans difpence; mais lors qu'il s'en trouvoit en eftat de fucceder, il falloit demeurer aux termes de la Reigle, qui limite cét Office à trois ans. Elle alleguoit pour preuve de cela, l'exemple de la Venerable Mere Marie Victoire, qui ne fut continuée que fix ans, & encores avec permiffion de Rome.

Mais voyant qu'elle n'avançoit rien fur l'efprit des Religieufes, que toutes fes raifons n'eftoient pas capables de leur perfuader d'en élire un autre, & que quelque priere qu'elle en fift, elles fe rendoient inexorables, & difoient pour refponce, Qu'en effet la Reigle obligeoit de choifir celle que l'on jugeoit eftre la plus capable; mais qu'elle ne deffendoit point de continuër celle que l'on fçavoit inconteftablement avoir le plus de merite. L'humilité de cette Mere, & le defir ardant qu'elle avoit d'eftre déchargée, luy fit trouver un moyen plus efficace, & qui ne luy pouvoit manquer. Ce fut de menacer les Religieufes, que fi elles l'élifoient pour la deuxiéme fois, au lieu d'accepter la charge elle obtiendroit des Superieurs la permiffion de s'en retourner en fa maifon de profeffion. Ce qu'elle difoit fi fort felon fa penfée, & avec tant de fermeté, que toutes les Religieufes connurent bien que c'eftoit tout de bon qu'elle parloit ainfi. En cette conjoncture, il falloit fe refoudre à la perdre entierement, ou à la dé-

charger du Gouvernement. De ces deux maux la Communauté se resolut de choisir le moindre, & à ne pas continuër sa Superieure, afin de la conserver au moins dans la maison. Et sur cela les Religieuses luy promirent enfin ce qu'elle demandoit, qui estoit de ne l'élire pas.

La bonne Mere ravie de ce qu'elle avoit obtenu ne se fia pas neantmoins tout-à-fait aux paroles. Elle voulut avoir une promesse par écrit; c'est pourquoy quelques mois avant la fin de son Triennal, elle fit assembler son Chapitre, & s'estant mise à genoux au milieu de toutes, ˮ elle parla ainsi. Vous sçavez, mes cheres Meres & Sœurs,
ˮ qu'ayant esté amenée à la fondation de ce Monastere, dés
ˮ l'aage de vingt-un an, l'on me chargea de l'Office de
ˮ Maistresse des Novices, que i'ay exercé treize années.
ˮ Que l'on y adjousta celuy de Soûprieure, où vous avez
ˮ encores veu que les dernieres années du Gouvernement
ˮ de feu nostre Reverende Mere, à cause de ses continuelles
ˮ infirmitez tout le poids est tombé sur moy seule; j'ay toû-
ˮ jours esté appliquée pour les autres, & non pas pour moy-
ˮ même: Dieu sçait les dómages que j'en ay receus, & la rui-
ˮ ne que cela a causé à mon interieur; personne ne sçait de
ˮ quel poids sont les charges, si on ne les a portées, & je
ˮ vous asseure que pour la continuation de cette sorte de
ˮ Croix, il faut une grace & une vertu au dessus de la mien-
ˮ ne, afin de bien servir les autres, & ne se perdre pas soy-
ˮ mesme; c'est pourquoy je vous supplie pour l'amour de
ˮ nostre Seigneur JESUS-CHRIST, & par l'affection que
ˮ vous avez pour tout nostre Saint Institut, & par celle que
ˮ vous me témoignez, de m'accorder cette faveur que ie
ˮ sois au moins trois ans sans aucun de ces premiers Offices,
ˮ afin que je puisse vaquer à mon Dieu & à moy-mesme,
ˮ sans avoir plus rien à penser pour gouverner les autres.

Toutes la Religieuſes écoutant ces paroles fondoient en larmes, lors principalement qu'à ſes ſupplications elle « adjouſta en des termes preſſants & plus humbles: Tout au « moins laiſſez un peu repoſer voſtre pauvre ſervante ; je « ne vous demande point d'autre grace, que celle que l'on « fait tous les jours à une beſte de charge à qui on donne du » repos quand elle eſt fatiguée ; laiſſez-moy reprendre un » peu de force, & puis vous ferez de moy ce qu'il plaira à » Dieu, & ce que vous voudrez. Ces inſtantes prieres firent » que les Religieuſes enfin acquieſcerent à ce qu'elle vouloit, quoy que ce fuſt avec une ſenſible douleur, qu'elles témoignerent aſſez par leurs larmes & leurs ſoûpirs, & elles ny conſentirent que pour la ſatisfaire, & pour ſe la conſerver ; c'eſt pourquoy elles luy en donnerent leur promeſſe par écrit.

Elle fut neantmoins éleuë Soûprieure, n'y ayant point de Religieuſes hors elle qui euſt l'aage convenable pour cét Office, & apres que l'élection fut faite, toutes l'allant trouver pour la congratuler de ſon contentement, elle leur répondoit. *Helas! ie ne vole encores que d'une aiſle, ma ioye n'eſt pas entiere, il faudroit que ie fuſſe entierement dégagée pour eſtre parfaitement contente.* Elle demeura l'eſpace de ſix ans ſans eſtre remiſe en l'Office de Prieure, & elle renouvella ſi fort toutes ſes ſupplications qu'on la déchargea encores de celuy de Soûprieure, & qu'on luy donna ſeulemét celuy de Diſcrette & de Maiſtreſſe des Novices, pour ſatisfaire à ſon humilité, & montrer le mépris qu'elle faiſoit des vaines préeminences de la Religion. Ses plus grandes inſtances ne furent pas neantmoins celles quelle fit à ſes Sœurs, pour eſtre delivrée de ce dont elle avoit tant d'averſion. Elle recourut à noſtre Seigneur & à ſa ſainte Mere, par de plus ardantes prieres, pour obtenir la

grace de mourir dans l'obeïssance & dans la subjection, en quoy elle fut exaucée selon ses desirs les cinq dernieres années de sa vie, comme nous verrons en son lieu en racontant les grands exercices, & les riches couronnes que Dieu a voulu donner à son humilité.

Ce qu'elle fit apres qu'elle fut déchargée, & comme estant esleuë une autre fois, elle modera la ferveur de son zele.

Chapitre XVI.

SI le meilleur moyen pour apprendre à bien commander est de bien obeïr, on peut dire avec la mesme raison, que le meilleur moyen pour apprendre à obeïr, est d'avoir commandé. Personne ne sçait mieux le temperament de prudence & de douceur qu'il faut apporter dans le commandement, que ceux qui ont porté parfaitement le joug de l'obeïssance : & personne n'est plus parfaitement soûmis à l'obeïssance, que ceux qui ont appris par leur experience la peine qu'il y a dans le commandement, quand on s'en veut acquiter selon sa conscience. La Mere dont nous parlons a fait l'experience de l'un & de l'autre, & a donné des exemples & des instructions salutaires dans ces deux estats.

Elle monstra bien quand elle fut démise, que l'authorité luy estoit un estat violent, & que la subjection estoit sa vraye inclination, & son propre element. C'estoit une chose digne d'admiration de voir l'une des Fondatrices de la maison se tenir dans le dernier respect auprés de celles qui estoient Superieures, encores qu'elles eussent esté
ses

ses Novices. Car son principe estoit de ne regarder point la personne qui gouvernoit, mais celuy qui gouvernoit par elle. Elle ne se mesloit d'aucune chose, à moins qu'on ne luy ordonnast de dire son advis: ce que l'on faisoit toûjours, car on avoit grande estime de ses Conseils, & elle avoit tant d'humilité qu'elle ne les donoit jamais dans les choses mesmes où elle avoit droit de parler, qu'elle n'en demandast encores la permission. Comme elle estoit singulierement desireuse des humiliations & de la mortification, les Superieures pour luy faire plaisir, luy en donnoient assez souvent matiere, & quand elle en témoignoit trop de joye (car c'estoit là un de ses grands deffauts,) elles l'en reprenoient comme d'un effet de propre complaisance, & aussi-tost elle baisoit la terre, & demandoit pardon à genoux, avec des paroles si humbles qu'elle donnoit de la confusion à celles qui vouloient l'exercer.

Toutes les Religieuses qui avoient pour elle une estime & un respect nompareil demandoient permission de conferer avec elle de leurs dispositions interieures, ce qu'on leur permettoit facilement: Mais cette bonne Mere qui taschoit toûjours à les porter au destachement, leur disoit: *Allez, mes Sœurs, à vos Superieures, c'est à elles que Dieu donne la grace de conduire celles qu'il commet à leurs charges: il y a bien plus de vertu & de seureté d'y avoir recours, qu'à d'autres qu'on choisit par sa propre volonté.* Neantmoins apres les avoir excitées à suivre les voyes ordinaires de Dieu, elle ne laissoit pas de les recevoir charitablement & de les satisfaire: Et l'on voyoit souvét un saint debat entre cette humble Mere, & les Superieures à qui se defereroit le plus en ce sujet. Car la Prieure luy donnoit tout pouvoir, comme à la principalle Mere de la maison, & elle s'en jugeant incapable remettoit tout au pouvoir de la Superieure. La

Maiſtreſſe luy envoyoit auſſi ſes Novices, la reconnoiſ-ſant plus éclairée & plus capable qu'elle, pour les former ſelon l'eſprit de la Religion; & l'autre en uſant en cela comme au reſte, les renvoyoit toutes à leur Maiſtreſſe, pour les retenir dans la ſoûmiſſion. Ce n'eſtoit de toutes parts que des marques de defferance & de charité, en la belle maniere que S. Paul preſcrit entre les Saints, qui eſt de ſe prevenir par honneur, chacun regardant les autres comme ſes Superieurs, & ſe reputant ſoy-meſme comme ſujet de tous. Ce fut ainſi que cette bonne Mere, paſſa ſix années avec une indicible joye de ſon ame, ſe voyant déli-vrée de la charge de la maiſon en chef, mais non pas ſans continuër d'y rendre par ſes ſoins, & par ſes aſſiſtances, tous les ſecours ſalutaires qu'on pouvoit attendre de ſa prudence & de ſa pieté.

Il ſembloit que noſtre Seigneur prenoit plaiſir à la mor-tifier dans la choſe qu'elle apprehendoit le plus: car ayant fait tout ſon poſſible pour perſuader plus que jamais à ſes Sœurs, qu'elle eſtoit incapable de cét Office, & ayant pris à cœur de les faire ſouvenir des fautes qu'elle croyoit y avoir commiſes, & de la peine qu'elle pouvoit avoir don-née à quelques-unes, parce qu'on la jugeoit en effet plus rigide dans les commencemens de ſon Gouvernement, que cét Inſtitut, qui n'eſt fondé que ſur la douceur & la charité, ne ſembloit exiger; elle alla meſme juſques à ce point, que de dire à deſſein tout ce qu'il falloit pour oſter à toutes l'eſperance qu'elle fuſt pour s'adoucir en aucune façon. Mais il arriva malgré tous ſes efforts & toutes ſes addreſſes, qu'elle fut encore forcée de rentrer dans la meſ-me place, à moins que de reſiſter abſolument aux vo-lontez de Dieu, au commandement de ſes Superieurs, & au conſentement de toute ſa communauté. Mais comme

sa couſtume eſtoit de faire un ſaint uſage de tous les eve-nemens contraires à ſes inclinations, elle prit cette char-ge dans un eſprit de penitence & d'aneantiſſement, diſant quelquesfois à noſtre Seigneur par une plainte amoureu-ſe les paroles du Prophete (*Vt jumentum factus ſum apud te,* Pſal. 71. &c.) Et noſtre Seigneur de ſon coſté luy fit connoiſtre par ſon experience, que tant de refus & de reſiſtances qu'elle avoit apportées, ne luy avoient pas eſté agreables: car il luy fit eſprouver la ſouſtraction des lumieres, & des conſolations qu'elle avoit euës auparavant, & qu'elle n'a-voit plus en ſi grande abondance. Il luy donnoit ſeule-ment ce qui luy eſtoit neceſſaire pour les autres, ſoit dans ſa charge de Prieure, ſoit dans celle de Maiſtreſſe; de ma-niere que quand les Religieuſes la vouloient faire parler des choſes divines, afin de participer à ſes lumieres & à ſes ſaintes ardeurs, elle leur diſoit quelquefois en ſoûpi-rant, s'appliquant ce paſſage de Job, lors qu'il parloit du temps de ſa proſperité, *Quand il plaiſoit à noſtre Seigneur* Iob. 2). *que ie lavaſſe mes pieds dans le laict, & quand ie voyois ſortir des ruiſſeaux d'huile de la pierre, en ce temps-là ie vous aurois bien répondu d'une autre maniere que ie ne puis faire maintenant; car à preſent ie ſuis dans les iours de triſteſſe & de ſterilité.* Elle faiſoit quelquesfois pour le meſme ſu-jet comparaiſon d'elle-meſme avec le baſſin d'une fontai-ne, qui reçoit l'eau toute pure de ſa ſource, & la diſtribuë en meſme temps à pluſieurs canaux, ſans qu'il en retienne rien pour ſoy-meſme: Car en effet ce que Dieu luy don-noit pour lors n'eſtoit que pour les autres, & on l'a veuë quelquefois dans cét eſtat de dereliction, qu'elle ouvroit la bouche pour parler ſans quaſi ſçavoir ce qu'elle vouloit dire, & neantmoins à ce que pluſieurs ont rapporté de-puis, c'eſtoit des choſes merveilleuſes que tout ce qu'elle

P ij

leur difoit, bien qu'elle n'en euſt pour lors aucune experience fenfible en foy-mefme, & n'y trouvaſt aucun gouſt de fa part: Au contraire elle ne trouvoit que des obſcuritez & des amertumes, où celles qui l'écoutoient recevoient des lumieres & des raviſſemens.

Elle paſſa de cette maniere les trois années de fon fecond Gouvernement, apres lefquelles elle obtint encore, quoy qu'avec beaucoup de peine, aupres des plus ferventes de fes Sœurs, d'eſtre déchargée une feconde fois: Les plus zelées ne voulant point avoir d'autre Superieure qu'elle; les autres acquieſçant par compaſſion à fon pieux defir; les autres jugeant qu'en effet elle eſtoit plus fevere qu'il n'eſtoit à defirer pour le foulagement de celles qui avoient moins de force ou moins de courage qu'elle. Ce ne fut pas pourtant fans la mettre encores Soûprieure; de forte qu'elle difoit agreablement qu'elle ne pouvoit chanter tout-à-fait avec le Prophete, *Seigneur, vous avez briſé mes liens, ie vous facrifieray une hoſtie de loüange*; puis qu'eſtant encore attachée par cét Office au foin de la maifon, elle s'imaginoit qu'elle traifnoit une partie de fa chaifne, & n'eſtoit délivrée qu'à moitié.

Pfal. 115.

On ne peut defavoüer à la verité qu'elle n'ait eu dans fon commencement un grand penchant à la feverité, tant en ce qui regardoit fa perfonne, qu'en ce qui touchoit la conduite des autres. L'horreur extréme qu'elle avoit pour toute forte de mal, luy faifoit voir les plus petites imperfections comme de grands defordres, & l'ardant amour qu'elle portoit à Dieu, luy repreſentoit toutes les actions de vertu qu'on pouvoit pratiquer pour fa gloire, comme des devoirs d'une obligation indifpenfable à des ames qui devoient eſtre fes parfaites épouſes. Ainfi elle ne pouvoit ny fouffrir aucun deffaut, ny obmettre aucun point

de la perfection en foy-mesme ny dans les autres, sans ressentir une douleur pareille à celle du Prophete, qui disoit, *Le zele de vostre maison m'a devoré*: ou bien à celle de *Psalm.* 68. S. Paul, qui demandoit, *Qui est-ce qui est foible, sans que ie sois bruslé ?* Mais parce que ce zele a esté pour elle un sujet de beaucoup d'épreuves rigoureuses, aussi bien qu'un exercice de beaucoup de vertus heroïques, il n'est pas hors de propos de s'y arrester quelque peu davantage, & la justifier du seul blasme qu'on luy a pû donner.

Il n'est pas extraordinaire que ceux qui ont esté les fondemens des Ordres Religieux ayent eu une exactitude extraordinaire, & qu'ils ne l'ayent portée dans les commencemens quelques-fois plus loin qu'il n'estoit necessaire. La Loy ancienne fut la Loy de rigueur, la nouvelle a esté la Loy de la grace. L'Eglise primitive a eu des conduites que le temps present ne pourroit supporter, & qui n'estant pas necessaires, ont esté chágées par le mesme esprit qui les avoit introduites. Tous les Ordres ont éprouvé le mesme cours que l'Eglise universelle, & nous nous estonnons de lire ce qu'ont fait ces anciens Anacoretes, au prix de ce que font aujourd'huy les Religieux les plus Saints & les plus austeres. S. Romuald Fondateur des Camaldules, fut traitté par un Saint Homme nommé Marin, qu'il avoit pris pour son Maistre en la vie solitaire, d'une façon qui passeroit pour barbare si on en usoit ainsi avec des Serviteurs de Dieu. Saint Bernard ne demandoit rien moins à ceux qu'il recevoit dans son Ordre, sinon qu'ils laissassent leur corps à la porte, pour apprendre à vivre comme s'ils n'en avoient plus. Luy-mesme à la mort demanda pardon au sien de l'avoir trop rigoureusement traité durant sa vie, luy promettant pour recompense qu'il alloit estre d'autant plus heureux dans le Ciel,

On ne peut quafi lire fans s'effrayer ce qui eft écrit de Saint Ignace, Fondateur de la Compagnie de JESUS, dans les premieres années de fa vie. Il paffoit les fept jours de fuite fans boire & fans manger, il faifoit fept heures d'Oraifon, couchoit fur la terre dure, prenoit trois fois la difcipline par jour avec des chaifnes de fer, & conduifoit quafi par les mefmes voyes S. François Xavier, & fes autres compagnons durant leurs premiers exercices, appellant ce temps-là fa primitive Eglife, pour les confolations qu'il y trouvoit, & pour les rigueurs qu'il y avoit exercées. Apres ces exemples il ne faut pas eftre furpris fi noftre Mere Marie Agnes, pouffée du mefme efprit, a efté portée d'abord à une rigueur que plufieurs ont jugé exceffive. Il eft aifé de déchoir, & on revient bien toft d'une trop grande ferveur, à une moderation vertueufe & difcrette. Ce font ces beaux deffauts qu'on remarque dans les Saints, quand on n'en découvre point d'autres, & les grands defirs qu'ils ont eu de devenir trop Saints : En ce fens on peut bien dire que leurs vices feroient nos vertus, & il eft bien falutaire que leur ferveur exceffive ferve d'un contrepoids à noftre grande lafcheté. Ce qu'on peut affeurer de la Mere Marie Agnes, c'eft qu'elle n'a jamais efté fevere pour autruy, qu'elle ne l'ait infiniment efté davantage pour foy-mefme, & bien differente de ceux que noftre Seigneur reprend en l'Evangile, qui mettoient de pefans fardeaux fur les autres, fans qu'ils y vouluffent toucher du bout du doigt, elle a toûjours beaucoup plus fait qu'elle ne confeilloit, ou qu'elle n'ordonnoit, ou qu'elle ne permettoit : Et fi elle a fait paroiftre quelquesfois de la rigueur, on a toûjours connu que ce n'eftoit que par un pur motif de la gloire de Dieu, du bien general de la Communauté, & de l'avancement particulier des Ames

qu'elle vouloit porter à la plus haute perfection. Ce motif estoit le miel qui adoucissoit tout ce qu'il y avoit d'aigre, soit dans les penitences qu'elle pratiquoit elle-mesme, soit dans les reprehensions dont elle usoit avec les autres; & apres tout elle sçavoit si bien garder la douceur dans le cœur, tandis que la rigueur éclattoit au dehors, qu'elle estoit semblable à ces fruits dont l'escorce est rude & amere, mais qui cachent au dessous un suc le plus doux, & le plus delicieux. Enfin si elle a esté telle en ses commencemens, comme on ne le peut dissimuler, elle s'est bien moderée dans la suite, & dans son dernier Gouvernement qui fut de six ans, dont nous allons parler.

Trois choses contribuerent à produire ce changement en sa conduite, sans en produire aucun en sa vertu. La premiere furent les avertissemens qui luy furent donnez par les Superieurs, & par les Peres spirituels; car entre les bonnes qualitez qu'on a connuës en elle, rien n'a esté tant admiré que la soûmission qu'elle avoit à recevoir les avis qu'on luy donnoit, soit qu'ils vinssent des Superieurs, soit qu'ils vinssent des autres qui estoient capables de l'instruire, & mesme quelques-fois de ceux qui ne pouvoient passer pour ses amis. La seconde fut la connoissance qu'elle acquit par elle-mesme traitant avec ses Sœurs, écoutant leurs peines, & entrant dans les raisons qu'elles luy apportoient, pour n'appesantir pas le joug de la Religion sur des ames, qui s'estant engagées dans une vie tout-à-fait retirée, n'avoient pas besoin qu'on adjoustast de nouvelles charges à celles qu'elles avoient volontairement prises. Mais la derniere & la plus forte fut la privation des consolations dont nous avons parlé; car elle éprouva la grande difference qu'il y a de courir, ou de voler dans les voyes de Dieu quand sa grace nous porte, &

de marcher ou de ramper avec nos propres forces, aydez des secours non sensibles de Dieu, qui nous laisse porter nostre Croix, sans nous faire éprouver l'onction qui la rend agreable : Elle entendit alors ce qu'a dit le Saint Apostre, *Qu'il faut que le Superieur soit éprouvé en tout, pour compatir à toutes les infirmitez de ses inferieurs, & par ce qu'il souffre en soy-mesme, apprendre à soulager les autres.* Cela luy fit ouvrir les yeux pour connoistre les besoins de ses Filles & pour les soulager, tandis qu'elle prenoit pour elle une determination plus forte que jamais de s'abandonner absoluëment au bon plaisir de Dieu.

Heb. 5.

Il ne fut jamais rien de plus indulgent à ses Sœurs, que fut cette incomparable Superieure depuis ce temps-là, l'espace des six ans qu'elle fut dans la charge pour la derniere fois. Elle les prevenoit, elle les soulageoit, elle les consoloit en tout ce qu'elle pouvoit : Et cependant elle adoroit d'un grand cœur toutes les dispositions de nostre Seigneur sur elle, & s'abandonnoit à tout pour le corps & pour l'ame, sans vouloir autre chose que l'accomplissement de sa divine volonté. Elle disoit souvent qu'il estoit le Seigneur & le Maistre, que c'estoit à luy de dire & de faire, & à elle d'oüir & d'obeïr : qu'elle devoit estre dans ses mains comme l'instrument est en celle d'un Artisan qui en fait ce qu'il veut ; ou l'argile en celle du Potier qui en forme un vase d'honneur, ou un vaisseau d'opprobre ; neantmoins cét abandon general ne luy ostoit pas l'affection de vivre toûjours dans la bassesse, & elle faisoit voir en toute rencontre son inclination insatiable pour la subjection. Dans ses Conferences spirituelles elle relevoit hautement le bon-heur dont joüit une ame Religieuse, qui n'a qu'à vacquer à sa perfection & à obeïr ; car elle ne pouvoit en ce rencontre retenir les sentimens de son cœur,

cœur, & au milieu du discours, elle se mettoit à genoux devant toute la Communauté, disant les larmes aux yeux : *Helas ! mes cheres Meres & Sœurs, n'aurez-vous point pitié de moy, qui suis en si grand danger de me perdre, estant si accoustumée à faire ma volonté, & à suivre mon propre iugement ?* Elle adjoustoit, *Tout au moins, priez nostre Seigneur qu'il me fasse la grace que ie ne perde point la disposition d'une parfaite obeïssante, en commandant aux autres, ausquelles ie ne suis pas digne d'obeïr.* Mais quoy que toutes les difficultez dans la charge, & les refus qu'elle en avoit faits n'eussent esté que par un fonds d'humilité, & sur l'apprehension que la nature ne s'y attachast trop : Elle a neantmoins reconnu à ses dépens, & advoüé plusieurs fois, comme nous avons dit, qu'elle croyoit que le trop de resistance qu'elle y avoit apportée luy avoit causé les privations qu'elle avoit éprouvées depuis, & elle s'en accusoit elle-mesme comme d'un grand deffaut. Elle en enseignoit à toutes qu'il estoit plus parfait de s'abandonner entierement à Dieu, sans choix & sans refus, & sans user de tant de precautions pour se maintenir dans la perfection qu'on se figure ; & que la vraye humilité consistoit à se soûmettre simplement, & se tenir fidellement en la place où Dieu nous vouloit, se confiant en sa divine Providence, qui s'est obligée de venir au secours d'une ame qui delaisse ses interests pour accomplir sa sainte volonté. Ce fut l'instruction qu'elle retira des élections qu'on fit d'elle plusieurs fois, aussi bien que la douceur pour ses Sœurs, qu'elle garda soigneusement apres sans rien diminuër de l'exacte observance des Regles, en imitant la sage conduite de celuy qui fait tout avec poids & avec mesure, & qui arrive d'un bout à l'autre avec force & avec suavité.

Q

Il est vray qu'elle est demeurée depuis ce temps-là sans charge & sans employ, à cause qu'elle a esté presque toûjours ou infirme, ou malade, & comme durant l'espace de quarante ans elle n'est point sortie de Paris pour aller faire ailleurs d'autres fondations, nous n'avons point d'autres remarques à faire de sa direction que celles que nous avons rapportées. Mais parce qu'on ne peut mieux connoistre son esprit que par les vertus qui ont esté le principe de toutes ses actions, & qui leur ont donné le prix & le merite: Il est à propos d'en faire le recueil, & de les representer en leur ordre, avant que de parler de sa derniere maladie, & de son heureuse mort. Nous commencerons par les Theologales, & nous choisirons apres entre les Moralles, celles où elle a davantage excellé.

Des principalles vertus de la Mere Marie Agnes, & premierement de sa Foy vive.

CHAPITRE XVII.

IL est assez facile à voir dans le cours de cette Histoire, qui n'est qu'un tissu des vertus de cette sage Mere, combien ont esté excellentes en elle par dessus toutes les autres, celles que les Theologiens appellent Theologales: & particulierement quelle a esté la vivacité de sa Foy, la generosité de son Esperance, & l'ardeur de sa Charité: & comme ces trois vertus ont esté le fondement mystique de tout son edifice spirituel, il sera aisé de juger à quel point elle en a élevé le comble, quand on aura connu à quel degré de perfection ces fondemens en ont esté establis dans son cœur.

L'on a remarqué dans les premiers Chapitres, comme cette Foy vive a paru en elle dés sa tendre jeunesse, & comme Dieu l'avoit prevenuë deslors d'une lumiere éclatante sur ses mysteres, & sur ses veritez divines. Elle en parloit déja si hautement, qu'elle ravissoit tous ceux qui l'entendoient, & qu'elle se distinguoit incomparablement d'avec toutes les autres qui ne comprennent que tres-peu dans ces choses, & encores apres beaucoup de temps. Il est vray qu'avec cette prevention de graces & de lumieres, elle avoit un esprit vif & penetrant, & sur toutes les choses que l'on luy proposoit touchant ces mesmes matieres, elle concevoit & s'expliquoit si clairement & si solidement, qu'elle faisoit bien paroistre que la nature en elle avoit esté faite pour servir à la grace, & que dans son esprit naturellement esclairé, il y avoit interieurement un Maistre infiniment plus eslevé, qui l'instruisoit de ce que les hommes ne luy avoient encores pû enseigner.

Le don si special d'intelligence sur les choses saintes & divines, se fait voir non seulement dans le cours de sa vie, mais aussi dans ce qui est resté de ses écrits. Quand les Religieuses avoient quelque difficulté, ou bien desiroient avoir quelque belle connoissance des choses spirituelles, elles ne s'adressoient point à d'autres qu'à elle, pour estre éclairées dans leurs doutes, ou pour avoir l'explication de quelque passage qui leur estoit obscur dans ce qu'elles entendoient rapporter de la sainte Escriture, ou des matieres qui passoient leur portée Elle leur respondoit si admirablement bien sur les choses les plus hautes, & sur les mysteres de la tres-sainte Trinité, de l'Incarnation, du S. Sacrement, & des autres articles de la Religion, que personne ne l'entendoit qui ne jugeast que ce qu'elle di-

soit passoit son esprit naturel, & la capacité qu'elle eust pû acquerir par beaucoup de lecture, & par de longues communications avec les plus sçavans Docteurs.

De ce fonds de lumieres & de clartez, partoit l'estime infinie qu'elle avoit de Dieu, de sa grandeur, de sa puissance, de son merite, & du prix qu'il faut faire des choses qui regardent sa gloire : en sorte que s'il se rencontroit quelque affaire où il y eust à balancer, entre l'interest de Dieu, & celuy de la creature, elle disoit aussi-tost, & plus d'effect que de paroles, avec le zele & la ferveur de S. Michel, *Qui est semblable à Dieu, pour en faire plus de cas, ou pour le luy comparer?* Elle regardoit Dieu comme estant tout, & le reste comme un neant, & dans ce sentiment elle méprisoit l'honneur, les biens, & les satisfactions de la terre, & ne vouloit autre chose que le neant pour elle-mesme, & pour luy toutes choses : qu'il fust tout en toutes, & que toutes ne fussent rien qu'en luy.

C'estoit par ce mesme don precieux de la Foy vive, que pour faire de petits miracles dés sa premiere jeunesse, comme nous avons dit qu'il semble s'en estre fait, elle appliquoit de l'Eau beniste, & le signe de la Croix, pour guerir les petits maux qu'elle avoit, & ceux qu'elle voyoit aux autres. Car on peut croire que Dieu a eu la bonté de montrer que cette innocence & cette simplicité luy estoient agreables, en produisant promptement des effets qui ne pouvoient apparemment s'attribuer aux causes naturelles, mais qui le pouvoient tres-pieusement à la Foy, & à la confiance que cette fervente Fille fondoit sur les promesses qu'il a faites, d'accorder tout à ceux qui croiroient parfaitement en luy. Mais cette Foy si vive & si agissante s'est particulierement signalée quand elle s'en est servie, comme d'un bouclier impenetrable pour resister aux

traits de tous les ennemis de son salut & de sa perfection, ou comme d'un glaive penetrant pour abbatre les pernicieux effects de la nature corrompuë, & ruiner les maximes du monde opposées à celles de nostre Seigneur JESUS-CHRIST. Car c'est elle qui luy inspiroit l'apprehension effroyable qu'elle avoit du peché, & le soin inconcevable d'éviter les moindres ombres de l'imperfection. C'est elle qui la faisoit travailler fortement à establir en celles qui estoient sous sa conduite, ce veritable & solide fondement de vertu, qui consiste à ne chercher que Dieu, à ne craindre que Dieu, & à ne servir qu'à Dieu. De sorte que quand elle voyoit quelqu'une de ses Filles qui ne persistoit pas dans la ferveur où elle avoit commencé, elle luy disoit en la reprenant amiablement. Hé! quoy? Dieu n'est-il pas toûjours aussi Saint & aussi aimable, aussi grand & aussi puissant aujourd'huy qu'il estoit hier? & ne sera-t'il pas eternellement aussi digne d'estre glorifié & aimé, que lors que vous avez commencé de le servir? ô que cela est indigne d'une ame Religieuse, de le servir ainsi par quartiers, & de changer selon les mutations de l'esprit humain, ou bien lors qu'il nous caresse & nous comble de ses douceurs! Sçachez, leur disoit-elle, qu'il est aussi digne d'amour dans les effets de sa Iustice, qu'en ceux de sa Misericorde: car en l'une & en l'autre il est Dieu, & c'est ce seul nom qui nous doit obliger à l'adorer, à l'aimer, & à le servir par tout. Apres cela elle leur montroit que la source principalle de nos maux, & de ce que nous ne reüssissons pas dans la pluspart de nos entreprises, vient de ce que nous ne nous establissons pas assez solidement sur ces veritez eternelles, de la grandeur, de la bonté, & de la puissance de Dieu. *Car si les ames s'y affermissoient fortement, disoit-elle, en peu de temps, elles seroient au dessus de tous les changemens, estant appuyées sur celuy qui ne change iamais.*

Q iij

Il est encore aisé d'observer dans la maniere d'agir qu'elle a suivie toute sa vie, que selon les paroles de Saint Paul, estant une ame vrayement juste, elle vivoit de la Foy, & se nourrissoit des actes de la Foy, & que non seulement elle agissoit par des motifs surnaturels en tout ce qu'elle entreprenoit, mais aussi qu'elle operoit par dessus le raisonnement humain en toutes ses conduites. Dieu seul en estoit le principe, le modelle, & la fin : & toutes ses actions n'ont esté la pluspart qu'un continuel exercice de foy, tout ce qui est visible n'ayant pas esté suffisant pour la faire tomber dans le moindre déreglement notable au prejudice des volontez de Dieu. Le mesme esprit de Foy vive produisoit en elle les souhaits ardants qu'elle avoit du martyre, & l'envie continuelle de mourir pour la cause de Dieu, pour le maintien de la Justice, & pour les veritez que l'Eglise enseigne : car elle ne vouloit point du tout d'autre raison pour les croire fidellement, sinon parce que Dieu les avoit dites à son Eglise : & quelques-fois dans ses Instructions, ou Conferences spirituelles, lors qu'elle parloit des mysteres incomprehensibles de Dieu, elle rapportoit l'exemple des Disciples de ce Philosophe, qui rendoient à leur Maistre une soûmission si aveugle, que se disant les uns aux autres, *Il l'a dit*, c'estoit assez pour n'en disputer plus. Elle excitoit sur cela ses Filles à considerer que si on a rendu de semblables defferances à un homme, il est bien juste à plus forte raison d'avoir pour Dieu un cœur docile & simple, pour ne vouloir rien examiner sur ce qu'il nous a dit, sinon que c'est luy qui l'a dit.

Elle se faisoit un singulier plaisir de prendre tous les jours quelque temps exprés, pour produire en la presence de Dieu des actes de Foy sur les principaux mysteres de la

Religion, & cela par une sincere devotion, & un amour qu'elle avoit pour cette vertu divine. Elle portoit sur soy en écrit, ou dans son Livre, le *Credo* qui se chante à la Messe, & elle disoit qu'elle estoit si parfaitement convaincuë de toutes ces veritez, qu'il luy sembloit qu'elle ne pourroit pas s'empécher de les croire, quelques raisons qu'on luy pust proposer au contraire; quand mesme il luy sembleroit qu'elle n'y pust répondre selon tout son esprit naturel, ou qu'il y eust mille morts à souffrir pour leur confession, s'arrestant à ce propos, *Il faut croire de Dieu ce que nous n'en pouvons comprendre*, il suffit qu'il l'ait dit pour n'en avoir point de doute.

Lors que dans l'Office divin l'on disoit le Symbole de S. Athanase à Prime, elle renouvelloit avec attention toute la presence de son esprit, & elle estoit si ravie de croire & de confesser toutes ces hautes veritez de la Grandeur, & de la Majesté de Dieu, Trin, & Un, & Incarné: que c'estoit le sujet de ses tendres amours, & de ses adorations continuelles. Elle prenoit en suite de cela si fort à cœur les interests de la sainte Eglise, & de prier pour son Exaltation, qu'elle disoit qu'en cela consistoit essentiellement l'union qu'une ame garde avec son chef, & son divin Espoux, qui est nostre Seigneur Jesus-Christ. Elle n'épargnoit aussi pour ce sujet, ny veilles, ny oraisons, ny austeritez, & elle avoit une affection si fort singuliere de prier non seulement pour les Prelats, mais aussi pour tous ceux qui instruisent les autres, & qui annoncent la parole de Dieu, ou qui deffendent par leurs travaux, & par leur sang quand il en est besoin la pureté de la Foy Catholique, qu'il n'estoit rien qu'elle ne voulust faire, ou souffrir pour un si beau sujet. Elle renouvelloit pour cela la ferveur de son zele, dans le temps qu'on fait dans l'Eglise

l'ordination des nouveaux Ecclesiastiques pour demander à Dieu de bons Ministres, comme une chose de tres-grande importance pour sa gloire, & pour le salut des Ames. Elle prioit encore tous les jours pour la conversion des pecheurs & des Heretiques separez de l'Eglise, & ce qui luy causoit une tres-grande douleur, estoit de voir ces pauvres ames dans l'aveuglement, & le danger de se perdre. Mais sur tout celles qui luy touchoient le plus au cœur, c'estoient les personnes agonizantes, pour lesquelles elle n'espargnoit rien, ayant compris par cette veuë de Foy, l'importance de ce dernier passage qui conduit en un moment à l'eternité, où il ne s'agit de rien moins que d'un bien infiny, ou d'un mal infiny, à quoy elle ne cessoit de s'estonner que des hommes qui se disent fidelles, pensent neantmoins si peu. La croyance vive & forte qu'elle avoit aussi de la Realité de nostre Seigneur dans le tres-saint Sacrement de l'Autel, estoit pareille, ou mesme plus touchante encores que celle qu'elle avoit pour tous les autres sujets. Elle la faisoit admirer tous les jours par l'assiduité qu'elle rendoit à ce divin mystere, qui estoit toute sa beatitude en la terre: & le devotieux respect & l'aneantissement d'esprit qui paroissoit en son exterieur, montroit bien que son ame estoit toute absorbée en Dieu, & penetrée de la Foy vive de son adorable presence, tandis qu'elle estoit prosternée devant luy, & qu'elle continuoit à faire sur la terre, ce que les Anges ne cessent jamais de faire dans le Ciel, Adorant avec toute l'étenduë de ses affections sur le Saint Autel, cette divine Hostie qui nous est demeurée pour gage de son amour, comme ils loüent & benissent eternellement sur le Throsne de sa gloire cét Agneau occis pour le salut du monde, depuis la naissance des siecles.

Pour

Pour achever ce Chapitre j'adjousteray seulement, qu'on pourra connoistre ce fonds admirable de sa Foy en beaucoup d'autres choses ; mais qu'il paroissoit singulierement en cette veuë continuelle de Dieu qu'elle avoit en la personne des Superieurs, à qui elle rendoit un respect & une soûmission nompareille, jusques au moindre signe de leurs intentions & de leurs volontez, se souvenant de ce que nostre Seigneur a dit en parlant d'eux, *Qui* Luc. 10. *vous écoute il m'écoute, & qui vous méprise il me méprise;* d'où elle apprenoit, & enseignoit aux autres, que cette obeïssance parfaite qu'elle rendoit à la creature, estoit fondée sur cette ferme Foy, qui découvre dans les choses ce qui n'y paroist pas, & qui dans les Superieurs tels qu'ils soient, reconnoist l'authorité de Dieu, & luy obeït par le mesme principe, qui fait qu'elle croit & adore sa presence sous l'apparence du pain dans le Sacrement; quelque Prestre que ce soit qui ait prononcé les paroles divines.

De sa Confiance filiale en Dieu & en sa Providence.

Chapitre XVIII.

SI la Foy vive est la racine, l'Esperance est la fleur de de toute la Sainteté Chrestienne. Si l'une est la source, l'autre en est le ruisseau. La Foy de cette digne Mere ayant esté si remarquable, son esperance & sa confiance en Dieu ne l'ont pas moins esté. Car outre les effects qu'on peut en avoir remarquez en ce que nous avons rapporté, des graces qu'elle a obtenuës par ses prieres, & de l'assurance avec laquelle elle se reposoit en luy pour

R

tous ſes beſoins: ce qui nous reſte à dire icy le confirmera encores beaucoup davantage, & fera voir qu'elle a eſté vrayement une fille que la Providence a portée dans ſon ſein, & que la confiance en Dieu a conduite par la main.

Une fois comme elle eſtoit Prieure, & qu'elle parloit à un bon Religieux qui avoit pour elle une eſtime toute particuliere, il luy demanda ſimplement & familierement, quel eſtoit ſon attrait envers Dieu, & en quoy elle ſe trouvoit plus doucement & plus conſtamment occupée. Elle luy répondit franchement, que c'eſtoit d'agir avec luy dans un eſprit d'enfant, qui ne ſe met en ſoucy, ny en peine d'aucune choſe, qui attend tout de ſon pere, & qui s'appuye en tout ſur ſa bonté & ſur ſa providence. Qu'elle ſe ſentoit attirée aux meſmes affections, & aux meſmes tendreſſes qui ſont naturelles aux enfans au regard de leur pere, & qui leur laiſſent auſſi pour eux les meſmes reſpects & les meſmes amours. Ce bon Religieux qui eſtoit fort ſpirituel, luy repartit en ſuite: *Voila qui eſt bien, ie vous eſtime heureuſe de ce témoignage interieur que l'eſprit de Dieu donne au voſtre, d'eſtre du nombre de ſes enfans: Mais vous eſtes donc comme la fille aiſnée d'une maiſon, à qui le pere ou la mere a donné la charge & le ſoin de ſes cadettes.* Elle s'arreſta ſur ce mot, faiſant reflexion qu'il marquoit quelque avantage qu'elle ſembloit avoir ſur ſes Sœurs; c'eſt pourquoy elle luy fit auſſi-toſt une réponſe fort humble, fort devote, & fort ſpirituelle, & puis elle luy demanda des pratiques pour ſe maintenir dans cét eſprit de petiteſſe, & de confiance auprés de Dieu, qu'elle regardoit toûjours comme ſon pere, & pour meriter auprés de luy la qualité d'enfant, dont elle ſe faiſoit un honneur qui paſſoit toutes les grandeurs du monde, & qui luy donnoit un repos que tous les accidens de la vie ne pouvoient alterer.

Elle faisoit paroistre une allegresse toute extraordinaire de ce témoignage interieur qu'elle avoit d'estre du nombre des enfans de Dieu, & elle nourrissoit en son cœur une confiance amoureuse qui la portoit dans un total abandon d'elle-mesme, & de ses interests, & la rendoit tout-à-fait libre des soins de cette vie, & des desirs de la terre. L'on voyoit clairement dans toute sa conduite, qu'elle suivoit fidellement cét attrait de la grace; car dans toutes sortes d'evenemens fascheux qui pouvoient arriver on la voyoit toûjours dans une égalité d'esprit, soit dans les pertes temporelles de la maison, soit dans les maladies, soit dans les plaintes, ou dans les calomnies des personnes mal-intentionnées qui parloient à son desavantage, ou à celuy de la Communauté, soit dans les delaissemens interieurs que Dieu luy faisoit endurer : elle demeuroit tranquille, avec une entiere confiance en celuy qui sçait tirer sa gloire de nos maux. Et lors que quelques-unes l'excitoient à estre plus sensible pour le moins aux afflictions qui venoient du dehors, à parer à ces coups, ou à les repousser plus fortement, elle demeuroit inébranlable à toutes leurs raisons, & disoit dans une grande paix : *Mes cheres Sœurs, si Dieu est pour nous, qui sera contre nous ? Ne craignons point ceux qui ne peuvent tuer que le corps, & ne* Matt. 10. *peuvent rien faire contre l'ame. Dieu est nostre bon pere, qui sçaura mieux nous deffendre quand il en sera temps, que nous ne le pouvons souhaiter : Laissons-les dire, & prions Dieu que nous ne les imitions pas.*

Dans tous ces accidens fascheux, & dans tous les besoins spirituels ou temporels qui arrivoient, soit à elle, soit à ses prochains, & pour lesquels on avoit coustume de demander ses prieres, elle ne prenoit point d'autres armes que celles de l'Oraison, & son recours à nostre Seigneur

estoit avec une familiarité si respectueuse tout ensemble, & si tendre, qu'elle disoit librement aux unes & aux autres: *Allons à nostre pere*, car elle ne l'appelloit point autrement, *& il nous exaucera.* Que si elle en avoit souvent le nom en la bouche, elle en avoit bien plus le sentiment dans le cœur : Et on a veu par beaucoup d'effets extraordinaires, que ny la bouche ny le cœur n'ont point esté trompez. Car on a éprouvé dans les necessitez de la maison, & dans plusieurs affaires de leur amis, des secours de Dieu, que les circonstances où ils sont arrivez ont rendu tout-à-fait merveilleux.

Dans cét esprit d'enfant de Dieu, elle preferoit à toute autre priere, l'Oraison Dominicale, pour la grande devotion qu'elle y sentoit, & pour la confiance filiale qu'elle y trouvoit ; elle la regardoit comme ayant esté dictée immediatement de la bouche de nostre Seigneur JESUS-CHRIST, sur les paroles de qui nous pouvons seurement compter & devons tout attendre : C'est pourquoy elle en avoit fait ses plus longues & ses plus ferventes meditations, & elle reconnoissoit que dans ces sept demandes qui la composent, toutes les choses que nous pouvons demander pour l'ame & pour le corps, pour le temps & pour l'eternité, pour éviter le mal & pour obtenir le bien, sont si admirablement exprimées & comprises, qu'il ne faudroit au monde que les bien dire & les bien penetrer, pour estre parfaitement une ame d'oraison, & estre élevée à tous les degrez que les plus grands contemplatifs ont jamais enseignez.

Comme elle témoignoit un jour une allegresse plus grande que de coustume dans la conversation avec ses Sœurs, une Religieuse qui estoit saintement curieuse de sçavoir ce qui se passoit en son ame, luy demanda franche-

ment, quel estoit le motif qu'elle avoit pris pour faire la recreation. Elle luy répondit, *Le sujet de ma ioye est de sçavoir que ie suis la fille de Dieu nostre pere commun, & d'avoir un pere si Saint, si grand, & si riche en bontez & en misericordes; & de plus d'avoir l'esperance de ioüir quelque iour de son heritage celeste. Voila ma veritable ioye:* En ayant une si grande & si bien establie, y a t'il au monde quelque chose qui me puisse affliger? Et ne voulez vous pas que ie dise avec le Prophete Royal, *Mon cœur & mon visage se sont réjoüis en mon Dieu?* Psal. 83.

Il arriva une autre fois qu'ayant eu quelque indisposition corporelle, l'Infirmiere l'avoit suppliée de se reposer le lendemain. Mais comme elle vouloit faire la sainte Communion, à cause que c'estoit pour elle un jour remarquable, elle en alla demander permission à la Superieure, parce que ce n'estoit pas un jour permis à toutes par la Regle. La Mere Prieure luy dit pour ne la pas fascher, qu'elle ne la feroit pas ce jour-là, s'il n'y avoit quelque Messe du grand matin: & pour lors il n'y avoit aucune apparence d'en avoir à l'heure qui luy estoit marquée. Cependant quoy que cette privation luy fust extrêmement sensible, elle se retira humblement, & ne répondit rien, mais selon sa coustume ordinaire elle éleva les yeux au Ciel en soûpirant, & dit à Dieu, *Mon pere.* Ce qui luy exprimoit en un mot tout ce qu'elle vouloit dire. Le matin ensuivant, un peu apres qu'elle fust levée, comme on ne pensoit à rien moins qu'à la faire communier, un bon Ecclesiastique qui n'avoit pas accoustumé de venir en leur Maison, parut fort empressé de celebrer la sainte Messe. On prepara l'Autel, il la dit, elle l'entendit, & y communia, sans qu'on sçache par quelle raison si extraordinaire cela arriva de la façon. Mais cét effet de la Pro-

vidence divine, qui fut remarqué de toute la maison, anima si fort la confiance de cette bonne fille envers ce Pere celeste, qu'elle ne pouvoit se lasser de benir sa bonté, & avec une joye spirituelle inviter les unes & les autres à l'en remercier pour elle. Elle leur disoit à toutes, *Regardez ce que c'est que d'avoir un bon pere, & comme il veille sur tous les besoins de ses pauvres enfans.*

Comme fille de l'Eglise elle appuyoit sa confiance, non seulement sur la bonté de Dieu, mais particulierement aussi sur les merites de son cher Fils nostre Seigneur JESUS-CHRIST, & sur la fidelité des promesses qu'il nous a laissées, & sceellées de son Sang : en sorte qu'elle estoit inébranlable contre toutes les craintes, & rien n'estoit capable de luy faire commettre aucune lascheté contre son exacte regularité, quoy que pour ce sujet elle ait eu à souffrir beaucoup de contrarietez & de mépris, de plaintes, de reproches & de menaces : car il y a eu plusieurs personnes, tant seculieres que Regulieres qui ne pouvoient souffrir ses grands dégagements sans murmures, & expliquer en mal un zele si fervent, & si des-interessé : & souvent sur des apprehensions imaginaires, & sur la crainte que les choses temporelles ne vinssent à manquer à une Communauté naissante, on a blasmé & condamné sa confiance & sa fidelité qui ne vouloit chercher aucun autre appuy. Mais elle estoit immobile à toutes ces suggestions, & elle répondoit genereusement. *Vous autres cœurs de terre, vous faites iniure à Dieu de vous meffier de luy : Ne sçavez vous pas bien qu'il s'est chargé de pourvoir à tous les besoins de ceux ou de celles qui le serviront comme il faut ? Pour moy ie le cautionneray bien, & maintiendray que tout periroit plustost que de le voir manquer à ses promesses ; Pourquoy donc vous mettre tant en peine de l'avenir, quand nous ne sçavons si nous verrons le iour*

de demain? Nous avons un bon pere, qui est tout-riche & tout-puissant, & qui nous veut toute sorte de bien. Tant de providences humaines empéchent souvent la sienne. D'en vouloir avoir par d'autres voyes, c'est du bien mal acquis. Gardons bien nos Regles en toute leur integrité, & croyons que ce ne sera iamais que par faute de fidelité que le temporel viendra à deffaillir. Dieu feroit plustost des Miracles, & plustost les pierres se changeroient en pain, qu'il pust abandonner ceux qui esperent en luy; neantmoins dans ces choses que vous estimez si avantageuses, & que vous proposez, vous estes libres faites tout ce que vous voudrez, mais pour moy i'ay confiance en Dieu qu'il m'aydera toûjours, sans que ie m'en mette en soucy. Elle adjoustoit ces paroles selon les sentimens & l'esprit du Saint Prophete Daniel, *Quand il ne luy plairoit pas de le faire, si est-ce que de ma part ie ne voudrois iamais manquer pour ce suiet d'accomplir ses saintes volontez, dans l'observance de ma Regle, & en tout ce qu'il veut de moy.* Et ainsi avec des resolutions qu'elle puisoit dans la sainte Escriture, ou que l'esprit de Dieu luy mettoit dans la bouche, elle resistoit courageusement à toutes les considerations, & à tous les raisonnemens humains: & disoit apres le Prophete: *Ie dormiray & ie reposeray dans une parfaite assurance, parce que par une singuliere esperance, Seigneur, vous m'avez establie toute en vous.* Dan. 5.

Psalm. 4.

De sa Charité ardente envers Dieu.

CHAPITRE XIX.

IL n'appartient qu'à Dieu seul qui penetre les cœurs, de mesurer la grandeur de l'amour avec lequel il est aimé de ses creatures. C'est ce qui me met dans l'impuissance

d'exprimer quelle a esté l'ardeur du feu sacré qui brusloit dans l'ame de nostre fervente mere; mais s'il en faut juger par quelques estincelles qu'elle n'a pû retenir, & qui ont éclatté au dehors, nous pouvons dire seurement que son charactere particulier estoit la ferveur de la charité, & que la vertu dominante en elle a esté celle qui est la Reyne de toutes les vertus. On peut se souvenir comme dés son bas aage nostre Seigneur l'a prevenuë de ses faveurs, & comme il allumoit en son cœur ce beau feu qui a toûjours esté en augmentant sans discontinuër, la pureté de sa vie & sa tendresse pour la pieté, l'inclination pour la Religion, & principalemēt pour l'Ordre qui est le plus retiré du monde, en ont esté des preuves si visibles, qu'elles ont donné lieu d'attendre tout ce qu'on a veu d'elle dans le reste de sa vie.

C'est cét amour divin qui apres l'avoir retirée du monde & separée des creatures, luy donnoit un continuel desir d'estre encore separée de soy-mesme, & de son propre corps, pour estre selon le souhait du Saint Apostre unie avec JESUS-CHRIST, *Cupio dissolvi & esse cum Christo*, appellant pour cela la mort sa liberatrice qui luy donnoit la joüissance de la vraye liberté : car Dieu luy avoit donné un si grand cœur, & une capacité d'ame si extraordinaire, qu'elle tenoit de son principe, & qu'elle avoit quelque rapport à l'amour infiny de Dieu, qui ne dit jamais c'est assez. Ainsi cette sainte ame ne se pouvoit satisfaire en pensant & en parlant de Dieu. Elle ne pouvoit non plus se contenir d'agir ou de souffrir pour luy. Elle estoit continuellement remplie & possedée de luy avec un avant goust de la vie celeste, où plus les Saints le voyent, plus ils souhaittent de le voir. Cependant elle avoit cét avantage par dessus les Bien-heureux, qu'estant en cette

Phil. 1.

vie elle augmentoit toûjours en grace & en vertu; c'est pourquoy plus elle le gouſtoit, plus ſon defir croiſſoit, & plus elle meritoit.

Elle ne pouvoit ſouffrir le moindre relaſchement, ny rien d'oyſif en ſoy-meſme. Elle vouloit que tout tendiſt inceſſamment & ardammét à Dieu, & quoy qu'elle ſe tint extrêmement ſur ſes gardes pour demeurer cachée, elle ne pouvoit s'empécher d'éclatter en des élans qui à toute heure faiſoient connoiſtre quelque choſe des grands aſſauts que le divin amour operoit au dedans. Sa bouche & ſa contenance trahiſſoient ſon cœur, ou pour mieux dire avec noſtre Seigneur, *De l'abondance du cœur la bouche parloit.* Matt. 12. Tout ce qu'elle voyoit & tout ce qu'elle entendoit la portoit à Dieu d'une façon qui paſſoit tous les ſens. Elle ſpiritualiſoit les choſes les plus materielles, comme le boire, le manger, & le dormir qui eſtoient ſes plus grands ſupplices, & elle ne les ſouffroit que par la volonté de Dieu, & par l'exemple de noſtre Seigneur qui l'obligeoit à en uſer ainſi, & elle eſtoit ſi perſuadée que c'eſtoit tout l'inſtinct & le devoir d'une ame de ſouhaiter ſon Dieu, qu'elle croyoit que toutes les autres eſtoient embraſées du meſme feu qu'elle; de ſorte qu'ayant un jour trouvé dans le Livre des advis ſpirituels de ſa Communauté ce terme, *Excitez-vous au deſir de Communier.* Elle en fut extrêmement ſurpriſe ne poüvant comprendre à qui ces parolles ſe pouvoient addreſſer, parce qu'à ſon advis c'eſtoit faire tort à une ame fidelle de luy parler ainſi. Sur cela elle ſe mit à exprimer ſes ſentimens par pluſieurs comparaiſons tres preſſantes, que l'on peut voir plus au long dans les inſtructions qu'elle a dreſſées pour entendre fructueuſement la Sainte Meſſe, & qui ſeront exprimées en partie dans le Chapitre de la Devotion,

S

pour la satisfaction de plusieurs qui l'ont desiré.

Une autrefois faisant reflexion sur le Pseaume, *Quemad-* *Psal. 41.* *modum desiderat cervus ad fontes aquarum : ita desiderat, &c.* Cét *ita* la surprit & la peina beaucoup, *Quelle comparaison,* disoit-elle, *qu'une ame qui a la connoissance de Dieu, de son merite, & de sa dignité, & qu'il a élevée à un estre surnaturel, souhaite Dieu ainsi qu'un cerf alteré desire la fontaine ?* Dans cette veuë elle fut comme transportée d'une sainte colere de la misere humaine, à qui il semble que des creatures privées de raison doivent enseigner leur devoir. Et puis faisant reflexion sur la corruption qui est venuë du peché, elle s'humilia, advoüant qu'elle n'alloit pas mesme à Dieu si ardamment que cét animal couroit à la fontaine. Une autre fois comme quelqu'un luy parloit de ces oyseaux de chasse, qui aussi-tost qu'ils ont apperceu leur proye, vont fondre dessus avec une impetuosité extrême, elle se confondit estrangement de voir que ces animaux alloient plus viste où le seul instinct les portoit, que nous n'allons à Dieu qui est nostre centre & nostre fin derniere, quoy que la nature & la raison, & la grace nous y poussent sans cesse. Ainsi toutes les choses qu'elle voyoit ou entendoit, luy servoient de matiere pour se confondre de ne pas assez aimer son Dieu, ou d'aiguillons pour s'animer à l'aimer d'avantage.

Mais l'ardante dilection qui operoit en elle ce vehement desir de voir Dieu, & de luy estre parfaitement unie, la mettoit quasi comme la sainte Espouse dans une langueur continuelle, & elle souffroit un martyre d'amour pour ce sujet. Elle paroissoit parmy les autres, & dans la conversation comme une personne qui n'estoit point de ce monde, & qui n'estoit sur la terre que dans un estat violenté. La principalle partie d'elle-mesme estoit toûjours

en Dieu, l'on voyoit presque à tous momens que son cœur bondissoit vers le Ciel, ses yeux estoient levez en haut, ses mains les suivoient, & avec de profonds soûpirs & des paroles entrecoupées, elle faisoit des lamentations amoureuses à nostre Seigneur, pour se voir toûjours retenuë sur la terre, dans un lieu de bannissement, & avec des desirs qui sembloient la devoir opprimer, elle demandoit incessamment : *Ha ! quand sera-ce, mon Dieu, quand sera ce, que vous me ferez cette misericorde ? ne sera-ce point bien tost que ie vous pourray voir, & entrer pour demeurer à iamais dans vos sacrez Palais.* Ce luy eût esté une nouvelle agreable, si on luy eust dit, qu'elle mourroit dans ce jour mesme & dans ce moment. Car son cœur qui soûpiroit & palpitoit sans cesse, ne parloit d'autre chose que de joüir de Dieu; elle reïteroit quasi à chaque instant ces devotes exclamations, & ces paroles enflammées : *Mon Dieu, mon Dieu, ne vous verray-ie point bien tost ?* Une Religieuse touchée de sa douleur, luy dit une fois : Ma chere Mere, il faut attendre avec patience, à la fin ce jour tant desiré viendra. Helas ! mon Dieu, dit-elle avec une angoisse de cœur, qu'il est long à venir ; Il y a des personnes auprés de qui il est necessaire d'employer de grands discours pour les faire resigner à la mort : mais Dieu sçait que pour moy il me faut une resignation bien plus grande pour vivre que pour mourir. Quelques-fois elle invitoit la mort ; l'appellant belle & chere, la porte & le passage qui conduit à la vie, & elle se rioit de celles qui l'apprehendoient, parce, disoit-elle, qu'elles ne la connoissent pas. Elle portoit envie aux personnes mourantes, & disoit en soûpirant sous le poids de son long exil : *Helas! elles s'en vont, & moy ie demeure toûjours sur la terre.*

Cette fervente Mere donnoit à celles qui la voyoient dans ces langueurs une compassion si tendre, & conjoin-

tement une joye si sainte dans son abord & dans son entretien, qu'elle inspiroit des pensées, & donnoit des sentimens qui avec l'amour de Dieu, allumoient le desir du Paradis, & le détachement de cette vie. Elle tenoit si peu à la terre, & estoit si fortement occupée dans le Ciel, qu'il sembloit quelquesfois quand on avoit à traiter avec elle, que l'on parloit à une personne venuë de l'autre monde, & qui n'entendoit plus d'autre langage que celuy du Paradis. Quand elle estoit Prieure ou Soûprieure, & que l'on avoit besoin de luy parler, pour recevoir ses ordres, ou pour luy demander si elle trouvoit bon qu'on fist quelque chose, ou qu'on ne la fist pas, il est arrivé plusieurs fois qu'au lieu de répondre à ce qu'on luy proposoit, elle parloit d'un sujet tout different. Car son Espoux celeste qui selon les termes du divin Cantique, l'avoit fait entrer en la cave de ses vins precieux, la mettoit comme hors d'elle-mesme, & dans une yvresse spirituelle; en sorte qu'il falloit luy repeter une seconde fois ce qu'on luy avoit dit, & en suite elle jettoit un profond soûpir, & disoit avec des paroles interrompuës de sanglots & de larmes, *Mon Dieu, ie ne veux rien que vous.* Et apres de doux, mais de fervens efforts, elle entroit dans des transports d'esprit, où elle demeuroit quelques fois si long-temps qu'il falloit attendre que ses élans d'amour fussent passez, pour avoir une réponse precise à ce qu'on luy avoit demandé. Tous les autres discours ou entretiens qu'on avoit avec elle estoiét presque toûjours entremeslez d'aspirations, de colloques & de transports semblables, qui exprimoient parfaitement bien qu'elle ne vivoit que de Dieu, & en Dieu, dont elle estoit toûjours remplie, & en qui elle estoit entierement plongée.

On voyoit par ces gestes & par ses paroles le surémi-

nent amour qu'elle avoit pour la grandeur de Dieu, mais on remarquoit aussi une tendresse toute extraordinaire pour la sainte Humanité de nostre Seigneur JESUS-CHRIST. Le seul aspect d'une de ses Images, & la simple expression de son Nom adorable, le souvenir d'une de ses paroles, ou de ses actions, la mettoit dans des élevations & des transports merveilleux, il sembloit que cét aspect, & ce Nom, & ce souvenir, renouvelloit la douleur amoureuse qu'elle sentoit en son ame, pour se voir separée de luy, son corps mesme en estoit agité: la rougeur paroissoit sur son visage. Elle gemissoit comme font les malades qui souffrent des douleurs violentes, se plaignant sans cesse de la longueur de son bannissement. Elle rapportoit quelques-fois qu'elle avoit entendu dire, qu'il y avoit un Purgatoire, pour les ames qui n'avoient pas assez desiré de voir Dieu: ce qu'elle trouvoit tres juste, & disoit qu'à son jugement ce n'estoit pas assez de cette peine, & qu'elle estimoit ce deffaut si grief, qu'il luy sembloit meriter plustost le supplice d'un Enfer, que celuy d'un Purgatoire.

Elle s'estonnoit pour la mesme raison de ce qu'il avoit fallu donner à l'homme un commandement d'aimer Dieu, & elle pesoit fort sur cette parole, dont elle ne pouvoit qu'à peine sortir, *Vn commandement à l'homme pour aimer Dieu!* Et sur cela par un saint transport elle disoit: *Si ce n'estoit que c'est Dieu qui l'a fait, ie dirois que ç'a esté faire à l'homme la plus grande injure qu'on luy pouvoit iamais faire, que de luy donner ce commandement; aussi bien que de luy dire qu'il s'excite au desir de voir Dieu. Car cét objet estant si ravissant, quelle necessité y a-t'il de dire qu'il le faut desirer; Pour moy ce me seroit une chose bien plus impossible de m'empécher de l'aimer, & de le desirer, estant éclairée de la foy, & me*

sentant animée de sa grace, & s'il avoit commandé le contraire ie serois la plus empeschée du monde: car en cela seulement ie n'aurois iamais pû luy obeir. En suite elle déploroit l'aveuglement & la stupidité des hommes, qui nonobstant ce commandement le laissent, comme parle Jeremie, luy qui est la Fontaine d'eau vive, & vont chercher dans les creatures qui sont des cisternes crevassées, le bien veritable que Dieu seul est capable de donner.

Comme on faisoit une fois la meditation sur le premier Commandement de Dieu, qui oblige tous les hommes de l'aimer parfaitement, quelque Religieuse voulant sçavoir la disposition de cette fervente Mere sur ce sujet, la luy demanda dans une conference spirituelle, & elle luy répondit avec une douleur sensible: *Pour ce qui est d'aimer Dieu parfaitement, ie n'oserois dire que ie le fais: mais pour l'aimer uniquement & souverainement, il me semble qu'il est vray que ie le fais, & par sa grace ie le ressens ainsi.*

On luy demanda une autre fois pour quelle raison particuliere elle souhaitoit la mort avec des desirs si ardants; elle dit, *Parce que Dieu nous creant tous par le seul motif de sa gloire, avoit dessein que nous fussions tous consommez en luy: voila pourquoy nostre unique desir doit estre cette consommation qui ne s'accomplit qu'en l'estat de la gloire. Car on l'offence continuellement icy, & on demeure toûjours separée de luy, ce sont,* disoit-elle, *les sujets qui me pressent de souhaiter la mort, pour estre ainsi que le Fils de Dieu disoit à son Pere un peu avant que de mourir, entierement consommé en luy.*

Son amour autant ingenieux qu'il estoit ardant envers nostre Seigneur, avoit fait un pacte avec ce divin Espoux, que toutes les fois qu'elle respireroit l'air qui maintient la vie, elle pretendoit faire autant d'actes d'amour, & qu'ainsi elle seroit toûjours recevant celuy qui remplit

toutes choses, & retournant à celuy pour qui toutes choses font faites. Par ce moyen elle taschoit dés la terre de se faire un Paradis anticipé, & de se rendre la presence de Dieu si familiere & si sensible, qu'elle ne peust gouster les delices de la terre, ny prendre aucune satisfaction, & que ses sens & ses pensées fussent toutes abysmées dans les joyes de son Dieu. Cela paroissoit en toutes sortes de rencontres ; mais il parut un jour particulierement comme elle se promenoit au Jardin avec les Religieuses, au temps de la recreation : Car il y en eut une qui pour la divertir luy dit, *Ma Mere, vous estes toûjours en Paradis, ie vous prie de grace, venez un peu avec nous en la terre, & voyez icy une chose qui est fort agreable.* Cette fidelle amante qui estimoit que toutes les autres estoient comme elle navrées du saint amour, fit comme la sainte Espouse qui s'informoit des nouvelles de son bien-aimé, à toutes celles à qui elle pouvoit parler : Car sans sortir de sa place, & sans s'émouvoir davantage, elle répondit, *Si ie vais où vous me dites, y verray-je mon Dieu ?* Elle disoit le mesme à toutes les autres, quand elles luy faisoient un grand recit d'avoir veu quelque chose de rare & d'admirable, *Mon Dieu est-il en tout cela ?* ou bien, *Y a-t'il rien de rare & d'admirable hors de luy ?* De sorte que ces Filles repliquant, *Mais nostre bonne Mere, ne sçavez-vous pas que l'homme vivant ne verra point Dieu ?* Il suffisoit que ce n'estoit point Dieu pour faire qu'elle n'en parlast pas davantage, & montrast que sans Dieu tout ne luy estoit rien.

Dans ce temps de la recreation elle ne pouvoit s'entretenir sans se faire violence, des discours mesme indifferents, tant sa plenitude de Dieu estoit grande, & son attrait pressant, & lors qu'elle en voyoit quelques-unes se répandre tant soit peu dans d'autres sujets, elle disoit en

soûpirant, *Est-il des ames si faciles à contenter au monde? Y a-t'il autre chose que Dieu dont on puisse mesme pour un moment se faire un veritable plaisir?* S'il arrivoit que l'on tombast imperceptiblement sur quelque entretien de choses inutiles, elle interrompoit aussi tost le discours, & avec une dexterité merveilleuse, elle prenoit occasion sur le mesme sujet, de passer à des choses d'édification & de devotion: de sorte qu'elle transportoit l'esprit de la terre au Ciel devant qu'on y prist garde, & changeoit industrieusement un discours agreable, en un autre beaucoup plus profitable, sans que pour cela il devint ennuyeux. Que si par mégarde l'on parloit plus long-temps qu'elle n'eust voulu des affaires du monde, elle disoit sur cela, *Laissons aux morts le soin d'enterrer leurs morts*: Et c'estoit assez pour en demeurer là. Son plus grand divertissement estoit de composer & de chanter quelques-fois des Cantiques spirituels, pour s'entretenir toûjours avec Dieu, mesme en se divertissant. Sur tout elle soulageoit son cœur en repetant quelques-fois la chanson de la grande sainte Terese, & dans les mesmes élans d'amour, ainsi qu'elle est écrite dans la vie de cette illustre Sainte, quand par le desir d'aller voir son bien-aimé dans le Ciel, elle soûpiroit & appelloit la mort à son ayde, & la qualifioit du nom de sa belle, de sa chere, & de la plus agreable, & la plus obligeante de toutes ses amies. Cette bonne Mere qui estoit si penetrée du desir de voir Dieu, dit une fois confidemment, Qu'elle faisoit son possible pour n'aller point en Purgatoire, non pas pour éviter les peines, ny pour avancer son bon-heur, mais parce que la violente ardeur de glorifier son Dieu, ne pouvoit souffrir ce retardement, & elle avoit pour cela tant de compassion des ames qui sont détenuës dans ces tourmens, à cause du desir qu'une ame separée du corps

corps a d'estre avec Dieu, qu'il n'estoit rien qu'elle ne voulust faire ou souffrir pour avancer leur sortie, non tant pour les délivrer de ces feux, que pour procurer à Dieu la gloire & le plaisir qu'elles luy donneront. Par ce motif elle prenoit un soin infatigable de faire toutes les satisfactions, & de gagner toutes les Indulgences qui sont accordées par l'Eglise, & de les appliquer par voye de suffrages aux Saints du Purgatoire. Elle faisoit mettre de l'Eau beniste en tous les lieux de la maison, & elle n'en prenoit point sans un esprit de pieté interieure, & sans produire des actes de contrition, en usant de ce remede institué pour remettre les pechez veniels, & sans estendre quelque partie de sa contrition au secours des ames qui n'en peuvent plus avoir qui leur soit meritoire. Elle passoit quelques-fois les heures entieres dans cette affection de se plonger elle-mesme & ses prochains, dans le Sang precieux de son divin Sauveur, en disant ces affectueuses paroles, J E S U S *sit nobis* J E S U S ; ce qu'elle pratiquoit principalement pour les ames les plus delaissées, ou qui avoiét davantage aimé nostre Seigneur, ou sa tres-sainte Mere; de sorte qu'on luy disoit qu'elle surpassoit les avares du monde, dans le desir insatiable qu'elle avoit de gagner les biens du Ciel, tant pour soy que pour les autres. A quoy elle répondoit, *Qui est celuy qui ne doive estre bien vigilant trouvant dequoy accroistre ses thresors, & devenir riche pour soy & pour d'autres avec si peu de peine.* Elle faisoit souvent des complaintes sur la nonchalance, & sur l'aveuglement de ceux & de celles qui des mesmes moyens qui leur feroient éviter le Purgatoire, en font des sujets pour y estre plus long-temps, & y souffrir davantage: si elles n'en font mesme quelques-fois des causes de leur damnation.

Dans ces élans d'amour & de ferveur, elle portoit une

T

sainte envie à ceux qui se vont exposer au martyre pour le salut des ames, dont elle sentoit un violent desir; en sorte qu'elle ne pouvoit empécher qu'il n'en parust au dehors des marques bien visibles. Un jour entre les autres, qui estoit la Feste de S. Laurens, faisant une conference spirituelle sur le sujet du Saint, elle s'estendit sur la force invincible qu'il eut en ses tourmens, & particulierement sur le bon-heur de mettre sa vie pour le nom de JESUS. Sur cela elle fut si éprise du desir de luy estre semblable, qu'elle ne se pût moderer, & que par un transport d'esprit elle fut obligée de sortir promptement du lieu où elle estoit & de se retirer à l'écart, tant elle estoit embrasée du feu interieur qui brusloit dans l'ame de ce Saint, dont celuy qui consommoit le corps n'estoit qu'une petite & une foible Image. Elle demeura trois jours dans cét estat, comme hors d'elle-mesme, avec un visage enflammé, & un cœur encores plus ardant : Elle disoit à celles qu'elle rencontroit : *Mes cheres Meres & Sœurs, soyons des Martyres d'amour, puis que nous ne pouvons pas estre des Martyres d'effet.* C'estoit un desir qu'elle eut toute sa vie, & qu'elle porta jusques sur le lict de la mort, comme il se verra dans la suite. Mais au deffaut du martyre sanglant, elle en avoit un autre spirituel : car elle dit une fois à une Religieuse comme elle estoit malade dans l'Infirmerie, que les trois instruments de son martyre, estoient la vie, le parler, & son lict. Le premier, à cause du desir continuel qu'elle avoit de voir Dieu. Le second, parce qu'elle estimoit toûjours y perdre quelque chose de l'union avec Dieu. Et le dernier, parce qu'il donnoit quelque soulagemét à son corps qu'elle persecutoit en tout comme son ennemy.

Mais la preuve la plus manifeste & la plus assurée de son amour pour Dieu, estoit celle que nostre Seigneur a

donné luy-mesme, quand il a dit, *Si vous m'aimez vous* Joan. 14. *garderez ma parole.* Car c'est ce qu'elle a fait avec perfection dés les premieres années de sa vie, & sur tout depuis son entrée en la Religion, où aucune n'a esté veuë qui l'aye surpassée dans toutes les observances Regulieres. Rien ne luy paroissoit petit, les moindres points de ses Regles luy estoient precieux, & elle avoit un amour & un zele si particulier pour les Livres de l'Institut, qu'elle les portoit comme sa Loy, non seulement dans son cœur, mais aussi dans ses mains, toûjours preste d'accomplir à la lettre tout ce qu'ils enseignoient, & apprenant aux autres à les garder comme les Articles, & le Contract du sacré Mariage qu'elles ont celebré avec nostre Seigneur au jour de leur Profession. Qui voudroit faire voir tous les effets que le divin amour a operez dans l'ame de cette fidelle amante, il devroit rapporter toutes les actions de sa vie, dont cét amour divin estoit le premier mobile qui donnoit aux autres vertus toutes leurs fonctions, ce qu'elle a bien fait voir toutes les fois qu'élevant à Dieu son cœur, dégagé de l'amour de soy-mesme : elle luy disoit, *Mon Seigneur, il y va de vostre gloire que l'Espouse ressemble à son Espoux. Faites donc, s'il vous plaist, que vostre esprit divin me conduise, & que ie fasse cette œuvre dans toute la perfection que vous le desirez.* Aussi estoit-ce cette conformité avec Dieu qui faisoit la pente & le poids de son cœur. Car quand on luy demandoit si elle aimoit quelque personne, ou si elle vouloit quelque chose en particulier, Elle répondoit, *Ie n'en sçais rien : car ie les aime autant que Dieu les aime & point davantage, ie veux cela autant que Dieu le veut.* Elle aimoit pareillement les Saints de la mesme façon qu'ils ont aimé Dieu, ou qu'ils ont esté aimez de luy, ou selon qu'ils l'aiment & qu'ils le glorifient maintenant

T ij

dans le Ciel, & sont aimez & honorez de luy. Pareillement elle vouloit les choses autant que Dieu les a voulües de toute eternité, & qu'il les voudra toute l'eternité.

C'estoit encores cette ardante charité qui luy causoit la tendresse de conscience qu'elle avoit pour tout ce qui luy paroissoit estre offence de Dieu; cela alloit bien jusques à ce point, qu'une Superieure luy ayant une fois ordonné de faire une chose où elle appercevoit quelque deffaut, elle se trouva dans une grande perplexité, si elle feroit la chose, ou si elle la laisseroit, & cette peine passa jusques à cét excés, qu'elle se trouva si saisie qu'elle fut malade, & en pensa mourir. De sorte qu'il fut necessaire que la Mere Prieure en estant advertie l'allast trouver au plûtost, & luy dist qu'elle la dispensoit de faire ce qu'elle luy avoit ordonné: car par ce moyen elle fut en repos, & commença un peu à respirer, & fut entierement guerie quand elle se trouua hors de la necessité d'offencer Dieu, ou de desobeyr. Elle demandoit quelquefois à nostre Seigneur, de permettre plûtost qu'elle allast dans les Enfers, que de la laisser tomber dans les pechez qui le meritent. Et elle disoit qu'elle n'apprehendoit l'Enfer qu'à cause que l'on y haïssoit Dieu, & que pareillement elle ne se fut pas si fort animée, comme elle faisoit pour aller en Paradis, si on n'y eust pas aimé Dieu comme on fait.

D'autres fois elle desiroit que la fin des siecles arrivast promptement, afin que Dieu fust plûtost connu & aimé de ses creatures, & qu'il regnast souverainement en elles. C'estoient les estincelles du feu qui brusloit dans son cœur, & qui toutes n'exprimoient autre chose que l'effet de ses amoureuses paroles, qu'elle avoit toûjours au cœur,

Psal. 72. & souvent en la bouche, *Quid enim mihi est in cœlo? & à t? quid volui super terram? Deus cordis mei, & pars mea Deus*

in æternum! Qu'ay-je dans le Ciel à posseder que vous? qu'ay-je sur la terre à esperer que vous? ô le Dieu de mon cœur, & la part de l'heritage que je pretends pour l'eternité!

De sa charité pour le prochain.

Chapitre XX.

Quand la charité regne souverainement dans une ame, le principal effet qu'elle produit apres l'amour de Dieu, est l'amour du prochain. Ces deux amours sont freres, l'un se porte à l'original, & l'autre à l'image. C'est pourquoy il ne se faut pas estonner, si celle qui estoit si remplie du premier, a exercé le second avec tant de zele dans tous les moyens propres de son estat.

Par la lumiere qui luy faisoit concevoir le merite de Dieu, elle eust voulu avoir la puissance de luy soûmettre tous les cœurs, pour estre les esclaves de son divin amour: Et ce qui luy causoit en mesme temps une tres-sensible douleur, estoit de considerer les avantages dont les ames se privent en perdant le thresor infiny de ce divin amour. Cette douleur estoit extréme en elle, & elle gemissoit tres-souvent, de voir le grand aveuglement de la plusparts des hommes, pour les choses de leur salut. Ce zele la pressoit aussi bien que le Saint Apostre si fortement, que pour y satisfaire, elle n'épargnoit ny veilles, ny penitences, ny Oraisons, singulierement elle les employoit pour les personnes qui estoient proches du dernier passage: & lors qu'elle sçavoit que quelqu'une estoit sortie de cette vie dans l'apparence d'un mauvais estat, cela augmentoit

T iij

merveilleusement sa douleur. Une fois entr'autres sur le recit d'un criminel qu'on menoit au supplice, & qui avoit fait refus de voir & d'adorer la Croix qu'on luy presentoit, elle fondit toute en larmes, en sorte qu'on ne la pouvoit appaiser, & il fut necessaire de prier les Religieuses de ne luy plus rapporter de semblables Histoires, afin de ne la pas affliger jusques à l'excés, & ne la pas mettre au hazard de mourir.

Dans toutes les rencontres où elle estoit obligée de communiquer avec les personnes de dehors, elle taschoit de leur insinuer un desir ardant de leur salut, & elle le faisoit avec tant d'efficace, que plusieurs ont advoüé qu'il leur sembloit que Dieu parloit par elle, & qu'apres l'avoir entenduë, ils s'en retournoient touchez de componction, & resolus de mettre en pratique ce qu'elles avoient appris dans son saint entretien. Mais comme la charité est communicative du bien qu'elle possede, cette charitable Mere embrassoit de grãd cœur les interests de ses prochains, & elle s'y portoit de la mesme façon que s'ils eussent esté les siens propres. Qui que ce fust qui luy demandast l'assistance de ses prieres, jamais elle ne les refusoit. Son abord estoit si gracieux, que chacun estoit bien venu auprés d'elle. L'on ne pouvoit mesme luy faire plus grand plaisir que de luy donner le moyen de negocier avec Dieu: ce qui luy faisoit dire quelques-fois: *J'aime ceux qui me mettent en besogne, & qui me donnent de l'ouvrage à faire pour le Ciel, & plus que ceux qui ne font que me visiter ou me loüer.* Jamais elle ne se trouvoit surchargée de prier pour autruy, mais plustost son cœur s'épanoüissoit de joye, & attiroit plusieurs autres Religieuses avec elle pour la seconder en ce saint exercice: car son humilité luy faisoit estimer que ses prieres n'estoient rien seules, & que pour estre bien receuës il

falloit qu'elles fussent unies avec celles des autres.

Quand elle en voyoit qui ne prenoient pas à cœur cette pratique, & qui n'avoient égard qu'à elles-mesmes, elle leur disoit agreablement que c'estoit une espece d'avarice spirituelle d'en user ainsi, & qu'il estoit bien meilleur de s'oublier un peu soy-mesme pour secourir les autres, puisqu'infailliblement, comme dit la parole de Dieu, ceux qui sauvent l'ame de leurs freres, sauvent conjointement la leur. De sorte que dans ce sentiment si épuré, elle attiroit ses filles à faire avec elle des neufvaines de prieres, & de Penitences, & de Communions extraordinaires pour divers besoins, & il fut fort souvent necessaire que les Superieures moderassent en cela sa ferveur; car elle estoit insatiable, & elle auroit passé les jours & les nuicts en de semblables exercices, si on luy eust permis. L'on peut dire avec sincerité que nostre Seigneur qui exauce les desirs des pauvres, & qui fait la volonté de ceux qui le craignent, la favorisoit de telle sorte que par sa grande bonté, l'Oraison de cette ame fervente a obtenu tres souvent des graces fort visibles, & fort extraordinaires, tant pour le spirituel, que pour le temporel. Cela s'est reconnu en plusieurs Dames de condition, qui se sont estimées heureuses d'avoir quelque part en son souvenir devant Dieu, & qui en ont éprouvé des effets. Il s'en est veu entr'autres de tres-considerables, qui estant affligées de leur sterilité, & qui hors d'esperáce d'avoir des enfans, ont eu recours à elle & obtenu par ses prieres cette Benediction de leur mariage. Ce que quelques-unes ont si bien reconnu qu'elles l'appelloient la mere de leurs propres enfans, & apres les civilitez ordinaires la venant visiter, elles luy disoient agreablement, Ma Mere, vostre fils ou vostre fille est en un tel estat, & elle mesme ne se deffendoit pas fort de leur don-

ner ce nom, traitant d'une façon cordialle, mais toûjours devote & spirituelle, avec tous ceux qui s'addressoient à elle.

Elle ne se mettoit pas seulement en devoir de secourir ceux ou celles qui demandoient son ayde. Elle se sentoit émeuë quelques-fois à prier mesme pour d'autres qu'elle ne connoissoit pas : Et comme une Religieuse luy témoignoit un jour avoir eu un mouvement pareil, elle luy dit, Que c'estoit un signe que Dieu vouloit faire une grace à quelqu'un, quand il inspiroit à d'autres le desir de la luy demander ; c'est pourquoy elle l'exhorta à suivre l'inspiration qui luy estoit donnée, & elle se joignit avec elle pour en obtenir l'effet, qui reüssit apres. On luy recommanda une fois instamment quelque personne de condition qui vivoit scandaleusement, & qui depuis vingt ans ne s'estoit point confessée : cette nouvelle luy fut fort douloureuse, & elle prit à cœur le salut de cette ame ; Elle rendit pour cela une assiduité plus grande qu'à l'ordinaire devant le tres-saint Sacrement : Elle fit mettre aussi la Communauté en prieres, & apres la perseverance qu'elle eut assez long-temps à frapper à la porte du Ciel, on luy vint dire que cette personne s'estoit confessée, & estoit morte apres avoir receu tous les Sacremens, & donné beaucoup d'esperance de son salut.

Cette conversion n'a pas esté l'unique qu'elle ait obtenuë. Dieu en a accordé plusieurs autres par l'entremise de ses saintes prieres. L'une des plus apparentes & des plus éclatantes, a esté en la personne d'un des plus grands Princes, & des plus illustres de la Cour, pour lequel la Princesse sa chere épouse qui avoit une estime toute particuliere de cette Mere, luy faisoit tres-souvent l'honneur de luy écrire, & d'envoyer mesme quelque Princesse au Monastere

naftere pour la fupplier inftamment de prendre à cœur le falut de ce Prince, elle le fit avec fon zele & fa ferveur ordinaire, & l'iffuë a fait voir qu'il y a eu tout fujet de croire que la bonté de Dieu luy accorda cette grace, car ce Prince apres avoir mené une vie déreglée, & dans les plus grands defordres du móde & du peché, s'eft rendu tout-à-fait exemplaire en vertu, & apres avoir perfeveré dans une pieté Chreftienne durant beaucoup d'années, a finy une vie vertueufe par une heureufe mort.

La charité de la Mere s'eftendoit univerfellement fur les vivans & fur les mourants. Voicy une Lettre qu'elle écrivit à un homme de condition, amy du Monaftere, lors qu'il eftoit fort malade, & en danger de mort, pour l'exciter à une parfaite refignation aux volontez de Dieu, & à fe difpofer à faire faintement ce perilleux paffage, je n'ay pas voulu l'obmettre, la trouvant de tres-grande édification.

MONSIEUR,

Jesus reffufcité nous faffe participer à fa nouvelle vie: C'eft le defir qu'il me donne pour vous comme pour moy-mefme, parce que vous honorant en luy comme je fais, je ne voy rien de meilleur à vous fouhaitter que la participation de cette vie qui feule en merite le nom, & non pas celle qui nous conduit à la mort. La fin de celle-cy eft bien plus fouhaittable que fa continuation, parce que la fuitte nous laiffe dans le peril de perdre Dieu; & la fin dans l'eftat de fa grace, nous affure de le trouver pour ne le perdre jamais. Je croy, Monfieur, que ce font ces penfées qui vous rendent fupportables vos grandes douleurs, qui autrement vous jetteroient en l'impatience. Le Fils

» de Dieu comme impeccable, ne craignoit pas de déplai-
» re à son pere, si est-ce que voyant l'heure de sa Passion
» s'approcher, il s'en réjoüissoit, & encore que comme hom-
» me il craignist les douleurs, il s'offrit neantmoins con-
» stamment à les porter; & non seulement les vostres, Mon-
» sieur, qu'il discernoit en particulier, mais aussi celles que
» tous les hommes avoient meritées par leurs pechez. Com-
» me Dieu infiny il fit paroistre sa Charité infinie, que je
» supplie, Monsieur, de perfectionner la vostre, & comme
» les douleurs ruinent la vie, qu'elles ruinent aussi tout ce
» que la divine pureté pourroit trouver en vous qui luy fust
» contraire. Le mal ne doit pas estre apprehendé, puis qu'il
» nous rend conformes à JESUS-CHRIST; ny la mort
» puisque nous devons tenir à bon-heur de passer par tout
» où ce bon Seigneur a passé: Et comme il a sanctifié ce der-
» nier article, nous devons aussi desirer de nous sanctifier
» en luy. Mais parce que nous sommes privez de la vraye
» lumiere qui nous y disposeroit, il faut que nous nous unis-
» sions à l'Esprit de JESUS mourant, & que nous nous
» appliquions les dispositions de son Ame tres-sainte, en ce
» qu'elle faisoit en cét estat pour la gloire de son Pere, &
» pour la reparation des hommes. Il me semble, Monsieur,
» qu'il faut que comme enfans, ou comme aveugles, nous
» suivions ce Guide tres-éclairé JESUS-CHRIST, puis
» qu'en cette disposition d'adherance à ce qu'il faisoit pour
» lors, sont contenuës les plus excellentes dispositions
» qu'on puisse avoir pour mourir saintement. J'ay un grand
» desir de communier pour cela, & que vous le fassiez aussi,
» afin de vous abandonner tout à nostre Seigneur, & que
» luy-mesme daigne vous recevoir pour agir en vous selon
» son bon plaisir, usant de vostre ame & de ses puissances,
» de vostre corps & de ses sens, comme il usoit des siens au

temps de sa sainte Mort. Pour tout cela, Monsieur, il n'est «
besoin que d'une volonté universellement attachée à »
nostre Seigneur JESUS-CHRIST qui nous veut con- «
former à luy, & qui aime singulierement ceux qui pour- «
suivent cette conformité. Rien ne peut estre plus intime «
que ce que nous devons estre avec luy en cette derniere «
heure, pour accomplir tous ses desseins dans le temps & «
dans l'eternité. Je vous demande tres-humblement par- «
don de vous parler de la sorte; mais n'ayant point de meil- «
leur moyen de vous faire paroistre la Charité que Dieu «
me donne pour vous, j'espere que vostre bonté ne l'aura «
pas desagreable, & me croira ce que je suis en verité, «

MONSIEUR,

Vostre tres-humble & tres-obeïssante
Servante en nostre Seigneur, &c.

Cette bonne ame si zelée pour ses prochains, faisoit part non seulement de ses prieres & de ses advis, mais aussi de toutes ses actions aux autres; c'est pourquoy elle alloit par ce motif avec empressement assister à plusieurs Messes, quand elles se disoient en leur Eglise, & elle y voloit plûtost qu'elle n'y marchoit, pour offrir au Pere Eternel nostre adorable Mediateur. Elle alloit à la sainte Communion avec une ferveur nompareille, afin que dans l'union avec le Fils de Dieu, elle fust plus puissante pour obtenir du Pere ce qu'elle luy demandoit. Elle disoit quelques-fois, *Je n'ay rien de plus puissant que cela pour ayder mes amis; car ce n'est plus moy qui parle, c'est* JESUS-CHRIST *qui parle en moy pour eux.* Mais comme son cœur bien faisant ne disoit jamais, c'est assez, elle ne se contentoit pas de ce que nous venons de dire, & elle pro-

V ij

curoit en toute rencontre que cette bien-veillance paffaft jufques à des effets bien plus extraordinaires.

Eftant Prieure elle demanda une fois à la Communauté fon confentement pour prendre la dixiéme partie des aumofnes que l'on feroit au Monaftere, afin d'en faire des charitez aux pauvres : & pour y animer davantage toutes fes Sœurs elle leur difoit, *Ne craignez point que nous manquions pour cela : Nous avons un bon pere qui ne nous delaiffera jamais pour avoir fait la charité. Ce qu'on donne à Dieu on le met à ufure.* Auffi fes cheres Filles qui marchoient toutes fur fes pas, & qui fuivoient fon exemple, luy accorderent volontiers cette demande ; & cela fe pratiqua l'efpace de plufieurs années pour les pauvres qui venoient à la porte : Outre cette dixme qui montoit à une fomme affez confiderable, elle ne faifoit refufer aucun de ceux à qui elle puft faire donner de l'affiftance, & felon les Feftes & les myfteres de l'Eglife elle adjouftoit aux motifs generaux, des confiderations particulieres qui relevoient de beaucoup le prix de fes aumofnes. Par exemple : Si c'eftoit le Dimanche, elle faifoit donner trois pieces d'argent à l'honneur de la tres-fainte Trinité. Si c'eftoit le Lundy, elle faifoit donner pour le foulagement des ames de Purgatoire. Le Mardy, elle partageoit ce qu'elle donnoit à l'honneur des Anges, felon leurs Chœurs, ou felon leurs Hierarchies. Le Mercredy, elle faifoit le mefme pour les Saints ou pour les neceffitez generales & particulieres de fa Communauté. Le Jeudy, elle faifoit donner à manger à quelques pauvres, en memoire du dernier fouper que le Sauveur fit avec fes Difciples la veille de fa Paffion. Le Vendredy, elle faifoit diftribuer cinq pieces de monnoye en memoire des cinq Playes de noftre Seigneur. Le Samedy, elle partageoit en fept ce peu qu'elle

pouvoit donner, afin d'honnorer par ce nombre les sept Joyes de la sainte Vierge. Sa Charité toûjours ingenieuse adjoustoit de nouvelles intentions, selon la devotion de l'Eglise & la sienne, dans les solemnitez qui se celebrent à l'honneur de nostre Seigneur, de la Vierge, ou des Saints. Comme pour reconnoistre par la petitesse de son offrande, les largesses immenses des dons que Dieu nous a faits dans divers mysteres, ou pour imiter quelques-unes des vertus qu'ont pratiquées les Saints. Mais jamais elle n'oublioit d'adjouster quelques paroles d'instruction & de devotion pour ceux & celles à qui elle faisoit l'aumosne corporelle, qui pour l'ordinaire estoit du pain, de l'argent, du linge: Et il n'y avoit rien qui l'affligeast si sensiblement, que quand elle se trouvoit dans l'impuissance de donner aucune assistance à ceux ou à celles de qui elle sçavoit les besoins.

Mais sa pieté ne s'arrestant pas là, & passant bien loin au delà de sa maison, elle a procuré plusieurs fois auprés de la Reyne Mere du Roy Loüis XIV. qu'il pleust à sa Majesté de luy accorder la grace, durant le temps de la guerre, de faire donner du pain à quelques Monasteres de son Ordre, qui pour lors estoient en tres-grande necessité. Ce que cette charitable Princesse fit tout aussi-tost avec une bonté nompareille: Et cette bonne Mere a fait donner plusieurs fois à de pauvres Eglises de la campagne, des ornemens pour les Autels, outre les Corporaux & & les Purificatoires qu'on faisoit dans sa maison, & qu'elle faisoit distribuër de temps en temps, selon le devoir de sa Regle, avec le consentement de sa Communauté.

Ce fut par ce mesme motif qu'elle demanda aux Religieuses dans le temps de la guerre, que pour faire l'aumosne on vendist les perles & les diamans qu'on avoit

reservez pour enrichir le Soleil où l'on expose le tres-Saint Sacrement : A quoy elles consentirent toutes de grande affection, suivant la doctrine & l'exemple de Saint Augustin leur Pere, qui vendit les vases sacrez pour assister les pauvres qui estoient les vrais Temples, & les membres vivans de nostre Seigneur. En effet on en vendit pour lors pour plus de quatorze cens livres, & dés la premiere année il en fut donné en aumosne cinq cens, le reste fut mis en rente pour estre distribué selon les pressantes necessitez, qui ne manquent pas de se trouver tous les jours.

Dans ce mesme temps les Religieuses du Monastere de l'Annonciade Celeste de Champlite furent contraintes de venir en France, & de se refugier dans Paris, à cause des armées qui estoient dans leur Ville. Aussi-tost qu'on eut appris leur arrivée, la Reverende Mere qui estoit pour lors Prieure, envoya demander permission à Monsieur le Superieur, de leur offrir place en son Monastere, ce qu'il approuva tout aussi-tost, & loüa comme une chose de grande édification, & en suite avec l'agréement de toute la Communauté, ces Meres furent receuës à bras & à cœurs ouverts, jusques au nombre de vingt-deux, & particulierement avec une tendresse nompareille de la charitable Mere Marie Agnes, qui prit un soin extraordinaire de les faire secourir de tout ce dont elles avoient besoin, pour le spirituel & pour le temporel. Depuis ce temps-là elles alloient toutes ensemble au chœur, aux exercices spirituels, à l'ouvrage, aux recreations communes. Elles n'avoient qu'un mesme Refectoir, un mesme Chapelain, un mesme Confesseur, on donna seulement à ces nouvelles hostesses un departement separé, pour estre plus en leur liberté : Et comme la Mere Marie Agnes avoit esté la

première à se dépoüiller de tout, jusques à coucher par terre pour les accommoder ; Toutes les autres Religieuses animées par son exemple vinrent à l'envie l'une de l'autre offrir leurs chambres & leurs licts, & tout ce qu'elles avoient, & demanderent de se reduire en de petits coins pour leur ceder leurs places. Elles prierent mesme qu'on leur retranchast quelque chose de leur nourriture ordinaire, pour la partager avec ses Sœurs refugiées chez elles, parce que le Monastere n'estoit pas en estat de fournir à si grandes despences. Ces bonnes Meres aussi les confondoient par leurs reconnoissances, & n'ont cessé de publier par tout depuis, la paix, & l'union merveilleuse qui estoit en ce Monastere, jointe à la devotion, & à la pratique des solides vertus qu'elles voyoient en toutes les Religieuses, & sur tout en la Mere Marie Agnes, dont elles ont toûjours parlé depuis cela avec une admiration extraordinaire. C'estoit de part & d'autre une sainte liaison & une joye secrette qui faisoit éprouver la verité de ce que dit le Prophete, *Voila comme il est bon & agreable de voir* Psal. 133. *les freres ou les sœurs dans une mesme maison :* car il sembloit qu'elles ne fissent toutes qu'une mesme Communauté, & ce que l'Escriture sainte dit des premiers Chrestiens se voyoit parmy elles, *Qu'il n'y avoit qu'un cœur & une ame dans toutes.*

Elles receurent encores en ce temps-là dix ou douze Religieuses du Monastere d'Espinal en Lorraine, & celles-cy aussi bien que les autres furent logées & traittées avec toute la Charité possible, tant par la Mere Marie Agnes, que par les autres de la Communauté. De sorte que trois Communautez estoient dans une seule maison, & il parut si visiblement que nostre Seigneur eut tres-agreable cette hospitalité, & qu'il benit l'union de cette sainte trouppe,

qu'outre la grande édification que cela donna à tous ceux qui en eurent connoissance dans Paris, & la bonne odeur qui s'en répandit jusques dans les Provinces éloignées; Cét exemple inspira plusieurs personnes puissantes à leur faire des charitez considerables jusques à leur départ, qui ne fut qu'environ quinze ou seize ans apres, lors que la paix estant faite, celles qui estoient venuës s'en retournerent en leurs Convents, secouruës autant qu'il fut possible, par les assistances qu'on leur avoit procurées, & par celles que la Mere Marie Agnes avoit tirées de sa Communauté, qui pour avoir esté chargée pour lors au dessus de ses forces, ne s'en est pas trouvée à la fin, par la grace de Dieu, plus incommodée : au contraire, la Benediction de nostre Seigneur qui rend au centuple ce qu'on donne pour luy, n'a jamais esté plus visible sur elle, qu'elle y parut incontinent apres, dont on conserve la memoire pour luy en rendre des actions de graces immortelles.

Cette bonne Mere ne r'enferma pas sa grande Charité au dedans de son Monastere envers ses Sœurs refugiées, mais elle l'estendit encore au dehors pour secourir plusieurs autres personnes de condition qui estoient reduites à la mendicité par le renversement que les guerres ameinent avec elles. Et pour ne pas manquer à la principalle assistance qu'elle leur desiroit donner, elle les portoit par ses exhortations à faire un saint usage de leurs afflictions, en les prenant de la main de nostre Seigneur qui les vouloit conduire à leur salut par le chemin asseuré de la Croix. C'est ce qu'elle leur enseignoit de parole, tandis que par les effets elle s'employoit à les soulager dans leurs peines, & à rendre leur fardeau plus leger. Mais cette Charité qui embrassoit ainsi tout le monde, afin de luy faire du bien, ne permettoit pas de laisser les personnes de
la maison

la maison sans leur faire éprouver les effets de ses plus grandes tendresses. Car pour ne pas repeter ce que nous avons dit ailleurs ; En ce qui regardoit les malades, elle vouloit qu'on n'épargnast rien, soit pour le vivre, soit pour les remedes, sans distinction aucune des personnes. Elle ne vouloit point souffrir de particularitez, mais elle vouloit qu'on observast exactement tous les ordres du Medecin, se souvenant de ce qu'ont dit les Saints, que ceux qui joüissent de la santé peuvent bien se passer de peu de chose ; mais les malades ont besoin de plusieurs secours dans leurs infirmitez. Elle estoit selon que la Regle de son Ordre le commande expressement, leur recours & leur consolation, autant par son inclination propre, comme par l'obligation de sa charge. Par ses charitables visites elle portoit Dieu dans leurs cœurs, tandis qu'elle procuroit à leurs maux les soulagemens necessaires. Elle tafchoit mesme de les divertir par des entretiens agreables : & quelques-fois par des Cantiques spirituels qu'elle composoit à ce dessein, elle les encourageoit à n'aspirer qu'au Ciel, & à l'eternité. On s'estimoit heureuse de mourir entre ses bras ; car elle rendoit à ses malades tous les services ordinaires, & elle en inventoit d'autres ausquels on n'auroit pas pensé. On l'a veuë plusieurs fois dans le temps qu'elle estoit infirme elle-mesme, se tenir debout à la porte de la chambre d'une malade, pour empécher qu'en l'ouvrant on ne luy fist du bruit, ou qu'on luy apportast quelque incommodité : Mais pour ce qui estoit des secours spirituels, chacune demeuroit en repos, sçachant qu'elle y veilloit jour & nuit ; en sorte qu'on peut dire à la consolation de toutes, que pas-une n'est morte sans estre munie de tous les Sacremens, & de tous les secours spirituels qui pouvoient servir à la conduire au Ciel.

X

Il est mesme arrivé à cette bonne Mere de dire par surprise, & sans y faire reflexion, des choses qui faisoient juger qu'elle avoit eu, non seulemét des présentimens du decés de quelques Religieuses, mais des asseurances entieres quelques jours avant qu'elles expirassent. S'il y en avoit quelqu'une en dáger de mort, c'estoit alors qu'elle ne sortoit point d'auprés d'elle, qu'elle l'entretenoit toûjours de saints discours, qu'elle luy faisoit produire les actes des plus hautes vertus, & qu'elle la disposoit & l'animoit à faire heureusement le dernier passage qui est d'une si grande importance. Elle faisoit pour cela des Oraisons & des Penitences extraordinaires, elle la recommandoit à nostre Seigneur avec la Communauté d'une ferveur nompareille; & dans la derniere agonie, elle redoubloit encores ses prieres, & formoit avec la malade les actes propres des mourans. Elle luy faisoit faire des actes de Foy, & avec esperance adorer une à une les Playes du Crucifix; dont elle tenoit l'Image en sa main. Elle faisoit la recommantion de l'ame, & à tous ces devoirs de la souveraine Charité, elle paroissoit tellement infatigable, qu'on la veuë quelques-fois les sept & les huit heures de suite leur parler de Dieu, ou le prier auprés d'elles; & ne pouvoir se resoudre à les laisser, pour prendre mesme ses repas necessaires. Car cette ardante soif du salut des ames, à l'exemple du divin Sauveur, luy faisoit oublier le soin de son corps, & trouver sa plus douce nourriture en un exercice si plein de Charité, pour conclure avec nostre Seigneur

Ioan. 4. son Espoux, *Ma viande est que ie fasse la volonté de mon Pere, & que j'acccomplisse l'œuvre dont il m'a chargé.*

De sa Devotion, & de son Oraison.

Chapitre XXII.

JE ne puis ny penser ny parler de cette admirable Mere sans admirer à mesme temps la multitude incroyable des graces qu'elle avoit receuës de Dieu, ce qui fait que ne pouvant discerner à laquelle on doit donner la preference, je diray qu'à mon sens le don singulier de pieté a esté le fondement de toute sa vie interieure, & le principe de tout le bien qui a paru en elle.

Je n'ignore pas que la devotion dans un sens plus estendu, se prend par les Theologiens & par les Peres spirituels, pour une disposition d'esprit, preste à faire promptement, constamment, & agreablement tout ce qui plaist à Dieu : qui sont les trois circonstances dans lesquelles, selon les mesmes Docteurs, consiste la perfection de chacune des vertus. En ce sens, pour parler de la devotion de cette Mere, il faudroit rapporter tout ce qu'elle a dit, & tout ce qu'elle a fait, & tout ce quelle a souffert, pour accomplir parfaitement les volontez de Dieu. Mais parce que ce seroit dire toute sa vie, je prends en cét endroit cette vertu de pieté & de devotion, pour une inclination qui porte l'ame à ce qui regarde les choses divines, & pour l'amour & le culte qu'elle peut luy rendre interieurement en s'attachant à luy, ou exterieurement en advançant son honneur & sa gloire. En l'un & en l'autre la Mere Marie Agnes a esté excellente, & il semble que cette inclination a esté son propre caractere, qui s'est fait distinguer en elle par dessus toutes les autres vertus. Nous

en rapporterons les preuves dans quelques differents Chapitres ne les pouvant toutes renfermer dans un seul.

Sa fidelité à la grace, qui doit passer pour la premiere, estoit incomparable. Ceux & celles qui ont connû sa conscience, ont advoüé n'avoir jamais veu une ame, ny plus soûmise, ny plus fidelle à son Dieu; & en effet, si on peut juger sur les apparences, on n'a jamais remarqué en elle qu'elle ait manqué de vigilance & de force pour advancer dans les voyes de la grace, & elle a travaillé avec une estude si soigneuse pour ne laisser rien échapper dans les moindres occasions, que celles qui s'en appercevoient en demeuroient estonnées. Car il sembloit qu'elle fust au dessus des foiblesses qui font tomber mesme les plus fermes, quoy qu'ils se relevent bien-tost, selon la parole du Sage. Elle tout au contraire sembloit aller toûjours d'un pas égal, sans jamais se r'allentir de sa premiere ferveur, qu'elle a soustenuë jusques à son dernier moment: de sorte que s'il y a eu du changement en elle, ç'a esté celuy que le Sage remarque dans la voye des Justes, *De qui la lumiere va toûjours croissant jusques à ce qu'elle soit arrivée à son plein midy.*

Prov. 4.

Comme elle avoit un cœur tout-à-fait liberal envers Dieu, reciproquement Dieu estoit magnifique & prodigue envers elle. Il luy donnoit cette fecondité & cette sublimité de lumieres sur toutes sortes de sujets, avec une facilité de paroles & de comparaisons si propres pour exprimer ses conceptions, que le saint Esprit faisoit aisément voir, qu'il s'estoit rendu son Docteur & son Maistre: car à la reserve du nouveau Testament, de ses regles, & de ses constitutions, elle faisoit fort peu d'autres lectures: ce qui n'empeschoit pas pourtant qu'elle ne traitast si seurement & si solidement de toutes les choses de la Foy, & des

Marie Agnes Dauvaine.

myſteres les plus obſcurs, & les plus relevez de la Religion, que quelques Peres ſpirituels qui reconnoiſſoient avec admiration ce don de Dieu en elle, ne l'appelloient point autrement que *la Theologienne*, jugeant bien qu'elle avoit cette ſcience infuſe du Ciel, plûtoſt qu'acquiſe par ſon eſtude, ou enſeignée par les hommes; & qu'elle la puiſoit en l'Oraiſon, ou elle avoit comme nous avons dit, une occupation ſi douce & ſi forte, que les heures ne luy eſtoient que dès momens, & que l'on ne pouvoit la raſſaſier du temps, qu'on luy donnoit pour traiter avec Dieu, ny l'arracher qu'avec une violence extrême de ce divin exercice.

La Mere Marie Jeanne Magdeleine eſtant Prieure eut apprehenſion que ces grandes applications n'apportaſſent un prejudice notable à ſa ſanté. Pour cela elle uſa de diverſes adreſſes, afin de voir ſi à la fin elle ne ſe relaſcheroit point: Et pour cét effet, elle s'aviſa de luy dire une fois; *Puiſque vous n'avez iamais aſſez de temps pour prier, je vous permets d'aller devant le S. Sacrement, & d'y demeurer tant que vous en aurez la devotion, ſans vous mettre en peine des obeïſſances communes qui viendront à ſonner.* Elle fut ravie de cette permiſſion, & elle demeura cinq ou ſix heures de ſuite, ſans faire reflexion ſur tout le temps qu'elle y avoit eſté: en ſorte que comme elle n'avoit rien pris depuis fort long-temps, il fut neceſſaire de la faire appeller pour manger: & comme une Ancienne luy dit, par l'ordre de la Mere Prieure: *Quoy donc, n'eſtes-vous point encores laſſe de prier?* Elle ſe mit humblement à genoux pour écouter cette reprimande, & puis elle répondit: *Hé! comment ſe pour-* Sap. 8. *roit-on laſſer d'eſtre avec Dieu? Ne ſçavez vous pas que ſa converſation n'a point d'amertume, & ne cauſe iamais d'ennuy?* Sur quoy la Religieuſe feignant de luy vouloir reprocher

X iij

ce que Marthe reprochoit à Magdeleine, qu'elle laissoit tout à faire aux autres pour joüir de son repos avec Dieu, la Mere Marie Agnes qui s'apperceut de tous ces petits artifices dont on usoit pour la conservation de sa santé, se mit en soufriant à luy dire, *Ne vous mettez point tant en peine de moy: car iamais Dieu n'a fait de mal à personne. Marthe se plaint toûjours de Marie, mais iamais Marie ne s'est plainte de Marthe.*

Dieu l'attiroit si puissamment à soy dans l'Oraison, qu'elle disoit ne pouvoir vivre sans le soustien de cét exercice sacré qui estoit le centre de son ame, & dans lequel elle trouvoit sa vie comme dans son element. Quand elle se sentoit plus mal, & qu'elle estoit plus travaillée d'une violente migraine, bien loin de quitter la priere, elle disoit que c'étoit le chevet de sa teste, & qu'elle y trouvoit son lit de repos. Elle souhaitoit quelquefois d'estre dans le fonds des deserts & n'emporter avec elle que ce seul mot écrit par tout, *Dieu est*; c'eust esté assez de matiere, disoit-elle, pour l'ocuper tout le temps de sa vie, sans autre point ny sujet d'Oraison: encores elle estimoit qu'elle n'en auroit jamais assez pour penser à un objet si grand & si ravissant & si infiny comme est Dieu. Elle estoit élevée si constamment à la contemplation des divines perfections, qu'elle n'avoit pas besoin pour l'ordinaire d'aucune lecture, ny d'aucune preparation: Car toute sorte de sujets luy servoient de livre qui luy parloient de Dieu, & qui l'unissoient à luy par des transports si frequents & si doux, qu'il ne falloit qu'un geste, une action, une parole, un soûpir, pour la tenir durant plusieurs heures; & quelques fois durant plusieurs jours dans un profond silence occupée avec Dieu.

Cependant quoy qu'elle eust ces attraits avec une si

merveilleuse abondance, elle ne vouloit pas pourtant tout-à-fait s'appuyer sur eux quand elle alloit se presenter devant Dieu, & elle disoit qu'il estoit du devoir de le chercher en l'Oraison estant prevenuë de sa grace, & qu'il falloit pratiquer toûjours cét acte de dépendance & d'humilité en lisant son sujet, & en s'y appliquant, sans s'y attacher avec servitude, comme si on vouloit donner des bornes, & prescrire des regles à l'esprit de Dieu. Elle ne manquoit pas d'user de cette prevoyance avant l'Oraison; mais aussi-tost qu'elle avoit ouvert le livre, & leu un bon mot qui luy donnoit au cœur, elle fermoit aussi-tost son livre, & demeuroit en la presence de Dieu dans un esprit de paix, d'aneantissement de soy-mesme, & de profonds respects devant cette Grandeur infinie, souvent prosternée, souvent à genoux, souvent debout ; mais toûjours si recueillie, qu'elle sembloit plustost estre ravie qu'agir par soy-mesme & par son esprit. Elle s'approchoit de Dieu, entroit dans son immensité, & se tenoit unie à son amour, comme un petit enfant se tient à son pere, ou comme un pauvre mendiant demeure à la porte d'un riche dont il attend les liberalitez. Elle disoit quelquefois de la façon du monde la plus douce, & la plus agreable, qu'elle ne sortoit gueres d'avec nostre Seigneur qu'il ne luy eust fait à la fin un bon visage, comme un pere le fait à son fils qu'il veut encourager à mieux faire, ou qu'il ne luy eust donné l'aumosne, comme un riche la donne à un pauvre, en luy accordant ce qu'elle demandoit, & luy donnant encores souvent quelque chose de meilleur que ce qu'elle luy demandoit.

Il seroit à desirer pour la consolation de plusieurs persónes qui ont de l'estime pour cette ame choisie, qu'il fut possible de rapporter icy ce qui se passoit entre Dieu &

elle: Mais comme on ne peut, ny le connoiſtre ny l'exprimer au vray, j'en donneray ſeulement un exemple qui en peut faire juger. Il arriva un jour qu'eſtant dans un tranſport, & dans une occupation auſſi intime avec Dieu que nous venons de deſcrire, une Religieuſe la conjura de luy dire quelque choſe de ce qu'elle reſſentoit dans ſon interieur. Elle luy répondit avec un viſage baigné de larmes, les yeux levez au Ciel, & un ſoûpir ardant tiré du profond de ſon cœur: *Helas! ma chere Sœur, & mon enfant, ie ne puis du tout ny l'expliquer, ny le comprendre. Ce ſont des choſes qui n'ont point de paroles: Il n'y a que Dieu ſeul qui connoiſſe ce qu'il eſt ſeul capable d'operer, quand il luy plaiſt, dans une pauvre creature.* Il luy arrivoit tres-ſouvent d'eſtre ſi fortement penetrée de ces impreſſions divines, qu'elle ne ſe reconnoiſſoit plus que comme un inſtrument animé de Dieu, ou comme une pure capacité toute remplie de luy. Elle ſe trouvoit en ces operations extraordinaires dans un eſtat purement paſſif, & elle n'agiſſoit plus qu'autant qu'elle eſtoit meuë & pouſſée de Dieu: De cette ſorte elle paſſoit les trois & les quatre heures en l'Oraiſon, ſans ſçavoir ny ce qu'elle y avoit fait, ny le temps qu'elle y avoit eſté, & ſans faire autre choſe que de s'aneantir ſoy-meſme & ſe confondre, s'élever, s'unir, & ſe transformer en Dieu.

Elle avoit écrit pluſieurs excellentes Meditations, par le commandement exprés de ſa Superieure la Mere Marie Jeanne Magdeleine, & ſi on avoit eu aſſez de prevoyance, ou employé aſſez de ſoin pour les garder, elles apprendroient quelque choſe de plus que ce que nous en diſons: Mais auſſi-toſt que celle qui les avoit faites par une pure obeiſſance, fut éleuë Superieure, la premiere choſe qu'elle fit fut de les brûler toutes. De ſorte que n'eſtant reſté

que

que le peu de remarques qu'on a recueillies, & quelques-uns de ses écrits qu'on a pû tirer par surprise, ou qui sont demeurez à celles de ses Novices à qui elle les avoit communiquez pour leur instruction ; je n'en puis rapporter que ce qu'on verra dans ce qui suit. Je commenceray par un échantillon de ses sublimes pensées, & de ses transports extatiques sur la grandeur de Dieu, & je l'abregeray mesme pour estre de trop grande estenduë. Entre autres choses elle parle ainsi de la demeure de Dieu dans soy-mesme durant toute l'eternité.

O Dieu de Majesté ! ô estre de tout estre ! quel est vostre Throsne ? & où reposez-vous de toute eternité ? Pere qui estes Dieu, principe sans principe, quel est vostre Throsne ? C'est vostre Fils unique qui est Dieu eternel comme vous. Fils engendré de Dieu, & égal à vostre Pere, quel est vostre Throsne ? & où reposez-vous ? c'est dans vostre Pere de qui vous estes produit, & en qui vous demeurez, sans en sortir jamais. S. Esprit, amour du Pere & du Fils, où habitez-vous ? quel est vostre Throsne ? C'est le Pere & le Fils, deux personnes qui ne sont pour vous qu'un seul & unique principe. O Dieu, Throsne de Dieu, il n'y a rien que vous qui soyez digne de vous, mon Dieu, mon tout ! Tout est en vous, & hors de vous tout n'est rien. De là venant sur l'incomprehensibilité de cét Estre souverain, elle poursuit ainsi. Y a-t'il rien au monde que Dieu seul qui puisse comprendre Dieu ? Dieu est si grand, que rien ne peut l'approcher, & bien moins l'égaler. Dieu, Pere, Fils, & S. Esprit, toûjours produisant & toûjours produit: toûjours connoissant & aimant, toûjours connu & aimé, & toûjours mesme Dieu : Parlez, ô grand Dieu ! dites ce que vous estes ; il n'appartient qu'à Dieu de dire ce que c'est que Dieu. Aimez-vous, ô grand Dieu ! comme vous

Y

» vous connoissez, il n'appartient qu'à vous de vous con-
» noistre & aimer autant que vous en estes digne : car qu'en
» peuvent dire ou penser toutes les creatures, puis qu'elles
» ne sçavent, ny ce qu'elles pensent, ny ce qu'elles disent,
» quand elles veulent ou concevoir ou exprimer quelque
» chose de vous? Cependant, ô grand Dieu! toûjours on
» parlera de vous, & toûjours on vous ignorera. Mais c'est
» la gloire de toutes les creatures, & la mienne, d'avoir un
» Dieu si grand, qu'on ne le puisse suffisament admirer ny
» loüer, ny aimer. Et puis descendant aux creatures elle con-
» tinuoit ainsi. Anges, adorez Dieu: Hommes, adorez Dieu;
» qu'à jamais toutes les creatures viennent s'aneantir de-
» vant luy, parce que Dieu est tout, & tout le reste n'est
» rien.

En suite de cette élevation d'esprit, sur ce que Dieu est en luy-mesme, elle passe aux communications qu'il fait
» hors de soy, & poursuit. Mais, ô Dieu! ne reposez-vous
» qu'en vous-mesme? N'avez-vous point de Throsne hors
» de vous? Oüy, vous reposez substantiellement dans la sa-
» crée Humanité de vostre fils unique. Vous reposez dans
» son sacré corps comme dans le plus beau Temple qui soit
» hors de vous: Vous reposez dans son ame comme dans le
» plus divin Sanctuaire où vous soyez aimé: Vous reposez
» dans son esprit comme dans le Tabernacle de vostre divi-
» nité, vous l'animez, vous le sanctifiez, vous le glorifiez,
» vous le deifiez. Vous reposez en luy & avec luy dans le
» tres-Auguste Sacrement de l'Autel, & avec le S. Esprit en
» unité d'essence, de Majesté, de puissance, & d'amour. Il est
» l'Autheur du Sacrement & le Sacrement mesme, & ce Sa-
» crement est l'instrument de toutes les operations que
» vous faites tous trois en unité de principe, pour communi-
» quer tous vos bien faits aux ames qui sõt dignes de vous.

Enfin descendant à la presence, & aux operations des divines Personnes sur les ames, dans l'estat de la gloire, de la grace, & de la nature, elle explique comme Dieu est dans la sainte Vierge, qui est le Temple de la tres-sainte Trinité: comme il est dans les Anges, distinguez selon leurs ordres & leurs Hierarchies: comme il est dans les Saints, selon la diversité de leurs rangs & de leurs merites. Elle explique comme il les sanctifie, comme il les éclaire, comme il les embrase de son amour quand ils sont dans la voye. Elle parle de son concours & de son action sur toutes les creatures sensibles & insensibles, raisonnables & despourveuës de raison: Et pour conclure toutes ses hautes pensées par des ravissemens d'amour, elle finit ainsi.

Vous venez, ô grand Dieu! pour vivre en nous, & operer en nous, afin que nous vivions & operions en vous, & pour vous, & par vous, que nous soyons un avec vous, comme vous estes un, Pere, Fils, & Saint Esprit. O mon Dieu! je le veux dans vostre volonté, dans laquelle j'unis & j'abysme la mienne, pour n'avoir plus d'autre puissance que celle de vous obeir, & n'estre plus qu'à vous. S'il me reste quelque chose dont je puisse disposer, apres les Sacrifices faits par mes vœux Religieux, je vous le consacre encores de nouveau; & pour vous le rendre agreable autant qu'il peut l'estre, je l'unis à l'offrande qui vous est faite de vostre Fils unique JESUS. Mon Dieu, mon tout, ma vie, ma lumiere, & ma force, vous le pouvez, & vous le voulez: Que cela soit donc selon vostre puissance, & selon vostre bon plaisir: Prenez possession de tout ce que vous m'avez donné: Que tout rende hommage à la possession que vous avez de l'ame de mon Seigneur JESUS, & comme elle n'y pouvoit ny vouloit resister, qu'il en soit

» ainsi de moy, chetive & pauvre creature. Possedez tout
» mon esprit,& soyez en sa place pour regir mon interieur.
» Possedez mon ame, pour n'avoir plus d'action ny de senti-
» ments que par vous. Possedez mes sens, & les puissances
» de mon corps, ma liberté, ma vie, ma mort,& tout ce que
» je suis & seray dans le temps & dans l'eternité. O grand
» Dieu infiny, sans commencement & sans fin, qui estes ce
» que vous estes, & qui n'estes connu d'aucune creature !
» Que je ne sois plus qu'un vuide de moy-mesme, & une pu-
» re capacité de vous : que ce ne soit plus moy comme moy
» qui vous aime, qui vous loüe, & qui vous adore ; mais vous
» en moy que j'adore dans son infinité, & dans son incom-
» prehensibilité : J'adore en vous ce que je n'y voy pas, j'ai-
» me en vous ce que je ne comprens pas, je loüe & je benis
» tout ce qui est en vous. Je me donne totallement à vous.
» Voila ma derniere volonté : voila mon Testament, & le
» dernier soûpir dans lequel je veux rendre mon ame. Je ne
» diray plus desormais, Faites de moy ce qu'il vous plaira.
» Non, ô grand Dieu ! ce mot de moy ne sera plus en ma
» bouche. Je n'ay plus rien à moy, tout ce que j'ay esté est
» maintenant comme une goutte d'eau perduë en vous. O
» mer immense, sans fonds & sans rive ! je n'ay plus rien à
» faire qu'à demeurer en vous. Mais, ô source de tout bien !
» Dieu incomprehensible, immense, immuable, & eternel.
» Saint, Saint, Saint, & cent mille fois Saint, Dieu en tout,
» Dieu par tout, Dieu sur tout. Soyez connu, aimé, & loüé
» de vous-mesme à jamais. Soyez à jamais honoré, adoré, &
» glorifié en Jesus-Christ Dieu-Homme : car Dieu sera
» homme eternellement, & eternellement l'homme sera
» Dieu. O neant ! assujettis-toy à Dieu, tandis que tu le
» peux faire librement en ce monde ; car si tu ne le fais pas
» par ton propre consentement à sa grace, il t'assujettira par

force à sa justice en te condamnant au malheur eternel. "
Voicy ton temps, mais le sien viendra qui ne finira jamais, "
& tu ne pourras reparer un des jours, ny un des momens "
que tu perds maintenant. "

 Nous pourrions rapporter beaucoup d'exemples semblables de ses élevations sur differents sujets: Mais celuy-cy qui s'arreste tout à Dieu mesme, suffira pour faire juger des autres, & garder quelques mesures dans de si beaux sentimens. Il est arrivé plusieurs fois qu'estant Maistresse des Novices, en leur expliquant le point de l'Oraison, elle demeuroit au milieu de son discours sans pouvoir passer outre, pour faire entendre les hautes lumieres dont elle estoit éblouie, ny les doux sentimens qu'il plaisoit à nostre Seigneur luy communiquer sur les matieres dont elle leur parloit. Cela luy estoit sur tout ordinaire lors qu'elle traittoit de Dieu, dont elle estoit si penetrée, qu'il falloit que la parole cessast en sa bouche, pour donner place à l'operation de l'esprit qui animoit son cœur. Un jour que la Meditation estoit sur le S. Sacrement de l'Autel, & sur ces amoureuses paroles, [*Hoc facite in meam com-* *memorationem*,] *Faites cecy en memoire de moy*. Elle interrompit tout d'un coup le discours, apres s'estre arrestée particulierement sur le souvenir que les amis à leur départ souhaitent l'un de l'autre en se disant reciproquement, *Souvenez-vous de moy*. Elle leur dit sur cela, qu'elle ne pouvoit exprimer ce qu'elle concevoit de cét amoureux desir qu'avoit le Fils de Dieu en se separant de nous, & elle entra tout à l'heure dans un si profond recueillement, & un ravissement si haut de l'amour que nostre Seigneur avoit pour les hommes, & de celuy qu'il exige des hommes en cét adorable mystere, que son silence fut plus eloquent que les paroles pour toucher le cœur de ses Novi-

Luc. 22.

ces, qui demeurerent estrangement estonnées de voir devant elles un effet si sensible de ce que leur Maistresse vouloit leur faire comprendre de cét amour inexplicable.

Une autre fois la veille de l'Assomption de la tres-sainte Vierge, apres avoir pour sujet de l'Oraison, dit des choses rares & merveilleuses de la Mere de Dieu, elle sortit du chœur avec une si grande vitesse que quelques Religieuses jugerent que c'estoit pour cacher selon sa coustume quelque transport extraordinaire qui la déroboit à elle mesme, & qui l'élevoit violemment vers nostre Seigneur, ou vers sa sainte Mere. Elles ne se tromperent pas; car celles qui l'observoient davantage, sçavoient que ces assauts divins luy estoient assez communs, & qu'elle ne les cachoit qu'en se cachant elle-mesme par de semblables fuites.

D'autres fois quand elle meditoit sur la conversion de quelques Saints, & particulierement une fois qu'elle meditoit sur celle de sainte Magdeleine, ayant trouvé qu'aussi-tost qu'elle eust connu nostre Seigneur, elle quita tout, qu'elle l'alla chercher, & le suivit toûjours apres; cette fidelité toucha si vivement son ame; que faisant reflexion sur elle-mesme, & sur ses infidelitez, elle entra dans un si grand sentiment de douleur & de contrition, qu'elle s'estimoit infiniment pire que cette Penitente, *N'ayant pas eu*, disoit-elle, *une promptitude, ny une fidelité pareille à la sienne, pour la grace de ma vocation*. Elle rapportoit à chacune sur cela les deffauts qu'elle avoit reconnus en soy-mesme, & en s'humiliant elle adjoustoit, *Helas! ie n'ay pas fait comme elle*. Mais quoy que selon sa coustume elle s'en voulust accuser en la Confession, le Confesseur ne voulut point luy donner l'absolution sur cela, ny sur d'autres choses semblables qu'elle luy declaroit; il

l'excita seulement à s'en accuser devant Dieu, & à se contenter de cela, tandis qu'elle n'auroit point d'autre matiere pour le Sacrement. Cependant elle avoit l'ame si pure qu'elle n'en trouvoit pas pour l'ordinaire d'autres, & en se soûmettant humblement, elle luy disoit, *Ie m'en vais donc m'accuser de mes autres pechez, mais ils ne me semblent pas si griefs, & ils ne me touchent pas si puissamment que font mes ingratitudes.* S'il estoit arrivé qu'elle fust tombée tant soit peu plus considerablement en quelque deffaut, d'abord qu'elle venoit à l'Oraison elle ne pouvoit demeurer en repos, à cause que la presence de Dieu éclairoit jusques au fonds de son ame, pour luy faire appercevoir les plus petites taches, & il falloit quelques fois qu'elle s'en allast confesser tout à l'heure, ou du moins qu'elle allast s'en accuser à la Mere Prieure, autrement elle trouvoit la porte fermée au cœur & à l'oreille de nostre Seigneur, & elle adjoustoit que quand elle avoit fait quelques égaremens pareils, elle ne manquoit point d'en estre punie sur le champ par son misericordieux pere, & par son Juge rigoureux. Ce qu'elle tenoit pour une grace incroyable de Dieu, & pour un moyen incomparable à faire acquerir bien tost la pureté du cœur, que Dieu demande par dessus tout à une ame qui s'approche de luy. Comme elle faisoit une fois la Meditation sur la grandeur de Dieu, elle eut en l'esprit la pensée qu'on rapporte de ce Philosophe qui contemplant l'estenduë de la mer, apres l'avoir bien consideré, sans la pouvoir comprendre, se jetta dedans & s'abysma, en disant, *Puisque ie ne te puis comprendre, tu me comprendras.* Elle fit le mesme en sa maniere dans la contemplation de l'Estre de Dieu. Elle se jetta dedans cét Ocean de bontez & de grandeurs, & se sentit toute perduë & abysmée en luy; & ce sentiment qui luy

dura plusieurs jours, se renouvelloit en elle autant de fois qu'elle pensoit à Dieu, & qu'elle s'appliquoit à quelqu'une de ses perfections: ce qu'elle faisoit tres-souvent, comme la chose du monde pour laquelle son ame avoit davantage d'attrait.

Elle ne manquoit point tous les ans de faire les exercices spirituels des dix jours: Mais quand elle estoit Superieure, elle les faisoit deux fois l'année, disant qu'il suffisoit d'une fois pour une simple Religieuse, mais qu'une Superieure en avoit plus de besoin que les autres, pour attirer les secours de la grace de Dieu sur soy-mesme, & sur toute une Communauté. En tout temps universellement elle mettoit si parfaitement bien en pratique ces paroles de nostre Seigneur; *Il faut toûjours prier & iamais ne cesser*, que quand elle estoit occupée à quelque chose exterieure, mesme des plus fortes, comme à laver la lessive, à plier le linge, à travailler au Jardin, ou à faire quelqu'autre exercice d'humilité, ou de peine, elle entremessloit incessamment des colloques avec la tres-sainte Trinité, avec la sainte Vierge, ou avec les Saints Anges Gardiens; ou bien elle recitoit alternativement le Chappelet avec celles qui luy aydoient, & elle faisoit ces choses dans une aussi grande presence d'esprit, que si elle eust esté devant le S. Sacrement, ou à son Oratoire: Adjoustant, qu'il ne falloit pas que le travail empéchast la priere, puisque rien ne devoit separer pour un moment l'ame d'avec son Dieu. Mais quoy qu'elle fust si unie avec luy, l'on a remarqué neantmoins en elle une vigilance si attentive, & si appliquée à ses moindres obligations, que si elle estoit au chœur, ou à l'oraison, elle ne manquoit à aucune des ceremonies qui estoient à observer, comme de commencer ce qu'elle devoit dire, ou de faire signe de ce qu'il falloit faire: Et

Luc. 18.

re: Et quand elle voyoit quelqu'une qui par trop de re-
[...]ment obmet[t]oit quelque chose à quoy elle estoit
[obli]gée, elle luy disoit doucement, *Ma chere Sœur, quand*
Dieu qui occupe, iamais l'on ne manque à ce qu'il deman-
[de], car on veille incessamment à tout ce qu'il veut de nous.
[C]ette presence & cette plenitude de Dieu en elle, se fai-
[so]it remarquer en toutes les occasions où elle se rencontroit. Car quand elle estoit à l'Infirmerie, où elle taschoit
quelques-fois de recreer les malades, son esprit estoit si
bien avec Dieu, qu'estant une fois auprés de la Mere Marie Jeanne Magdeleine sa Superieure, apres plusieurs choses dites par charité afin de divertir la malade, en sortant
de la chambre elle se tourna vers une Religieuse qui estoit
avec elle, & luy dit en se recueillant un peu en soy mesme,
Vous avez entendu tout ce que nous venons de dire, ie vous
assure que ie pourrois bien rendre compte de mon Oraison, &
de ce qui c'est passé entre Dieu & mon ame durant tout ce
temps-là.

Les effets de sa grande pieté paroissoient considerablement plus grands dans les heures mesmes de la recreation
commune. Car quand on alloit au jardin l'Esté, la premiere chose qu'elle y faisoit, c'estoit de rendre ses hommages à quelques-unes des Images qui sont en relief sous
le Cloistre, & de faire devant elles quelques prieres. Elle
alloit en suite cueillir des fleurs dont elle faisoit un bou-
quet, qu'elle portoit au S. Enfant JESUS que la Sainte
Vierge tenoit entre ses bras, & principalement elle pratiquoit cette devotion le premier iour de May, auquel elle
le choisissoit de nouveau pour son celeste Espoux. Elle s'u-
nissoit en ce jour à quelque Religieuse, pour dire toutes
deux ensemble l'Office de la Sapience Eternelle, se souvenant du Bien-heureux Henry Suzo, qui la caressoit ainsi

Z

en ce jour-là, l'ayant aussi prise pour son Espouse. D'autres fois elle envoyoit ces fleurs devant le S. Sacrement

Cant. 2. disant avec l'Espouse dans ses Cantiques, *Que son bien-aimé se plaist parmy les fleurs.* Et adjoustant que ces fleurs de la terre ne sont que les Images des graces & des vertus celestes qu'il recherche & qu'il met dans les cœurs. De cette maniere elle avoit en son cœur une écholle de Theologie mystique qui luy faisoit trouver Dieu en toutes choses, & rapporter toutes choses à Dieu. Apres avoir parlé de sa devotion generale pour tout ce qui estoit de pieté, nous dirons quelque chose de la particuliere qu'elle avoit pour des sujets differens.

De sa devotion particuliere pour le Saint Sacrement, & pour la Communion.

Chapitre XXIII.

Puisque l'amour, selon S. Augustin, est le poids qui nous attire à ce que nous aimons, il est sans doute que l'amour de Dieu en cét ame, estoit le poids qui l'attiroit à luy: & que ne pouvant sur la terre trouver la sainte Humanité dans laquelle il reside substantiellement autre part, que dans le mystere où il demeure avec nous jusques à la fin des siecles; c'estoit là qu'elle trouvoit le terme de ses desirs, & le centre de toutes ses affections. Cette ardeur paroissoit merveilleusement quand il s'agissoit de l'aller visiter en l'Eglise, d'assister au Sacrifice où il est tous les jours immolé, de demeurer presente au chœur quand il estoit exposé sur l'Autel. Car elle prenoit un soin si Religieux de ne perdre aucun de ces bien-heureux momens,

que quand elle entendoit le son de la cloche qui marquoit qu'on alloit commencer une Messe, elle y volloit, elle n'y alloit pas. Elle demandoit permission d'en entendre autant qu'on en disoit : Et pour ne sortir point du chœur tandis que ce Sacrement d'amour demeuroit exposé sur l'Autel, elle sçavoit si bien se dégager de toutes les autres affaires, qu'il sembloit qu'elle n'en avoit qu'une seule, qui estoit d'estre toûjours avec nostre Seigneur.

Cette haute estime, & cét ardant amour pour cét adorable Mystere, operoit en son ame un merveilleux desir d'offrir à Dieu, par une affection de complaisance, son Fils unique qui est la seule Offrande, & le seul Sacrifice qui puisse égaller sa grandeur. Elle appelloit à son secours toutes les creatures du Ciel & de la terre, les Anges, les Hommes, les Estres raisonnables, & les irraisonnables, pour le glorifier par cette victime qui l'honore infiniment, comme il est digne d'un honneur infiny. De plus elle taschoit par une Foy vive sur ce Sacrifice divin où est renouvellée la Mort du Fils de Dieu, d'y assister en effet avec les mesmes desseins, & les mesmes affections qu'avoit nostre Seigneur JESUS-CHRIST quand il l'institua, & qu'il conserve encores quand il le fait renouveller, & qu'il y demeure present. Elle appliquoit selon ses intentions pour les vivants & pour les morts, tous les merites de sa Passion qu'il y a renfermez, & qu'il presente incessamment à son Pere pour nous. Ayant compris qu'il n'y avoit aucune heure du jour ou de la nuit, ou dans quelque endroit du monde il n'y eust des Prestres & des Chrétiens qui offroient à Dieu ce mesme Sacrifice, qui est appellé pour cela, le Sacrifice universel & eternel, elle en sentit une extrême joye dans son cœur, & elle faisoit tout ce qu'elle pouvoit pour assister en esprit à tous ces Sacrifi-

ces qui se font en tous les endroits de la terre, s'unissant pour cela à l'esprit de l'Eglise, & à celuy de tous ses fideles enfans : mais principalement aux ames saintes qui aiment Dieu avec plus d'ardeur, & par là luy rendent plus d'honneur, & obtiennent plus de graces pour elles, & pour les autres.

Elle loüoit fort le sentiment de l'Eminentissime Cardinal de Berulle, qui celebrant tous les jours la sainte Messe, comme quelque personne luy dit qu'elle s'estonnoit comment il pouvoit y estre si exact parmy de si grandes occupations: Ce pieux Cardinal répondit, *Ie vous assure, que si pour estre Pape il me falloit un seul iour obmettre de celebrer la sainte Messe, ie renoncerois bien volontiers à cette souveraine dignité, plûtost que de me priver une seule fois de la chose la plus sainte qui soit sur la terre.* La Mere adjoustoit à cela, que si elle eust esté en la place des Prêtres, au lieu de recevoir quelque retribution pour avoir dit la Messe, elle en auroit voulu donner à ceux qui luy auroient fait l'honneur de l'employer à un si divin ministere : Et en suite elle portoit une sainte envie aux persones qui avoient le bon heur d'y servir & d'y répondre, jugeant qu'ils faisoient l'Office que les Anges auroient choisi, & dont ils se seroient fait honneur s'ils estoient visibles sur la terre.

Elle n'avoit pas un desir moins ardant pour la Communion ; au contraire ; ce desir l'emportoit infiniment sur tous les autres. Car elle sentoit une faim si pressante de ce Pain des Anges, qu'on ne pouvoit l'en rassasier : & quoy que durant plusieurs années elle eust la grace de le recevoir tous les jours, s'il luy eust esté permis elle eust voulu le recevoir encore à toutes les heures du jour. On reconnoissoit manifestement les effets de la parole de nostre

Seigneur JESUS-CHRIST, qui dit, *Celuy qui me man-* *Eccl. 44.*
ge aura encores faim: Car l'espace d'un jour à l'autre sembloit long à cette ame saintement famelique, & elle soûpiroit apres ces eaux sacrées, comme un cerf alteré soûpire apres les ruisseaux des fontaines. Quand un jour estoit passé auquel elle avoit communié, elle demandoit avec larmes comme David, quand viendroit l'autre auquel elle pourroit s'unir de nouveau avec nostre Seigneur. Elle disoit quelques-fois qu'elle s'estonnoit comment pouvoient vivre les personnes qui ne communient point, ou qui communient rarement : & que pour elle d'en demeurer privée, ce luy seroit une peine plus grande mille fois que la mort, & qu'elle se pouvoit moins passer de ce rafraischissement & de cét aliment de son ame, que de la respiration & de la nourriture du corps, parce que c'estoit sa vie, & le soustien qui la preservoit de tomber dans un estat mille fois pire que celuy de la mort. Enfin comme elle faisoit toute son estude & tout son plaisir de conformer en toutes choses son esprit à celuy de nostre Seigneur, le desir qu'il a fait paroistre de se communiquer à nous par ces paroles toutes pleines d'amour, *J'ay desiré d'un desir ardant* *Luc. 22.*
de manger cette Pasque avec vous, estoit celuy qui enflammoit aussi le cœur de cette fidelle amante, & qui faisoit reciproquement son instinct pour vouloir à toute heure le recevoir, dans les mesmes motifs par lesquels il s'est donné à nous, afin qu'il fust en elle par une entiere possession, & que par une dépendance pareille elle fust entierement en luy. C'estoit le party qu'elle trouvoit le plus avantageux à prendre dans cette vie mortelle, en attendant celuy de luy estre parfaitement unie dans le Ciel.

Je ne puis m'empescher de mettre icy d'excellents sentiments qu'elle a eus sur le desir de Dieu, quoy qu'un peu

trop estendus pour avoir place dans une Histoire: Mais ils me semblent trop devots & trop utiles à une ame Chrétienne pour estre entierement obmis. Ils sont tirez des instructions qu'elle a faites pour entendre la sainte Messe, & c'estoit sur cét endroit du Livre intitulé, *Les Advis spirituels*, où il est dit à la Communion du Prestre, *Nous nous exciterons au desir de communier*: Ces paroles comme nous l'avons marqué ailleurs, la mettoient quasi hors d'elle-mesme, & elle disoit en soûpirant: *Helas! mon Dieu, ne seroit il pas bien plus necessaire de nous exciter à en supporter patiemment la privation, que de nous dire, Excitez-vous au desir de recevoir vostre vray bien?* Et poursuivant une fois elle s'estendit fort au long sur ce sujet en la maniere qui s'ensuit.

" Mes cheres Sœurs, ce divin Sacrifice n'est pas comme
" les Anciens, ceux-là estoient des figures, & celuy-cy est la
" verité: ceux-là estoient des creatures, & celuy-cy est le
" Creator: Le feu materiel consommoit les Sacrifices an-
" ciens, & icy la Charité dans le cœur de celuy qui le reçoit
" est le feu qui le doit consommer: Ceux-là estoient con-
" sommez en peu de temps, celuy-cy demeurera à jamais
" tout entier, & consommera en soy-mesme ceux qui le re-
" cevront sans estre consumez. Les anciens n'estoient pas
" suffisans pour satisfaire à la Justice de Dieu, mais celuy-cy
" estant d'une valeur infinie, satisfait pleinement pour tous
" les pechez, & remplit abondamment tous nos besoins.
" C'est ce qui nous obligeroit, mes cheres Sœurs, de com-
" munier tous les jours, comme on faisoit en la primitive
" Eglise: car Dieu estant là present pour se communiquer à
" tous, tous y doivent venir pour le recevoir, au moins spiri-
" tuellement. Mais que c'est une chose déplorable qu'il s'en
" trouve si peu qui s'y disposent! & si peu qui ressentent la

perte qu'ils font en ne recevant pas celuy en qui font tous «
les biens de la gloire, de la grace, & de la nature. «

Je ne pense pas, adjoustoit-elle, que le Pere Eternel «
tienne pour excusez tous ceux qui n'ont point ce desir «
pour recevoir son Fils bien-aimé. Chacun est avide pour «
obtenir son propre bien, on veut les richesses, les hon- «
neurs, les sciences, les graces, & les vertus, & on ne veut «
pas Dieu en qui sont les richesses, les honneurs, les scien- «
ces, les graces, & les vertus. Si nous avions la Foy, rien en «
cette vie ne nous seroit si difficile à supporter que la pri- «
vation d'une seule Communion : Et ce n'est pas une bon- «
ne excuse de dire, *Ie n'ose la recevoir* : Quoy ? vous n'osez «
faire ce que Dieu veut, ce qu'il conseille, ou ce qu'il com- «
mande ? C'en est encores une plus mauvaise de dire, *Ie ne* «
suis pas bien preparé : A quoy donc vous devez-vous pre- «
parer qu'à recevoir dignement vostre Createur ? ou du «
moins le recevoir avec le moins d'indignité que vous «
pourrez ? Mais la plus insupportable de toutes les excuses, «
est de dire, *Ie ne m'en sens pas digne* : Quoy donc, pensez- «
vous en pouvoir jamais estre digne ? Si vous avez cette «
presomption, faites estat que vous en estes plus indigne «
que Judas ; car au moins il connut la grandeur de son «
Maistre qu'il avoit si cruellement trahy. «

Continuant dans sa pensée elle adjoustoit. C'est ne point «
connoistre Dieu que de ne le pas desirer. Mais croire «
qu'on puisse estre digne de le recevoir, c'est le connoistre «
encore beaucoup moins, & estre plus indigne d'en appro- «
cher. Les Anges qui le voyent, desirent encore de le voir ; «
en le possedant, ils desirent encores de le posseder. Mais «
quoy qu'ils soient si purs, & si saints, ils se couvrent neant- «
moins les yeux & le visage, ne se reconnoissans pas dignes «
de le regarder. Helas ! nous ne sommes pas des Anges ; «

» c'eſt pourquoy n'ayant aucune connoiſſance de ce qu'il
» eſt, il ne faut pas s'eſtonner que nous n'en ayons auſſi au-
» cun deſir, & que nous ayons encore moins de ſoin de
» nous y preparer. Nous avons entendu dire qu'il y a un
» Purgatoire particulier pour les ames qui en ce monde
» n'ont pas aſſez deſiré de voir Dieu : Mais j'apprehende
» fort qu'il n'y ait un Enfer pour celles qui deſirent ſi peu
» de recevoir Jesus-Christ dans la Communion, ou
» qui ſe preparent ſi peu afin de le bien recevoir. Car je ne
» puis croire que l'ame ſoit en grace, quand elle n'en deſi-
» re pas l'Autheur, ny qu'elle perſevere en la grace, quand
» elle ſe prive de celuy ſans lequel elle ne la peut conſerver.
» Je ſçay que n'ayant aucun bien de nous meſme, nous ſom-
» mes incapables d'avoir un bon deſir de Dieu; mais de-
» mandons à noſtre Seigneur cette ſoif qu'il a eu pour nous
» en la Croix, & pour laquelle il a demandé à boire à la Sa-
» maritaine qui eſtoit pechereſſe comme nous ; au moins
» deſirons de deſirer participer à ce Sacrifice, & à ce Sacre-
» ment qu'il a inſtitué pour noſtre ſalut & pour noſtre ſan-
» ctification.

» Il me ſemble que le deſir que Dieu a de ſe donner à
» nous devroit ſuffire pour cela; mais ſi noſtre utilité nous
» touche plus ſenſiblement, nous ne pouvons la trouver
» plus grande en aucune autre choſe; Car le S. Sacrement
» eſt un Threſor de biens infinis, expoſé à qui en veut uſer,
» afin que tous les neceſſiteux s'enrichiſſent par luy, que
» tous les malades ſe gueriſſent, que les pecheurs ſe conver-
» tiſſent parfaitement, & que les Juſtes ſe ſanctifient par
» luy. Adorons donc profondement la liberalité divine, &
» penſons que comme il eſt la bonté ſouveraine, il deſire
» non ſeulement communiquer ſes dons, mais encores ſoy-
» meſme. Aimons & embraſſons cette inclination de Dieu.

Offrons-luy

Offrons-luy noſtre ame, afin qu'il la rempliſſe, puis qu'il «
l'a renduë capable de ſoy-meſme. Dilatons noſtre cœur «
pour faire qu'il reçoive davantage de Dieu, & puis qu'en- «
trant dans ſon Sepulcre, quoy que mort, il le ſanctifia, «
eſtabliſſons en nous cette aſſurance certaine, qu'entrant «
vivant dans noſtre ame, il la vivifiera, il la ſanctifiera, & il «
la conſacrera pour la vie eternelle. «

Sur cela elle s'eſtend en un nombre infiny de comparaiſons priſes des malades, des pauvres, des enfans, des voyageurs, des aveugles, des affligez, des captifs, & de toutes ſortes de perſonnes, qui n'attendent pas qu'on les excite à chercher la ſanté, les richeſſes, leur ſupport, leur chemin, leur guide, leur conſolation, & leur liberté; mais qui y courent de toute leur force, & ne trouvent jamais de repos que quand ils y ſont arrivez. Et de toutes ces comparaiſons elle conclud & finit ainſi. Il y a une infinité d'au- «
tres conſiderations qui nous devroient exciter à chercher «
Dieu avec un extréme deſir, & à le recevoir avec un amour «
indicible; mais à mon advis la meilleure de toutes eſt cel- «
le que noſtre Seigneur dit en inſtituant le tres-ſaint Sa- «
crement: *J'ay deſiré d'un grand deſir de manger cette Paſ-* « Luc. 22.
que avec vous. Car il ne dit pas ſimplement *J'ay deſiré*, «
mais il adjouſte, *d'un grand deſir*, comme s'il vouloit dire, «
Mon deſir eſt plus grand que vous ne le pouvez conce- «
voir. Excitez-vous donc pour en avoir un qui approche «
du mien, & demandez-moy que j'embraſe vos cœurs de «
glace, par le feu que je ſuis venu apporter ſur la terre, & «
duquel je ne deſire rien tant que de vous voir em- «
braſez. «

Mais il faut que j'adjouſte, diſoit-elle, une penſée que «
Dieu me donne pour vous, c'eſt qu'il me ſemble qu'il ne «
faudroit pas ſeulement deſirer de recevoir noſtre Sei- «

A a

» gneur en nous; mais qu'il faudroit nous élever à luy, afin
» d'obtenir qu'il nous reçoive en foy, & que noftre Com-
» munion ne foit pas feulement un écoullement de Dieu
» en nous, mais auffi une élevation de nous en Dieu, avec
» plus d'efficacité que l'aimant n'eft tiré par le fer, & la pail-
» le par l'ambre. Car quoy que Dieu veüille fe donner par
» une inclination & une pante propre à fa bonté, il eft jufte
» que l'ame veüille auffi cét afcendant & cét heureux tranf-
» port, & qu'elle y coopere avec toutes fes puiffances, di-
Cant.1. » fant avec l'Efpoufe : *Tirez-nous apres vous, & nous cour-*
» *rons à l'odeur de vos celeftes parfums.*

 Enfin pour revenir à la pieté durant la fainte Meffe, & à fon defir de la Communion, je me contenteray d'ad-jouster quelques exemples des offrandes, des afpirations, & des actions de graces qu'elle faifoit & enfeignoit à fai-re, tant pour l'un que pour l'autre de ces exercices, laiffant le refte dans fes écrits, ou on pourroit reconnoiftre com-bien en toutes chofes elle eftoit abondante en lumieres, & en affections pour Dieu.

Offrande de foy-mefme durant l'oblation de la fainte Meffe.

LA premiere des difpofitions qu'elle apportoit pour bien affifter à la Meffe, apres la Contrition & la Con-feffion qu'on fait à Dieu, & les actes de Foy qu'on doit exercer avec le Preftre dans les commencemens, eftoit l'Offrande de foy-mefme au temps de l'oblation, qui eft l'une des trois parties effentielles du Sacrifice, & elle l'a exprimée en ces mots.

» Je vous adore, ô JESUS, mon Dieu, mon Sauveur, &
» mon tout ! Je vous fupplie pour voftre gloire de me confa-

crer à Dieu vostre Pere avec vous, pour les mesmes des- "
seins que vous avez en ce Sacrifice, où je desire de vous ac- "
compagner en toute vostre divine offrande : Et comme je "
ne puis satisfaire à cette obligation par moy-mesme, je "
m'abandonne à vous, afin que comme l'Hostie ne sera "
plus du pain, lors que vous serez caché sous ses especes, "
ainsi je ne sois plus aussi moy-mesme, lors que vous m'au- "
rez trasformée en vous, mais que vous soyez tout en moy, "
& que je sois toute à vous, sans pouvoir & sans vouloir fai- "
re que ce que vous desirez. Pour cét effet, je renonce & à "
tout ce que je suis, & à tout ce que je puis. Et comme vous "
estes, ô mon JESUS ! le souverain Prestre qui transsub- "
stantiez en vous les choses qui sont presentées sur l'Autel, "
je me mets en vos mains toutes-puissantes, comme l'Ho- "
stie visible est entre les mains du Prestre, afin que je sois "
consacrée & transsubstantiée, si j'ose le dire, ou transfor- "
mée en vous. Jusques icy est l'instruction qu'elle donnoit
& qu'elle pratiquoit pour bien faire l'oblation.

Actes d'Adoration durant l'élevation de l'Hostie.

LA principale & la plus digne partie du Sacrifice estant,
comme les Theologiens l'enseignent, la consecra-
tion, parce que c'est par elle que s'opere mystiquement
la separation du Corps & du Sang de JESUS-CHRIST,
exprimée par les paroles dans lesquelles consiste essentiellement le rapport de ce Sacrifice non sanglant, avec le Sacrifice sanglant qui fut visiblement offert sur le Calvaire:
la pieté de cette Mere, comme celle de tous les Chrestiens,
s'estoit singulierement appliquée à trouver des moyens
d'adorer & de faire adorer ce Seigneur de Majesté dans
le plus profond estat de ses aneantissemens. Elle ensei-

gnoit donc à luy dire.

„ Fils de Dieu, & Dieu eternel, égal à vostre Pere, qui vi-
„ vez & regnez avec luy & avec le S. Esprit dans les siecles
„ des siecles. Vous qui pour nostre salut estes descendu du
„ Ciel, & ayant pris un corps mortel avez voulu mourir ef-
„ fectivement une fois sur la Croix, & voulez encores mou-
„ rir tous les jours en figure sur nos Autels : Je vous adore,
„ ô Dieu de Majesté & d'amour, dans ces trois estats où
„ vous estes, & où vous serez adorable durant toute l'eter-
„ nité. Dans le sein de Dieu vostre Pere: Dans la Créche où
„ vous avez pris naissance : Sur la Croix où vous avez offert
„ vostre Corps & vostre Sang pour nous. Mais par dessus
„ tout je vous adore en ce mystere, qui renferme & qui re-
„ cueille en soy vostre divinité, & vostre humanité, & la
„ memoire avec le merite & les effets de vostre sacrée
„ Mort.

„ Parce que, ô mon Dieu, mon Roy, & mon Sauveur! je
„ ne puis vous rendre assez d'honneurs & d'adorations pour
„ tous ces sujets : J'appelle à mon ayde les Cieux, la terre, &
„ mesme les Enfers, pour vous reconnoistre, & pour vous
„ venir profondement adorer, en accomplissant ce qu'a dit
„ vostre Apostre, qu'en vostre Nom, & en vostre presence,
„ JESUS Dieu & Homme, Createur & Sauveur des hom-
„ mes, les Anges dans le Ciel, les hommes sur la terre, & les
„ demós au fonds des Enfers flechissent le genoüil. Donnez
„ vostre Eglise qui est vostre Corps mystique, la paix que
„ vous luy avez acquise par vostre Sang. Donnez aux ames
„ la vie que vous leur avez meritée par vostre Mort. Sancti-
„ fiez & sauvez vostre peuple que vous avez racheté par vn
„ si grand prix, & faites que nous vous voyons & adorions à
„ jamais dans vostre gloire, comme nous vous croyons &
„ adorons sous les voiles de ce Sacrement.

Preparation à la sainte Communion.

ENtre les preparations qu'elle apportoit à la Communion, qui eſt la derniere partie du Sacrifice, & l'eſſence du Sacrement; La principale eſtoit la pureté de conſcience qu'elle taſchoit d'acquerir par la Confeſſion Sacramentelle, où Dieu pour nous laver de nos pechez nous applique les merites du Sang precieux de ſon Fils Jesus-Christ. Elle s'y plongeoit pour cela d'une affection nonpareille, & elle le regardoit au Jardin des Olives, afin de participer avec fruict à la douleur & à la confuſion qu'il reſſentoit en la preſence de ſon Pere Eternel : & la conſideration qui la penetroit d'une plus vive douleur, eſtoit d'avoir déplû à un Eſpoux ſi Saint, qui l'avoit tant aimé, & pour l'amour duquel ſes Eſpouſes doivent eſtre ſi pures & ſi ſaintes.

La ſeconde diſpoſition eſtoit de s'adreſſer à Dieu meſme, & luy dire humblement & confidemment, par forme de demande: Je ſçay, ô mon Dieu! que vous eſtes ſi grand « & ſi Saint, que tous mes efforts ne ſont rien pour m'approcher dignement de vous; c'eſt pourquoy je me donne « à vous pour operer en moy tout ce que le Verbe fait chair « y veut trouver pour le Sacrement. Et comme ſon Humanité ſacrée eſtant vrayement unie à voſtre divine Perſonne, « a ſuivy inviolablement tous vos mouvemens divins; Faites « que je ſois ainſi conjointe avec vous, pour ne rien faire ja- « mais de ce que je veux, mais pour faire invariablement « tout ce que vous commandez, tout ce que vous conſeillez, & tout ce que vous inſpirez, & le faire pour les fins, & « dans la maniere que vous le commandez, le conſeillez, & « l'inſpirez; c'eſt à dire, pour voſtre plus grande gloire, & « par la conduite de voſtre parfait amour.

Aspiration apres la sainte Communion.

Apres la Communion elle faisoit plus de cœur que de parole cette aspiration. Je me donne à vous, mon Seigneur JESUS, pour estre mise par vous dans tous les estats où je dois estre envers Dieu vostre Pere, & envers vous-mesme, mon Dieu, mon Roy, & mon Espoux: Envers la sainte Vierge vostre Mere, envers la partie de l'Eglise qui triomphe avec vous dans le Ciel; avec celle qui combat pour vous sur la terre; avec celle qui est dans les souffrances pour se purifier; envers tous ceux à qui je suis redevable de quelque maniere qui me soit ordonnée par vous. Je veux estre plus à vous mille fois qu'à moy-mesme, adorant, aimant, loüant Dieu, & le remerciant de ce qu'il est, de ce que vous estes, & singulierement de ce qu'il a uny personnellement vostre sainte Humanité à son Verbe Eternel; & que nous ayant donné son propre Fils, il nous a donné toutes choses en luy.

O mon Dieu, & mon Seigneur JESUS! je m'abandonne à vous, pour recevoir de vostre plenitude tout ce que vostre charité a dessein de me donner. Je rends graces à vostre Pere Eternel, & à vous, & au S. Esprit, des Priviléges faits à la sainte Vierge, aux Anges, aux Saints, aux Justes, & aux pecheurs; aux demons mesmes, & aux ames damnées qui ne vous en remercieront jamais, & mesme pour les biens que vous leur eussiez faits, si vous ne les eussiez trouvez opposez aux desseins de vostre Providence. Je vous supplie par vous-mesme, que vostre S. Esprit me dirige, pour ne souffrir jamais en moy d'autre volonté que la vostre, & porter la mienne à tout ce qui sera conforme à la vostre pour jamais.

« Vierge sainte & immaculée, inftruifez-moy de ce que
« je dois faire, & fuppleez à tout ce que je manque de faire
« dans la reception de voftre adorable Fils. Impetrez-moy
« la grace de le conferver comme vous l'avez faintement
« confervé. Soyez mon Advocate, pour luy reprefenter mes
« befoins, & ceux de mes prochains. Prenez le pouvoir de
« Maiftreffe pour me tenir aujourd'huy & toûjours dans
« tous mes devoirs; mais par deffus tout, ayez le cœur de
« Mere, pour n'abandonner jamais voftre pauvre fervante,
« qui n'eft pas digne de porter le nom de voftre fille, fi-
« non parce qu'elle eft le prix du Sang de voftre adorable
« Fils. »

Le temps de la Communion & de l'action de graces fe
paffoit en des afpirations & des colloques femblables qui
la tenoient fouvent fi abforbée qu'il falloit la tirer deux
& trois fois par fes habits pour la faire revenir à elle fi on
avoit befoin de luy parler, ou de luy faire entendre quelque chofe. Pour la mefme raifon l'Eglife eftoit fon ren-
dez-vous ordinaire. Dans toutes les affaires, & les neceffitez, elle y recouroit comme à fon azyle; & fi on avoit
befoin d'elle, on ne fe mettoit point en peine de la chercher autre part: on la trouvoit toûjours là, & fi les Superieures n'euffent moderé fa ferveur, elle y euft paffé les
jours & les nuits entieres. Car cette vive Foy de la prefen-
ce adorable de noftre Seigneur, & cét amour ardant
d'eftre toûjours proche de luy, avoient tant de charmes
pour fon ame, qu'elle ne croyoit pas qu'il y euft un autre
Paradis fur la terre. Plufieurs ont affuré que de voir feulement la modeftie exterieure qu'elle y apportoit, cela leur
donnoit une devotion tres-fenfible, & quelqu'une a ad-
jouflé, qu'ayant eu le bon-heur d'y veiller avec elle une
nuit du Jeudy Saint, il luy fembla voir un Seraphim em-

brasé, tant son visage paroissoit lumineux, & tant son cœur éclattoit en des soûpirs enflammez qu'elle ne pouvoit retenir, non plus qu'une douce rosée de larmes qui couloient incessamment de ses yeux : de sorte que n'eust esté la difference du temps & du mystere, au lieu du Mont des Olives, elle eust crû estre sur le Mont de Thabor où

Matt. 17. S. Pierre disoit, [*Bonum est nos hic esse,*] *Il est bon d'estre icy, & de n'en sortir jamais.*

Dans les belles Images qu'elle se formoit de nostre Seigneur en ce mystere, elle sentoit une singuliere devotion, au cœur, aux yeux, & aux mains de ce divin Sauveur, comme aux plus nobles instruments de sa divinité, & aux principales sources de nostre bon-heur. Sur tout elle estoit touchée d'une veneration singuliere pour l'action qu'il faisoit en levant ses mains vers le Ciel, & disant, *Pere*

Ioan. 17. *Saint, Pere Iuste, le monde ne vous a pas connu.* Elle honnoroit cette action divinement humaine, & taschoit de l'imiter en proferant les mesmes paroles, avec l'esprit & la reverence de celuy qui les a prononcées, afin de glorifier la Majesté divine, & d'estre écoutée par l'union avec ce-

Heb. 5. luy de qui le Saint Apostre a dit, *Qu'il a esté exaucé pour sa grande reverence.* C'estoit l'estat d'Intercesseur, de Sacrificateur, & de Glorificateur, où elle se le representoit dans ce Sacrement, & dans ce Sacrifice, auquel selon le mesme Apostre, il continuë d'offrir à Dieu son Pere, des vœux, des prieres, ses larmes & son Sang. Et c'est ce qui allumoit & qui entretenoit en elle la devotion dont nous avons parlé pour cét admirable Mystere.

Sa Devotion

Sa devotion pour l'Office divin, & pour les Mysteres que l'Eglise celebre durant l'année.

Chapitre XXIV.

LA pieté de cette Mere pour le divin Office, avoit du rapport à celle qu'elle portoit au Saint Sacrement, en la presence duquel on rend à Dieu ce culte en l'Eglise. Elle avoit une si haute estime de cét exercice Angelique, qu'elle se faisoit un plaisir singulier de quitter pour cela toutes choses. Au premier son de cloche, elle y alloit avec une allegresse & une promptitude telle que personne ne la pouvoit devancer. Elle y apportoit quant à l'exterieur un respect & une modestie si grande, qu'elle ravissoit celles qui la voyoient, & elle avoit un soin si exact de n'y point commettre de fautes, & d'empécher qu'on n'y en commist aucunes, qu'ayant ordonné des penitences pour toutes celles qui se font par mégarde, s'il arrivoit qu'elle y tombast, ce qui estoit tres-rare, elle les accomplissoit elle mesme la premiere, & plus severement que les autres, soit pour leur donner l'exemple, soit pour les animer à le faire avec plus de vigilance, & plus d'affection.

Elle vouloit qu'il y eust toûjours au chœur un nombre suffisant de Religieuses pour se bien acquiter de ce devoir, preferant cette obligation à toutes les autres affaires. Si dans le cours de l'Office l'on commettoit quelques fautes par inadvertence, elle redressoit tout par un signe, ou par une parole, qui faisoit rentrer chacune en soy-mesme, disant, *Helas! mes Sœurs, Dieu nous est present, & se peut-il faire que nous soyons esloignez de luy?* Aussi-tost

l'attention se renouvelloit, & la ferveur s'augmentoit. S'il arrivoit que par une necessité indispensable elle fust absente du chœur, elle prenoit tant qu'il estoit possible une des Religieuses pour reciter l'Office avec elle : ce qu'elle procuroit que les autres fissent aussi, pour éviter les manquemens qui se commettent plus aisément quand on est seule, & pour acquerir le merite qui croist quand on unit avec d'autres ses prieres. Que si elle estoit obligée de le reciter toute seule, c'estoit alors que son recueillement singulier recompensoit abondamment le fruict qu'elle eust tiré de la societé d'une autre, & elle prenoit tant de temps pour observer les pauses & les ceremonies qui se gardent dans la Communauté, qu'il fut necessaire que la Superieure la moderast en cecy comme en plusieurs autres choses, & luy reglast le temps qu'elle y mettroit. En quoy elle estoit si obeïssante, que quand l'heure assignée se passoit, elle posoit le doigt sur la place où elle estoit demeurée, pour aller demander permission d'achever ce qui luy restoit à dire.

Quant aux dispositions interieures avec lesquelles elle s'y appliquoit, il faudroit les lire dans son cœur pour les pouvoir expliquer. C'estoient des affections continuelles qu'elle puisoit dans le cœur de nostre Seigneur, selon les divers estats de sa vie, & les sentimens que Dieu luy en donnoit. Elle renouvelloit toûjours le desir de glorifier la tres sainte Trinité, comme elle se glorifie elle-mesme, lors qu'elle recitoit le *Gloria Patri, &c*. Et outre les motifs de loüanges, de demandes, & d'actions de graces, & autres qui sont specifiez en l'Oraison preparatoire pour le matin, elle envisageoit generalement tous les interests de la sainte Eglise, la sanctification des Prelats qui la doivent conduire, la pieté & la justice des Rois & des Juges

qui gouvernent les Sujets, l'augmentation des Justes qui font le bon-heur des Villes & des Royaumes, la conversion des pecheurs à la grace, & celle des Payens à la Foy. Elle recommandoit à Dieu particulierement la prosperité de cette Monarchie tres-Chrestienne : Mais ce qui occupoit le plus son esprit, à ce qu'elle a dit plusieurs fois elle-mesme, c'estoit une Foy vive, & une pensée actuelle de la Majesté de Dieu, qui daigne écouter nos requestes. De sorte que ce fonds de lumiere soustenoit la gravité, l'attention, & la devotion qui éclattoient dans tout son exterieur. Il y avoit encores une autre pensée qui luy donnoit quelques fois de la crainte ; c'estoit le souvenir de ce que dit Job, *Les Anges ne sont pas purs en sa presence,* cette verité abismoit son esprit dans une si profonde frayeur, qu'elle luy faisoit dire, *Helas ! que sera-ce de nous pauvres vermisseaux de terre qui vivons dans des corps de boüe, si ces nobles Intelligences ne sont pas pures devant luy ?* *Iob. 12.*

Elle eust bien souhaitté, si l'usage eust esté selon la Regle, de se tenir toûjours debout durant l'Office, & elle s'animoit à cela par le souvenir de ce qu'elle avoit souffert autrefois tant de lassitude en demeurant long-temps debout à la Cour devant des Princes mortels, qui comparez à Dieu ne sont qu'un peu de poussiere. Par ce mesme respect elle ne vouloit point aller au parloir quand on assistoit à l'Office, & elle avoit commandé fort expressément aux Tourieres, de ne l'appeller jamais en ce temps là, s'il estoit possible. Ce qui parut une fois entr'autres, quand Madame la Duchesse d'Elbeuf, venuë pour la visiter lors qu'on disoit Vespres, eut pour response une tres-humble priere que la Mere luy envoya, d'avoir agreable qu'elle achevast ses Vespres dans le chœur avec ses Sœurs avant que de l'aller trouver : de quoy cette vertueuse Princesse

demeura tres-edifiée voyant une Religieuse si fidelle à son devoir, & si dégagée des vains respects dont les autres se picquent si fort. Il y auroit beaucoup de pareils exemples à rapporter sur ce sujet; mais il est temps de passer aux sentimens interieurs qui occupoient son ame dans les Festes solemnelles, tandis que sa bouche s'employoit avec les autres à chanter les loüanges de Dieu.

Comme elle alloit tous les jours avançant dans le desir d'une union parfaite avec nostre Seigneur, ses paroles faisoient de si vives impressions sur elle, que ce qu'il a dit à tous les Chrestiens, *Soyez parfaits comme vostre Pere celeste est parfait*, estoit pour elle un commandement singulier, & elle aspiroit incessamment à cette haute idée qu'elle avoit euë dés le temps de son Noviciat, de s'approcher de Dieu par l'imitation de ses perfections. De maniere que de temps en temps Dieu l'attiroit par cette haute pensée, qui l'élevoit à vouloir honorer par voye de conformité, tantost sa Justice, tantost sa bonté, tantost sa patience, tantost son zele, tantost sa debonnaireté. Et un jour que contre son ordinaire elle avoit esté fort indulgente en quelque occasion d'exercer la severité : Une Religieuse qui en fut surprise luy demanda à quelle perfection divine elle estoit pour lors appliquée, elle luy respondit ingenuëment, *C'est à la Benignité de Dieu que je tasche de me conformer ; Ie m'en apperçevois bien*, luy dit l'autre, *& cela m'a paru par la douceur de laquelle vous avez usé*. Elle ne se regloit pas sur les seules perfections infinies de la divinité. Elle mettoit sa plus agreable estude à se conformer à nostre Seigneur JESUS-CHRIST dans chaque Mystere, & dans chaque estat de sa vie, elle contoit sur cela comme sur la chose par laquelle elle pouvoit seurement luy plaire davantage. Elle taschoit d'entrer dans son esprit, & dans

Matt. 7.

celuy de l'Eglise, qui celebre ces Festes pour en faire renaistre la memoire dans le cœur de tous les Chrestiens.
Son application principale estoit d'attirer ses Filles à cette
conformité en leur faisant dans les plus grandes solemnitez d'excellentes exhortations pour les instruire des dispositions qu'il falloit apporter, afin de participer à la grace
de la Feste. J'en rapporteray icy legerement quelque chose: car qui voudroit tout dire, en feroit des volumes tous
entiers.

Durant le temps de l'Advent, elle exhortoit ses Filles
à adorer le Fils de Dieu dans le sein de la Vierge, comme
dans le premier Cloistre Virginal où la tres-sainte Trinité
avoit esté dignement glorifiée, & où il leur avoit merité le
bon-heur d'estre retirées du monde & du peché, par un
effect de sa grace. Elle disoit que cét estat de nostre Seigneur estoit le veritable modelle de leur estroite closture,
parce qu'elles devoient estre ignorées de tout le monde,
comme luy-mesme n'y avoit point voulu estre connu.
Elle adjoustoit qu'il vouloit par là leur faire part des vertus qu'il avoit communiquées à son ame sainte dans cette
solitude: De sorte que leurs occupations devoient estre
d'imiter les saintes dispositions de JESUS envers son Pere, envers sa Mere, & envers ses Esleus. Sur quoy elle s'é-
tendoit & expliquoit admirablement bien, comme ce
temps estoit en effet le plus propre pour recevoir l'esprit
de leur Institut, & que la solitude de JESUS dans le sein
de la Vierge, leur devoit rendre la leur infiniment aimable, puis qu'elle leur apprenoit à se priver comme luy de
toutes les choses creées, & comme luy, n'avoir que Dieu
seul à connoistre & à aimer, en luy rendant de continuelles actions de graces, pour le decret eternel par lequel il a
sauvé le monde, & luy demandant par toutes les prieres

possibles, que la connoissance & l'amour de ce Mystere aille incessamment se dilatant par tout, pour le salut de ceux pour qui il a esté ordonné.

Depuis la Nativité de nostre Seigneur, jusques à la Purification de la sainte Vierge, les Religieuses avoient le tres-saint Sacrement exposé au derriere du Tabernacle répondant à un Oratoire, au dessous duquel estoit la representation de la Créche. C'estoit là que cette fervente Mere rendoit une assiduité continuelle, c'estoit son Jardin de delices, c'estoit le Palais de sa gloire, où elle se faisoit un plaisir & un honneur digne à son sens d'estre envié par les Anges, de contempler à son aise le divin Enfant JESUS, dont elle avoit en un mesme lieu, la Realité, avec la Figure; & tous les jours elle alloit avec ses Novices & plusieurs des Professes en Procession, chantant les Litanies de la sainte Enfance de JESUS, & à la fin un petit Salut au tres-saint Sacrement, ayant auparavant dans l'entretien expliqué les excellences de nostre Seigneur qui y sont exprimées. Elle en donnoit chaque jour trois versets pour le sujet de la Meditation, afin d'enflammer comme elle faisoit le cœur de toutes, du mesme feu que ce divin Sauveur estoit venu apporter sur la terre. Elle destinoit encores ces Processions pour d'excellents motifs, & pour l'ordinaire c'estoit en l'union de celle que les Anges, les Rois, & les Pasteurs, avoient faites à la Créche, pour y venir les premiers adorer nostre Seigneur.

Dans le temps du Carnaval sa devotion la portoit de declarer une guerre ouverte aux vaines joyes du monde, & pour cela de renouveller ses Oraisons, & ses Penitences. Elle ne se donnoit aucun quartier, pour venger sur elle-mesme les pechez qu'elle ne pouvoit empécher dans les autres. Elle avoit une extrême douleur de voir des ames

capables de Dieu se jetter dans des desordres auſſi grands que ceux qu'on commet en ce temps-là, & pour les reparer elle s'aviſa une fois de chercher l'invention de faire un Carnaval ſpirituel, qui fut de partager toute ſa Communauté en de ſaints exercices pour tous ces jours-là, & de convenir qu'une partie feroit une fois la ſainte Communion, une autre fois elle feroit l'Oraiſon, la troiſiéme quelque Penitence nouvelle: Et celle qui avoit fait le jour precedent une de ces choſes, le jour ſuivant faiſoit l'autre: ce qui dura juſques au premier Dimanche de Careſme, qu'elle continua les meſmes pratiques par de nouveaux motifs. Car elle ſe donna toute au divin Eſprit pour eſtre conduite par luy au deſert avec noſtre Seigneur, & elle exhorta toutes ſes Sœurs d'y entrer avec luy & d'imiter ſa Solitude, ſes Jeuſnes, & ſon Oraiſon: entendant par ces trois choſes, la fuite des creatures, la mortification du corps, & l'union avec Dieu. Elle diſoit pour les y animer que noſtre Seigneur avoit quitté la demeure du Ciel en s'incarnant, la compagnie de ſa Mere entrant au deſert, & ſoy-meſme en allant à la mort. Tout cela embraſoit l'affection de ſes cheres Filles à ſe priver de bon cœur de toutes les creatures, ſe confiant que Dieu ſeul & noſtre Seigneur JESUS-CHRIST leur feroit toutes choſes, & qu'elles trouveroient tout en quittant tout pour luy. Elle leur faiſoit admirer l'humilité profonde de noſtre Seigneur, de s'eſtre aſſujetty juſques à eſtre tenté par le demon: Sa force à le repouſſer par les paroles de la ſainte Eſcriture: Sa gloire d'eſtre pour cela tout auſſi-toſt ſervy par les Anges, & le tout pour nous donner exemple, ſelon S. Paul, qui dit, *Nous avons un Pontife, qui a pris* Heb. 7. *toutes nos infirmitez, pour nous eſtre ſemblable en toutes choſes, excepté le peché.*

Au temps de la Paſſion, elle redoubloit ſes ferveurs, ſes Penitences, & ſes Oraiſons: & particulierement tous les Vendredys du mois de Mars. On avoit coûtume ces jours-là de faire une Proceſſion en l'honneur de la Paſſion de noſtre Seigneur JESUS-CHRIST, chaque Religieuſe portant une Croix à la main; on y alloit chantant des Litanies compoſées à cette fin, & l'on faiſoit ſept diverſes Stations, pour honorer celles de noſtre Seigneur. Elle avoit recueilly du nouveau Teſtament ce que les quatre Evangeliſtes en rapportent, & elle liſoit en chacune ce que noſtre Seigneur y avoit fait, ou dit, ou enduré. Pour rendre cette devotion autant de pratique que de conſideration, elle dépoüilloit ſon habit & en prenoit un de Penitence, ſans Voile, ſans Scapulaire, avec la ſimple robbe blanche, & pour ſe rendre encore plus ſemblable à ſon Sauveur, elle mettoit une Couronne d'eſpines ſur ſa teſte, & une groſſe corde au col, avec les mains liées. Elle portoit ſur les épaules une peſante Croix, & demandoit qu'on luy diſt des injures, & qu'on luy crachaſt au viſage, & à la fin elle prenoit une tres-rude diſcipline ſur elle-meſme, repreſentant autant qu'elle pouvoit ce qui eſtoit particulier à chaque Station, avec tant d'eſprit interieur, & tant de devotion qu'elle fondoit toute en larmes, & en tiroit des yeux de toutes les autres, diſant hautement, que c'eſtoient ces pechez qui avoient reduit le Fils de Dieu en un ſi pitoyable eſtat, que ce qu'elle en repreſentoit n'en eſtoit qu'une bien miſerable figure, & qu'elle ſe reconnoiſſoit plus coupable que les Iuifs, parce que ces perfides n'avoient pas receu les graces qu'elle avoit euës de la bonté de Dieu.

Dans le temps de la Reſurrection, & durant toute la quarantaine, l'objet de ſes occupations eſtoit noſtre Seigneur

gneur glorieux, & ressuscité. Le S. Sacrement estoit exposé en Oratoire, & on faisoit les mesmes choses qu'au temps de sa Naissance, à la fin toutes alloient chantant de tres-belles & devotes Litanies de la Resurrection, qu'elle avoit composées elle-mesme avec l'approbation de ses Superieurs, sur cela elle exhortoit ses Filles à bien peser ces paroles de S. Paul, *Si vous estes ressuscitées avec* Jesus-Christ, *cherchez les choses d'enhaut, où* Jesus *est assis à la droite du Pere.* Et sur ces paroles elle avoit de grandes lumieres aussi bien que sur celles que le mesme Saint a dites: *Vous estes morts & vostre vie est cachée en Dieu avec* Jesus-Christ, *afin que comme il est ressuscité des morts, vous marchiez avec luy en nouveauté de vie.* Elle leur faisoit voir que la vie glorieuse de nostre Seigneur devoit estre en elles pour operer une vie celeste, que c'estoit la grace de la Resurrection, comme celle de leur vocation demande qu'elles soient celestes d'esprit & de cœur, plus que d'habit & de nom. Coloss. 3. Rom. 6.

Depuis le jour de l'Ascension de nostre Seigneur, jusques à la venuë du S. Esprit, elle estoit plus au Ciel qu'en la terre. Elle se sentoit toute transportée d'amour dans des actions de graces envers le Pere Eternel, qui glorifioit si dignement son Fils, & de conjouïssance avec le Fils si hautement glorifié pour recompence des opprobres & des outrages qu'il avoit endurez. Cét amour mutuel du Pere envers son Fils, & du Fils envers le Pere, ravissoit son esprit, quand elle consideroit comme le Pere prenoit un singulier plaisir de faire éclatter d'une nouvelle gloire chacune des Playes de son Fils, & comme le Fils par chacune de ses Playes glorieuses, offroit en Sacrifice eternel à son Pere, ce qu'il avoit icy bas enduré pour luy. Elle adjoustoit. *Je croy, mes cheres Sœurs, qu'il nous sera permis*

Cc

adorant ce combat du Pere & du Fils, de chercher par le difcernement de la Foy qui des deux a l'avantage, ou le Pere a glorifier fon Fils, ou le Fils à glorifier fon Pere. Et puis elle concluoit, *Que tous deux avoient le mefme avantage, parce que n'eftant qu'un, ils avoient infeparablement l'un pour l'autre le mefme amour qui eft leur S. Efprit.*

Je ne puis m'empécher de mettre icy un colloque à la tres-fainte Vierge, écrit de la main de cette devôte Mere, fur la Fefte de l'Afcenfion de noftre Seigneur JESUS-CHRIST. Elle luy parle ainfi.

„ Mais, ô Vierge des Vierges ! Lys entre les épines fur-
„ paffant en beauté tout ce qui eft en la terre, plus que les
„ lys n'excellent par deffus les épines. Tres-fainte Mere de
„ Dieu, que pourray-je penfer de vous en ce Myftere ? Vous
„ ne dites pas de bouche, *Magnificat anima mea Dominum;*
„ mais voftre ame fainte le magnifie bien mieux, & voftre
„ efprit fe réjoüit plus en luy que jamais, non feulement
„ parce qu'il a regardé voftre baffeffe, mais parce que vous
„ le regardez dans fa gloire. C'eft voftre Dieu, c'eft voftre
„ Fils orné de la fplendeur divine, dont il s'eftoit privé
„ quand il vous a faite fa Mére. O tres-fainte Mere ! vous
„ exprimaftes en ce Cantique vos admirations, fur la gran-
„ deur, la bonté, & la puiffance de Dieu. Mais en ce My-
„ ftere rien ne peut exprimer la joye dont vous eftes com-
„ blée par l'union que vous avez avec voftre Fils, & je l'ai-
„ me de tout l'amour que vous avez pour luy. Je l'offre au
„ Pere, & je m'en réjoüis avec le S. Efprit. J'admire & le
Efth.6. „ Fils & la Mere, & je dis, *Ainfi font honorez ceux que Dieu*
„ *veut honorer.* Celuy qui s'eft aneanti fe faifant homme,
„ & celle qui s'eft aneantie fe profeffant fon efclave. Reyne
„ des Anges, vous ne difiez pas alors qu'il avoit fait de gran-
„ des chofes en vous ; mais vous eftiez ravie de celles qui

estoient faites en luy, dont vous aviez une connoissance « tres-claire. Si vous eussiez parlé, Sainte Vierge, qu'eus- « siez-vous dit ? Mais ce que vous eussiez dit, comment « l'eussions nous pû comprendre ? O qui pourroit recueillir « un rejallissement de ses admirables lumieres émanées de « Dieu ? Qui pourroit recevoir une estincelle de cét embra- « sement d'amour, qui brusloit dans le cœur de Marie ? « Qui pourroit ressentir quelques-unes de ces joyes ineffa- « bles qui inondoient dans celle qui estoit la vraye Cité de « Dieu, & la Mere de toute veritable allegresse. «

    Mais pour revenir aux Conferences que j'ay interrompuës, tous les dix jours d'apres l'Ascension elle exhortoit ses Filles à se conformer à l'esprit de l'Eglise, en se joignant à la sainte Vierge, aux Saints Apostres, & aux femmes devotes retirées dans le Cenacle : Et elle leur donnoit de tres-belles pratiques, pour attirer en elles le S. Esprit. Toutes les fois que l'Horloge sonnoit, elle leur faisoit dire toutes ensemble l'Antienne *O Rex glorie, &c.* ou bien *Veni sancte Spiritus, &c.* ou d'autres Oraisons jaculatoires tirées des Litanies du S. Esprit. Elle témoignoit de si grandes ardeurs de recevoir ce don sacré, qu'elle augmentoit pour cét effet ses Oraisons, ses Penitences, & toutes ses autres saintes pratiques, & excitoit ses Filles à faire le mesme, leur disant, *Autant que vous apporterez de disposition à cette Feste, autant vous recevrez de graces de celuy qui est le principe de toutes les graces.* Et pour les encourager plus fortement, elle leur rapportoit les paroles que nostre Seigneur dit en l'Evangile, *Si vous qui estes mauvais donnez* Luc. 11. *à vos enfans des choses bonnes, combien plustost vostre Pere celeste donnera-t'il son Esprit Saint à ceux qui le luy demanderont.* Avec de semblables pensées, elle embrasoit tous les cœurs à demander ce don sacré, dont elle disoit qu'une

ame vertueuse & Religieuse peut moins se passer, que le corps ne peut se passer de l'ame de qui il reçoit la vie.

Elle faisoit pour l'ordinaire les exercices spirituels des dix jours durant cette saincte Octave, & une fois elle les fit faire à toute la Communauté ensemble dans ce temps-là, avec un fruit & une consolation merveilleuse, sans que pour cela aucune manquast de satisfaire à ses Offices ou à ses observances.

Tous les jours de l'Octave du S. Esprit se passoient dans une invocation, ou dans une action de graces pour ce don infiny, & elle faisoit des entretiens si touchans sur les graces prodigieuses qu'il a operées par sa venuë dans les premiers Chrestiens qui n'avoient qu'un cœur & qu'une ame, qu'à la fin d'une Exhortation toutes les Religieuses furent poussées par un subit mouvement à s'embrasser entr'elles, & à renouveller par des marques impreveuës l'amitié que le S. Esprit a mise dans les cœurs, & qu'il y veut conserver par sa grace, jusques à ce qu'il nous ait tous reünis avec soy dans la gloire.

Cependant l'Auguste Trinité estoit apres tout l'objet de sa devotion la plus haute, & de ses plus ardantes affections. Cette incomprehensible grandeur, & cette Majesté infinie de Dieu l'abismoient également de respect & d'amour : Et on ne peut dire laquelle des deux puissances de son ame s'y trouvoit davantage occupée, l'entendement, ou la volonté. Ses écrits font voir sur cela les lumieres, & les attraits ravissans qu'elle avoit envers les trois divines Personnes : car on l'entendoit souvent soûpirer & gemir vers le Ciel par le desir violent d'y arriver bientost, afin, disoit-elle, de chanter à jamais avec les Bienheureux un eternel *Gloria Patri, & Filio, & Spiritui sancto.* C'est pourquoy elle celebroit ce jour avec une pre-

paration qui diſtinguoit cette Feſte d'avec toutes les autres, & l'écrit qu'on a d'elle, & dont nous avons rapporté un échantillon ſuffit pour faire connoiſtre combien ſon eſprit eſtoit éclairé, & ſon cœur embraſé pour ce divin objet.

Elle a fait pluſieurs Conferences & Meditations ſur la Feſte & ſur le Myſtere du S. Sacrement, comme auſſi ſur les ſolemnitez de la ſainte Vierge, & ſur d'autres ſujets où la ſainte Egliſe demande à ſes enfans des diſpoſitions particulieres. Ce que nous en avons rapporté en divers endroits ſuffit pour en juger; mais ce que nous adjouſterons dans le Chapitre ſuivant le fera encores mieux connoiſtre.

De ſes devotions particulieres pour des ſujets differents.

Chapitre XXV.

MOn deſſein n'eſt pas de m'eſtendre ſur ſa devotion envers la Mere de Dieu: car il eſt facile de voir combien elle eſtoit tendre, forte, & élevée dans elle. Son attrait & ſon inſtinct eſtoit de ſe conſiderer dans une dépendance abſoluë & amoureuſe ſous cette Auguſte Reyne & cette charitable mere, à qui elle avoit eſté conſacrée avant que de naiſtre, & de qui elle avoit receu le nom quand elle fut regenerée dans les eaux du Bapteſme. Dans ſes petites peines dés ſon enfance elle avoit eu recours à elle, comme à ſa Souveraine Tutrice & Protectrice, la priant avec larmes de la prendre pour ſa fille & pour ſa ſujette. L'on a pû lire dés le premier Chapitre de ſa vie,

le culte qu'elle luy rendoit chaque jour, avec une exactitude & une application qui eſtoit beaucoup au deſſus de ſon âge; mais comme croiſſant en années elle creut auſſi en connoiſſance, la regle de ſon amour fut l'amour meſme que Dieu a porté à cette ſainte Vierge. Elle l'aimoit autant que Dieu l'avoit aimée preferablement à toute creature, & elle taſchoit de ſe conformer aux diſpoſitions que noſtre Seigneur avoit euës pour elle, principallement dans ſon Incarnation, & dans ſon Enfance. Elle vouloit rendre à cette divine Mere en l'union de ce Fils adorable, tout les devoirs de ſoûmiſſion, de dépendance, & d'amour, dont une creature peut eſtre capable.

Elle a fait des Conferences merveilleuſes ſur les excellences & les grandeurs de cette meſme Vierge, pour rendre graces à Dieu de tous les privileges dont il l'avoit ornée. Elle aſſiſtoit quelques-fois devant le S. Sacrement, dans cette penſée, que ce Myſtere eſt la plus belle Relique que nous puiſſions avoir d'elle, & que le ſervice le plus agreable que nous puiſſions rendre à cette incomparable Mere, eſtoit d'aimer & d'honorer cét adorable Fils, en ſouvenance & en veneration de ce qu'il eſt le Fils d'une ſi ſainte Mere, que quand il ne ſeroit pas ſon Dieu, il meriteroit pour l'amour d'elle d'eſtre honoré par tout ce qui eſt au Ciel & en la terre. Elle a compoſé des Meditations preſque ſur toutes ſes Feſtes, avec des Colloques & des Oraiſons aux trois divines Perſonnes, ſur les prerogatives qu'elles ont communiquées à celle que les Saints Peres appellent le Temple & le Sanctuaire de l'adorable Trinité. Je les obmets de peur d'exceder les bornes que je me ſuis preſcrites.

Et pour dire un mot de ſa devotion envers ſon Ange Gardien. Elle avoit une familiarité ſi reſpectueuſe avec

luy, qu'elle luy recommandoit tous ses petits desseins, & elle luy confioit tout ce qu'elle ne vouloit point oublier. Elle reconnoissoit tres-souvent avec humilité les faveurs signalées qu'elle en recevoit, & ne pouvoit assez faire éclater sa joye, d'avoir un conducteur si fidelle, un protecteur si puissant, & un Advocat si charitable auprés de Dieu. Cela la portoit non seulemeut à solemniser tous les ans sa Feste avec une preparation extraordinaire, mais de plus à remercier continuellement la bonté de Dieu, pour tous les privileges de nature, de grace, & de gloire, qu'il en avoit receus. Elle estendoit sa devotion sur tous les autres Anges en general, mais elle en reservoit une toute singuliere pour le grand S. Michel, fondée sur le zele qu'il marque en son nom, & qui le distingue entre tous les Esprits celestes, pour avoir porté plus hautement qu'aucun autre les interests de Dieu, & destruit tout ce qui a osé s'élever contre luy : car cette ame toute Angelique, qui avoit du rapport avec cét Archange, prenoit hautement en toutes choses le parti de Dieu, & ne donnoit aucun quartier à quoy que ce fust qui luy parût opposé. Elle vouloit qu'il fust uniquement & souverainement aimé, adoré, & redouté par tout. De maniere qu'en cette Feste elle s'enflammoit d'une ardeur nouvelle pour rendre à ce Prince des Anges, d'autant plus d'honneur, qu'il en avoit davantage rendu à Dieu. Elle luy demandoit aussi plusieurs graces, soit pour elle, soit pour ses amis, pour toute l'Eglise, & particulierement pour la France, & pour la personne sacrée du Roy, qui comme fils aisné de l'Eglise peut tant augmenter, & maintenir le Royaume de Dieu.

 Outre ces devotions elle sentoit un attrait tout particulier, pour s'unir à faire avec ses Sœurs des Processions pour diverses fins dans le cours de l'année : Et outre celles

de la Nativité de noſtre Seigneur juſques à la Purification, & celles de la Reſurrection juſqu'à l'Aſcenſion : Celles de la Feſte du S. Sacrement & de ſon Octave, eſtoient pour elle comme pour toute l'Egliſe, avec un appareil & une ſolemnité toute extraordinaire. Mais outre tout cela, dans les affaires publiques de l'Eſtat, ou de la ſainte Egliſe, ſon cœur s'embraſoit plus que jamais d'un grand feu, pour contribuër à obtenir ce qu'on demandoit pour la gloire de Dieu. Ce fut ce qu'elle fit bien paroiſtre durant les guerres de la Rochelle, & de l'Iſle de Ré, contre les Heretiques. Car pour ce ſujet le Roy Loüis XIII. de tres-glorieuſe memoire, avant que de partir pour y aller en perſonne l'an 1627. par un effect de ſa rare pieté, envoya dans pluſieurs Monaſteres de Paris, entre leſquels fut celuy de l'Annonciade Celeſte, faire recommander à Dieu ſoigneuſement le bon ſuccés de ſes Armes. A quoy il fit joindre une aumoſne conſiderable, pour attirer les ſecours du Ciel ſur les deſſeins qu'il avoit faits pour une ſi ſainte & ſi memorable conqueſte. L'ordre fut donné à la Mere Marrie Agnes, comme aux autres de la Communauté, de faire pour cela des prieres & des Communions, & les autres prattiques qu'on employe dans les Religions en de ſemblables rencontres. Mais ce qui fut ſingulier, & en quoy elle ſe ſignala par deſſus toutes, fut une choſe dont elle s'adviſa, & que je ne feindray point de mettre icy comme elle a eſté faite.

Cette Mere, comme nous avons dit, eſtoit née de parens qui eſtoient gens de guerre, & qui avoient eu commandement dans des armées. Elle eſtoit pour lors dans ſon Monaſtere Soûprieure, & Maiſtreſſe des Novices. Il luy vint dans la penſée, afin de donner à ſes Sœurs du courage pour faire des choſes extraordinaires, de feindre

qu'elle

qu'elle vouloit faire une sainte milice, & des levées spirituelles de soldats qui voulussent s'enrooller à combattre vaillamment pour les interests de nostre Seigneur. Pour cela, elle s'avisa un jour de venir avec son air agreable & engageant, au lieu où toutes faisoient pour lors la recreation, & là estendant les bras elle s'écria d'une voix gaye, & d'une maniere qui ressentoit la guerre; Qui est ce qui se declare de vouloir faire quelque chose pour Dieu? Et nous nous joindrons ensemble, afin d'entreprendre quelque chose pour son honneur. A ce signal chacune s'offrit, & à l'envy sous cette parabole prit parti pour former un escadron prest à entrer en bataille, & par les vœux, par les penitences, & par toute sorte d'autres devotions contribuër tout ce qu'elles pourroient pour une si sainte intention. C'estoit à qui passeroit le plus d'heures, & qui veilleroit le plus de nuits devant le Saint Sacrement qui estoit exposé pour cela du costé de leur chœur: c'estoit là le lieu de refuge & le Propitiatoire où elles alloient demander à Dieu sa benediction sur les Armées du Roy. C'estoit à qui demanderoit à faire plus de jeusnes pour cela, à porter plus souvent la haire, & à faire d'autres austeritez, en secret ou en public. Plusieurs faisoient des Processions les pieds nuds, la corde au col, à une Chappelle de la sainte Vierge, & y prenoient de rigoureuses disciplines. Mais la Mere Marie Agnes qui estoit par tout la premiere, & qui donnoit l'exemple & le mouvement à toutes ces bonnes actions, trouvoit mille inventions nouvelles, pour fléchir le Ciel & attirer son secours pour une si sainte entreprise. Elle composa mesme une Oraison exprés, que l'on verra incontinent, & il est à croire seurement que tant de prieres, & tant d'œuvres de pieté qui se pratiquoient dans toute l'Eglise, & dans tous les Monasteres, & en particu-

lier dans cette Maison, par une ame entre les autres aussi agreable à Dieu comme estoit la Mere Marie Agnes, toucherent enfin le Pere des misericordes & meriterent qu'à la fin de l'année, cette Isle & cette Ville furent reduites à l'obeïssance du Roy, & que ce Monarque entra victorieux le jour de la Toussaints l'anné 1628. dans la capitale des rebelles à Dieu, & à son authorité.

Mais nostre Seigneur non content de réjoüir ce grand Roy & tous ces fideles Sujets, par le succés d'une si glorieuse conqueste, eut encore la bonté de donner cette cósolation à la Mere Marie Agnes de le luy faire declarer par un sien serviteur: ce qui est expliqué fort au long dans le Livre des Annales de ce Monastere, sur tout combien ces pieuses pratiques luy avoient esté agreables, & avoiët contribué à ce saint effet. Ce vertueux personnage nommé Monsieur de la Forest, Advocat au Parlement, estoit un homme qui faisoit profession d'une pieté signalée, connu & estimé dans Paris comme tel, & par beaucoup d'hommes tres-pieux & tres-doctes de ce temps-là, & tenu pour estre fort éclairé de Dieu, & recevoir souvent de luy des graces tres-extraordinaires. Comme de son costé il presentoit aussi à Dieu de tres-ferventes prieres pour la mesme fin, il eut connoissance dans son Oraison, de ce qui se faisoit dans cette Communauté, & l'ayant raconté à son Confesseur, qui estoit le Reverend Pere de Commans, Minime, pour lors Maistre des Novices de leur Convent de la Place Royalle, & depuis employé dans les premiers Offices de son Ordre: Apres que ce sage Directeur eut examiné soigneusement toutes choses, ils concerterent ensemble d'en venir faire le rapport à la Mere Prieure, pour estre plus asseurez par elle de ce qui s'estoit pratiqué dans sa Maison. La Mere Marie Agnes qui estoit avec elle, &

qui ne s'attribuoit rien de tout ce bon succés, luy demanda aussi-tost sa permission pour le faire sçavoir à toutes ses Sœurs, afin de les animer à continuër leurs devotions avec plus de ferveur. Ce fut pour cela qu'elle composa la priere suivante, que je n'ay pas crû devoir laisser, parce qu'elle est une tres-fidelle expression des sentimens de son cœur.

Priere composée pour demander à Dieu la reduction de la Rochelle, & de l'Isle de Ré, durant qu'on y faisoit la guerre.

JE vous adore, ô Dieu tout Saint, tout bon, & tout puissant, vous qui vous faisiez appeller en l'ancienne Loy le Dieu des batailles, & des vengeances : Vous qui estes toûjours le mesme, à qui les temps n'adjoustent rien, & n'ostent rien : Je vous conjure, ô mon Dieu ! de secourir ceux qui combattent pour vous, & je vous en conjure par toutes les victoires que vostre Fils, mon Seigneur JESUS-CHRIST a remportées sur le monde, sur le diable, & sur le peché. Je vous demande, ô grand Dieu ! que premierement vous assujettissiez sous vostre Royaume les ames des Soldats qui combattent, & que les faisant renoncer pour jamais au peché, vous les rendiez dignes de combattre pour vous, & pour vostre Eglise. Que ce soit vous qui combattiez en eux, & vous qui vainquiez par eux : en sorte que pas-un ne s'attribuë ce que vous aurez fait, mais que chacun cherche la gloire de vostre Saint Nom. Seigneur JESUS qui vous nommiez le fort vainqueur, & le conquerant du monde, surmontez vos ennemis, en donnant à vos serviteurs la force de les reduire sous vostre souveraine puissance. C'est la grace que je demande à vostre Pere en vostre Nom, & à vous-mesme, par la verité

„ de vos paroles, & par tout ce qui peut eſtre pour ſa gloire
„ & pour la voſtre.

„ Vierge ſainte & immaculée, Mere de mon Dieu, &
„ comme telle toute-puiſſante aupres de voſtre Fils : Soyez
„ noſtre Advocate, & celle de ſes ſoldats. Faites que tous
„ ceux qui ſe diſent eſtre à voſtre Fils & à vous, le ſoient en
„ effet, leur impetrant la grace de ſortir de leurs pechez, &
„ de rentrer, & de vivre deſormais en l'amitié de Dieu.

„ Archange Saint Michel qui ne ſouffrez point que rien
„ ſe compare avec Dieu, aydez-les à repouſſer ſes ennemis.
„ S. Gabriel qui portez en voſtre nom la force de Dieu, ſe-
„ courez-les par la puiſſance de celuy que vous eſtes venu
„ annoncer au monde. Saint Raphaël qui eſtes appellé la
„ medecine de Dieu, gueriſſez les playes de leurs ames, &
„ comme vous avez conduit heureuſement Tobie, faites
„ qu'apres avoir ſurmonté les ennemis de Dieu & de leur
„ ſalut, ils arrivent enfin à la patrie celeſte.

Elle adjouſtoit beaucoup d'autres choſes qu'il ſeroit
trop long de vouloir icy rapporter, mais parce que nous
avons parlé de ces Proceſſions, & dit la devotion qu'elle
trouvoit à en faire pour divers ſujets, il n'eſt pas mal à
propos d'apprendre quelques-unes des pieuſes intentions
qu'elle enſeignoit pour les pratiquer ſaintement & fructueuſement : Voicy comme elle les explique dans quelques unes de ſes inſtructions.

„ Noſtre Mere la ſainte Egliſe, ordonnant des Procef-
„ ſions pour diverſes fins, fait en cela comme les meres qui
„ apprennent à leurs petits enfans à faire pluſieurs actions
„ dont ils n'entendent pas les raiſons : mais quand ils ſont
„ devenus grands, elles ont ſoin de les leur declarer. Ainſi
„ le S. Eſprit qui eſt conducteur de l'Egliſe, nous enſeigne
„ par elle à faire diverſes Proceſſions durant l'année : Mais

si le peuple estoit interrogé pourquoy il les fait ? il ré- "
pondroit communément que c'est afin d'obeir à l'Egli- "
se. Cette raison n'est pas mauvaise : mais c'est celle d'un "
enfant qui n'est pas encore assez instruit. "

Il me semble donc que pour en tirer l'origine de plus "
haut, nous devons considerer que ces Processions pren- "
nent leur naissance dans Dieu, & que c'est jusques-là que "
nous devons nous eslever. Car dautant que la production "
du Verbe, & celle du S. Esprit, qui sont les plus excellen- "
tes communications de Dieu en soy-mesme, sont appel- "
lées Processions divines. La terre imite le Ciel, ou à parler "
plus proprement, l'Eglise veut imiter Dieu en ses Pro- "
cessions. Il est vray qu'en Dieu il n'y a point de change- "
ment d'un lieu en un autre : mais il y a distinction de per- "
sonnes dans l'unité d'essence. Ainsi il semble que nos Pro- "
cessions se font en multitude de personnes, & doivent "
estre en unité d'esprit : & si nous passons d'un lieu en un "
autre, c'est pour honorer celuy qui est par tout, sans avoir "
aucun changement. D'où il me semble que nostre pre- "
miere intention en cét exercice doit estre d'honorer ce "
que la sainte Trinité fait en soy-mesme de toute eter- "
nité. "

Mais apres celle-là, nous devons honorer les Processions que nostre Seigneur JESUS-CHRIST a faites sur
la terre depuis son Incarnation. Car pour prendre les choses en leur source, les nostres sont instituées afin d'adorer
celle qu'il fit en venant au monde pour s'unir à nostre nature, & aller en elle chercher les ames pour les ramener à
Dieu, auquel il les presenta en la derniere Station qu'il fit
quand il monta au Ciel. Ainsi en s'unissant à nostre humanité, il a rendu à Dieu tout ce qui s'estoit destourné de
luy par le peché. Et comme l'homme à qui toutes les crea-

tures estoient sujettes s'estant revolté contre son Createur, revoltoit avec luy toutes les creatures: Ainsi nostre Seigneur qui est le second Adam, les ayant toutes reünies dans sa personne, les a toutes renduës sujettes à son Pere en s'assujettissant à luy. Et c'est ce que S. Paul explique par ces parolles : *Tout est à l'homme, l'homme est à* Jesus-Christ, & Jesus-Christ *est à Dieu.* Comme s'il vouloit dire, Toutes les choses creées sont en l'homme, tous les hommes sont en Jesus-Christ, & par une suite necessaire Jesus-Christ revenant à son Pere, toutes les choses creées sont revenuës à Dieu avec luy.

1.Cor.3.

Voila ce me semble en general les intentions avec lesquelles l'on doit assister aux Processions. Mais selon les temps l'on peut y en adjouster d'autres. Comme en l'Advent on doit honorer celles du Fils de Dieu encores enfermé dans le sein de sa Mere, quand il visita S. Jean Baptiste, & on doit s'occuper à contempler la charité, l'humilité, & les autres vertus qu'il exerça, quand il fut porté en Bethleem pour naistre dans l'estable sur le foin & sur la paille. Il faut aussi contempler la patience, la pauvreté, la solitude qu'il y fait paroistre.

Depuis la Purification, tout doit estre pour honorer celles par lesquelles il fut porté au Temple, transporté en Egypte, & ramené dans la compagnie de la sainte Vierge, & de S. Joseph. Jusques au Caresme, elles doivent estre pour rendre hommage à tous les voyages que Jesus a faits durant les trente ans de sa vie cachée.

En Caresme, il faut le suivre dans celles qu'il fit durant tout le temps de sa Passion, allant du Cenacle au Jardin des Olives, au Palais d'Anne, de Caïphe, de Pilate, & d'Herodes ; Et enfin sur le Mont de Calvaire, & de là

dans les Lymbes, pour en retirer les Saints de l'ancien Teſtament.

Apres Paſques, il faut ſe réjoüir avec luy de celles qu'il fit eſtant reſſuſcité : viſitant ſa Mere, revenant ſur le Calvaire pour ſe monſtrer à Magdeleine, allant en Emaüs, revenant dans le Cenacle, allant ſur la mer de Tiberiade, paſſant dans la Galilée, revenant ſur le Mont des Olives.

Dans l'Octave de la Pentecoſte, il faut mediter celles que fait le Saint Eſprit, qui n'eſt pas ſeulement deſcendu une fois ſur les Apoſtres & ſur les Diſciples, mais qui deſcend encores autant de fois qu'il ſe communique de nouveau à une ame pour la ſanctifier, qu'il luy donne quelque nouvel accroiſſement de grace, ou qu'il opere en elle quelque effet ſurnaturel.

En la Feſte de la Sainte Trinité, il faut contempler cette Auguſte & heureuſe Unité d'eſſence, diſtincte en trois Perſonnes, qui ſont le principe, le milieu, & la fin, & compoſent le cercle adorable de la divinité. Il faut admirer comme elle ouvre ſon ſein pour faire ſortir tous les Eſtres comme leur premier principe, & pour les y recevoir comme leur derniere fin.

La Feſte & l'Octave du S. Sacrement doit eſtre occupée pour venir trouver, & pour ſuivre noſtre Roy & noſtre Eſpoux au lieu où il repoſe, & nous faire un Paradis de luy rendre ſur la terre les hommages & les honneurs que les Anges luy rendent dans le Ciel. Depuis ce temps-là toutes celles que l'on fait juſques à l'Advent, doivent honorer celles que noſtre Seigneur fit dás les années de ſa vie publique. Et quoy qu'on doive toûjours ſe joindre aux intentions que les Superieurs ordonnent, tout cecy neanmoins eſt marqué pour fournir des entretiens propres à l'eſprit, qui ſeroit inexcuſable s'il ſouffroit de l'inu-

tilité dans des actions d'une si grande sainteté.

L'on doit pareillement s'unir à la Sainte Vierge, & honorer celles qu'elle a faites avant la mort de son cher Fils, le portant ou le suivant dans tous ses voyages durant sa vie & apres sa mort, le conduisant à la sepulture avec les saintes Dames, ou visitant les saints lieux qu'il avoit signalez par ses plus remarquables mysteres, ou enfin montant avec elle au jour de son Assomption. Nous la devons prier qu'elle nous y attire, pour y demeurer à jamais avec elle & avec son fils.

C'estoient là les motifs ordinaires que cette pieuse Mere mettoit en pratique, & qu'elle enseignoit à ses Filles. Et quand les Superieures qui prenoient garde à moderer ses ferveurs, donnoient quelquesfois l'essort à son esprit, craignant de resister trop à l'attrait de la grace, elle en faisoit qui duroient alors plusieurs heures tout de suite: Et l'experience a fait remarquer que nostre Seigneur a fort souvent accordé à ces sortes de devotions, qui se font en commun, & avec ceremonie des faveurs qu'on n'eust pas obtenuës par des prieres faites separément, pour montrer combien il aime l'union des cœurs, & combien il se plaist aux actes mesme exterieurs de la Religion, verifiant en l'un ce qu'il a enseigné luy-mesme, *Quand deux ou trois seront assemblez en mon Nom, je seray au milieu d'eux*. Et en l'autre ce qu'adjouste un Autheur ancien de l'Eglise parlant des Processions: *Nous nous assemblons en commun, & unissons nos forces; nous formons comme un escadron, & un corps d'armée devant les Autels pour livrer un espece d'assaut contre le Ciel, & faire à Dieu par nos prieres, une violence qui luy est bien agreable.* Nous en pourrions marquer icy un bel exemple que plusieurs qui vivent encores & les Registres gardez en ce Monastere assurent estre arrivé au temps

Matt. 18.

Tertull.

temps qu'on celebroit la Naissance de nostre Seigneur, lors qu'on faisoit de semblables Processions à la Créche, n'estoit que les choses n'ayant pas esté jusques icy reconnuës dans les formes prescrites par l'Eglise, on ne veut pas contrevenir aux Ordonnances justement establies, & ne pouvant fonder une creance legitime sur des témoignages qui n'ont aucune autre authorité que celle qu'on voudra leur donner, on se contente d'en laisser à Dieu le jugement, & à ceux qui s'en voudront instruire davantage.

Mais pour finir ce chapitre de sa devotion, j'advoüe que cette vertu estoit quasi en elle devenuë naturelle, tant elle estoit solidement infuse dans son cœur, & tant elle se produisoit visiblement en toutes ses actions. Elle luy faisoit aimer Dieu, & tout ce qui est de Dieu, & tout ce qui porte à Dieu. Elle la faisoit, comme parle l'Apostre, vivre de foy, marcher en esperance, & s'unir à Dieu par une parfaite charité. Elle luy inspiroit des lumieres admirables sur les mysteres les plus hauts de la Theologie, elle luy donnoit son respect le plus profond pour la personne adorable du Pere, son plus doux attrait pour celle du S. Esprit, son tendre & son panchant estoit pour celle du Verbe, & pour l'Humanité par laquelle il s'est allié avec nous. Elle y joignoit toutes les autres choses autant qu'elles avoient de rapport à Dieu, qui seul est le principe, l'objet, & le comble de toute la vraye devotion, luy faisant manifestement ressentir la verité de ce qu'a dit le Sauveur, *Si quelqu'un m'aime il gardera ma parole, & mon Pere l'aimera, & nous viendrons en luy, & ferons nostre demeure en luy.* Car dans ces devots écrits, la plus grande partie ne contient que des aspirations, des transports, & des colloques affectueux envers les trois divines personnes; qui montrent

quelle estoit en son cœur l'abondance de cette pure source, dont la plenitude se répandoit au dehors par tant d'admirables ruisseaux.

De son Humilité, & premierement de la basse opinion qu'elle avoit de soy-mesme.

CHAPITRE XXVI.

Quoy que l'on ne pust voir cette Mere en quelque action que ce fust, sans que toutes les vertus semblassent estre de concert avec elle, ce chapitre neantmoins ne contiendra que les marques de son humilité; car cette vertu avoit pris un si grand ascendant dans son cœur qu'elle s'efforçoit de ne laisser échapper aucune occasion d'y faire tous les jours quelques progrés considerables; sçachant combien elle est agreable à Dieu, & profitable aux ames. Pour cela elle demandoit instamment à nostre Seigneur par des prieres qu'elles faisoit exprés de ne luy point donner de ces graces éclatantes qui attirent l'estime & l'admiration du monde, comme sont les extases, les visions, & les ravissemens ; mais seulement de luy accorder une sincere humilité de cœur, qu'elle estimoit estre une vertu bien plus rare & bien plus salutaire. Aussi adjoustoit-elle qu'elle se trouvoit en bien moins de personnes, comme estant la vraye marque des éleus, & le fondement de la vraye sainteté.

Comme elle sçavoit que peu de chose la fait perdre, & qu'ordinairement nostre Seigneur punit l'orgueil caché par quelques chutes apparentes, la crainte filiale qu'elle avoit de plaire à cét aimable Juge, & le desir de complai-

re en tout à cét espoux severe, luy donnoit une apprehension continuelle de tomber dans les moindres deffauts, ayant dans son cœur vivement imprimées ces paroles de nostre Seigneur, qu'elle se disoit à elle-mesme & aux autres incessamment, *Sans moy vous ne pouvez rien faire.* Cela luy donnoit quelques fois de la joye de se voir dans une dépendance si absoluë qu'elle estoit obligée de recourir à tout moment à luy, & qu'elle ne s'en pouvoit passer pour aucune action que ce fust: Et elle a dit plusieurs fois qu'elle avoit éprouvé, que quand elle usoit de precautions & de diligences humaines, soit pour les choses qui la regardoient, soit pour toutes les autres affaires, quoy qu'à dessein de s'en mieux acquitter, c'estoit communément alors que Dieu rompoit toutes ses mesures, & qu'elle se trouvoit plus pauvre & plus dénuée que jamais. Cette experience estoit cause qu'elle se comportoit auprés de nostre Seigneur comme fait un petit enfant auprés de sa mere, quand il ne peut encores ny marcher, ny agir sans elle. Son sentiment estoit que si nostre Seigneur ne la tenoit auec le mesme soin, elle tomberoit à tous momens, & pour preuve de ce principe interieur d'humilité, voicy ce qu'on a trouvé écrit de sa main, qui fera voir cette deffiance d'elle-mesme, & cette dépendance de Dieu.

« Je me dois si entierement abandonner à Dieu, qu'il ait le mesme pouvoir sur mon corps, sur mon ame, sur ma vie, & sur ma liberté, qu'il avoit quand j'estois encores dans le neant, & quand en m'en tirant il a pû faire de moy absolumét tout ce qu'il luy a plû: Et puis que je ne puis estre que ce qu'il a daigné me faire, & que je ne subsiste qu'autant qu'il luy plaist que je subsiste, il aura sur moy une entiere puissance, puisque je n'ay pas moins de besoin de luy pour demeurer en sa grace, que j'en ay pour demeurer dans

» l'Eſtre. La terre ſera donc toûjours ſous la main du Po-
» tier, & le neant ſera eſſentiellement ſoûmis au Createur.
» Car encores qu'un vaiſſeau de terre puiſſe garder la figu-
» re qu'il a receuë une fois, ſans que l'Ouvrier continuë de
» la luy imprimer ; comme je ſuis plus freſle que luy, je ne
» ſçaurois ſubſiſter ſans que mon Dieu agiſſe continuelle-
» ment pour me ſouſtenir dans l'Eſtre qu'il m'a donné Que
» ſi je ne puis ſubſiſter, ny agir ſans luy, beaucoup moins
» puis-je ſatisfaire à tant de juſtes obligations qui me ſont
» impoſées par luy. C'eſt pourquoy une continuelle humi-
» lité m'eſt neceſſaire, & une continuelle dépendence de
» Dieu, avec un attachement intime à noſtre Seigneur Je-
» sus-Christ, qui comme chef influë en ſes membres
» ce dont ils ont beſoin : Et d'autant qu'ils luy ſont plus
» unis, ils reçoivent de plus continuelles aſſiſtances de
» luy.

» Le meſme ſe doit entendre avec proportion de la tres-
» ſainte Vierge, & des Saints ; c'eſt pourquoy il ſe faut met-
» tre chaque jour en leur Communion, & ſe reveſtir ſur
» tout de l'eſprit de la ſainte Vierge, qui ne répondit point à
» l'Ange, je feray ce que vous dites, mais avec une profon-
» de connoiſſance de Dieu, & de ſon neant, jointe à une

Luc. 1. » veuë tres-haute de la puiſſance divine, Elle dit, *Soit fait*
» *en moy ſelon voſtre parole.* Il faut donc eſtre avec elle, &
» comme elle ſans balancer ; tout-à-fait abandonnée à
» Dieu, attendant que ce qu'il veut s'accompliſſe, & en
» nous, & par tout. Ainſi elle n'entreprenoit rien ſans recourir à luy, & ne pourſuivoit aucune choſe ſans s'attacher à luy, l'appellant toujours ſon pere, ſon Seignenr, &
ſon tout, avec des paroles ſi ſoûmiſes, & ſi affectueuſes,
qu'elle attendriſſoit de devotion celles qui les entendoient.

C'estoit de ce mesme fonds d'humilité que partoient les desirs ardants qu'elle avoit de son abjection: car pour s'y animer encores plus, comme elle prenoit matiere de tout pour cela, elle disoit qu'elle estoit venuë au monde en un jour qui n'est pas compté entre ceux de l'année, (c'est celuy du Bissexte) que par la mesme raison elle ne devoit point aussi estre comptée parmy les creatures, & qu'on ne devoit non plus penser à elle que l'on pense à ce qui n'est point. Elle ne desiroit pas seulement d'estre inconnuë durant sa vie, & delaissée dans sa propre maison, elle a dit plusieurs fois, qu'elle souhaittoit mesme que son corps fust bruslé, & reduit en cendres aprer sa mort, afin qu'il ne restast aucune chose d'une si vile creature, & que l'on n'en parlast non plus, que de la poussiere qui est jettée au vent.

Elle faisoit son fort de combattre par tout l'orgueil, comme l'ennemy capital de toutes les vertus, ainsi qu'elle disoit à ses Novices dans ses instructions: adjoustant que si l'on mettoit genereusement ce Capitaine par terre, on viendroit aisément à bout de tout le reste de l'armée. C'est pourquoy elle fuyoit autant qu'il luy estoit possible, l'honneur & la reputation, elle n'affectoit d'estre aimée ou considerée de personne: Ce qui a esté d'autant plus heroïque en elle, qu'elle estoit avantagée de beaucoup de rares qualitez, & qu'ayant voulu quitter le monde où elle pouvoit paroistre avec beaucoup d'éclat, elle choisit la Religion la plus cachée qu'elle pust s'imaginer: Et dans la Religion mesme, elle estoit si ardante à chercher les humiliations & les confusions, que c'estoit un jour de Feste & de triomphe pour elle, quand il se rencontroit quelque occasion de s'avilir, & de s'aneantir. Elle prenoit à cœur de desrober à la connoissance de toutes ses Sœurs, les actions

loüables qu'elle faisoit, & de ne laisser paroistre que celles qui la pouvoient rendre mesprisable, mettant parfaitement bien en pratique ce qui est dit du Juste, Qu'il est le premier accusateur de soy-mesme. Car dans tout ce qu'elle faisoit, comme elle n'envisageoit que des deffauts, elle ne vouloit pas aussi qu'on y vist autre chose, & elle estoit la premiere à reprendre ce qu'elle avoit dit, ou ce qu'elle avoit fait, en donnant à connoistre aux autres le mal qu'elle y découvroit, encores qu'il n'y en eust point: Et si quelques-fois elle se sentoit surprise de quelque mouvement contraire à quelque vertu, quoy qu'elle l'étouffast avant qu'il parust, elle le puplioit tout haut pour se faire rougir elle-mesme: ce qui rendoit neantmoins les autres plus confuses à la veuë de son humilité, qu'elle ne le pouvoit estre des fautes qu'elle se vouloit imputer.

Elle avoit un goust merveilleux pour trouver de la douceur dans les plus fascheuses contradictions, quand elles n'estoient faites qu'à sa personne, & elle aimoit avec une incroyable tendresse ceux & celles qui la faisoient souffrir. C'estoit à eux qu'elle donnoit la meilleure part en ses plus ferventes prieres: Et si on luy disoit lors qu'elle estoit Prieure, qu'il falloit garder d'autres mesures qu'elle n'en observoit, dans les calomnies qui regardoient la Communauté, elle se retranchoit toûjours pour elle dans le silence & dans la patience, disant, *Faisons comme nostre bon Maistre qui prioit pour ceux qui le crucifioient, Dequoy nous mettons-nous en peine? Si Dieu est pour nous, qui sera contre nous?* Elle prenoit de cette sorte toutes les traverses comme des dons & des presens de la main de nostre Seigneur, les appellant ses faveurs, & disant que ce sont les perles & les roses dont il compose la Couronne des Saints. Bien loin de témoigner du ressentiment contre personne,

elle répondoit avec une sensible joye, *Ne faut il pas destruire l'esprit d'orgueil iusques à sa racine, & fouler aux pieds ce ver de terre, & mettre au dessous de tout le monde ce qui n'est rien qu'un neant, & pire qu'un neant puis qu'il a offensé Dieu?* Les témoignages exterieurs qu'elle donnoit du bas sentiment qu'elle avoit de soy-mesme, ne se faisoient ny par feintise, ny par coustume de bien-seance, ou de compliment. Car les personnes qui agissent ainsi sont fort éloignées de croire le mal qu'elles disent d'elles. C'estoit par le sentiment interieur d'une vraye connoissance de soy-mesme qu'elle parloit de la sorte: Et comme l'esprit de Dieu repose sur les humbles, il éclairoit cette grande ame, pour la faire penetrer jusques dans son neant, & en suite l'élever dans les plus hautes idées de la grandeur de Dieu, & l'enrichir des plus excellentes vertus, qui ne sont jamais sans l'humilité, comme jamais l'humilité ne se trouve sans elles. Non seulement elle s'accusoit, comme nous avons dit, des plus petits manquemens qu'elle appercevoit en ses actions, mais il ne se passoit gueres de jours qu'elle ne le fist plus d'une fois, tant en public qu'en particulier, jusqu'à avoir donné par écrit ses deffauts à la Lectrice de table estant Superieure, afin qu'elle les lust tout haut, en suite dequoy elle demandoit pardon à toute la Communauté de tant de manquemens qu'elle avoit commis, & prenoit la discipline pour en faire la reparation. Enfin comme elle avoit esté Maistresse des Novices, ou Superieure de toutes, elle s'attribuoit tous les deffauts que les autres commettoient, & si l'on en reprenoit quelques-unes, elle se mettoit aussi tost à genoux, disant, *C'est moy qui en suis la cause, car ce sont les effects de ma mauvaise conduite, & dans plusieurs années d'icy on verra encores mes manquemens.* Puis se tournant vers la Sœur qui

estoit reprise, elle luy disoit, *Ne regardez pas les mauvais exemples que ie vous ay donnez, mais faites ce que nostre Seigneur a dit en parlant des Directeurs aussi meschans que moy: Faites ce qu'ils disent, mais non pas ce qu'ils font.*

Toutes ces saintes pratiques ne remplissoient pas encores les ardants desirs qu'elle avoit de son avillissement. Elle en vint jusqu'à ce point, qu'estant Maistresse des Novices, elle ordonna une fois à quelqu'une de luy faire des confusions publiques, de luy dire des injures, jusques à luy cracher au visage, & quand elle seroit au Refectoir devant toute la Communauté de luy mettre une corde au col, luy disant, Descendez de là, Superbe, vous n'estes pas digne d'estre assise avec les Espouses de nostre Seigneur : & enfin la lier au pied de la table à la derniere place des Sœurs Converses. Cela se fit, elle y demeura jusques à ce qu'on la vint délier, & prit sa refection sous la table dans une posture fort contrainte ; mais ce fut pour elle un festin delicieux de se trouver en cét estat, & c'estoit par d'instantes prieres qu'elle obtenoit de semblables faveurs.

Il est vray que la Mere Marie Jeanne Magdeleine qui estoit Prieure taschoit bien pour l'ordinaire de moderer les excés de ces desirs : & elle luy deffendit absolument de ne plus ordonner de semblables choses à ses Novices, qui avoient de leur costé une repugnance insurmontable à luy obeïr en cela. Mais un jour que cette Mere Prieure fut obligée d'aller au Convent de S. Denys pour en ramener une Religieuse infirme, Professe de la Maison de Paris, celle-cy qui estoit Soûprieure, ne fit pas comme le meschant serviteur de l'Evangile qui prend occasion de l'absence de son Maistre pour pecher impunément, pour maltraiter les autres serviteurs, & se jetter dans toute sorte de desordres

Luc. 12.

desordres & des desreglemens: Car bien au contraire, se voyant pour lors la Maistresse, & en pouvoir de tout faire, elle donna l'essort à sa ferveur, & prit la liberté de faire ce qu'elle sçavoit bien qu'on ne luy eust pas permis. Elle fit au Refectoir une Confession publique de ses fautes, avec les paroles du monde les plus humiliantes, & dans un habit le plus penitent qu'elle put s'imaginer. Elle demanda pardon à genoux à toutes, & pour le comble elle prit en suite afin de les reparer une discipline devant toute la Communauté, avec une extrême rigueur, adjoustant encores à tout cela d'autres mortifications qu'elle avoit inventées, qui edifierent à la verité, & qui estonnerent beaucoup celles qui estoient presentes, mais qui ne furent pas égallement approuvées ny loüées de toutes, parce que c'estoient bien plus les effects d'un zele & d'une ferveur excessive, que des actions mesurées dans les regles de la discretion.

Cela mesme ne fut pas aussi pour elle sans un nouveau sujet de confusion & de mortification. Car quand la Mere Prieure estant de retour le soir, eut esté advertie de ce que sa Soûprieure avoit fait durant son absence: Elle la reprit severement & la mortifia de nouveau tres-serieusement d'avoir suivy en tout cela sa propre volonté qu'elle blasmoit d'imprudence & de presomption, plûtost que l'obeïssance de sa Superieure, & les Coustumes de la Religion. Et cette ame excellente qui recevoit si parfaitement bien les autres reprehensions, receut celle-cy avec une simplicité & humilité qui ravit la Prieure & toute la Communauté, beaucoup davantage que n'avoit fait toute la penitence qu'elle avoit faite: aussi ne reprenoit-on en elle que de semblables deffauts, ou si on luy en imputoit d'autres, & quelques-fois avec des paroles d'exageration, c'estoit

Ff

pour l'exercer dans les vertus solides & heroïques. Mais soit qu'il y eust quelque apparence, ou qu'il n'y en eust point du tout, ce qu'elle faisoit, c'estoit d'écouter tout à deux genoux, dans un profond silence, sans apporter aucune excuse, ny donner aucun signe de ressentiment. Tout ce qu'elle disoit à celles qui la reprenoient estoit, *J'en suis faschée, j'en demande bien humblement pardon; Priez pour moy que ie m'amende.* Et pour lors elle faisoit paroistre plus de bien-veillance que devant aux personnes qui l'avoient accusée, & qui luy avoient procuré cette mortification. Elle disoit qu'elle n'estimoit point que jamais personne la peust offencer, quelque mal qu'on luy peust faire, puisque toutes sortes de desplaisirs luy estoient tres-justement dûs, quand elle n'auroit déplû à Dieu qu'une seule fois en sa vie, *Combien davantage*, disoit-elle, *ay-je merité toutes sortes de supplices, l'ayant offencé tant de fois?*

Elle avoit une consolation particuliere à prendre, comme elle faisoit souvent, son repas à terre, sous la table, & sous les pieds des autres; à ballier les degrez par où elles passoient, à les servir au Refectoir, à ayder à la cuisine, à laver & nettoyer les choses qui servoient aux usages les plus vils du Monastere. Quand elle estoit Prieure, encores que ce ne fust pas la coustume, elle pratiquoit ces actions, comme celles ou elle goustoit plus de delices, & elle s'y portoit avec la mesme affection à la fin de sa vie, qu'au premier temps de son Noviciat. Lors qu'elle venoit avec les autres, elle se rangeoit ordinairement avec les Sœurs Converses, & se mettoit en la derniere place, pour honorer les aneantissemens du Fils de Dieu, & accomplir le commandement qu'il donne de chercher le plus bas lieu par tout. S'il arrivoit par mégarde qu'on la heurtast, ou qu'on marchast sur elle, il sembloit qu'elle

fuſt inſenſible, car elle ne s'en remuoit pas; mais elle ſe faiſoit un plaiſir de penſer qu'on la fouloit aux pieds comme la pouſſiere & la boüe.

Cette humilité qu'elle gardoit parmy ſes Sœurs, eſtoit bien ſi fortement imprimée dans ſon cœur, qu'elle ne pouvoit traiter avec les perſonnes du dehors, ſans en donner des marques, dont ceux qui converſoient avec elle eſtoient ravis d'eſtonnement. Un jour que Monſieur Abelly à preſent ancien Eveſque de Rhodez, faiſoit la viſite en leur Monaſtere, & qu'apres avoir parlé ſeparément à toutes ſelon la couſtume, le rang de la Mere Marie Agnes eſtant venu pour cela, il luy dit à l'abord, *Hé bien, ma Mere, noſtre Seigneur vous a miſe icy pour eſtre le fondement de cette Maiſon.* Elle luy reſpondit ſans differer, *Helas! il eſt vray, mais i'ay fait comme Adam: car le deſſein de Dieu eſtoit qu'il fuſt le fondement de toutes les creatures raiſonnables pour les conduire à Dieu: mais par ſon infidelité il a cauſé leur ruine. I'ay fait de meſme, Monſieur, au lieu de m'acquiter de mon devoir, ie ſuis cauſe de tout le mal qui eſt dans cette Maiſon.* Elle continua par de ſemblables paroles à ſe mépriſer elle-meſme: Mais il ne ſe trouva autre choſe à faire en toute cette viſite, qu'à moderer quelques excez de la ferveur & de l'exactitude que cette vertueuſe Mere avoit introduite dans le temps de ſon Gouvernement.

Un autre jour lors qu'elle eſtoit au Parloir, une perſonne de condition luy ayant dit par divertiſſement, que ces grilles & ces rideaux qui la cachoient à ceux qui la venoient viſiter, luy déplaiſoient extrêmement, & que c'eſtoit grand dommage d'enſevelir une perſonne qui paroiſſoit avoir tant de merite. Elle repartit à ſon ordinaire avec eſprit, mais d'une maniere ferme, *Ie vous aſſure qu'on ne pouvoit mieux faire que de me tenir au rang des ballieu-*

res d'une chambre qu'on met d'ordinaire derriere la porte afin de les cacher. Elle répondoit du mesme air à toutes les choses que l'on pouvoit dire à son avantage : car elle avoit un fonds d'humilité qui luy fournissoit des reparties toutes prestes, & jamais elle n'estoit empêchée quand il falloit s'humilier, ou se deffendre contre la vanité, parce que l'un estoit son element, & l'autre estoit son capital ennemy.

Elle avoit une aversion extréme pour les charges, comme nous l'avons remarqué, & elle les fuyoit avec plus d'ardeur, que les ambitieux du monde ne les recherchent. Elle disoit que si quelque chose eust esté capable de l'empécher d'entrer en la Religion, c'eust esté de sçavoir qu'elle y eust jamais dû estre Superieure. Ce que Monsieur de Contes, Doyen de Nostre Dame de Paris, leur tres-digne Superieur, a si bien reconnu avec toutes les autres vertus de cette bonne Mere, que se trouvant un jour dans une compagnie avec des personnes de qualité, qui disoient par divertissement qu'elles ne connoissoient au monde que deux Superieures qui n'affectoient point de commander aux autres. Il leur répondit, *Et moy i'en connois une troisiéme, qui est la Mere Marie Agnes, & qui en est assurément autant ou plus éloignée que les deux que vous connoissez : c'est une ame rare & de grande vertu, qui ne souhaitte rien tant que d'estre tachée, & qui ne fuit rien plus que d'estre connuë & employée.* Et cela en effect estoit si veritable, qu'il n'est rien qu'elle n'ait fait pour n'estre point dans les charges, rien qu'elle n'ait essayé pour estre deposée; & cela n'a pas esté pour une seule fois, mais en autant d'occasions qu'il s'en est presenté, jusques à faire murmurer ses Sœurs contre sa resistance, lasser la patience des Superieurs par son humilité, & attirer sur soy les privations des graces sensibles dont nous avons parlé.

Mais quoy qu'elle fist pour se cacher aux yeux du monde, on en concevoit toûjours plus d'estime : car quand elle estoit demandée au Parloir, c'estoit assez de l'avoir entretenuë une fois pour s'en retourner remply d'admiration & d'edification, & il est arrivé à plusieurs personnes signalées, que voyant son bel esprit, & son ame qui avoit tant d'élevation, elles eurent de la curiosité pour sçavoir sa naissance, ne pouvant s'imaginer que de si rares advantages se trouvassent dans une fille qui ne fust pas d'une haute qualité. On luy en demanda quelque chose par forme de discours, mais quelque adresse qu'on y pust apporter, comme elle estoit vigilante à trouver par tout des sujets de son humiliation, elle répondoit qu'elle estoit une fille de Village, que par grace on l'avoit receuë en la Religion. Quelques-uns se deffians de son adresse, prirent le soin de s'en éclaircir ailleurs, & découvroient bien-tost ce qu'elle vouloit cacher : Pour les autres qui s'arrestoient simplement au sens des paroles, elle estoit ravie de passer en leur estime pour une Villageoise, dont elle s'estoit voulû donner la qualité, à cause qu'elle estoit née en effect dans une Maison de campagne, où Madame sa mere faisoit sa demeure ordinaire ; & qu'elle tenoit qu'on ne l'avoit receuë que par grace en la Religion, parce qu'elle ne pensoit pas avoir merité un si grand bien.

Quelques Peres spirituels venoient la visiter pour avoir la consolation de l'entendre parler des choses de Dieu, & plusieurs ont demandé de voir quelqu'une de ses Meditations. Elle s'en deffendoit toûjours, & rejettoit bien loin tout ce qui pouvoit confirmer l'opinion qu'on avoit conceuë de sa capacité ou de sa pieté : en sorte qu'on n'a jamais rien pû tirer d'elle que par surprise, ou sous le pretexte de corriger les fautes qu'elle s'imaginoit estre en tout

ce qu'elle pouvoit faire. D'autres pour l'éprouver, luy proposoient des questions sur les choses les plus difficiles de la Foy, & de la sainte Escriture: Mais comme elle fuyoit infiniment l'ombre la plus petite de l'ostentation, elle s'en dégageoit toûjours avec une merveilleuse adresse, & par des reparties d'esprit & de devotion, elle se garantissoit d'entrer en ce discours. Que si elle s'appercevoit que quelqu'un fust pour remporter de l'estime de ce qu'elle disoit, elle prenoit le party tout opposé, & contrefaisoit exprés l'innocente & l'idiote; jusques-là que l'Assistante qui estoit avec elle s'en troubloit & rougissoit de luy entendre dire des choses si éloignées du bon sens, & de son bel esprit, tandis qu'elle se retiroit parfaitement contente d'avoir trompé la curiosité des gens qui estoient venus pour tendre des pieges à son humilité.

Il y eut une fois un Predicateur assez celebre qui vint exprés pour luy faire de pareilles questions, & entre plusieurs il luy demanda, si la creature pouvoir émouvoir Dieu à faire quelque chose. La Mere fit ce qu'elle pût pour se dispenser d'y répondre, luy disant qu'il estoit Docteur, & que c'estoit à elle à apprendre de sa bouche ce qu'elle en devoit croire. Mais comme il voulut absolument sçavoir son sentiment, elle luy dit, *Mon Pere, ie lisois l'autre iour dans le nouveau Testament, l'Evangile de la mort du Lazare, où il est écrit qu'avant que de le ressusciter nostre Seigneur fremit, & s'émeut soy-mesme. I'ay pensé là dessus que ce n'estoit ny les pleurs de sainte Magdeleine, ny les prieres de sainte Marthe, qui avoient principalement émeu nostre Seigneur à faire ce miracle: mais que ce fut luy-mesme qui s'émeut par sa propre misericorde à faire cette faveur. De là i'ay conclu que c'est luy-mesme qui s'émeut à nous faire du bien, ny ayant rien en la creature qui l'y puisse obliger.* Elle répondit à d'au-

tres questions qui pour avoir paru trop relevées à celle qui l'assistoit au Parloir, se sont échappées de sa memoire, mais qui ne luy laisserent pas moins d'admiration de la parfaite modestie, que de l'esprit éminent de la Mere.

En ce mesme temps un Religieux fort spirituel, qui estoit Maistre des Novices d'une celebre Communauté, par ce qu'il avoit entendu dire d'elle, luy demanda fort instamment la grace de communiquer quelques fois avec elle sur des choses qui regardoient son employ, declarant qu'il luy vouloit rendre une entiere deferance. Ce fut une proposition si estrangement éloignée de l'humilité de la Mere, qu'elle ne fit point d'autre réponse, sinon qu'il falloit laisser les choses dans l'ordre où Dieu les avoit establies ; & que c'estoit à elle à estre toute sa vie dirigée par luy ; mais que n'estant pas capable de le servir en ce qu'il desiroit, elle prendroit le soin de recommander humblement ses besoins spirituels à nostre Seigneur. Elle ne laissoit pas pourtant de satisfaire charitablement à ceux & à celles qui s'adressoient à elle, ou qu'on luy envoyoit pour cela : car ce bon Pere dont nous venons de parler, prenoit la confiance de luy envoyer quelques fois ses Novices, pour estre secourus dans leurs peines & affermis dans leur vocation. La Mere leur donnoit des conseils si Saints & si propres pour eux, qu'ils retournoient tres-consolez & tres-édifiez ; avec autant de sages avertissemens, pour leur faire estimer celuy à qui Dieu avoit commis le soin de leur direction, que de salutaires avis pour tendre par les regles qui leur estoient données à la perfection de leur estat.

Pour les mesmes raisons plusieurs Dames de condition prenoient en elle une croyance singuliere, & luy ouvroient sincerement leurs cœurs. Elles gardoient Reli-

gieusement ses advis, & conservoient ses Lettres comme des choses precieuses, ou comme des Reliques. En effect elles estoient si remplies de sages & de saintes instructions, que la lecture en seroit encores tres-utile, si on les avoit retenuës: Mais une de ces Dames estant morte, comme apres son decés on en trouva plusieurs qu'elle avoit soigneusement gardées, la Mere l'ayant sceu, demanda avec tant d'instance qu'on les bruslast toutes, que sa priere eut son effect, & que son humilité a empéché le fruict qu'on pouvoit attendre de sa charité.

De sa parfaite pauvreté d'esprit.

CHAPITRE XXVII.

CEux qui confondent ensemble la pauvreté d'esprit & l'humilité de cœur, ne s'éloignent pas fort de la signification de l'une & de l'autre de ces deux admirables vertus: car si l'une dépoüille l'homme de l'amour qu'il a pour soy-mesme, l'autre luy oste la recherche des choses qui peuvent contenter cét amour; & si l'une est contraire à l'estime des choses qui luy paroissent honnorables, l'autre est opposée au desir de celles qui luy semblent agreables. Nostre Seigneur les a mises toutes deux quasi en mesme rang dans l'Evangile, quand il a commandé pour premiere leçon, qu'on apprist de luy *qu'il estoit humble de cœur*, & quand il a promis la premiere de ses Beatitudes à ceux *qui sont pauvres d'esprit*. Ainsi ces deux vertus se tiennent par tout une fidelle compagnie, & la Mere Marie Agnes qui avoit l'une en un tres-haut degré, n'a pas manqué aussi d'avoir l'autre en une égale perfection.

Matt. 11.
Matt. 5.

La premiere

La premiere source de cette Evangelique pauvreté d'esprit en elle, estoit la merveilleuse idée qu'elle avoit de la grandeur de Dieu, & des choses celestes, & la forte impression de l'excellence de ce premier Estre, qu'elle consideroit comme l'origine de tout bien, qui seul peut suffire & satisfaire une ame qui est creée pour luy. Car cela faisoit qu'elle ne regardoit toutes les choses visibles que d'un œil de dédain & de mépris, comme incapables d'assouvir jamais ses desir. Son cœur estoit si parfaitement dépoüillé de toutes les recherches de la terre, que l'on n'a jamais remarqué qu'elle fût susceptible de la moindre tentation de convoitise, ou de desir de chose aucune que l'on ait pû luy presenter. Estant Superieure quand elle appercevoit le moindre prejudice à l'observance de cette Regle, ou quelque chose capable de causer de la diminution au recueillement ou au silence de la Religion, sous quelque pretexte que ce fust des advantages que sa Communauté s'en pust promettre, ou que la faveur des grands & des riches du siecle pust offrir d'elle-mesme. C'estoit dans ces rencontres qu'elle faisoit voir son entier desnuëment par le refus de tout ce qui eust eu l'apparence de quelque interest, montrant sans balancer aucunement que les plus petits des biens spirituels l'emportoient infiniment par dessus les plus grands entre tous les temporels. Par la maxime qui dit, que ce qui est le dernier dans l'ordre Superieur, est plus que ce qui est le premier dans l'ordre Inferieur. Ce qu'elle declaroit assez librement quelques-fois quand elle disoit, *Pour moy ie ne fais non plus d'estat de cent millions d'or, que ie fais de cent mouscherons: & tout ce qui n'est point Dieu, quand il auroit toutes choses avec soy, sera pour moy comme s'il n'estoit point du tout.*

Ce mespris de toutes les choses perissables la mettoit

dans une indifference égalle pour tout ce que naturellement on aime, & on estime en la vie, comme la santé, l'honneur, les commoditez, l'amitié des grands, les satisfactions, les loüanges, & la vie mesme. Toutes ces choses estoient au dessous d'elle. Sa confiance en Dieu la rendoit libre de toutes les foiblesses assez ordinaires à plusieurs personnes vertueuses, qui apprehendent desordonnément, quoy que sous de bons pretextes, que les choses de la terre ne viennent à leur manquer. Et à celles qui luy témoignoient du déplaisir sur les advantages qu'elle refusoit, quand mesme ils luy estoient presentez, elle disoit, *Ne vous mettez pas tant en peine pour des choses qui sont le partage des enfans du siecle: vous serez assez riches quand vous serez vertueuses & bien fidelles à Dieu.* Et quand on luy rapportoit que quelques Monasteres estoient mieux bastis, plus richement fondez ou ornez que n'estoit le sien, au lieu d'en concevoir de la jalousie, ou de s'en piquer en aucune sorte : Elle élevoit son cœur à Dieu & disoit amoureusement, *Que vos tabernacles sont aimables, ô Seigneur Dieu des vertus! mon ame les desire & ne soûpire qu'apres eux,* ou bien d'autres fois avec un des compagnons de S. François, elle disoit, *O mon bon Pere, faites-nous un Palais où il n'y ait ny pierre ny chaux, & qui ne soit sujet ny au débris ny à la ruine.* Et entrant dans une affection nouvelle de la sainte pauvreté, elle excitoit toutes celles qui estoient presentes à desirer ces demeures eternelles, repetant souvent ces paroles, *Trop avare est celuy à qui Dieu ne suffit. Ostez-moy tout, pourveu que j'aye Dieu, j'ay tout ce que je souhaite en cette vie & en l'autre.*

Elle estoit dans un si parfait abandon à cette divine Providence, qu'elle luy remettoit absolument le soin de tout ce qui regardoit sa personne, & bien loin de deman-

Psal. 33.

der rien de superflu pour elle, si on l'accommodoit mesme des choses necessaires, elle les prenoit dans un esprit d'humilité comme un pauvre à qui on donne l'aumosne: que si on l'oublioit, elle estoit ravie de souffrir les mes-aises & la privation des choses commodes, & quelques-fois mesme des necessaires. Elle se faisoit une joye & un honneur de porter des hardes rompuës, déchirées ou mal commodes, dont jamais elle ne se plaignoit, mais elle les baisoit par devotion, & disoit que les bons pauvres se contentent de tout, & n'examinent point ce qu'on leur donne, le recevant avec action de graces, comme une chose qui ne leur est pas deuë. S'il arrivoit qu'elle eust besoin de quelque chose dont elle ne se pust passer absolument, elle l'exposoit avec des termes si humbles & si soûmis qu'elle donnoit de la confusion à celles à qui elle exposoit ses besoins. Ne faisant jamais d'instances si on ne luy donnoit pas tout à l'heure, & n'ayant pour toute responfe autre chose à dire, sinon que *à rien, rien n'est dû*.

Quoy qu'il soit tres-facile à une ame qui possede si advantageusement les richesses du Ciel, de mépriser toutes les choses de la terre, neantmoins comme nous sommes icy bas dans la necessité d'user de ces secours naturels, cette necessité mesme luy servoit d'un motif de plus grande humilité, qui la portoit par une sainte jalousie à vouloir imiter ces purs esprits, qui desgagez entierement du corps, n'ont que Dieu seul pour toute leur occupation, sans distraction & sans division aucune. Elle taschoit autant qu'il estoit en son pouvoir de reduire tout à cét un necessaire, qui compréd toutes choses: car s'il falloit dormir, manger, se vestir, elle vouloit que tout fust dans la simple necessité, & au moins de frais qu'il se pouvoit, disant toûjours qu'*à rien, rien n'est dû*, & qu'elle estoit trop

bien & trop à son aise. Elle se retranchoit le plus qu'elle pouvoit des choses ordinaires, & ne vouloit pas mesme avoir à son usage ce qui se donne communément aux autres, par exemple, un siege pour se reposer dans sa Cellule, mais elle se tenoit ordinairement sur le bas de son Prie-Dieu, qui estoit une posture assez incommode pour elle. Sa chambre estoit dénuée de tout ce qui pouvoit l'accommoder, elle n'y vouloit pas mesme avoir une lampe pour éclairer hors des temps où il estoit tout-à-fait necessaire, comme quand il falloit ou lire, ou écrire, ou faire quelque chose qui demandoit de l'application. Elle se levoit & se couchoit sans lumiere, & les choses encores plus petites qui sont d'un usage commun, comme un balay, & autres choses semblables, elle ne les vouloit avoir que d'emprunt. Quand elle écrivoit c'estoit sur ses genoux, sans porte-feüille ny soustien, & sans les autres commoditez qu'elle pouvoit licitement avoir. A peine gardoit-elle un Diurnal avec le Breviaire, craignant que ce ne fust trop d'avoir tous les deux ensemble. Elle se servoit d'un Livre d'emprunt pour sa lecture de l'Oraison, & pour son Livre spirituel elle n'avoit d'ordinaire que le nouveau Testament, & les Livres de l'Institut. Son Chappelet estoit simple avec quelques medailles. Elle ne vouloit point d'Images enluminées ou exquises afin de marquer son Breviaire : Un petit papier, disoit-elle, suffit : car elle inculquoit souvent que sous pretexte de pieté, la pauvreté se diminuë & l'amour propre s'augmente. Son Reliquaire estoit accommodé fort pauvrement, quoy qu'elle y eust beaucoup de devotion, & quand on luy presentoit quelque chose de plus precieux, elle répondoit, Que les plus riches sont ceux qui ont le moins, & qui ne desirent rien. Quoy qu'elle fust dans ce destachement total, elle ne laissoit pas quel-

quesfois d'aller encore trouver la Mere Superieure, & se mettant à genoux devant elle, luy dire, Qu'elle apprehendoit d'avoir de l'inclination pour quelque chose, afin qu'on la luy ostast. Elle disoit par fois qu'elle n'avoit plus qu'une seule chose, dont elle eust bien voulu encores se dépoüiller. C'estoit sa voix pour opiner & pour déterminer sur toutes les affaires de la Communauté, parce qu'ayant perdu cette liberté, elle pourroit dire je n'ay plus rien à ma disposition.

L'amour qu'elle avoit pour la sainte pauvreté, alla bien si avant que non contente de la maintenir dans toute l'exactitude prescrite par les constitutions de son Ordre où elle est tres-estroitte, elle a voulu encores y adjouster tout ce qu'elle avoit sceu estre de plus humiliant, ou de plus mortifiant dans les autres Instituts. Pour cela il n'a point tenu à elle lors qu'elle estoit Prieure, qu'on n'ait introduit l'usage de ne manger & de ne boire que dans des vaisseaux de terre, de ne se vestir que d'estoffes encores plus viles & plus rudes que celles dont on se sert, de coucher & de se nourrir plus pauvrement & plus austerement que les Statuts de son Ordre ne le prescrivent. Mais sa ferveur excessive en cela comme en beaucoup d'autres choses, trouva de fortes digues dans la resistance des Superieurs, qui par la raison & par l'experience connoissoient qu'il n'est point au monde de prejudice plus dangereux aux Monasteres qui vivent dans l'observance de leurs Regles, que les innovations qu'on veut faire entrer sous pretexte d'une perfection nouvelle, & qui n'estant pas originaires à un Institut, n'y apportent que de la confusion & de la destruction : Ainsi les choses sont demeurées dans le mesme estat. Cependant ce qu'elle pouvoit faire c'estoit d'estre si religieuse à conserver toutes les choses du Monastere,

qu'elle les regardoit comme des biens de noſtre Seigneur, & qu'elle aſſignoit des Penitences à celles qui par negligence en auroient laiſſé perdre quelque choſe, apportant pour raiſon que ces biens appartenans à noſtre Seigneur, & eſtans deſtinez au ſoulagement de ſes pauvres enfans, qui avoiēt tout quitté pour luy, meritoient bien d'eſtre conſiderez comme des choſes conſacrées, & qu'il y avoit une eſpece d'irreligion à ne les pas ſoigneuſement garder. Elle apportoit le meſme zele, & encores un plus grand, pour mettre toutes les Religieuſes dans une deſapropriation parfaite des choſes mêmes qui ſont pour leurs uſages, les oſtant ou les changeant deflors qu'elle y deſcouvroit quelque commencement d'attache, & leur diſant ſouvent, *Que la Religieuſe qui aime autre choſe que Dieu, n'eſt pas digne de Dieu.* Et avec S. Bernard, *Que le Religieux qui aime un neant, ne merite pas d'eſtre plus eſtimé qu'un neant.*

Cependant quoy qu'elle fuſt exacte en cette vertu, & & qu'elle en vint juſques au point de ramaſſer les moindres choſes qui paroiſſoient meſpriſables aux autres, il eſt ſeur qu'elle ne le faiſoit point par un eſprit d'avarice, ou de ménage ſordide, qui eſt l'effet d'une ame baſſe & rampante, mais c'eſtoit par un pur amour de la ſainte Pauvreté, qui eſt la vraye generoſité d'une ame Religieuſe : Car elle avoit le cœur grand, l'ame noble, & les ſentimens naturellement élevez, & elle eſtoit ſi liberalle à fournir à toutes les Religieuſes ſaines & malades, tout ce dont elles avoient beſoin, & faire donner pour l'entretien, tant de la Sacriſtie, que des autres Offices, tout ce qui eſtoit neceſſaire, que bien loin de ſouffrir que rien manquaſt durant le temps qu'elle a eſté Superieure, elle a eſtendu ſes charitez ſur les pauvres du dehors, & ſur les Monaſteres de ſon Ordre dans les lieux éloignez, adjouſtant pour raiſon,

Que les Filles d'un Dieu ne devoient manquer de rien par la faute de ceux ou de celles à qui le Pere Celeste les a laissées en garde, & qu'elles devoient avoir assez pour faire mesme du bien aux autres qu'elles verroient estre dans la necessité.

Elle ne manquoit non plus à la civilité, ny à la reconnoissance qui est deuë aux bien-facteurs, & aux amis de la maison : car elle montroit un grand ressentiment de toutes les assistances spirituelles ou temporelles qu'on recevoit d'eux. Mais si elle se sentoit obligée à leur faire quelques presents, elle vouloit qu'ils ressentissent toûjours la sainte Pauvreté, & elle les faisoit au nom de toute la Communauté, & non jamais au sien propre, ny sans le consentement de toutes celles qui en devoient avoir connoissance. Cependant parce que c'estoit ordinairement peu de chose & de peu de valeur, son naturel genereux en souffroit à la verité de la confusion, mais son affection pour cette sainte vertu de Pauvreté, luy faisoit porter de bon cœur cette humiliation & relever son present, en disant, Les pauvres doivent donner en pauvres, & dans l'Evangile le present de la vefve plut à nostre Seigneur davantage que celuy des riches, parce qu'elle donna avec plus d'amour.

On a observé encore que par ce mesme esprit de pauvreté, quand elle servoit au Refectoir à la premiere table, elle ramassoit secrettement quelques restes de pain qu'elle portoit à sa place, le trouvant, disoit-elle, beaucoup meilleur que tout autre, à cause que les restes sont ordinairement le partage des pauvres : Elle prenoit un singulier plaisir d'en user ainsi, & de toutes les autres choses qui servoient à son usage. Il arriva lors qu'elle estoit Superieure qu'on luy donna une fois par mégarde une robbe si

courte qu'elle ne luy alloit qu'environ à my-jambe, elle y prit garde, & elle ne laiſſa pas d'aller ainſi veſtuë à toutes les actions de la Communauté, ſans en demander une autre: car elle faiſoit gloire de s'accommoder comme font les pauvres de ce qu'on luy vouloit donner, & on n'a jamais remarqué qu'elle ait recherché dans ſes habits, ou dans ſon linge, aucune vanité, ny agréement, ny complaiſance aucune pour ſa perſonne, ny qu'elle ait jamais dit, Il me faut cela, ſinon une fois ſeulement en ſa vie, lors qu'eſtant Prieure, & ayant à donner l'Habit, ou à recevoir la Profeſſion d'une Religieuſe, elle repreſenta qu'il luy ſembloit que quelque choſe qu'elle portoit n'eſtoit pas dans la bien-ſeance pour cette ceremonie. Encores fut-ce par une petite inadvertance qu'elle le declara: car y ayant fait reflexion preſque en meſme temps, elle ne ſe pardonna pas cette faute, ainſi qu'elle la nommoit, & ne la laiſſa pas tomber à terre. Elle en eut au contraire une ſi grande contrition, qu'elle s'en accuſa publiquement, avec de grandes exagerations, diſant, *I'ay fait cette action d'orgueil & de preſomption, ie vous la declare, afin que vous n'en faſſiez pas de ſemblables, & que vous m'aydiez, à en obtenir le pardon.*

Elle eſtoit ſi éloignée de vouloir diſpoſer d'aucune choſe ſans le conſentement de ſa Communauté, qu'une perſonne aſſez conſiderable, & qui eſtoit amie du Monaſtere, eſtant venuë de loin pour la viſiter par un fort mauvais temps, la Mere fut en doute ſi elle pouvoit licitement luy offrir quelque choſe devant qu'elle s'en retournaſt chez elle, parce qu'il falloit par neceſſité qu'elle arreſtaſt longtemps en la maiſon avant que d'en pouvoir ſortir. La Mere quoy que Superieure n'oſa jamais le faire de ſa propre authorité. Et quand la Soûprieure & les Anciennes
l'eurent

l'eurent appris, elles luy dirent, Que d'y avoir manqué c'euft efté affurément une chofe qui n'euft pû eftre approuvée de perfonnes, elle leur refpondit, *Il eſt vray ie le croy bien ; mais i'ay mieux aimé en tout rencontre manquer à la civilité, qu'à la pauvreté : & faillir envers nos amis, que m'expofer à tranfgreffer ma Regle, en difpofant de ce qui n'eſt pas plus à moy, qu'à la derniere de toute la maifon.*

On pourroit rapporter plufieurs autres exemples de l'amour qu'elle avoit pour cette vertu : Mais je veux finir ce Chapitre en difant feulement que dans les occafions où la nature & le refpect humain fembloient mieux trouver leur compte, & avoir plus de pretextes pour s'éloigner tant foit peu de l'exacte obfervance qu'elle y vouloit apporter; c'eftoit alors qu'elle fe declaroit plus hautement contre tous fes propres fentimens, & qu'elle prenoit le party de fouftenir plus fortement cette vertu, afin de témoigner d'autant plus religieufement à Dieu la fidelité inviolable de fon cœur : Car elle produifoit pour lors des actes heroïques, de forte qu'il ne faut pas s'eftonner, fi ayant un dépoüillement fi parfait, & fi univerfel de toutes les chofes creées, noftre Seigneur l'a remplie avec tant de profufion des dons furnaturels, & de luy-mefme qui eftoit fon unique trefor : car il eftoit en fon cœur, & fon cœur eftoit en luy, & par une Foy vive, & une ardante Charité elle difoit avec S. François, *Mon Dieu, & mon tout* : ou bien avec David, *Deus cordis mei, & pars mea Deus in æternum* : Et pour cela mefme elle prenoit une fi grande compaffion des perfonnes attachées aux biens de ce monde, qu'elle appelloit des amufemens d'enfans, qu'elle ne pouvoit affez s'eftonner comme des ames faites pour le Ciel les pouvoit regarder, & comment elles fe vouloient perdre en les recherchant avec tant d'ardeur.

Pfal. 72.

De sa pureté Angelique, & de sa grande mortification.

CHAPITRE XXVIII.

SI on doit loüer cette Mere pour tout ce qui precede, on la doit admirer pour sa pureté virginalle, parce que si les autres vertus l'ont élevée par dessus la condition humaine, celle-cy selon le témoignage mesme de de nostre Seigneur l'a mise au rang des Anges. Nous avons un tres-solide fondement, pour juger & pour dire qu'elle a esté un Ange selon le corps & selon l'esprit. Toutes les personnes qui ont eu le bon-heur de la connoistre, sçavent comme elle a dés le commencement receu de nostre Seigneur un don special de pureté, par une grace singuliere qui la preserva mesme des moindres atteintes du vice contraire. C'est le jugement qu'en ont porté toutes les personnes à qui elle s'est davantage confiée, & les marques qu'elle en a elle-mesme données, quand elle a raconté la maniere dont elle s'est gouvernée dans le monde & à la Cour. Nous en rapporterons quelques-unes qui feront voir qu'elle a esté doüée dés son enfance d'une sagesse & d'une modestie plustost Angelique qu'humaine, & qu'elle a plustost ignoré le mal qu'elle ne l'a surmonté.

Outre ce qu'elle a declaré à quelque confidente estant encores dans le Siecle, qu'elle n'avoit jamais pû aimer ny sentir aucune inclination pour quelque homme que ce fust, pour quelque sujet, ou pour quelque raison qu'on luy pust apporter: Estant Religieuse elle a dit à ses Superieures & à d'autres, que par la misericorde de Dieu elle n'a-

voit jamais eu à s'accuser en Confession d'aucune chose qui fust contraire à cette vertu. Elle raconta seulement qu'une fois estant encores dans le monde, comme elle se trouvoit à l'Eglise priant Dieu, il luy passa par l'esprit une pensée de quelque objet qui luy avoit esté agreable à la Cour : Mais que faisant reflexion tout à l'heure sur cette pensée, elle dit en elle-mesme : Il me semble avoir entendu qu'on pense volontiers aux choses que l'on aime, en ce que je pense n'y auroit-il point quelque mal ? & n'y a t'il point de danger que j'y pense, puisque si j'y pense c'est un signe que je l'aime sans y prendre garde ? Sur le champ elle éleva son cœur à nostre Seigneur son Espoux, & luy dit : *Vous sçavez, ô Iesus mon Seigneur, que ç'a toûjours esté ma resolution, de n'aimer jamais autre que vous ; Ie persiste dans cette mesme volonté jusques au dernier soûpir de ma vie.* Et en suite elle reïtera toutes les protestations qu'elle luy avoit faites, le suppliant de garder son cœur pour luy seul, & le preserver des atteintes de tout autre amour que du sien. Cette idée n'avoit effectivement rien en soy qui pust causer aucun prejudice à la pureté parfaite ; mais ce fut pour cette ame virginale un grand sujet de merite, & un nouveau lien qui l'affermit en la fidelité qu'elle vouloit toûjours conserver à son celeste Espoux. Une autre fois estant Maistresse des Novices, sur une question qu'on luy fit de quelque chose qui donnoit du scrupule à quelqu'une de ces ames innocentes, touchant le vice contraire : Elle répondit, *Ie ne suis pas assez sçavante sur cela pour vous répondre : Mais j'aime mieux mon ignorance sur ce sujet, que toutes les sciences du monde.* Aussi toute l'instruction qu'elle donnoit à ces Filles sur ce point, estoit de vivre dans le corps comme n'en ayant point ; & de fuïr ce vice comme Dieu fit commandement à Loth & à sa femme de fuïr hors

de Sodome; c'est à dire, sans vouloir seulement tourner les yeux pour regarder cette miserable Cité, de peur que le seul aspect ne laissast quelque idée qui souillast les yeux ou l'esprit de ceux ou de celles qu'il vouloit preserver de ce malheureux embrasement.

Il y eut un jour un Predicateur qui dans un Sermon où toute la Communauté assistoit, traita un peu plus amplement de cette vertu de pureté, & dit plus de choses qu'il ne paroissoit estre necessaire en parlant à des oreilles aussi innocentes que celles qui l'écoutoient. Car apres s'estre fort estendu pour relever l'éclat de cette qualité qui égale les hommes aux Anges, il voulut aussi en faire voir la delicatesse, & pour cela entr'autres choses il montra qu'il falloit fort peu pour interesser beaucoup ce don si precieux & si rare qu'une pensée, une inclination, une complaisance, un regard, un souris donné ou receu avec agréement, un mot trop tendre, une lecture curieuse, un tableau trop libre, que tout cela ternissoit la fleur de la virginité, ainsi qu'une haleine jettée contre une belle glace de miroir la gaste, & un rayon du Soleil trop ardant fait flestrir une belle fleur. Il adjousta sur cela, que celles qui veulent conserver leur integrité pour l'amour de nostre Seigneur JESUS-CHRIST, luy doivent cette fidelité, de fuir tout ce qui la peut endommager tant soit peu, puis que nous voyons que les hommes prennent tant de plaisir qu'on leur presente des fruicts qui n'ayent point esté maniez, ny touchez, ny fleurez de personne; *Mais, ô,* disoit-il, *que le nombre de ces glaces si pures, & de ces fleurs si excellentes est petit!* Apres quoy il s'estendit fort longtemps & fort en détail sur tout ce sujet. Dans la conversation suivante, comme les Religieuses estoient à l'entour de la Mere, & s'entretenoient du Sermon, une d'entr'elles dit,

Helas! qui sera donc de ce nombre bien heureux que le Predicateur a reduit à si peu de personnes? Pour moy je me persuade qu'à l'entendre il faudroit avoir esté portée en la Religion dés le Berceau: Une autre répondit, *Il ne faut pourtant pas croire qu'il n'y en ait quelques unes qui par une grace speciale ont esté ainsi conservées dans le monde; Et pour moy ie ne doute nullement que nostre Mere Marie Agnes ne soit de ce nombre.* Elles la presserent avec tant d'innocence, & tant de confiance sur cela, que ne pouvant échapper à leurs instances, elle fut contrainte pour se deffendre d'avoüer que Dieu luy avoit fait cette signalée faveur, qu'il ne luy estoit jamais rien arrivé en sa vie qu'elle eust esté obligée de soûmettre à la Confession. Et comme une autre Sœur prenant la parole eut dit: *Mais comment est-ce que cela se peut en vivant à la Cour, où il se rencontre tant de choses capables de ternir la glace du miroir? Il est vray*, répondit-elle, *mais il faut que ie vous advoüe qu'avant que de m'y envoyer, ma deffunte mere m'avoit donné de si bons preservatifs, par ces pieuses instructions, que par la misericorde de Dieu, ie ne me suis jamais oubliée de ce qu'elle m'a dit, ce qui a fait que ie n'ay rien éprouvé des dommages qu'on y apprehende avec trop de raison.* Cela donna un nouveau sujet pour faire admirer à toutes une protection de Dieu si visible sur cette ame éleuë, & une conservation si constante d'un bien pour lequel tant de Saintes ont enduré de tres-rigoureux martyres. Les premiers Chapitres de sa Vie peuvent fournir une grande confirmation à cette creance qu'on avoit d'elle, en faisant voir en mesme temps, comme il est dit de sainte Cecile, la merveilleuse jalousie que l'Ange du Seigneur, & le Seigneur mesme avoit pour cette fidelle Espouse, & le grand soin qu'elle apportoit de sa part à la garde de cét incomparable thresor. Car quelque horrible aversion

qu'elle euſt naturellement pour le vice qui luy eſt oppoſé, & quelque inébranlable confiance qu'elle ſentiſt en l'aſſiſtance de la grace pour l'éviter, elle s'eſt appliquée neantmoins avec tant de vigilance à fuïr les moindres ombres non ſeulement du peché, mais de la plus petite imperfection qui puiſſe arriver en ce ſujet, qu'elle a évité les occaſions les plus éloignées des fautes les plus legeres, & ne s'eſt non plus miſé en peine de complaire que de déplaire aux Princes ou aux Seigneurs qui ne vouloient avoir que quelques entretiens avec elle, ſous pretexte d'honneur ou de civilité. Il eſt aiſé de ſe perſuader de là que ce ſoin a eſté la diſpoſition la plus juſte pour recevoir de Dieu les graces qu'elle a euës ſi abondamment de la devotion, dautant que l'Eſpoux celeſte qui ſe repaiſt parmy les lys, prit deſlors poſſeſſion de ſon cœur, & luy communiqua puiſſamment les attraits de ſon divin amour, ne ſe voyant gueres de jeune fille qui en la fleur de ſon aage ait eſté plus propre pour le monde, & ait eſté plus recherchée de luy, & qui neantmoins par un effect tout contraire, ait eſté plus ſeparée des creatures, & plus unie à noſtre Seigneur JESUS-CHRIST. Elle prenoit deſlors tant de plaiſir avec luy que tout le reſte ne luy donnoit que du dégouſt. Et ce qui a fait voir que ſa pureté eſtoit un don du Ciel, & non point un bien fait de la Nature, c'eſt qu'elle avoit un eſprit gay & vif, plein de feu, & que toûjours dans la converſation elle diſoit quelque parole enjoüée. Que de plus elle eſtoit doüée de beaucoup d'agréement & de beauté corporelle, qu'elle avoit de la naiſſance, & de la qualité qui la diſtinguoit d'avec celles qui euſſent pû avoir comme elle les autres advantages: Ce qui la faiſoit rechercher de bien des gens de la premiere qualité, qui s'attachoient à elle, & qui l'euſſent aiſément en-

traifnée dans la vanité, & puis apres dans le vice, fi de bonne heure elle n'euft efté prevenuë par celuy qui l'avoit liée à foy par un plus faint amour.

Ces preuves fuffiroient pour montrer quelle a efté la grande pureté de cette ame Angelique ; mais comme j'en puis donner encores un autre témoignage, je penfe ne le devoir pas obmettre, puis qu'il vient d'elle-mefme lors qu'elle eftoit dans un aage déja plus avancé. Un Religieux fort fpirituel, & qui avoit un don particulier de connoiftre les conduites de Dieu fur les ames, frequentoit le Monaftere où eftoit cette Mere, & y eftoit tres-affectionné. On permettoit pour cela aux Religieufes de traiter affez librement avec luy des befoins de leurs ames. La Mere qui l'eftimoit fort luy declaroit fes difpofitions interieures, & luy demandoit des advis pour fa conduite fpirituelle. Un jour apres qu'elle luy eut dit d'excellens fentimens qu'elle avoit eus, il s'advifa par la fuite du difcours apres avoir parlé des difpofitions de fon ame, de luy demander, *Et pour celle du corps n'y trouvez vous point de refiftance?* Elle luy répondit avec fon efprit libre & dégagé de toute inquietude, *Non, Dieu mercy,* dit-elle, *il me femble que pour mon corps il eft une affez bonne befte, & j'en fais affez ce que je veux :* voulant dire qu'il obeïffoit fans refiftance à la loy de l'efprit. Auffi peut on croire que la fubjection parfaite qu'elle rendoit à Dieu & à fes Superieurs, luy avoient merité cette grace, que fon corps fuft auffi foûmis à fon efprit, que fon efprit eftoit foûmis à Dieu : Car le mefme Pere qui avoit une connoiffance fort particuliere d'elle, & qui n'en parloit qu'avec des parolles pleines de veneration, eut une fois le mouvement ou l'infpiration de demander à la Mere Prieure quelque chofe qui euft fervy à cette Mere, pour la donner à une perfonne qui eftoit

violemment tentée du vice contraire à la chasteté. La Mere Prieure fut inspirée d'envoyer querir une ceinture de crain fort rude dont cette chaste Espouse de nostre Seigneur s'estoit souvent servie pour se mortifier, & celuy qui accorde souvent les graces selon la Foy qu'on a, sçait quel fut le bon effect que cette confiance au merite de la Mere opera. Pour nous, ne l'ayant pas appris distinctement de la personne qui a rapporté tout le reste, nous ne le dirons pas, & nous nous contenterons d'avoir marqué cecy pour une preuve de la haute opinion que ce bon Pere avoit de la pureté de cette servante de Dieu, qu'il croyoit pouvoir obtenir une grace pareille pour une autre qu'il connoissoit en avoir un si grand besoin.

De cét amour de la pureté virginale naissoit conjointement le desir d'une parfaite mortification d'elle-mesme en toutes choses : à quoy elle se rendoit si fidelle, qu'elle ne laissoit échapper aucune occasion, sans renoncer à toutes les aises du corps, & à toutes les satisfactions des sens, & sans rendre par tout des combats tres-rigoureux contre tout ce que la nature corrompuë desire.

Elle ne passoit gueres de jours sans faire quelque penitence publique de celles qui se pratiquent communément dans son ordre, si ce n'estoit seulement depuis Pasques jusques à la Pentecoste, auquel temps l'Eglise plus communément en fait cesser l'usage, & elle vouloit comme fille de l'Eglise se conformer en tout à son esprit. Mais pour les penitences particulieres & secrettes, elle en faisoit tres-souvent, & en tout temps sans que l'on s'en apperceut, croyant avec sainte Terese, que le serviteur de Dieu ne doit passer aucun jour sans souffrances, & que le Disciple de JESUS-CHRIST ne doit donner aucune tréve à son corps. Nous avons parlé ailleurs des Haires &

des

des Cilices dont elle usoit tres-souvent, sur tout estant Superieure, & des Disciplines qu'elles prenoit fort frequemment jusques au sang, à l'écart dans des endroits les plus retirez de la maison où on voyoit le pavé teint & les murailles marquées apres qu'elle estoit sortie, comme on a trouvé apres sa mort & durant ses maladies les instrumens dont elle se servoit pour cela encores tous rouges de son sang. Nous y pourrions adjouster les jeusnes qu'elle a faits quelques-fois au pain & à l'eau, & qu'elle a voulu faire bien plus souvent pour des necessitez communes & particulieres. Ce qui se trouve de plus extraordinaire & de plus remarquable, c'est qu'elle ne vouloit prendre aucun relasche quand elle pouvoit, & quand mesme il sembloit qu'elle le devoit prendre. Lors qu'elle estoit indisposée, ou qu'elle avoit besoin de remedes pour prevenir un plus grand mal : C'estoit sa coustume de prendre avant cela le temps de porter la Haire, ou le Cilice, & de faire les autres austeritez que la Regle permet ou ordonne, & que les autres pratiquent dans la Communauté, parce qu'elle jugeoit bien qu'on ne luy laisseroit pas de quelques jours apres, la liberté d'exercer sur soy ces rigueurs, elle le faisoit par avance, afin de ne rien perdre des advantages qu'elle trouvoit en la mortification. Quand elle prenoit des medecines, elle les a fort souvent savourées lentement, afin de mortifier son goust tout à loisir, & aussi-tost apres les avoir prises elle s'en alloit au Chœur, & à toutes les autres observances communes, si on ne l'en empéchoit, & le plus souvent elle se dispensoit elle-mesme de prendre les jours de repos qu'on donne ordinairement aux autres apres qu'elles ont esté dans de semblables remedes.

Sa mortification au Refectoir s'exerçoit tous les jours:

car elle avoit une couſtume inviolable de laiſſer de ce qu'on luy donnoit la partie que l'appetit & le gouſt deſiroient davantage; & cela eſtoit ſi bien reconnu, que quelques Religieuſes qui s'en appercevoient ordinairement, diſoient ingenieuſement que c'eſtoit le morceau du Sacrifice. Elle faiſoit ſi peu de reflexion ſur le manger, que quand on luy demandoit ſi quelque choſe eſtoit bonne ou mauvaiſe, elle répondoit, *Ie n'en ſçay rien. Ie prends ce qu'on me donne, comme un pauvre à qui tout eſt bon, ou comme un Pelerin qui paſſe ſans s'arreſter à rien.* De façon qu'on ne pouvoit ſçavoir ſes gouſts ou ſes dégouſts : car tout luy eſtoit indifferent. Elle vouloit ſeulement qu'on s'abſtint de tout ce qui peut échauffer le ſang, pour l'amour qu'elle portoit à la pureté du corps & de l'eſprit. Mais elle ne pouvoit ſouffrir que des perſonnes Religieuſes fiſſent des diſtinctions, & diſſent cecy eſt bon, cela ne l'eſt pas. Car elle portoit les autres, auſſi bien qu'elle, à prendre tout en eſprit de pauvreté & de neceſſité : adjoûtant, *Quand nous ſerons en noſtre Patrie,* voulant dire le Ciel, *nous aurons toutes choſes à ſouhait, & nous ſerons comme les enfans du logis à la table de ce Pere celeſte, qui ſera tout à toutes, & qui nous fera de ſa veuë, comme il fait à ſoymeſme & à ſes Anges, un feſtin eternel.* Elle ſe lamentoit quelquesfois amerement de ſe voir ſubjette à rendre tant de ſervices à ſon corps, dont elle deſiroit à tous momens d'eſtre délivrée, & dans ſes élans ordinaires elle élevoit ſes yeux & ſon cœur vers le Ciel, en diſant, *O mon Dieu! quand ſera-ce donc que nous ſerons avec vous en Paradis, & que nous ſerons raſſaſiez de vous-meſme, par la veuë manifeſte de voſtre gloire, pour laquelle voſtre Prophete diſoit auſſi bien que nous:* Pſal. 16. *Ie ſeray raſſaſié quand ſa gloire me ſera apparuë.*

Il n'a pas tenu à elle, ſelon le rapport de quelques Su-

perieures, qu'elle n'ait fait des jeufnes encores bien plus rigoureux, & des macerations plus cruelles que celles qu'elle avoit faites, & qu'elle eût exercées fur foy mefme, fi l'Obeïffance ne l'avoit retenuë. Mais de ce qui eftoit en fon pouvoir, bien loin d'en obmettre quelque chofe, elle eftoit ingenieufe à trouver des moyens pour y en adjoûter davantage, fçachant bien & enfeignant aux autres que ce facré lys de pureté eft celuy des Cantiques, qui *Cant. 2.* fleurit & qui fe conferve plus agreable & plus odoriferant parmy les épines & les ronces, que dans la moleffe des prairies & des champs. Sur tout elle avoit un fecret de mortification cachée qu'elle pratiquoit & qu'elle apprenoit aux autres, c'eftoit de tenir continuellement fon corps dans une pofture contrainte, afin de le reduire toûjours dans la fervitude de l'efprit, & l'on ne voyoit jamais, encore qu'elle fuft malade, qu'elle prift le foin d'éviter plufieurs petites incommoditez qui arrivent inopinémét, & dont perfonne quafi ne s'apperçoit qu'apres qu'il n'y a plus de moyen de garentir ceux qui les ont fouffertes.

La mortification de fes yeux eftoit perpetuelle, & elle la faifoit voir en tout rencontre, principallement alors qu'elle n'eftoit point en charge. Car s'il furvenoit quelque chofe d'agreable ou d'extraordinaire, il falloit que les Superieures luy ordonnaffent qu'elle la regardaft, ou bien elle ne la voyoit point du tout. Son filence n'eftoit pas moins exact, & l'on eftoit eftonné de voir qu'elle ne parloit mefme qu'à peine des chofes neceffaires, & ce qui eft merveilleux eft qu'elle agiffoit à la fin de fa vie, comme dans les commencemens, quand elle eftoit encore Novice, fuccinctement & tout bas, avec une demie parole elle achevoit fi elle pouvoit fon difcours: Que s'ils eftoient plus longs, ils eftoient toûjours de Dieu ou de la

Ii ij

vertu. Elle n'eſtoit pas moins vigilante pour le faire Religieuſement obſerver à celles qui luy eſtoient ſujettes; car elle l'appelloit le gardien fidelle de l'ame, & elle le côſideroit comme le propre appannage & le fruict le plus doux & le plus aſſeuré de leur parfaite cloſture. Enfin elle n'accordoit au corps & à la nature que le moins qu'elle pouvoit, elle leur refuſoit tout ce qui luy eſtoit poſſible, & ſaine & malade elle les chargeoit ſouvent de travaux qu'ils ne pouvoient porter: car meſme elle ſe retranchoit les petits divertiſſemens & les ſoulagemens qui ſe permettent, ou qui ſe donnent à celles qui ſont infirmes ou malades, & elle s'impoſoit une loy de ne parler point meſme ſi elle pouvoit de ſes infirmitez, afin qu'on n'euſt pas la penſée de la plaindre ou de la ſoulager: juſques là que le Medecin ayant pluſieurs fois jugé à propos de la diſpenſer de dire ſon Breviaire, à cauſe de la violente migraine qu'elle ſouffroit, ou de quelques autres maux qu'elle avoit, elle s'y ſoûmettoit, quoy qu'avec beaucoup de peine; mais pour ne pas donner entierement ce relaſche à la nature, elle prioit les Convaleſcentes qui eſtoient à l'Infirmerie, de luy faire la charité de venir reciter leur Office auprés de ſon lict, afin que ne pouvant le dire elle-meſme, elle euſt au moins le bon-heur de l'entendre, & de participer avec cette mortification pour elle-meſme, au merite qu'elle eſperoit avoir dans les prieres d'autruy.

Ce ne ſeroit jamais fait, s'il falloit rapporter en détail toutes les induſtries qu'elle a trouvées pour ſe mortifier en tout: Mais nous pouvons bien eſtimer que ç'a eſté par ce renoncemét univerſel à tout ce qui peut plaire au ſens, & par cette haine ſi generallement declarée contre ſoy-meſme, qu'elle a conſervé la grace d'une pureté ſi rare, pour ſe joindre plus eſtroittement à noſtre Seigneur ſon

vray Espoux & son unique amour, qui est la Couronne des Vierges, & le bon-heur de ceux qui ayant les yeux & l'esprit des Anges, ne cesseront jamais de le contempler avec ravissement.

De sa parfaite Obeïssance.

CHAPITRE XXIX.

ON peut considerer cette ame admirable comme une imitatrice parfaite de toutes les vertus de nostre Seigneur : mais c'est neantmoins en l'obeïssance que nous pouvons dire qu'elle s'est renduë plus conforme à son divin Espoux, *qui a esté obeïssant iusques à la mort, & à la mort de la Croix.* Elle avoit une estime singuliere de cette vertu, comme de la plus essentielle à la Religion, & elle y joignoit un amour encores plus tendre & plus fort, pour accomplir en toutes choses la volonté de Dieu. C'estoit aussi une de ses aspirations plus ordinaires en élevant son cœur au Ciel, de demander à Dieu la grace de ne se separer jamais de sa volonté, mais de la suivre par tout, repetant souvent ce beau mot du Prophete, *Enseignez-moy, ô* Phil. 141. *Seigneur! à faire vostre volonté, parce que vous estes mon Dieu.* Elle l'appelloit la voye droite qui meine à la vie, & elle adjoustoit en ce sens : *Vostre Esprit Saint me conduira par le droit chemin qui meine à la vraye terre des vivans.*

Elle posoit pour fondement de tout cela, ce qui est en effect tres-veritable, que la divine volonté donne la valeur & l'excellence à toutes les actions de ses creatures: Et pour s'animer elle-mesme, & toutes les autres à la suivre dans la pratique, elle prenoit l'exemple des Anges

Gardiens qui se tiennent autant honorez, & sont aussi exacts en donnant leur protection au plus petit ou au plus meschant homme du monde, qu'en l'employant pour les plus grands, ou pour les plus Saints des hommes, n'envisageans que Dieu seul & sa volonté souveraine dans le Commandement qu'il leur en a fait. Elle adjoustoit que dans les actions qui d'elles-mesmes ne sont rien, il y a moins à craindre que quelque chose du nostre ne s'y glisse, que dans celles qui sont de plus grande consequence, & qui ont plus de montre, parce que la nature se trouve par tout, & fait fonds sur son œuvre, comme sur quelque chose qui est à elle : là où Dieu qui ne regarde pas l'action en elle-mesme, mais la soûmission du cœur aux ordres de sa divine volonté, ne considere point ce qui est de l'homme par son élection, mais ce qui est de Dieu par l'obeïssance de l'homme. C'est pourquoy elle disoit quelques-fois dans ses Conferences : *Helas ! on nous appelle Servantes de Dieu, & on nous donne ce nom qui nous est bien glorieux : Mais nous trompons tout le monde, si nous n'accomplissons pas parfaitement toutes ses volontez : car c'est ce qui nous fait meriter ce beau tiltre, & vous sçavez que tromper en ce point, c'est mentir à Dieu, & non pas aux hommes. Cependant y a-t'il un Chrestien qui ignore que servir Dieu c'est regner.* En suite elle se mettoit à leur parler de l'excellence de la volonté de Dieu, & du progres que fait une ame qui la cherche, & qui la suit en toutes choses, grandes & petites, & sur cela elle les excitoit à n'avoir que luy seul dans la pensée, leur representant que si elles regardoient la creature, elles agiroient en Servantes du monde, & non en Religieuses ; & si elles regardoient le Pere celeste, elles agiroient en Filles vrayement Celestes, & en vrayes Filles de Dieu. Elle adjoustoit qu'il ne falloit non plus rien faire par la crainte, ou par le

desir de contenter aucun autre que Dieu: car autrement ce seroit trop se ravaller de cét estat de Filles du Ciel, & de Filles de Dieu, qu'estant creées pour luy & capables de luy, il falloit obeïr à l'imitation de nostre Seigneur qui a esté *obeïssant iusques à la mort*: Mais toûjours à Dieu son Pere, & pour l'amour de luy, & aux creatures bonnes & saintes, comme la sainte Vierge & S. Joseph, ou méchantes & cruelles comme Cesar, Pilate & Herodes, Anne & Caïphe: toûjours en la veuë de Dieu son Pere, & pour l'amour de luy. *Philip. 2.*

Cette vraye Servante de nostre Seigneur a pour cela mesme toute sa vie consideré sa Regle comme un signal de cette volonté divine, c'est pourquoy il ne faut pas estre surpris si elle en faisoit tant d'estat, qu'elle a esté dans une observance inconcevable des points les plus petits, & si elle l'a accomplie, non seulement selon la lettre, mais aussi selon l'esprit qui y est enseigné, parce *que la lettre*, qui est l'Observance exterieure, *tuë*; *mais l'esprit*, c'est à dire, l'intention & l'affection, *vivifie*. Le moindre signe de la cloche luy estoit comme une voix de Dieu qui luy faisoit laisser quelque chose que ce fust, & mesme la lettre à moitié écrite, ou la parole à moitié prononcée. Elle taschoit de devancer les autres pour estre toûjours la premiere à tout ce qui estoit à faire, afin d'attirer sur elle la Benediction que nostre Seigneur promet aux diligents, & à ceux qui comme dit le Sage, veillent apres luy pour le chercher, & previennent le lever du Soleil pour le trouver. L'Obeïssance estant aussi d'autant plus meritoire qu'on s'y porte avec plus de promptitude, & qu'on a plus de repugnance à surmonter, en faisant ce qu'elle commande: Cette vraye Obeïssante s'est signalée en toutes ces circonstances, soit dans ses commencemens, soit dans tout le cours *2. Cor. 3.*

de sa vie: Mais comme ce Chapitre traite uniquement & à fonds de cette vertu, j'ay creu qu'il seroit à propos de faire voir premierement sa disposition interieure pour ses Superieures, & comme elle se comportoit en tout ce qui estoit ordonné, ou seulement approuvé de leur part. Car elle ne consideroit jamais que Dieu en elles, & toutes luy estoient également bonnes & aimables, & qui que ce fust, quand c'eust esté une de ses Novices, sans faire aucun discernement. Elle rendoit les mesme respects & obeïssances à toutes, sans examiner ny leur capacité, ny leurs talents naturels, ny mesme leur vertu. Il suffisoit qu'elles fussent Superieures, pour recevoir tout d'elles & l'accomplir, tout ainsi que s'il fust sorty de la bouche de Dieu.

Elle faisoit encore fond pour cela sur ce qu'une ame Religieuse avoit autant d'union avec nostre Seigneur, qu'elle en avoit avec ses Superieures, & que les fautes que l'on commettoit à leur égard ne devoient pas estre estimées petites, puis qu'il tient le mépris qu'on leur rend comme fait à sa propre personne, ayant dit, *Qui vous obeït, il m'obeït, & qui vous méprise il me méprise.* Une fois entr'autres qu'on parloit de cette union qu'une Religieuse doit avoir avec ses Superieurs, & qu'on disoit qu'elle est fort difficile pour toute sorte de personnes, & pour toutes sortes de sujets, & en toutes rencontres: Elle montra au doigt une Sœur Converse, qui passoit pour la moins considerable du Convent, & dit, *s'il arrivoit que cette bonne Sœur fust éleuë pour ma Superieure, ce seroit en mesme temps mon* Jesus-Christ *sur la terre, & ie luy obeïrois aussi-tost comme à luy*: Et ce qu'elle disoit, on estoit bien persuadé qu'elle l'eust en effect pratiqué. Par cette veuë de Dieu elle agissoit avec elles dans la simplicité & dans la candeur d'un enfant qui porte son cœur sur ses lévres, & elle vouloit

Luc. 10.

loit que rien ne leur fuſt caché de ce qui ſe paſſoit en ſon ame. Elle ſe fuſt volontiers abyſmée de reſpect en leur preſence, & elle leur euſt parlé à deux genoux & proſternée par terre ſi on ne l'euſt empéchée. La cauſe de cette reverence eſtoit qu'elle avoit toûjours ces parolles dans ſon cœur, *Qui vous écoute, il m'écoute:* Et c'eſt pourquoy elle ne vouloit rien faire que par leur mouvement & leur conduite, & ſe tenoit dans un dépoüillement total d'elle-meſme & de ſa liberté, pour prendre toutes les formes qu'elles luy donneroient. C'eſt ce qu'elle exprime divinement bien en un papier écrit de ſa main, où elle parle ainſi.

Je me dois donc & je me veux laiſſer entre les mains de mes Superieures, comme une cire molle, ou une table d'attente, pour recevoir toutes les figures que Dieu me veut donner par elles, & ne deſirer point d'autre mouvement, ny d'autres veuës, ny d'autres pratiques, que celles qui me ſeront ordonnées par elles. Ma penitence principalle ſera non ſeulement la mortification, mais la mort toute entiere de ma propre volonté, & de tous mes deſirs, afin que Dieu ſeul regne uniquement en moy, & que ſa volonté ſoit accomplie en moy comme elle l'eſt au Ciel, & ſi j'oſe le dire, comme elle eſt accomplie dans luy meſme. Elle l'a auſſi toûjours ſi parfaitement executé, qu'elle ne manquoit point tous les jours d'aller chercher la Superieure, pour luy demander à deux genoux ſa Benediction: Et d'autres fois par le zele qu'elle avoit de ſon advancement, elle alloit encore la trouver pour la ſupplier tres-inſtamment de ne luy ſouffrir aucune de ſes fautes; mais de la reprendre aigrement, & de la confondre publiquement pour toutes les choſes dans leſquelles on trouveroit qu'elle euſt manqué: ce qui à ſon ſens eſtoit ſi fre-

quent qu'il n'y avoit aucune occasion où elle en fust exempte, quoy que les autres n'y vissent que des sujets de l'admirer, & non pas de la reprendre. Elle leur exposoit ses difficultez avec une pareille sincerité, & faisoit tant d'estat de leurs advis, qu'elle les mettoit aussi-tost en pratique, disant, Que si un Ange venoit pour la resoudre sur quelque doute, & que sa Superieure luy dist le contraire, elle prendroit plûtost le party de suivre cette voye plus humble & plus seure, que celle qui seroit si extraordinaire; parce que Dieu nous ayant assujettis à nos Superieurs, & non aux Anges, il n'y auroit rien de plus asseuré pour nous en ce rencontre que d'obeïr à ceux-là, & de laisser les autres. Ces dispositions de Foy, d'humilité, & de confiance en Dieu, faisoient qu'elle n'affectoit aucune singularité pour sa conduite, estant tout-à-fait vuide de cét esprit d'orgueil qui porte les personnes qui en sont entachées à faire tant de cas de ce qui leur est particulier, ou de ce qui vient d'elles-mesmes & de leur propre jugement, qu'elles estiment qu'il n'est au monde rien d'assez relevé pour les éclaircir dans leurs doutes, & pour les resoudre dans leurs difficultez; pour ce sujet, disoit-elle, il faut chercher des Prelats, ou des Docteurs de la premiere qualité, ou des Devots de la plus haute reputation, afin de les venir écouter, & traiter avec elles: souvent sans profit, mais non pas sans beaucoup de vanité, d'amour propre, & de perte de temps. Que si cela vient à manquer, soit par la difficulté de leur fournir ceux qu'elles demandent, soit pour éprouver l'esprit qui les porte à faire ces recherches, soit pour destruire leur vanité, ou leur curiosité, aussi-tost on trouve des ames toutes déconcertées dans leurs bonnes resolutions, des cœurs abbatus & troublez, qui se jettent dans le découragement, ou dans le

murmure. Elle concluoit tres-seurement que toutes ces conduites ne sont point de Dieu, adjoustant que la sincere humilité de cœur, & la veritable soûmission d'esprit estoit la disposition la plus propre pour attirer infailliblement les benedictions de nostre Seigneur, de qui l'esprit, comme dit le Prophete, se repose sur les humbles: & les eaux du Ciel ne s'arrestent pas sur les hautes montagnes, qui sont le symbole des orgueilleux, mais coulent en abondance dans les plus basses vallées, qui sont la figure des humbles.

Les Superieures la sçachant ainsi disposée, ne se mettoient pas fort en peine d'exercer son obeïssance; mais plûtost elles la proposoient aux autres pour leur servir d'exemple, & ne se tenoient occupées qu'à moderer les excés où elle se portoit en sa ponctualité trop grande: car elle prenoit tout au pied de la lettre, comme nous avons dit, & il falloit user d'une merveilleuse circonspection en ce qu'on luy disoit, parce qu'elle n'y donnoit aucune interpretation, & qu'elle portoit toutes choses à la derniere rigueur. S'il arrivoit que la Mere Superieure en ordonnast quelqu'une en general, quoy qu'elle fust pour lors Soû-Prieure, elle estoit toûjours la premiere à la faire, sur tout si ce qui estoit ordonné se trouvoit estre quelque chose de bas & de laborieux: & elle disoit que c'estoit offenser une Religieuse, de luy dire quand elle demandoit quelque permission, *Faites ce que vous voudrez*; parce que c'estoit à son sens luy donner une dispence tacite d'obeïr. Que si on la traitoit quelques-fois de cette sorte par le grand respect qu'on avoit pour elle, cela l'affligeoit fort & la rendoit la plus empéchée du monde, n'osant, disoit-elle, se fier en rien à son jugement, ny suivre son propre choix, de crainte qu'il ne fust pas conforme à la volonté

de Dieu, & à celle de ses Superieurs, par le seul mouvement desquels elle vouloit agir. Cela parut bien lors qu'estant une fois sur le point de recevoir la sainte Communion, & que l'Ecclesiastique qui avoit dit la Messe, fut venu jusques à la petite fenestre pour la luy donner, il arriva que la Mere Prieure qui n'estoit pas presente au Chœur, la fit appeller par un coup de cloche, ne sçachant pas qu'elle estoit dans le moment de faire cette sacrée action. Aussi-tost qu'elle entendit ce signe, elle se leva de la place où elle estoit, & sans tarder, alla voir ce que sa Superieure vouloit d'elle, croyant bien que celuy qu'elle alloit recevoir ne se tiendroit pas offencé, si elle se retiroit d'auprés de luy afin de luy obeïr, & qu'elle ne perdroit rien de sa grace en le quittant pour luy-mesme. Il y eut une autre Religieuse qui le receut à sa place, mais cét acte d'obeïssance fut d'autant plus admiré de toute la Communauté, qu'elle estoit mieux instruite & mieux persuadée du desir & de l'ardeur continuelle que cette ame celeste avoit de recevoir incessamment cette viande du Ciel.

Son Obeïssance n'a pû paroistre plus ordinairement, que quand les Superieures qui ne pouvoient trouver de deffauts à corriger en elle, l'éprouvoient en moderant ses ferveurs, & ses penitences excessives. Car c'estoit dans ces occasions où l'on discernoit clairement que l'Esprit de Dieu la conduisoit, & non le sien propre ; dautant que quelque ardeur qu'elle eust pour les rigueurs, & pour les austeritez, & pour toute autre chose semblable, on voyoit aussi-tost son destachement, & sa soûmission, qui ne luy laissoit aucune inquietude, ny aucun chagrin, pour tout le bien qu'elle ne faisoit pas. Elle avoit une si grande habitude à obeïr, qu'elle se soûmettoit, comme dit l'Apostre,

à *toute creature humaine pour l'amour de nostre Seigneur*: Et 1. Pet. 1. une fois qu'elle parloit au Reverend Pere Jacquinot, pour lors Provincial des Reverends Peres Jesuites, il luy dit qu'elle allast querir quelque chose, & adjousta sans y prendre garde, *Despechez vous le plus que vous pourrez.* Elle obeït si promptement à ce Pere, qu'elle se mit contre sa gravité ordinaire, à courir par la maison; & quand elle fut de retour elle luy dit, qu'elle avoit eu beaucoup de confusion ayant rencontré quelques Religieuses par le chemin, qui sans doute se seroient mal édifiées, & auroient pensé qu'elle eust perdu l'esprit. Ce Reverend Pere, quoy que ravy de cette obeïssance, la reprit en luy disant, qu'il falloit garder la moderation en toutes choses: Et la Mere receut cét advis avec autant d'humilité & de soûmission, qu'elle avoit eu de promptitude & de simplicité à accomplir ce qu'il luy avoit dit sans y faire plus de reflexion.

Une autre action de son Obeïssance, & sur laquelle nostre Seigneur versa une grande Benediction, fut quand le mesme Reverend Pere Jacquinot, apres l'avoir entretenuë quelque temps, demanda la Mere Marie Jeanne Magdeleine qui estoit Superieure. On luy dit qu'elle estoit fort incommodée de la goutte, & qu'elle ne pouvoit du tout marcher. Il répondit, qu'on la pouvoit bien apporter dans une chaise, ce que l'on fit: Et lors qu'elle fut proche de la grille, il luy dit, *Ma Mere, si vous aviez des Filles qui eussent bien de la Foy, elles n'auroient qu'à prier nostre Seigneur, & benir la partie où vous avez mal, & vous seriez guarie promptement.* Sur cette proposition elle fut inspirée d'ordonner à la Mere Marie Agnes qui estoit avec elle au Parloir, de faire ce que le Pere avoit dit; à quoy la Servante de Dieu obeït tout simplement, & à la mesme heure les douleurs de la malade cesserent; en sorte qu'elle se le-

va, & marcha sans aucune peine. Apres quoy ayant fait sortir la Mere Marie Agnes, elle assura le Pere qu'elle avoit déja éprouvé d'autres fois le pouvoir des prieres de cette sainte Fille, & luy en raconta encores quelques autres effets. Mais outre le témoignage que le Pere a donné luy-mesme de cecy à quelque personne digne de Foy, la Mere Marie Jeanne Magdeleine le racontoit souvent, comme une grace que nostre Seigneur avoit accordée à l'obeïssance de celle dont nous parlons: Et si depuis cela elle n'a pas laissé d'avoir encores quelques atteintes de ce mal, elle a asseuré que ce ne fut que fort long-temps apres, qu'elle les souffrit moindres, & que la merveille de cette guerison si peu attenduë, ne luy en parut pas moins surprenante pour lors.

Le Confesseur de la Communauté, de qui elle vouloit dépendre absolument pour sa conduite quoy qu'elle fust Superieure, pour avoir toûjours le merite de l'obeïssance parce qu'elle n'avoit point d'autre Superieur si proche que luy, l'advertit une fois que quand on luy écriroit des Lettres offençantes, comme des personnes mal intentionnées luy en écrivoient assez souvent pour lors, elle n'y fist point de réponses sans les luy avoir communiquées. Elle n'y manqua pas; mais afin d'exercer sa vertu, apres avoir entendu une fois ce qu'on disoit contr'elle dans ces Lettres, il luy en fit recommencer jusques à deux & trois fois la lecture. Ce qu'elle fit toûjours d'un mesme ton, & d'un mesme air, comme si tout cela eust esté d'une autre que d'elle. Sur quoy cét Ecclesiastique qui estoit fort vertueux & fort judicieux a témoigné, comme sur plusieurs autres preuves qu'il en avoit, qu'à la verité cette soûmission de jugement, & le plaisir qu'elle avoit d'entendre dire du mal d'elle l'avoit toûjours ravy: mais ce qu'il avoit

estimé bien davantage, fut que cette Mere l'ayant un jour prié de revoir & de corriger des Meditations qu'elle avoit données à ses Novices, & qui avoient paru assez considerables à quantité de personnes doctes & pieuses, ausquelles il les avoit montrées, pour dire qu'il seroit tres à propos de les faire imprimer, comme il voulut luy cacher l'estime qu'il en faisoit, il luy dit afin de la mortifier, qu'il les trouvoit plus propres à brusler qu'à toute autre chose. Quand la Mere eut entendu cela, elle le remercia tres-sincerement de son bon advis, & estant sortie d'aupres de luy, sans differer davantage, alla les jetter toutes au feu, de quoy quand il l'eut appris, il fut à la verité tres-marry; mais il fut ravy au delà de tout ce qu'on peut dire de cette Humilité & de cette Obeïssance, n'ayant eu aucun dessein ny aucune pensée qu'elle en deust jamais venir jusques à l'execution, & pretendant seulement signifier, comme il l'a expliqué depuis, qu'elles estoient plus propres à brûler les cœurs de l'amour de Dieu, qu'à toute autre chose; ce qui estoit tres-veritable en son sens. J'aurois plusieurs autres exemples à mettre en ce Chapitre, pour montrer comme elle a passé toute sa vie dans une continuelle abnegation de sa propre volonté, & une soûmission pareille aux volontez d'autruy, pour ne se separer jamais de celle de Dieu, en quoy consiste la perfection de toute l'obeïssance. Mais ce que j'ay rapporté suffira pour faire qu'on ne s'estonne pas si elle s'est si generalement signalée en toutes les vertus, puisque le S. Esprit promet toute sorte de victoires à l'ame obeïssante, & que les Saints adjoustent que c'est l'obeïssance qui plante & qui nourrit dans les ames toutes les autres vertus.

De son zele extraordinaire pour maintenir la closture, & des peines qu'elle a souffertes pour cela.

CHAPITRE XXX.

ON sçait que les Ordres Religieux outre les trois vœux de Pauvreté, de Chasteté, & d'Obeïssance, qui sont communs à tous, & dans lesquels consiste l'essence de la Religion comme dans les moyens generaux pour tendre à la perfection, en ont encores quelques particuliers propres à leur Institut, qui les distingue d'avec les autres, & qui sont des moyens particuliers à chacun d'eux pour arriver à la perfection particuliere propre de leur estat. Selon cette doctrine des Theologiens approuvée par l'Eglise, l'Ordre de l'Annonciade Celeste par ses Constitutions confirmées du S. Siege, outre ces trois Vœux essentiels, en fait un quatriéme d'une closture plus estroite, plus rigoureuse, & plus indispensable que tous les autres Ordres de son sexe. Et c'est le charactere propre de cét Institut, son mur de deffense, son azyle asseuré, & la cause de son plus grand bon-heur.

Ce fut aussi pour la conservation de ce privilege & de ce rempart sacré, que la Mere Marie Agnes a fait paroistre tant de zele, & a eu de si grandes persecutions à souffrir, principallement dans le commencement de l'establissemēt de son Monastere à Paris & en France, qu'il sembloit que le demon & le monde, & la raison humaine avoient conspiré pour renverser cette sainte Observance. Elle n'alloit gueres au Parloir qu'il ne luy fust necessaire de preparer son courage au combat : & il estoit facile à la voir, de

connoistre

connoistre combien elle estoit remplie de l'esprit de sa vocation. Car toutes les personnes qui venoient la combattre sur cela, apres l'avoir entenduë, s'en retournoient vaincuës par ses raisons, & se disoient l'une à l'autre. *Voila un esprit ferme, & une Fille qui n'est pas moins puissante en raisons, que Zelée pour la Profession.* Jamais ny les offres avantageuses, ny les menaces estonnantes n'ont pû l'ébranler pour relascher quelque chose en ce point; pour lequel en diverses rencontres elle a témoigné qu'elle eust esté toute preste à souffrir le Martyre, s'il en eust esté besoin, afin de conserver dans son integrité ce vœu singulier à son Ordre. Jusques-là qu'ayant une fois refusé l'entrée du Monastere à une Princesse des plus qualifiées de la Cour, & qui s'en tint fort offensée, on vint de la part du Prince son pere, menacer de rompre la porte du Convent, & de faire chasser de Paris & de France la Mere, s'il luy arrivoit une autre fois de commettre une pareille faute. Elle se recommanda à nostre Seigneur avec une grande tranquillité d'esprit, & une confiance pareille, & puis elle respondit à ceux qui venoient de la part du Prince. *Je croy que Monseigneur est trop pieux & trop sage pour vouloir ce que vous dites, & je m'asseure que quand il sçaura nos obligations, bien loin de nous condamner, il sera tres-aise que nous soyons plus soumises & plus obeïssantes à Dieu, qu'à luy mesme. Ce que j'ay fait, je l'ay dû faire, & je ne puis à l'advenir faire autrement.* On creut que pour cette réponse tout alloit estre perdu; & neantmoins par un effet bien contraire, tout le bruit s'appaisa, & la maison demeura paisiblement establie dans l'observance exacte de son vœu.

La servante de Dieu, a refusé l'entrée à d'autres grandes Dames qui avoient des permissions de Rome pour

cela. Car le sujet principal estoit la crainte qu'elle avoit qu'avec ces Dames, l'esprit du monde ne s'introduisist dans la Religion, & n'apportast du prejudice à l'observance des Regles, qu'elle preferoit à tous les advantages de la terre. C'estoit dans ces rencontres qu'elle recevoit des injures, & des outrages par des gens qui ne sçavoient pas estimer la vertu comme elle meritoit. On luy demandoit pourquoy elle estoit venuë en France amener des modes nouvelles, & des reformes differentes de tous les Monasteres. On luy disoit à elle mesme, que le sien seroit bienheureux si jamais elle n'y estoit venuë, parce qu'elle estoit la principale cause qui empeschoit tout l'entretien que les personnes du monde pouvoient avoir avec leurs parentes, & les filles de leur connoissance. On poursuivoit à demander à quoy estoit bonne cette rigueur ennemie de toute honneste conversation, comme si des Religieuses avoient besoin de ces affreuses solitudes pour observer leurs Regles, & comme si d'autres n'estoient pas aussi Regulieres & aussi ferventes qu'elles, sans toutes ces fantaisies, & ces superstitions inventées de nouveau.

Outre les Princesses & les Dames qu'elle n'a jamais voulu recevoir pour Pensionnaires, quelques grãds avantages temporels, que la Maison en eust pû esperer: elle en a aussi refusé l'entrée à des Abbesses de grande authorité, dont l'une entre les autres qui estoit venuë à Paris pour le sujet des guerres, pretendit qu'on luy devoit accorder ce Privilege pour voir deux de ses parentes qui estoient Religieuses dans le Monastere, tant à cause du pouvoir de sa Famille, que parce qu'elle avoit par escrit la permission de Monseigneur l'Archevesque, qui en est le Superieur. La Mere

MarieAgnes qui eſtoit lors Prieure, repartit fort modeſtement: Qu'elle eſtoit tres-faſchée de ce que cette Dame ne luy avoit pas fait ſçavoir ſon deſſein avant que de s'adreſſer à Monſeigneur l'Archeveſque, dautant qu'elle luy auroit fait entendre comme cela ne ſe pouvoit executer en aucune façon, & que cét éclairciſſement l'auroit diſpenſée de la peine qu'elle avoit euë à obtenir une permiſſion qui luy ſeroit inutile. Que ſon Inſtitut obligeoit à une cloſture ſi inviolable par le vœu particulier qu'on en fait de n'accepter aucunes diſpéces contraires, quand meſme elles ſeroient données par des Bulles de Rome, que juſques à maintenant on n'a jamais permis d'y entrer à aucune Dame, ny Abbeſſe, ny Princeſſe, ny autres, quoy que pluſieurs l'ayent demandé avec de tres-grandes inſtances: ce privilege n'eſtant accordé uniquement qu'aux ſeules Fondatrices. La Dame Abbeſſe inſiſtant ſur cela, demanda, ſi on auroit bien la hardieſſe de deſobeïr à Monſeigneur l'Archeveſque? La Mere répondit, qu'elle & toute ſa Communauté eſtoient les tres-humbles Sujettes de Monſeigneur; mais qu'elle eſtoit ſeure que s'il euſt eu la penſée de ce vœu preſente en ſon eſprit, quand on le pria d'accorder cette permiſſion, il ne l'euſt jamais donnée. C'eſt pourquoy elle la ſupplioit tres humblement de ſe ſatisfaire de ſes raiſons, & que de ſa part elle les feroit entendre au pluſtoſt à Monſeigneur l'Archeveſque. Ce qu'elle fit incontinent apres, en luy écrivant une Lettre que j'ay bien voulu rapporter pour preuve de ſa fermeté ſur le ſujet dont je parle.

MONSEIGNEUR,

Aprés avoir tres-humblement ſupplié voſtre paternel-

» le bonté d'accorder à toute noſtre Communauté ſa ſainte
» Benediction, je la ſupplie encores d'agreer pour l'amour
» de noſtre Seigneur, qu'en la plus profonde humilité qu'il
» m'eſt poſſible je vous expoſe, que le Vœu ſpecial de Clô-
» ture que nous faiſons dans noſtre Ordre, nous eſt auſſi
» eſſentiel que quelques Vœux particuliers ſont en quel-
» ques autres Ordres, comme aux Peres Chartreux celuy de
» ne manger jamais de chair, & aux Peres Capucins celuy
» de n'avoir jamais de rentes. C'eſt ce qui a eſté cauſe que
» Madame l'Abbeſſe qui nous a envoyé parler de voſtre
» part, n'a pas eu l'effet de la permiſſion qu'elle dit avoir ob-
» tenuë de Voſtre Grandeur. Ce que je vous ſupplie tres-
» humblement, Monſeigneur, de n'imputer pas en nous à
» un deffaut d'obeïſſance. Nous la conſerverons toûjours
» inviolable, en vous reconnoiſſant pour noſtre vray & le-
» gitime Superieur, que nous ſçavons avoir un grand deſir
» que ſes Sujettes ſoient fidelles à Dieu, & aux vœux qu'el-
» les luy ont faites. Le noſtre eſt cauſe que jamais ny Prin-
» ceſſe, ny Abbeſſe, ny autre Dame de quelque qualité
» qu'elle fuſt, n'eſt entrée en ce Monaſtere, que de voſtre
» grace vous avez conſervé en cette integrité, nonob-
» ſtant les Bulles du ſaint Siege, que quelques Princeſſes
» avoient obtenuës pour y avoir entrée. Nous eſperons
» de voſtre paternelle bonté que cette faveur nous ſera
» continuée pour l'avenir, & nous demandons cette miſe-
» ricorde avec toute la ſoûmiſſion & l'inſtance poſſible ;
» dautant que l'éloignement des creatures, & le Vœu de
» n'eſtre jamais veuës de perſonne, & de ne voir jamais per-
» ſonne, eſt l'eſſence & le propre eſprit de noſtre Religion,
» duquel elle ne ſe peut démentir, pour peu que ce ſoit, ſans
» qu'elle ſe ruine du tout. C'eſt pourquoy, Monſeigneur,
» en toutes les autres choſes où il plaira à Voſtre Grandeur

d'exercer nos obeïſſances, il n'eſt rien que nous ne ſoyons « ravies de faire pour en dôner des preuves : Et nous tenons « pour tres-aſſeuré que ſi nos vœux euſſent eſté preſents à « voſtre memoire quand on vous a fait cette demande in- « diſpenſablement contraire à noſtre Inſtitut, Madame « l'Abbeſſe n'euſt pas obtenu cette permiſſion, ſi tant eſt « meſme qu'elle l'ait obtenuë. Mais il eſtoit de mon devoir « de rendre raiſon à Voſtre Grandeur du ſujet que j'ay eu de « ne luy pas accorder cette entrée, afin qu'en obſervant « nos Vœux inviolablement, nous ſoyons plus capables « d'obtenir de Dieu la conſervation de voſtre Perſonne ſa- « crée, & qu'en particulier je ſois plus digne pour moy de « me dire, «

MONSEIGNEUR,

Voſtre tres-humble & tres-
obeïſſante Fille & Servante,
Sœur MARIE AGNES, &c.

Une autre fois une perſonne de condition parlant à cette Mere, s'emporta d'une façon ſi eſtrange ſur le meſme ſujet de la Cloſture trop exacte & trop rigoureuſe à ſon gré, qu'elle en vint juſques à blaſmer d'une extrême imprudence, & faire des médiſances cruelles contre l'Inſtitutrice de cette Religion, diſant que cette retraitte eſtoit une de ces inventions qui ne ſervent qu'à faire offencer Dieu, que c'eſtoit une ſuperſtition & une hypocriſie qui alloit contre les Commandemens de Dieu & de l'Egliſe, en empêchant qu'on ne rende le reſpect qu'on doit à ſes parens, & faiſant que des Filles ainſi enfermées gemiſſent ſans pouvoir declarer leurs peines à perſonne,

Pour cela & pour d'autres raisons, il menaça de faire porter ses plaintes jusques à Rome, où il se vanta d'avoir assez de credit, pour faire condamner & supprimer ces abus. La bonne Mere demeura dans sa tranquillité ordinaire, & repoussa ces reproches par de judicieuses réponses, disant tout bas à son Assistante, *Il luy faut pardonner, car il ne sçait ce qu'il dit. Voyez comme les sentimens des Saints sont éloignez de ceux des gens du monde.* Et apres plusieurs belles & pieuses reparties qu'elle fit pour soustenir l'honneur & l'estime de sa sage & de sa sainte Fondatrice, qui estoit ce qu'elle pretendoit particulierement, afin d'adoucir & de desabuser cét esprit violent, elle luy dit pour derniere réponse, *Ie croy, Monsieur, que si vous estes écouté en la Cour de Rome sur vos plaintes, les Religieuses auront la mesme grace pour faire entendre leurs deffenses. Il est de vostre interest que les choses demeurent dans l'estat où elles sont : car c'est le bon-heur des parens d'avoir des filles qui soient avantagées de puissans moyens, pour attirer les graces de Dieu sur eux. Nous n'avons pas quitté le monde, pour nous en reserver la veuë & l'entretien ; mais pour ne penser qu'à Dieu, & le prier incessamment pour ceux que nous avons laissez dans les dangers, & dans les miseres du siecle.* Et apres ces réponses & quelques autres semblables, celuy qui avoit si violemment jetté son feu se retira fort adoucy, & loüa la ferveur & la force d'esprit de celle qu'il avoit si indiscrettement blasmée.

Il y en a eu d'autres à la verité, qui estoient dans des dispositions bien differentes de celle cy. Car remplis de l'Esprit de Dieu, & sçachans estimer les choses selon leur merite, ils confirmoient la Mere dans son zele, & dans sa fermeté. Ils luy disoient, *Ma bonne Mere, prenez courage, conservez bien ce mur de deffense, ces dehors, & cette con-*

trefcarpe de voſtre Inſtitut. Gardez bien cette grace de fer, parce que ce ſera elle qui vous conſervera. Ce qu'elle taſchoit fort ſouvent auſſi d'imprimer dans l'eſprit de ſes Religieuſes, leur montrant l'importance, & les grands advantages qu'il y a d'eſtre tout-à-fait ſeparées du monde : Et ces filles en eſtoient ſi perſuadées, qu'elles ont juſques icy conſervé ſans aucun relaſchemét leur eſtroitte Cloſture, dans l'integrité que tout le monde ſçait. Mais pour confirmer comme cette Mere ſpiritualiſoit & ſanctifioit l'amour qu'elle en avoit, voicy quelque extrait d'une Lettre de ſa main écrite à un Reverend Pere à qui elle demandoit un Traité ſur ce point, où l'on verra comme toutes choſes luy fourniſſoient matiere pour s'élever & pour s'unir à Dieu. En voicy la teneur.

MON TRES-REVEREND PERE,

JESUS eſtabliſſe ſon Regne dans voſtre ame. Il y a quelque temps que nous deſirons fort que voſtre charité nous procure auprés de quelqu'un de vos Reverends Peres, un Traité qui nous explique les advantages de noſtre ſainte Cloſture: Nous montrant les honneurs qu'elle rend à Dieu, à noſtre Seigneur JESUS-CHRIST, à la tres-ſainte Vierge, aux Anges, & aux Saints, avec qui elle nous donne plus de moyen de nous entretenir. Qu'il y adjoûte, s'il luy plaiſt, la neceſſité que nous avons de la garder inviolablement, dans la force & dans l'integrité où nous l'avons trouvée. Qu'il concluë par les profits qu'elle nous apporte & à noſtre prochain, en nous donnant le temps pour vaquer avec plus de recollection à prier Dieu pour luy. La raiſon eſt que comme nous en faiſons un Vœu particulier, nous y avons auſſi des obligations toutes

" particulieres, que le Livre de nos Conſtitutions vous
" pourra faire voir: Et comme nous ſommes inſtituées pour
" honorer le Myſtere de l'Incarnation, & la demeure du
" Verbe dans la ſainte Vierge; noſtre vie doit avoir du rap-
" port à celle qu'il avoit en cét eſtat, tant pour les honneurs
" qu'il a rendus à ſon Pere, que pour les biens qu'il a procu-
" rez aux ames par ce divin Myſtere, & pour ceux que nous
" devons en l'imitant en recueillir pour nous-meſmes, & en
" obtenir pour nos prochains.
" Je ſouhaitterois bien, mon Reverend Pere, qu'il euſt
" la bonté de nous montrer, que noſtre ſainte Cloſture eſt
" encores pour nous unir à ce Verbe enfermé dans ſon Hu-
" manité ſacrée, laquelle peut eſtre dite le vray Cloiſtre de
" Dieu. Comme auſſi pour honorer ſon Aſcenſion dans
" le ſein de ſon Pere, d'où il ayde les ames ſans eſtre veu
" d'elles. Il y a pluſieurs choſes ſur ce ſujet que vous ſçavez
" mieux que moy, & qui ſe pourront, s'il vous plaiſt, adjoû-
" ter, pour nous exciter à garder toûjours noſtre Vœu dans
" ſa perfection, nonobſtant tous les diſcours du monde qui
" s'en ſcandaliſe, & qui fait ſouvent comme les Juifs, quand
" ils prenoient ſujet de mépriſer ce meſme Verbe, & de le
" perſecuter pour ſes ſaintes actions: Ainſi on nous mépriſe
" & on nous perſecute à cauſe de noſtre Cloſture qui nous
" eſt ſi advantageuſe, ſi ſagement approuvée de l'Egliſe, & ſi
" viſiblement inſpirée de Dieu.
" Si vous le jugez à propos, mon Reverend Pere, qu'il
" nous montre auſſi comme Dieu de toute eternité eſt & ſe-
" ra renfermé en ſoy-meſme, & quoy qu'il ſe ſoit commu-
" niqué en creant, en juſtifiant, & en glorifiant les ames, il
" eſt pourtant toûjours retiré dans ſoy-meſme, comme dans
" un Cloiſtre Auguſte où il eſt inacceſſible à toute creature.
" C'eſt pourquoy noſtre ſainte Cloſture nous oblige à
n'eſtre

n'estre qu'à luy seul, & veut que nos communications «
avec le prochain soient si rares que nous puissions dire, «
n'en avoir qu'avec Dieu. O mon Pere, que cela nous «
est doux, facile & profitable ! Et que les mondains sont «
aveuglez de nous plaindre, comme si nous estions des pri- «
sonnieres & des captives, ils ne voyent pas que ce sont eux «
qui doivent estre plaints, estans comme ils sont enchaif- «
nez dans les pieges des Demons, du Monde, & de la Va- «
nité, d'où ils ne sortiront que pour entrer dans l'effroya- «
ble prison de l'enfer, où ils seront sans fin miserables, si «
Dieu n'a pitié d'eux. O que cette Closture est differen- «
te de la nostre !

Enfin, quand Dieu se donne à l'ame au tres-Saint Sa- «
crement il est voilé des accidents du pain : & en toutes «
communications où les sens & la raison ne voyent & ne «
connoissent rien, c'est toûjours où il fait mieux ressentir «
ce qu'il est. Ce sont ces considerations & d'autres sembla- «
bles, qui nous doivent porter à priser & à cherir nostre «
estat : Et ce sont celles, mon Reverend Pere, que je sup- «
plie vostre Charité de nous faire expliquer, afin de nous «
en faire tirer plus de profit pour la gloire de nostre Sei- «
gneur, & pour nostre sanctification, à laquelle vous au- «
rez d'autant plus de part, que vous aurez contribué à nous «
en faire connoistre & cherir les moyens, &c. «

Ainsi cette ame, quoy que tres-éclairée ne laissoit pas
de chercher ailleurs de l'instruction, & elle n'estoit pas
seulement zelée pour empécher les entrées des personnes
du dehors, mais aussi elle estoit inflexible pour se trouver
elle-mesme à la porte du Monastere, sur les supplications
de plusieurs Dames qui souhaittoient extrémement de l'y
voir & de l'y embrasser, se souvenant toûjours que les
Coustitutions de son Ordre exhortent generallement les

Religieuses d'éviter pour jamais de voir & d'estre veuës, autant que cela pourra dépendre d'elles, ce qu'elle gardoit inviolablement.

Mais ce destachement general de toutes les personnes estrangeres ne luy suffisoit pas, elle eut un plus grand Sacrifice à faire sur ce sujet: car comme ce n'estoit pas une chose impossible pour elle, de voir encore une fois en sa vie la Reverende Mere Claude Marie Dauvaine sa chere Sœur, qu'elle avoit laissée au monde quand elle en sortit pour suivre nostre Seigneur, elle voulut encore pour son regard faire un acte heroïque de renoncement à la chair & au sang, & se priver tout de nouveau pour l'amour de nostre Seigneur, du moyen qu'elle avoit de la voir jamais; ce fut par un cinquiéme Vœu qu'elle en fit, selon qu'il est permis dans les Constitutions de cét Ordre à celles qui le souhaittent: car elle s'y engagea sur un advis qu'on luy donna que cette bonne Mere qui estoit de la Visitation, devoit arriver à Paris, pour aller estre Superieure en un des Monasteres de son Ordre, & pouvoit en passant donner ce contentement à sa sœur. Il est pourtant à remarquer pour faire connoistre la sympathie de ces deux ames, en la pratique des plus magnanimes vertus, que celle dont nous parlons, ne fit ce Vœu que du consentement de l'autre, afin que le Sacrifice fust d'autant plus entier & plus plein, qu'il estoit commun à toutes les deux, & que l'une & l'autre estoient remplies de beaucoup de merites, & liées ensemble par les chaisnes de la grace, beaucoup plus estroittement que par celles du sang. Car elles donnerent à Dieu en ce rencontre ce qui leur restoit de plus cher & de plus agreable sur la terre, en se privant pour son amour de la consolation de se revoir l'une l'autre pour la derniere fois.

Des connoissances qu'elle eut avec les grands, & de la maniere dont elle en usoit pour les porter à Dieu.

CHAPITRE XXXI.

Dieu de qui l'inclination ordinaire est de cacher au monde les ames qu'il a choisies, & de les mettre, comme parle le Psalmiste, *à l'ombre de ses aisles*, ne les veut pas laisser pour cela inutiles. Il veut que semblables aux estoilles du Ciel elles soient toûjours attachées au Firmament, & qu'elles ne luisent jamais aux yeux des hommes, sinon dans le temps de la nuit. Mais il ne veut pas qu'elles soient moins fructueuses au monde, que ces flambeaux du Ciel qui fertilisent les campagnes, conduisent les vaisseaux sur la mer, & par leurs influences & leur vertu produisent mille effets salutaires à la vie des hommes. Celle de qui nous écrivons les actions, quoy que zelée pour la retraite, comme nous avons dit, & ennemie de l'éclat & du faste plus qu'on ne peut l'exprimer, n'a pas laissé neantmoins d'estre connuë & honorée par des personnes de la premiere qualité : comprenant sous ce nom les Princes & les Princesses de son temps les plus considerables. Mais elle n'a fait servir toutes ces connoissances, que pour le service de celuy qui les luy avoit données, & à qui il vouloit que la sienne fust profitable.

Psal. 90.

La Reyne Marie de Medicis, Mere du Roy Loüis XIII. & ayeulle de nostre grand Monarque aujourd'huy heureusement regnant, avoit plusieurs fois desiré de la voir & de l'entretenir, sur le recit qu'elle en avoit entendu

faire par beaucoup de personnes capables d'en juger, comme estoit entr'autres son Confesseur, le Reverend Pere Suffren, de la Compagnie de JESUS, de la sainteté duquel toute la France est témoin. Elle vint pour cela quelques-fois en ce Monastere, & une entr'autres elle ouvrit son cœur à cette Mere, pour le décharger, disoit-elle, des desplaisirs qu'elle souffroit de quelqu'un, qui ayant esté élevé par elle à la haute puissance qu'il possedoit, s'en servoit, à ce qu'elle adjoustoit, pour luy rendre tous les mauvais services qu'elle pensoit en recevoir. Elle n'oublioit pas de dire en la façon du monde la plus touchante, & dans des termes dont on parle communément à la Cour, qu'il estoit sa Creature, qu'elle l'avoit maintenu contre tous, qu'elle l'avoit comblé de biens & d'honneurs, & que pour recompense elle en recevoit des ingratitudes & des persecutions. Elle estendit toutes ces choses par des paroles qui estoient des marques de sa douleur, & qu'il n'est point necessaire de rapporter icy. La Mere Marie Agnes sans faire beaucoup de reflexion sur toutes les choses qu'elle venoit d'entendre, ne chercha point d'autres moyens pour calmer l'esprit de cette grande Reyne, que les considerations qui sont les plus propres à faire rentrer les Grands en eux mesmes, & soûmettre leurs volontez à celles de Dieu, qui est le Roy des Rois, & le Seigneur Souverain. Car ayant tasché d'abord d'adoucir la violence de son aigreur, par quelques termes respectueux qui ressentoient la compassion & la complainte, elle luy répondit avec sa franchise ordinaire, dans les mesmes termes dont elle s'estoit servie, *Il est vray, Madame, vostre Majesté croit avoir de grands sujets de se plaindre, & ses ressentimens ne semblent pas selon sa raison estre sans beaucoup de Iustice. Mais, Madame, vostre Majesté n'a-t'elle iamais rien*

commis contre Dieu, qui est vostre Createur, vostre Bienfaicteur, vostre Maistre, & vostre Souverain? N'estes-vous pas sa Creature & sa Suiette? Ne vous a-t'il pas avantagée de beaucoup de biens & d'honneurs, vous faisant Reyne d'un des plus grands Royaumes du monde? N'avez-vous point esté ingrate envers luy de tant de faveurs que vous en avez receuës? Quelle comparaison y a-t'il de Dieu avec nous? Et des peines que merite un homme pour les maux qu'il nous a faits, avec des supplices eternels que nous avons meritez, quand nous avons offencé Dieu? N'est-il donc pas bien juste maintenant que vostre Majesté prenne en patience les desplaisirs qu'elle pense avoir receus, pour reparer ceux qu'elle a donnez au Roy du Ciel & de la terre, qui est son Createur, son Seigneur, & son Tout.

La bonne Reyne écoutoit fort doucement ces paroles, & advoüa la larme à l'œil que tout ce que la Servante de Dieu luy disoit estoit tres-veritable. Elle fut mesme si touchée de ces sages & saintes Remonstrances, qu'elle l'asseura qu'elle se sentoit pour lors en une disposition de donner à Dieu tous ses déplaisirs, & de pardonner de bon cœur à celuy dont elle se plaignoit si fort, au cas que les choses eussent esté en estat, disoit-elle, qu'elle eust pû se persuader qu'on en demeureroit là, & qu'on ne les voudroit pas porter plus avant. Et en s'en retournant elle dit aux Princesses qui estoient avec elle, des choses qui témoignoient encore mieux la deference qu'elle avoit pour les Remonstrances de cette pieuse Mere, & le profit qu'elle faisoit de son Saint & Religieux entretien.

Une autre fois cette mesme Reyne la voulut visiter avant que de sortir de Paris, & sçavoir son sentiment sur le voyage qu'elle entreprenoit pour ne se pas éloigner du Roy; apres qu'elle l'eut priée plusieurs fois de ne luy

point cacher les pensées que nostre Seigneur luy donneroit pour elle, & luy parler avec toute liberté: La Mere luy dit avec tout le respect possible dans des sentimens meslés de pieté & de douceur: *Madame, il faut que vostre Majesté se dispose à suivre le Fils de Dieu à la Croix, dautant qu'elle en aura beaucoup à supporter.* Elle luy dit d'autres choses plus en détail, qui seront plus propres à estre rapportées parmy ses predictions ou ses pressentimens, qu'en ce lieu où nous ne remarquós que les effets de sa pieté & de sa charité. Cette bonne Reyne s'en alla en effet à Compiegne, & de là elle envoyoit souvent visiter la Mere pour demander le secours de ses saintes prieres; & il ne venoit aucune Dame ou Seigneur à Paris, qu'elle ne l'obligeât d'aller au Monastere pour apprendre de ses nouvelles, & pour parler à elle, sans que jamais cette ame vrayement humble, se soit élevée de cette faveur: Et quelques lettres que cette grande Reyne luy ait fait l'honneur de luy écrire, & quelques asseurances de son estime & de son amitié qu'elle luy ait fait donner, jamais elle n'a rendu autre réponce, sinon qu'elle prieroit Dieu pour sa Majesté, & que c'estoit tout ce qu'elle pouvoit attendre d'une pauvre Religieuse comme elle.

Le bruit qui pour ce sujet, & pour quelques autres semblables se répandit dans la Cour parmy les Princesses & les Dames, que la Mere avoit le don de Prophetie, en attira plusieurs pour luy venir parler, & pour la consulter sur differentes affaires, esperantes qu'elles apprendroient d'elle des choses qu'elles ne pouvoient sçavoir d'autre part. Mais cela luy déplaisoit si fort, qu'avant mesme que de connoistre qu'on en vint jusques à ce point, d'avoir de semblables pensées d'elle, bien loin de donner quelques marques, ny au dedans ny au dehors du Monastere qui en

pussent authoriser la creance ; Elle affectoit d'en donner tout au contraire qui monstrassent combien ces discours populaires la choquoient, & combié à son sens ils étoient sans fondement, & sans aucun sujet d'établir dans le monde la fausse reputation qu'on luy donnoit. C'est pourquoy elle ne souffroit point dans la maison qu'on en parlast en aucune sorte ; Et elle rompoit avec tous ceux & toutes celles du dehors qui pensoient s'entretenir avec elle sur de semblables discours. Sa réponce estoit courte & precise sur tout ce qui en approchoit. *Nostre Seigneur n'a jamais fait estat de toutes les loüanges du monde : & il n'a pas besoin pour estre honoré, qu'on en donne de vaines & de fausses à ses serviteurs & à ses servantes. L'orgueil a perdu les Anges, l'humilité est ce qui peut sauver de pauvres creatures comme nous. Pensons à garder ses Commandemens, & nos Regles, comme il faut. Nous sommes assez sçavantes si nous sçavons par les lumieres de l'Evangile l'honorer, le craindre & l'aimer parfaitement, sans en chercher d'autres qui ne servent qu'à jetter dans les esprits l'erreur & la vanité.*

La Reyne Anne d'Austriche mere de nostre incomparable Monarque Louys XIV. faisoit aussi assez souvent la mesme grace à la Mere, & à ce Monastere de l'honorer de ses Royalles visites. Lors que la Mere Marie Agnes n'estoit pas Superieure en chef, jamais elle ne se produisoit & ne s'avançoit pour recevoir sa Majesté, ny pour la saluër, à moins qu'elle-mesme ne l'envoyast querir, & elle n'y demeuroit qu'autant de temps, qu'elle faisoit paroistre avoir dessein de luy parler. Elle estoit jusques là toujours retirée devant le saint Sacrement. Aussi-tost qu'elle trouvoit lieu de se dégager en laissant en sa place la Mere Marie Jeanne Magdelaine qui étoit Superieure ; Elle s'en retournoit à l'instant devant nostre Seigneur, sans s'arrê-

ter avec les autres Dames de la Cour, qui ne cherchoient autre chose que la conversation de cette bonne Mere, dont on leur avoit donné une si haute opinion, qu'elle soûtenoit & augmentoit encore de beaucoup par les sages & pieux entretiens qu'on avoit avec elle. Durant les années que cette incomparable Reyne demeura sans avoir aucun fruict de son mariage, elle employa pour en obtenir, les vœux & les prieres de toutes les ames qu'elle crut estre plus agreables à celuy de qui dépendent les Roys, aussi bien que leurs sujets. La Mere Marie Agnes qui estoit toujous zelée pour la gloire de Dieu, pour le bien de l'Eglise, & pour le bon-heur de la France, prit à cœur un souhait si saint & si juste. Elle se joignit avec tous les fidelles pour impetrer l'accomplissement des desirs, tant de sa Majesté, que de tout le Royaume : Et elle dressa pour cela des Oraisons extremement devotes, qu'elle envoya à la Reyne, où elle faisoit plusieurs demandes à Dieu pour la personne du Roy son cher époux, pour la sienne, pour celle de son futur Dauphin. Entre autres choses elle demandoit, qu'il plût au souverain Roy du Ciel que cet Auguste Enfant ne vint sur la terre que pour faire Regner Jesus-Christ dans toutes les Provinces de son obeïssance, & dans les ames de tous ses sujets: qu'il fust luy-mesme une Image vivante de Jesus-Christ sur la terre ; qu'il fust le soustien de l'Eglise, le fleau des heresies, la terreur des méchans, & l'appuy de tous les gens de bien. Cette pieuse Reyne recevoit ces choses avec beaucoup de reconnoissance, & les lisoit avec devotion : Car elle avoit pour cette Mere une veneration tres-particuliere, & estoit si fort persuadée de son extraordinaire vertu, que quelque fois elle luy découvroit confidemment plusieurs sentiments de son cœur : & alors l'humilité de

té de la Mere n'empefchoit pas la fainte liberté qu'elle prenoit generallement avec toute forte de perfonnes, pour la gloire de Dieu : Car elle ne répondoit point à fa Majefté par des paroles flatteufes, ny par des complimés qui reffentent la Cour, mais elle l'affermiffoit toujours dans la pourfuite des vertus Chreftiennes, & dans le defir d'une perfection digne de fon ame Royale ; dans la foûmiffion à la divine Providence, & dans la difpofition à fouffrir tout ce qu'elle ordonneroit. Ce que cette admirable Princeffe prenoit fi agreablement, que l'en remerciant affectueufement, elle demandoit pour cela mefme, le fecours de fes faintes prieres, & c'eftoit le fruit & la fin de tous leurs pieux entretiens.

Il arriva que quelqu'une des Dames parla un jour à fa Majefté, de Mademoifelle Dauvaine, qui pour lors n'étoit pas encores Religieufe de la Vifitation, & la fupplia d'ordonner qu'on la fift venir à Paris, pour eftre dans le Monaftere de l'Annonciade avec fa fœur aînée. La Reyne commanda auffi-toft à la Mere Marie Agnes d'efcrire pour cela une lettre qu'elle vouloit figner de fa main. La Mere commença d'efcrire avec autant de joye, qu'elle avoit d'affection pour cette chere fœur ; Mais quand elle eut efcrit environ la moitié de la lettre, elle fut touchée d'une confufion fi preffante, qn'elle alla fur l'heure trouver fa Majefté, pour luy demander en grace, qu'elle ne l'obligeaft pas à continuer, difant que ces faveurs devoient eftre pour d'autres que pour elle, parce qu'eftant fi peu de chofe, elle ne pouvoit fouffrir, qu'il fuft dit qu'une fi grande Reyne eut penfé à elle ou aux fiens. Par cette confideration que cette lettre luy eftoit honorable, elle ne l'acheva pas, ce qui ravit d'autant plus la Reyne & les Dames de fa Cour, que fans aucun doute, cette lettre eût

fait venir sa sœur avec elle. Mais la Providence de Dieu qui en avoit autrement ordonné, se servit de ce motif d'humilité, afin d'en tirer sa gloire, & faire que la Cadette des deux sœurs fust un riche ornement dans l'Ordre de la Visitation, sainte Marie comme l'aînée en estoit un tres-grand en celuy de l'Annonciade celeste.

Quand les Princesses & les Dames qui accompagnoient la Reyne vouloient l'obliger à lever le voile, elle s'en deffendoit le plus Religieusement qu'il luy estoit possible, & disoit pour divertir de ce dessein elles qui la pressoient:
Mes Dames, si j'estois comme l'Hostie quand elle est consacrée, je n'aurois aucune difficulté que vous me vissiez toutes, car je ne serois plus rien qu'un simple accident, sous lequel Jesus-Christ seroit caché: Mais estant une miserable creature si grossiere, si pleine de moy mesme, & qui n'ay rien de bon, je ne vaux pas la peine que personne arreste ses regards sur moy.

Un jour que la Reyne sortoit pour s'en aller, & c'estoit en Hyver dans le temps où on honoroit au Monastere l'Enfance de nostre Seigneur, la Mere Marie Agnes portoit le flambeau devant sa Majesté, & comme elle estoit voilée, la Reyne luy demanda qui elle estoit. Elle répondit, Madame, c'est la tres-humble servante qui se joint avec saint Joseph, pour éclairer avec respect à vostre Majesté comme ce grand saint à la Créche éclairoit le saint Enfant Jesus. La pieuse Princesse fut fort edifiée de cette presence d'esprit que rien ne pouvoit divertir d'avec Dieu, & qui prenoit occasion de tout, pour y porter les pensées de ceux avec qui elle traittoit.

Il arriva quelques années aprés, qu'un Prince souverain pour qui elle avoit par devoir & par reconnoissance des considerations toutes particulieres, ayant esté nourrie à sa Cour, & receuë à la Religion dans le pays de son

obeïssance, voulut l'honorer d'une de ses visites. Elle qui sçavoit les obligations qu'elle avoit à la personne de ce Prince, & à la protection qu'il donnoit à son Ordre, n'eût point pourtant assez de complaisance pour luy ouvrir la grille, alleguant pour son excuse le vœu de l'étroite closture qu'elle avoit promis de garder. Et quoy que ce Prince persistast au contraire, & se plaignist du peu de distinction qu'elle faisoit de sa personne d'avec celle de tout le monde ; elle se tint toujours avec tout le respect possible dans l'observance que son vœu luy sembloit exiger d'elle : mais à travers les barreaux & les rideaux qui la cachoient, elle ne laissa pas de voir dans le cœur de ce Prince, un dessein dont il ne s'estoit encore, à ce qu'il asseura depuis declaré à personne : du moins la Mere ne pouvoit en avoir aucune connoissance. Il estoit neantmoins pour produire de tres mauvais effets contre le repos de ce Prince, & contre celuy de son Estat. Ce fut pourquoy elle prit la liberté de luy en parler avec le respect, & l'affection qu'elle devoit toujours avoir pour luy & pour son peuple, & elle le conjura par les choses du monde qui le pouvoient davantage toucher, de considerer les suites qui en pourroient arriver, avant que de s'y engager. Le Prince parut alors recevoir fort bien ses raisons, & estre bien édifié de son zéle & de sa devotion. Mais son cœur n'estoit pas pour lors disposé à suivre ses salutaires remonstrances : Et en verité les évenemens ont si fort confirmé ses parolles, qu'il y a lieu de croire qu'elles avoient esté dites par une inspiration divine, plûtost que par la prevoyance d'une sagesse humaine. La charitable Mere ne se refroidit pas pour cela en l'ardeur de son zéle, & de sa pieté. Dans toutes les vissitudes qui arriverent en suite à ce Prince, elle eut toujours une application extraordinaire

pour sa conservation & pour le salut de son ame : Et au plus fort des infortunes qui l'ont suivy en beaucoup de pays, & d'estats, outre les prieres & les Communions, & les penitences qu'elle presentoit à Dieu pour luy, dans le temps qu'il a esté retenu dans des prisons differentes, elle se sentit une fois fortement poussée à luy écrire une lettre, qu'elle remplit des choses les plus devotes, & les plus efficaces, pour porter puissament son cœur à Dieu, & l'y attacher utilement durant toutes ses afflictions. Elle luy rappelloit la memoire de ses commencemens qui avoient esté parfaitement heureux : Elle luy parla des inclinations tres-loüables qu'il avoit fait parroistre en sa jeunesse: Elle luy representoit les graces singulieres dont Dieu l'avoit avátagé, & la devotion en laquelle il avoit esté instruit envers la sainte Vierge : Elle l'exhortoit à prendre confiance en ce Dieu de bonté & de misericorde qui n'abandonne jamais ceux qui le reclament dans leur affliction : Elle adjoustoit tout ce qu'elle pouvoit de plus tendre pour le consoler dans ses disgraces, & de plus fort pour le porter parfaitement à s'attacher aux biens veritables qui ne perissent jamais. On n'est pas asseuré, si cette lettre luy fut renduë ; mais ce qui est bien certain, c'est qu'il n'a rien manqué du costé de la Mere, pour procurer à ce Prince la grace de faire un saint usage de ses peines, & se conformer à la divine volonté dás toutes sortes d'estats. C'estoit la seule chose qui estoit de sa profession & de sa charité.

Madame la Princesse de Condé fut une des premieres qui voulut aussi lier une étroite amitié avec elle. Pour cela elle vint plusieurs fois la visiter, & un jour elle s'ouvrit à elle sur des choses qui sembloient estre de la derniere consequence pour le repos de sa vie, & pour l'asseurance de son salut. Elle luy declara un extreme déplaisir qu'elle

souffroit d'une personne dont elle disoit ne pouvoir davantage supporter les mauvais traitemens; de sorte qu'elle prenoit la resolution de se retirer de la Cour, & de porter bien loin son chagrin & son mécontentement. La bonne Mere qui prenoit sujet de tout pour aller à Dieu, & pour y mener les autres; ne laissa pas échapper cette occasion sans remontrer à la Princesse, premierement la grande difference qu'il y a des faveurs du monde d'avec celles du Ciel, & le grand tort qu'on a de se donner tant de tourments, pour faire sa Cour au monde, & de prendre si peu de peine pour la faire à Dieu. En suite elle n'oublia pas de luy representer les dangers des malheurs temporels & éternels qui sont attachez au service du monde, au lieu des biens infinis qui suivent infailliblement les serviteurs & les servantes de Dieu, dans la vie presente & dans l'éternité. Elle conclud que les afflictions estoient les moyens dont Dieu se servoit pour nous dégouster du monde, & les chemins qui nous conduisent au Ciel. Elle dit sur tout des choses particulieres que l'évenement confirma bien dans la suite, mais qu'il n'est pas necessaire de rapporter en ce lieu. Le fruict de ces paroles fut de faire advoüer à la Princesse qu'elle n'avoit jamais rien entendu de plus vray ny de plus propre pour elle, & de faire de grands éloges de celle qui luy avoit donné de si salutaires advis, & de luy en rendre de grands remerciemens.

Mais le plus beau fruit de la haute estime qu'on avoit de cette Mere, & de la Benediction que Dieu donnoit à sa tres-pieuse conduite, fut Madame la Comtesse de Rantzau, Mareschalle de France, & maintenant dans l'Ordre de l'Annonciade Celeste la tres-digne Mere Marie Elizabeth. Elle estoit pour lors mariée à Monsieur le Comte de Rantzau, Gouverneur de Dunkerque, & Mareschal de

France, assez connu par sa valeur dans les Armées, pour les services qu'il a rendus à cette Couronne, & par les marques d'honneur qu'il a receuës des Roys Loüis XIII. & Loüis XIV. Mais il le fut encores davantage par son illustre conversion à la Foy Catholique, qu'il embrassa plusieurs années avant sa mort, par les remonstrances & les exhortations continuelles de Madame sa femme qui luy servit de guide, luy en montrant le chemin par ses paroles, comme par son exemple.

Ce Seigneur estoit de la premiere Maison de Dannemarc, élevé dans la Religion Lutherienne, en laquelle il estoit fort instruit & fort sçavant, & il n'y paroissoit pas moins fortement attaché. Son courage & sa reputation dans les Armées avoient fait durant les guerres passées qu'on l'avoit recherché pour estre dans les interests de la France, & s'y estant engagé il y soustint si heureusement sa reputation, que son merite luy acquit le rang auquel il fut élevé. Il avoit de rares qualitez naturelles, & des vertus morales qui mesme dans l'heresie le distinguoient fort entre ceux de sa profession. Il estoit pitoyable aux pauvres, & ferme à conserver la Justice à tous les affligez. Quand il a commandé les Armées, il n'a jamais permis qu'on fist aucune violence aux lieux Saints, ny aucun outrage aux personnes consacrées à Dieu. Depuis sa conversion il eut une singuliere veneration pour le tres-saint Sacrement, où les Lutheriens comme les Catholiques croyent fermement que JESUS-CHRIST est reellement present, contre les Calvinistes, qui seuls ont osé dire qu'il n'y est qu'en figure, quoy que les Lutheriens tiennent que le pain y demeure, & que JESUS-CHRIST n'y est que dans l'usage, & au temps qu'on prend le Sacrement. Il eut aussi une devotion admirable pour la sainte Vierge, & on l'a

souvent veu dans le Camp visiter à cheval les Quartiers en disant son Chappelet. La Mareschalle qui estoit sa parente, & qui comme luy estoit Lutherienne, selon les coustumes du païs, & avec les dispenses requises par leurs Loix, l'avoit épousé quelques années auparavant qu'il vint en France. Mais ayant travaillé avec beaucoup d'application la premiere pour connoistre la verité, & l'ayant par la grace de Dieu, & par son bel esprit, & par une constante estude parfaitement bien connuë, elle travailla en suite incessamment pour retirer son mary de l'erreur qu'il avoit prise avec la naissance. Elle s'estoit renduë pour cela tres-sçavante dans tous les points de la Foy Orthodoxe contraires à la croyance des Protestans. Elle entendoit fort bien la langue Latine : elle lisoit les Autheurs de l'un & de l'autre party dans leurs propres ouvrages : elle conferoit assez souvent avec les plus sçavants : & par ses ferventes prieres, & par ses bons exemples, comme par ses solides raisons, elle gagna enfin le cœur du Mareschal pour le donner tout-à-fait à Dieu & à la verité.

Ce fut en ce temps-là qu'un bon Religieux, qui connoissoit fort particulierement la Reverende Mere Marie Agnes, fit rapport de sa rare vertu à cette Dame, qui conceut aussi tost pour elle une estime & une affection égalles. Elle entendoit avec grande satisfaction parler des dons que Dieu avoit mis en elle, & demeuroit encores plus édifiée quand elle apprenoit le soin qu'elle avoit de les tenir cachez. Quelque temps apres cette illustre Dame estant demeurée vefve, vint faire visite à la Mere dans son Monastere, & reconnut par son experience que ce qu'on luy avoit dit d'elle, n'estoit point au dessus de la verité, mais beaucoup au dessous de ce qu'elle y remarquoit. Car en effet elle y trouva un esprit si remply de courage & de fer-

veur, & un destachement si grand & si parfait de toutes les choses de la terre, qu'ayant depuis long-temps formé le dessein de se retirer du siecle, si jamais elle survivoit à Monsieur son mary ; par la veuë & par l'attrait de tant de graces, & de tant de vertus qu'elle admiroit dans la Mere, elle prefera sa Communauté à beaucoup d'autres qui la souhaittoient avec une grande ardeur, & qui luy offroient pour la posseder tous les avantages possibles. A l'exclusion de tout cela elle se renferma dans ce Convent, non seulement pour l'estat singulier qu'elle faisoit de la Superieure ; mais aussi pour la grande separation du monde qu'elle voyoit en cét Ordre, & par l'exacte observance de la Regularité qu'elle sçavoit y estre dans sa parfaite rigueur, sous la conduite d'une si vertueuse Mere, & par l'obeïssance de tant de pieuses Filles qu'elle avoit toutes comme dés le Berceau, élevées à la Religion.

Madame de Rantzau y entra dans cét esprit avec l'admiration de toute la Cour, & l'édification de tout Paris, qui vit une Dame de sa qualité, de son aage, & de son courage, avec tous les avantages d'esprit, de corps, & de naissance qu'elle avoit, s'ensevelir toute vivante pour ainsi parler, dans une Religion aussi morte au monde qu'est celle-là : Et pour le tiltre de Fondatrice qui luy fut offert en consideration du bien qu'elle apportoit à la Communauté, & de l'honneur qu'elle faisoit à tout l'Ordre, elle ne demanda aucun autre Privilege, sinon celuy de pouvoir parler aux Seigneurs Allemands qui arriveroient à Paris, & qui la viendroient visiter : & cela pour avoir le moyen de traiter avec eux de leur conversion à la Religion Catholique. Les Superieurs & la Communauté, comme on se le peut aisément figurer, luy accorderent de grand cœur ce Privilege, & dans le vray, elle en a usé avec tant de pieté,

de pieté, tant de fageffe, & tant de fruit, qu'aprés Monfieur fon mary, qu'elle avoit converty eftant encores dans le fiecle, elle en a ramené à l'Eglife plufieurs autres de qualité, fe fervant quelques-fois du miniftere des perfonnes qu'elle connoiffoit en eftre capables, comme entr'autres de Monfieur Pean, tres-pieux Ecclefiaftique, & fort eftimé dans Paris pour fa fcience, qui avoit utilement travaillé auprés de Monfieur le Marefchal, & qui a depuis fait imprimer beaucoup d'ouurages fur ces matieres; & du Reverend Pere de la Barre de la Compagnie de Jesus, qu'elle fçavoit auffi eftre experimenté dans les Controverfes, & qui outre les folides raifons, apportoit tant de douceur & de civilité auprés de ceux avec qui il traittoit, qu'un Seigneur de qualité s'en eftant feparé, dit à la Mere de Rantzau, qu'il avoit eu toute fa vie averfion de parler aux Ecclefiaftiques & aux Religieux, & fur tout aux Jefuiftes; mais qu'il avoit aifément confenti à converfer avec luy, qu'il avoit trouvé à fon gré auffi doux & auffi honnefte à propofer les chofes, que folide & fçavant à donner des raifons aufquelles il ne pouvoit refifter. Mais outre les fecours que la Reverende Mere Marie Elizabeth, ainfi nommée dans la Religion & non plus la Marefchalle de Rantzau, appelloit d'ailleurs, elle avoit en elle-mefme des dons naturels & furnaturels, fi propres pour un fi bon fujet, que peu de perfonnes fe font donnée la fatisfaction de l'écouter avec attention, fans fe convertir, ou fans eftre difpofées à le faire, quand le temps auroit meury leur refolution.

 Elle a de la forte demeuré dix-fept ans dans le Monaftere de Paris, avec une obfervance de tout l'Inftitut, & une édification de toutes les Religieufes, auffi parfaite & auffi generale qu'on pouvoit l'attendre d'une vocation

aussi extraordinaire qu'avoit esté la sienne, & elle a demeuré tout ce temps-là, partie sous la conduite de la Mere Marie Agnes, partie gouvernant elle mesme le Monastere. Apres quoy elle s'est mise en estat d'effectuer le pieux dessein qu'elle avoit conserté en son cœur, & declaré aux Superieurs dés son entrée en la Religion, qui estoit d'aller fonder une Maison de son Ordre dans le païs de sa naissance, afin d'y acquerir des ames à Dieu, & les retirer de l'heresie où elles sont engagées. Ayant pris ses mesures & ses suretez pour cela, elle partit de Paris l'année 1666. avec tous les regrets imaginables de la Communauté, qui n'eust pû se resoudre à cette separation, à moins d'un motif aussi Saint qu'est celuy de la gloire Dieu, & du salut des ames, & avec la promesse qu'elle fit en partant, que si la fondation qu'elle entreprenoit ne reüssissoit pas, comme en effet l'évenement en estoit fort douteux dans des terres de Seigneurs Protestans, elle reviendroit en sa Maison de Paris, qui s'estimera toûjours tres-heureuse de posseder en elle une personne qui y a beaucoup apporté d'ornement, & laissé beaucoup d'édification. On apprend qu'elle y continuë à faire dans le païs de Dannemarch où elle est, tout le bien qui est en son pouvoir, & à mettre en usage tant les graces qu'elle a receuës de Dieu, que les instructions qu'elle a euës de la Mere qui l'a formée à la Religion. Dieu s'est quelques-fois servy d'une femme pour convertir des peuples & des Royaumes tous entiers. Il a converty tout l'Empire Romain par Sainte Helene: La France par Sainte Clotilde: L'Espagne par Ildegarde. Et qui sçait les desseins qu'il veut faire reüssir par tant de belles qualitez qu'il a mises en celle dont nous parlons, & qui a tant fait & tant quitté pour se rendre digne d'estre employée par luy à de si saintes intentions? Mais revenons

à celle qui l'a acquise à la Religion.

Il s'est trouvé diverses autres personnes, & mesme des plus spirituelles, qui considerans les grands talents que la Mere Marie Agnes avoit pour conduire les ames dans les voyes les plus élevées de la Devotion, ont voulu se soûmettre à elle, & l'ont priée de leur donner des Reglemens pour leur vie. Elles n'ont pas manqué de luy alleguer ce qu'on allegue d'ordinaire, qu'il y alloit de la gloire de Dieu, & des bons exemples que des ames vertueuses donneroient dans le monde, sur tout quand elles sont de la premiere qualité. On y adjoustoit les advantages de la Communauté, l'appuy & le credit de l'Ordre qui estoit si peu connu en France: Sa propre justification contre les invectives qu'on auoit faites contr'elle. Mais toutes ces considerations ne luy ont jamais fait affecter ny d'estre connuë des Grands, ny de s'entretenir avec les personnes de la plus haute reputation mesme de pieté qui la sont venuës assez souvent chercher en son Monastere, si ce n'étoient celles que Dieu luy envoyoit visiblement: & encores n'estoit-ce que pour les choses qui regardoient purem̃ẽt son service, & cela même sans relâchement aucun de sa retraite, & sans occupation de son esprit pour toutes les affaires du siecle. Quand elle entendoit des discours contraires à son estat, ou à ses inclinations, qu'on la loüoit, ou qu'on la consultoit sur les choses du monde, & qu'on témoignoit se trouver bien de ses advis ; elle faisoit par un mouvement qui luy estoit assez ordinaire, le signe de la Croix sur son cœur, estimant que tout cela ne venoit que par le sifflement du premier de tous les superbes, & par le tentateur qui vint pour seduire nostre Seigneur jusques dans son desert: Et elle répondoit à tout cela, *Malheur à Ierem. 17. l'ame qui desire le iour de l'homme, & qui cherche à se pro-*

duire devant les hommes. Malheur à la vierge folle qui veut faire éclatter sa lampe au lieu d'y conserver l'huile en attendant son Espoux. Malheur à l'homme qui se confie en l'homme, & qui fonde son appuy sur un bras de chair. Soyons humbles & nous serons assez fortes. Servons Dieu & rien ne nous manquera. A quoy elle adjoustoit cette sentence de nostre Seigneur, *Que profite à l'homme de gagner tout le monde, s'il perd son ame? Et que nous profitera-t'il de l'avoir quitté, si nous ne trouvons Dieu, que nous faisons profession d'estre venuës chercher en abandonnant toutes choses pour luy?*

Matt. 25.
Ierem. 17.
Matt. 16.

De sa douceur & de sa patience, & premierement dans les traverses qu'on luy a suscitées.

CHAPITRE XXXII.

APres les conformitez que cette Espouse choisie a euës avec son celeste Espoux dans tous les estats de la vie voyagere qu'il a menée sur la terre, il est temps de regarder les ressemblances qu'elle a euës dans les diverses souffrances qu'elle a éprouvées jusqu'à la fin de ses jours. Car on peut dire avec verité, qu'elle a esté l'une de celles à qui apres avoir fait gouster ses caresses, il a voulu faire part de son Calice, & de ses amertumes: Et qu'afin de la purifier comme parle l'Escriture, dans la fournaise & dans le creuset de la tribulation, il l'a mise dás les plus fascheuses épreuves, où une bonne ame comme la sienne semblast pouvoir tomber, & cela pour achever en elle un Sacrifice consommé sur l'Autel de la Croix. Pour cela il a permis qu'elle ait eu à souffrir d'elle-mesme, du dehors, & mesme du dedans de la maison. Qu'elle ait souffert en sa

Sap. 3.

reputation, dans le corps & dans l'esprit. Qu'elle ait enduré du costé du Demon, de la part du Monde, de ses amis & de ses ennemis, & de Dieu mesme, toutes sortes d'afflictions. Et ce qui ravissoit davantage ceux qui en estoient témoins, c'est qu'on a appris encores apres sa mort par le rapport d'une ancienne Religieuse, à qui elle avoit la confiance de declarer les sentimens secrets de son cœur, que dans la multitude & dans l'excez de ses douleurs, sa plus grande douleur estoit de ne pouvoir souffrir encore davantage que tout ce qu'elle enduroit.

Quoy que des raisons de prudence & de charité ne nous permettent pas d'étendre & d'expliquer en detail toutes les occasions où sa patience a esté exercée; Il faut neanmoins par des motifs de justice & de verité advoüer qu'on ne doit pas tout-à-fait supprimer les illustres exemples qu'elle en a donnez en diverses rencontres: parce qu'ils ont fait au sentiment de ceux qui l'ont connuë, le plus bel ornement de sa vie, le plus riche thresor de ses merites, & le portrait le plus achevé de JESUS CHRIST souffrant jusques à la mort. Donc pour suivre les choses dans l'ordre où elles sont arrivées, avant que de parler des sept dernieres années de sa maladie, & des grandes peines interieures dans lesquelles son ame a esté plongée: Nous prendrons de plus loin les principalles rencontres où elle a esté exercée durant sa vie, avant que de venir aux derniers combats qui luy ont enfin donné la couronne. Les choses estant trop diverses, & d'une trop longue étenduë pour estre mises ensemble sans confusion, nous les distinguerons dans les chapitres suivans.

Nous avons dit comme dés le temps de son noviciat nostre Seigneur l'alloit preparant par les peines qu'elle souffrit durant deux ans & plus, aux grandes lumieres &

aux graces tres abondantes dont il la combla depuis. Elle fut plusieurs années dans toutes les douceurs celestes qui causoient en son cœur les transports, & les ravissemens dont nous avons parlé au commencement. Mais comme ce divin Maistre la vouloit conduire à une perfection plus établie & plus confirmée, il commença plus de douze ans avant sa mort, à la dépoüiller peu à peu de toutes les sensibilitez, & de tous ces effets agreables & delicieux, qu'il opere dans les ames à qui il veut faire comme dit le Psalmiste, *Gouster, & sçavoir combien le Seigneur est doux*. De sorte qu'encores qu'il fust toujours puissamment present operant en elle par sa grace, & que ce changement interieur ne produisist au dehors aucun effet remarquable; Ces lumieres pourtant & ces ardeurs n'estoient plus si savoureuses qu'auparavant. Elles estoient comme un feu caché sous la cendre, qui ne fait ny sentir sa chaleur ny éclater sa lumiere, quoy qu'il en garde neantmoins le principe & la cause: ou comme les semences durant l'hyver ensevelies sous la glace & sous la neige qui conservent leur vertu dans sa force, mais n'en font rien paroistre durant l'absence, ou l'esloignement du Soleil. Cela commença en partie à luy arriver durant son Noviciat: mais ce ne fut ny si fortement, ny si long-temps comme elle l'éprouva & le reconnut elle-mesme, en suite des resistances trop longues & trop frequentes qu'elle apporta pour n'accepter point les Charges qu'on luy vouloit donner pour le gouvernement de la maison. Car quoy que le motif ne fust autre que sa profonde humilité, & la creance qu'elle avoit de son extreme incapacité, cela neámoins ne plut pas tant à nostre Seigneur, qu'il ne voulust bien luy faire connoistre, qu'elle se devoit plustost abandonner à sa sage Providence, qu'aux craintes & aux défiances

Psal. 33.

qu'elle avoit de ſoy-meſme. Cependant cela ne produiſit point de plus mauvais effets en elle, ſinon qu'il l'établit davantage dans la ſoûmiſſion qu'elle devoit avoir à toutes les volontez de Dieu, & en la confiance qu'elle devoit prendre en ſa paternelle conduite. Au contraire voyant que noſtre Seigneur ſe cachoit, elle s'efforçoit de le chercher avec d'autant plus de fidelité, qu'elle eſtimoit que c'eſtoit par ſa faute qu'il s'eſtoit éloigné d'elle. C'eſt pourquoy comme il la preparoit aux grandes privations, & aux extremes abandons qu'elle avoit à ſouffrir, & qu'il la vouloit conduire par cette voye de Croix tout le reſte de ſa vie, & ſelon les termes de la Mere Marie Jeanne Magdelaine, la mettre dans un état de conſommation, il permit que le Confeſſeur de la Cómunauté, à qui elle s'étoit ſoûmiſe pour ſa conduite interieure, eut un mouvement tres particulier de l'exercer dans les choſes qui luy étoient les plus ſenſibles: cóme la de priver quelque fois de la ſainte Communion qu'elle avoit couſtume de recevoir tous les jours par devotion, trouvant en cela ſon ſupport & ſes delices. Mais comme il connoiſſoit l'excellente vertu de cette ame, & qu'il ſçavoit qu'elle eſtoit d'une trempe à porter toutes ſortes d'épreuves, il ne craignit point de ſe declarer contre elle en cela, & de luy dire qu'il faiſoit conſcience de luy donner ſi ſouvent à communier. A quoy ſans ſe troubler elle répondit, que s'il croyoit tant ſoit peu intereſſer ſa conſcience, elle le ſupplioit de ne le luy permettre jamais: parce qu'elle ne le vouloit que pour plaire à nôtre Seigneur à qui s'il penſoit que cela dépluſt, elle ſupporteroit cette privation ſans aucune reſiſtance toute ſa vie, quoy qu'elle luy fuſt extremement douloureuſe & prejudiciable. Iamais elle n'a fait parroiſtre aucun éloignement de ce Confeſſeur pour cela, ny deſapprou-

vé sa conduite, quoy qu'elle fust Superieure. Seulement lors qu'elle luy parloit, elle luy disoit humblement quelque fois. *Hé quoy! si un pauvre vous demandoit par aumosne un morceau de pain, luy refuseriez-vous? n'aurez-vous donc point pitié de moy qui meurs de faim, & ne me ferez-vous point l'aumosne, en me donnant le vray pain du Ciel, dont je sens que j'ay tant de besoin.*

Outre toutes ces épreuves, l'amour de Dieu qui la brûloit sans cesse, estoit une des principalles causes de ses autres peines. Car comme rien n'estoit capable d'affliger cette ame parfaitement mortifiée, que ce qui estoit contraire à Dieu, ce qui faisoit qu'elle eust de bon cœur donné mille vies pour empécher le moindre peché qu'elle abhorroit plus que mille Enfers : Elle estoit si sensiblement touchée de tout ce qui offençoit la divine Majesté, que quand elle entendoit parler des desordres du monde en general, ou en particulier ; elle en concevoit une douleur si vive & si forte, qu'elle fondoit aussi-tost en larmes, & sur tout lors qu'on luy disoit que quelques personnes de sa connoissance estoient tombées en quelques signalez desordres, ou en quelque danger de se perdre, ou qu'elles estoient en quelque mauvaise occasion dont elles ne se vouloiét pas retirer, ou que quelque autre resistoit à Dieu en luy preferant un point d'honneur, & un interest humain contre sa conscience. C'estoit dans ces rencontres qu'elle entroit dans une angoisse d'esprit qu'on ne peut exprimer, & souvent elle alloit à la mesme heure se jetter aux pieds de nostre Seigneur, & luy exposer ses peines, & là, prosternée en terre, elle s'offroit de bon cœur à estre humiliée, mortifiée, & aneantie s'il luy plaisoit, pour reparer les offences commises contre luy, & pour obtenir la conversion des ames aveuglées qui l'offen-
soient

soient avec si peu de crainte, & tant d'oubliance de leur propre salut. Elle invitoit les unes & les autres de ses Sœurs pour se joindre à elle, & prier ensemble pour ce sujet: & elle n'avoit point de repos qu'elle n'eust, ou obtenu l'effet de ses demandes, ou fait au moins toutes les choses possibles pour l'obtenir. A cette douleur estoit adjoustée celle de voir Dieu si peu connu, si peu aimé, & si peu recherché, par les ames mesmes sur qui il répand ses graces plus abondamment, de les voir aller si laschement à son divin service, & s'écarter visiblement du chemin de leur perfection. Car comme son cœur estoit animé d'un zele ardant, & qu'elle alloit d'un pas extraordinaire à la sainteté, les plus petites fautes luy sembloient tres-griefves, & elle avoit un extréme desir de faire avancer continuellemét celles dont elle avoit la charge. Elle souffroit d'autant plus qu'elle s'estimoit estre la cause de tous leurs manquemens, soit pour ne veiller pas assez sur elles, soit pour ne leur donner pas assez de bons exemples, soit pour ne se comporter pas comme il estoit à propos pour leur conduite, soit pour n'estre pas digne que Dieu vouluft par son moyen verser sur elles ses saintes benedictions. Elle pleuroit, prioit & se maceroit de disciplines, de cilices, de veilles; & faisoit toutes les autres inventions que l'amour de Dieu luy suggeroit, pour reparer ou pour venger ces deffauts dont elle s'estimoit coupable.

Mais outre cette sorte de peines secrettes, elle en a eu d'autres plus visibles à souffrir, qui luy ont esté suscitées, & qu'elle a souffertes en effet long-temps pour maintenir la regularité, & les bonnes coustumes qui avoient esté introduites dés sa venuë dans le Monastere. Car comme les meilleures choses s'affoiblissent par la misere humaine, & qu'insensiblement on tombe dans le

relaschement, si on ne se fait de continuelles violences. Cette vertueuse Mere qui vouloit de tout son pouvoir imiter l'immutabilité de Dieu pour le bien & pour la plus haute vertu, estoit en un tel estat, que le moindre déchet qu'elle eust veu estre arrivé par sa faute, estoit capable de la faire mourir, ou de luy faire tout souffrir pour l'empescher. Or Dieu qui ne veut pas toujours l'effet de nos bons desirs, quoy qu'il en recompense toûjours le motif & la cause, permit qu'elle endurât plusieurs choses fort contraires à ses intentions, en suite d'une visite qui fut le commencement & la source de ses travaux interieurs & exterieurs : nostre Seigneur l'ayant ainsi ordonné, afin de mettre sa vertu dans la derniere épreuve, & achever sa couronne, en nous laissant les exemples de la patience que nous allons rapporter.

L'origine fut que comme elle avoit obtenu de ses Sœurs que l'on ne continuëroit point les Superieures six ans de suite, sur la seule crainte qu'elle avoit d'estre à perpetuité retenuë dans la charge, ce qu'elle ne vouloit nullement : Il arriva dans cette visite, qu'à l'instance de toute la Communauté cét ordre fut changé, & qu'elle fut contrainte de demeurer six ans dans cét employ, quelque effort qu'elle fist pour en estre délivrée ; les Religieuses ne se pouvant resoudre à luy accorder cette grace, ny à la deposer jamais avant sa mort, s'il ne leur en paroissoit une impuissance absoluë à cause de ses infirmitez. Cependant quoy que cette charge ne fust pas pour elle par soy mesme une petite Croix, elle luy en produisit encore plusieurs autres qui luy firent jetter beaucoup de larmes & de soûpirs, les jugeant prejudiciables au progrés spirituel de sa Communauté, pour qui elle avoit un amour si sincere, & si ardant. Mais apres tout il fallut qu'elle se resignast sans

reſerve entre les mains de Dieu, diſant, Qu'il eſtoit le Seigneur & le Maiſtre, & qu'il eſtoit bien juſte qu'il ſe jouaſt
ainſi d'elle, & qu'il ne fiſt aucun eſtat de ſes deſirs. Pour
preuve de ſa reſignation ſur ce ſujet, voicy l'extrait d'u-
ne Lettre qu'elle écrivit à ſa chere Sœur la Mere Claude
Marie Dauvaine, Religieuſe de la Viſitation.

MA TRES-CHERE MERE, ET BONNE SOEUR,

L'Enfant JESUS que la ſainte Egliſe nous propoſe en
ce temps, daigne nous communiquer l'abondance de ſes
graces & de ſes vertus. Il y avoit long-temps que nous n'a-
vions eu de vos nouvelles, dont nous eſtions en peine,
auſſi bien que vous des noſtres. Vous ſçaurez donc par
la preſente, ma chere Sœur, que je n'ay pas eſté trouvée
digne de mourir, non plus que je ne merite pas de vivre.
Pleuſt à Dieu! que je fuſſe telle que vous m'eſtimez. J'advoüe que je n'ay point d'excuſes ſi je ne le ſuis pas: car
tout me porte au bien. C'eſt ſeulement que je ne me rends
pas fidelle à la grace, quoy que je ne manque pas d'en
avoir le deſir. Offrez-le à Dieu, ma chere Sœur, & le
priez qu'il m'en donne l'effet. J'avois les meſmes penſées
de vous que vous aviez de moy, que peut-eſtre la bonté de
Dieu vous avoit tirée à luy, ou qu'il vous avoit délivrée de
voſtre peſante charge. L'un & l'autre m'euſt eſté une
grande conſolation: Car ceux qui ſont au Ciel ſont dans
un eſtat bien plus heureux que ceux qui demeurent en la
terre, & eſtre bonne & ſimple Religieuſe eſt quelque choſe de bien plus advātageux que d'eſtre Superieure. Neantmoins, puiſque Dieu n'a fait ny l'un ny l'autre pour vous
ny pour moy, il faut vivre pour l'honorer, & avoir charge
en luy obeïſſant, juſques à ce que nous puiſſions parfaite-

» ment imiter le Sacrifice de sa mort en la Croix. C'est tout
» nostre bien, ma chere Sœur, que de nous consacrer à sa
» tres-sainte volonté. Je souhaitterois bien que nous le fis-
» sions à l'envy l'une de l'autre, & si vous l'agreez j'en fais
» un accord, lequel si vous acceptez, je vous demande une
» fois la semaine la sainte Communion, pour celle qui s'y
» conformera le mieux. Nous prendrons la sainte Vierge
» pour Advocate & pour modele, puis qu'elle a suivy plus
» que tout autre les exemples de son cher fils; & pour nous
» en rafraischir la memoire nous dirons avec elle trois fois
» le jour, *Ecce Ancilla Domini, fiat mihi secundùm verbum*
» *tuum.* Et avec nostre Seigneur, *Non mea, sed tua voluntas*
» *fiat.* Je vous demande pardon de vous dire des choses que
» vous sçavez & faites mieux que moy; je m'en réjoüis de
» tout mon cœur, avec un grand desir de suivre vostre exem-
» ple, & d'estre en luy & pour luy à jamais.

MA CHERE SOEUR,

Vostre tres humble, &c.

Mais comme entre les souffrances, les plus sensibles sont celles qui nous viennent des personnes qui nous sont les plus cheres, nostre Seigneur permit que le zele de cette devote Mere, quoy que Saint & plein de tant de charité & d'humilité, ne fut pas au gré de tout le monde. Quelques personnes par des jugemens contraires aux siens, & d'autres par des affections differentes des siennes, avoient improuvé sa conduite, comme trop rigoureuse & opposée à l'esprit de son Ordre, qui n'a rien en plus grande recommandation que la douceur & la benignité. De cette diversité de sentimens nasquit d'abord l'éloignement des

volontez de quelques-unes qui ne pouvoient avoir de liaison avec elle, par la raison que les choses opposées ne peuvent compatir ensemble sans combat. On ne pouvoit écouter ses advis qu'avec repugnance, ny voir ses actions qu'avec quelque contrarieté Les paroles suivoient les dispositions du cœur, & on la blasmoit de ce qui meritoit de la loüange, & de ce qu'on avoit autrefois admiré. Les murmures qui au commencement estoient secrets, éclatterent en des plaintes domestiques, & allerent jusques aux Superieurs, & mesme vinrent à la connoissance des estrangers, soit par des Novices qu'on avoit renvoyées pour n'estre pas jugées propres à la Religion, ou pour n'estre pas soûmises à des Reglemens aussi Saints & aussi parfaits qu'estoient ceux que la Mere avoit establis, soit pour d'autres raisons qu'on ne peut sçavoir, sinon parce que le diable est toûjours opposé à ce qui tend à la gloire de Dieu. La chose passa si avant que quelques gens du monde qui pensoient procurer à leurs parentes, selon qu'ils se l'imaginoient, une vie plus douce & plus accommodante, entreprirent de traiter auprés des Superieurs, pour faire renvoyer hors de Paris cette Fondatrice, & la remettre en Lorraine au Convent de sa Profession. Pour se servir d'un moyen à le faire sous quelque pretexte, ils alleguerent que n'estant pas née Françoise, il n'estoit pas juste de l'appliquer davantage à gouverner dans la premiere Ville du Royaume, & qu'ayant accomply le dessein pour lequel elle estoit venuë, qui estoit de fonder une Maison de son Ordre, elle s'en pouvoit retourner sans honte, & qu'elle pourroit estre sans aucun doute desormais plus utile en d'autres lieux qu'en celuy où elle estoit. Qu'on pourroit prendre des deffiances d'elle qui nuiroiét au bien & au repos de la Communauté: Qu'elle pourroit

avec le temps eſtre engagée dans des affaires & dans des connoiſſances, dont la maiſon pourroit recevoir quelque mécontentement. On apportoit pluſieurs autres conſiderations, dont les guerres avec la Lorraine fourniſſoient aſſez de matiere : mais l'envie que le Diable portoit à la vertu de la Mere eſtoit toujours le principal agent.

Ces projets neantmoins quoy que ſecrettement tramez, & par des gens qui ſe diſoient eſtre amis du Monaſtere, ne furent point ſi cachez, qu'elle ne s'en apperceût, & n'en fuſt bien avertie. Les premieres des Religieuſes qui en eurent connoiſſance, par la tendre amitié qu'elles luy portoient, & par l'eſtime ineſbranlable qu'elles avoient pour elle, s'y oppoſerent de tout leur cœur, & firent tout ce qu'elles purent par prieres, & par raiſons pour diſſiper cet orage dés ſa naiſſance. Dieu avoit ordonné pour donner plus de luſtre à la vertu de cette Mere, & pour faire mieux éclatter la protection qu'il prenoit de ſa communauté, que la choſe allaſt plus avant : Et cette ame genereuſe qui avoit autre fois demandé ſon retour en ſon pays, & en ſa maiſon de Profeſſion, & qui meſme s'en eſtoit declarée hautement à ſes Sœurs, quand elles conſpiroient toutes malgré elle à la continuer dans la charge de Superieure, euſt pris avec beaucoup de joye ce parti de ſe voir renvoyée comme une perſonne inutille & dommageable, telle qu'elle s'eſtimoit, ſi de meilleures conſiderations par l'advis des perſonnes les plus ſpirituelles qu'elle conſulta, & par l'inſpiration de Dieu à qui elle s'adreſſa, comme elle faiſoit en toutes les affaires importantes, ne luy euſſent fait voir qu'il y avoit beaucoup plus d'abjection & de confuſion pour elle à demeurer tout le reſte de ſes jours au lieu où elle eſtoit, que d'en ſortir pour fuir les meſpris, les contradictions, & la peine

qu'on luy preparoit, & qui estoit pour lors le partage que nostre Seigneur luy offroit de sa Croix. Elle demeura donc sur les presentiments que Dieu, ses amys, & son jugement luy donnerent des choses apparemment tres-fâcheuses qui luy devoient arriver, & elle attendit avec une resignation parfaite, ce que la providence Divine avoit ordonné d'elle, jusques à ce que celuy là mesme qui l'avoit mise en ce poste l'en retirast, sans qu'elle contribuast rien de sa part pour en sortir, non plus que pour y demeurer.

Mais le Celeste Ouvrier qui travailloit incessament pour achever en elle l'ouvrage de la patience & de la sainteté parfaite, n'en demeura pas encore là : Et ce fut une chose surprenante de voir comme en un instant toutes les volontez & tous les jugements changerent pour elle, & comme elle fut delaissée par ceux là mesme qui l'avoient soustenuë jusques alors, & qui devoient apparemment encores la soustenir avec plus de justice & de fermeté. Il en arriva sans doute tout autrement : soit parce qu'ils n'avoient pas toutes les lumieres necessaires pour penetrer dans les choses qui devoient arriver : soit parce qu'ils ne pouvoient démesler celles qu'on leur embroüilloit sous divers pretextes : soit parce qu'ils craignoient d'aigrir le mal qui ne se déclaroit pas encore assez pour en venir à des remedes plus forts : soit parce qu'ils esperoient qu'en menageant les esprits avec la douceur & la prudence, le trouble se calmeroit de soy mesme, comme de soy mesme il s'estoit émû : soit en fin, ce qui est le plus assuré, que sans le connoistre & sans y penser, ils se conformassent aux conduittes de Dieu, qui poursuivoit son œuvre par des voyes entierement contraires à leurs intentions, & à l'opinion qu'ils avoient conceuë de tout temps

pour la Mere, fondée sur son merite dont ils estoient tres-persuadez; Ils donnerent lieu à toutes les peines qu'elle a endurées depuis. Car quoy qu'on n'ait jamais rien trouvé à reprendre en elle, & qu'on n'ait jamais effectivement accusé que de ce zele trop ardant qu'elle avoit pour porter toutes choses au plus haut point de la perfection, en ne donnant aucun quartier ny à soy mesme ny aux autres pour souffrir le moindre relâchement du monde, dans les commencemens d'un Ordre Religieux, & dans l'establissement d'une de ses principalles Maisons dans un Royaume: Cependant Dieu permit depuis ce temps là qu'elle fut regardée d'une maniere toute autre qu'elle n'avoit esté jusques alors, & qu'elle fut improuvée & condamnée par celles qui l'avoient admirée & loüée auparavant. Elle n'estoit plus cette nouvelle Fondatrice choisie de Dieu, & envoyée pour establir en France des Monasteres de son Ordre. Elle n'estoit plus cette douce, cette charitable, & cette admirable Mere, qui charmoit le cœur de toutes ses Filles, qui les portoit aussi amoureusement, que fortement à Dieu. Mais c'estoit un esprit scrupuleux & incommode, une humeur rigoureuse & violente, aheurtée à son sens, peut-estre sujette à des illusions, & à des visions qui la jettoient dans une conduitte toute à fait éloignée de son Institut, qui surpassoiét les forces ordinaires de celles de son sexe, & qui ne pouvoiét avoir tost ou tart que de fascheuses & de dangereuses suites. Ce fut neantmoins une chose merveilleuse, que tout ce changement qui se fit pour elle dans les autres, ne changea rien en elle mesme: car jamais elle ne parut plus tranquille & plus ferme que quand toutes ces choses s'éleverent pour renverser le repos de son ame qu'elle possedoit en sa patience aux termes de l'Escriture Sainte, & qu'elle soutenoit

tenoit invariablement par le témoignage de sa parfaitte innocence & par la confiance filialle en la bonté paternelle de Dieu.

En effet, elle avoit esté jusques alors dans l'éclat & dans la haute estime tant au dedans qu'au dehors de sa Communauté, & ce fut pour cela que nostre Seigneur voulut qu'elle souffrist en sa reputation, comme en la chose du monde que, comme chacun sçait, naturellement on cherit davantage. Pour ce sujet il permit que plusieurs personnes de dehors animées apparemment, & sollicitées par d'autres, luy écrivirent des Lettres pleines d'invectives, de medisances, & de calomnies, capables de noircir toute autre reputation moins establie, & de troubler toute constance moins affermie que la sienne. Ces mesmes personnes mal affectionnées en faisoient les entretiens fort ordinaires avec leurs amis, qui pour peu qu'ils donnassent de creance à tous ces mauvais discours, diminuoient beaucoup de l'estime qu'ils avoient conceuë de sa vertu & de sa prudence: Et ceux & celles qui les croioient tout à fait, en faisoient à leur tour des portraits bien contraires à ce qu'on avoit crû de son humilité, de son abnegation, de sa debonnaireté, de sa patience, de sa charité, & de sa Sainteté. Enfin il arriva que quelque temps apres une personne qui luy estoit fort affectionnée l'estat venuë visiter, luy fit sçavoir tous les discours qu'on tenoit d'elle dans les compagnies, & l'idée qu'on commençoit d'en avoir dans Paris, ou plusieurs la vouloient faire passer pour une visionnaire, & pour une illuminée, pour une violente, & pour une entreprenante, pour une trompée & pour une trompeuse, & pour une hypocrite. Mais comme il y avoit long-temps qu'elle estoit morte à elle mesme, & à tous ses interests, elle parut si peu sensi-

ble à tout ce qu'on luy put dire, qu'elle écouta tout avec autant de paix & de benignité, que si on eût dit ces choses là de quelque autre, ou qu'elles eussent esté des loüanges pour elle, & non pas de sanglants reproches. Et comme plusieurs personnes luy conseilloient de ne pas endurer ces calomnies, sans les faire éclaircir pour sa justification, & pour celle de son Ordre, elle n'écouta point ces advis, ny ces raisonnemens, qu'elle estimoit trop conformes aux sentimens de la nature, pour n'estre pas suspects, & elle prit le party de suivre absolument l'exemple de son Divin Sauveur, qui estant accusé & condamné par les hommes, demeura dans le silence & dans la conformité aux ordres de Dieu son Pere, & estant attaché à la Croix, se rendit intercesseur pour obtenir de luy le pardon à ses plus cruels ennemis. Par cet esprit elle ne dit autre chose aux personnes qui la picquoient d'honneur & de Justice, pour demander reparation de ces injures, où au moins qu'elle raison on avoit pour y donner une si prompte creance, sinon que, *je prie Dieu de tout mon cœur qu'il ne leur impute point toutes ces choses à peché, & qu'il les comble d'autant de Benedictions comme ils ont voulu me charger de maledictions. Si je n'ay pas les deffauts qu'ils disent, j'en ay de plus grands ; & cela mesme que je suis exempte de ceux qu'on m'impose, est une grace de mon Dieu, qui m'aprend que j'y serois tombée, s'il ne m'avoit preservée par sa misericorde*, elle ne s'en émut pas davantage, & demeura tres-satisfaite qu'on pensast & qu'on dit d'elle tout ce que l'on voudroit, sçachant qu'on est tel en effet que l'on est devant Dieu.

Outre ces discours & ces Lettres, on fit porter des escrits dans plusieurs lieux où elle estoit connuë, & dans ceux où elle n'avoit jamais esté, afin de la rendre odieuse par tout à mesme temps, & il y eut particulierement un

papier qui luy fut envoyé dont on à eu fujet de craindre que l'on n'y euft enfermé quelque poudre empeftée, car la lecture qu'elle en fit luy caufa des l'heure mefme un tremblement de tefte qui luy dura plufieurs années. Elle eftoit alors Prieure quand on le luy apporta, & comme par bon-heur elle fervoit au Refectoir, elle fut obligée de faire diverfes paufes en le lifant, ce qui en empefcha, comme l'on croit, un plus grand & un plus dangereux effet. Elle a eu beaucoup d'autres fujets de fouffrances que nous avons obmifes; noftre intention n'eftant que de dire feulement ce qui eft neceffaire pour faire voir la fermeté de fon ame, & fa patience invincible à l'efpreuve de toutes fortes de tentations du Diable, & du monde; & generallement de tous les effets pernicieux qu'infpire la corruption du peché, dont on ne voit que trop d'exemples dans la vie des Saints. Car quoy que toutes les mauvaifes volontez qu'on avoit, & tous les mauvais deffeins qu'on formoit contr'elle foient venus à fa connoiffance, jamais on n'a remarqué aucune alteration en fon efprit, ny entendu aucune parolle de plainte contre qui que ce fuft: mais pluftoft on a vû des témoignages d'affection fignalée & conftante, & un foin tout particulier de prier Dieu pour ceux & pour celles qui étoient caufe de toutes fes perfecutions, & de leur rendre fans mefme qu'ils le fçûffent, ou qu'ils l'en priaffent, tous les fervices dont elle eftoit capable. Pour cela elle avoit une pratique de reïterer tous les jours le Sacrifice de fes inclinations, de fes defirs, de fa reputation, & de fa vie aux pieds de noftre Seigneur, & comme elle brufloit du defir du Martyre fanglant, elle eftoit ravie de fouffrir en fa clofture au moins quelque chofe pour le maintien de la vertu, pour le zele de la perfection, & pour l'honneur de Dieu, dece que tant

de Saintes ont effectivement enduré pour la conservation de leur Foy, & de leur pureté.

L'Exemple en fut une fois fort signalé, lors que comme elle ne balançoit jamais, & n'écoustoit aucune consideration mondaine quand il s'agissoit de l'observance de ses Regles, elle avoit mis dehors une Novice qui avoit esté jugée par la Communauté n'estre pas propre à la Religion. On ne peut dire les emportements ou allerent les parents de cette Fille, ils s'en prirent à la Mere qui estoit Prieure, ils en vinrent aux injures & aux reproches, avec une colere si animée, que la mere de la Fille, qui selon le monde estoit bien au dessous de la personne à qui elle parloit, outre les autres termes dont elle usa, y mêla ceux-cy, *O Lorraine, Lorraine, c'estoit bien à faire à vous à venir icy pour gouverner des Françoises, & faire de la maistresse dans une Maison, ou vous estes entrée sous pretexte d'une fausse devotion, & dont on vous chassera bien-tost apres qu'on vous aura connuë.* Elle continua du mesme esprit & du mesme air à dire beaucoup d'autres parolles aussi mal consertées, & toutes selon que la violence d'une passion qui ne gardoit aucunes mesures, les luy mettoit en la bouche. La bonne Mere les entendit toutes avec une égalle douceur d'esprit, & tascha d'appaiser cette femme par de judicieuses & de tres-civiles raisons. Mais ce fut inutillement pour lors, jusques à l'action qui mit le comble à la charité de la Mere, & qui selon l'Escriture amassa des charbons de feu sur la teste de cette violente personne. Ce fut qu'au premier jour de l'Année suivante, elle la distingua des autres, & la traitta d'amie toute particuliere de la Maison, en luy envoyant pour present aux Estrennes un couple de fort beaux Bouquets de fleurs artificielles qu'on fait dans le Monastere, & qu'on envoye par reconnoissance & par

respects aux meilleurs amis. Cela toucha si sensiblement cette femme, & la ravit si fort par l'admiration d'une si rare vertu, que depuis ce temps-là elle conceut une aussi grande estime de la Mere, & la prit en une affection aussi particuliere, qu'avoit esté outrageant le mépris qu'elle en faisoit, & violente la persecution qu'elle se preparoit à luy susciter. C'estoit de cette maniere que cette ame incomparable combattoit en toute occasion par des biens-faits ceux ou celles qui luy vouloient du mal, & que sa charité la portoit plustost à s'affliger de celuy qu'ils se faisoient à eux-mesme, que de celuy qu'ils taschoient à luy faire.

Continuation de sa patience, & particulierement dans les maladies du corps.

Chapitre XXXIII.

Ais ces souffrances exterieures n'ont pas esté sans celles du corps & de l'esprit : & celles-cy ont esté d'autant plus grandes, que ce qui touche le corps est plus sensible que ce qui se passe au dehors, comme l'ame est encores infiniment plus intime que le corps. Nous parlerons en ce Chapitre des douleurs corporelles, par lesquelles Dieu a voulu signaler la patience de sa Servante, pour la rendre semblable à celuy de qui le Prophete a dit, *Que* Isai. 1. *depuis la plante des pieds iusques au sommet de la teste, il n'y avoit aucune partie en luy qui fust exempte de douleur.* Et accomplir en elle ceque S. Paul asseuroit de soy-mesme: *Qu'il portoit toûjours la mortification de* Jesus-Christ 2. Cor. 4. *sur son corps.*

Les Penitences & les austeritez qu'elle avoit exercées

depuis son Noviciat, mais particulierement au temps que la qualité de Superieure ou de Maistresse des Novices luy donnoient plus de liberté d'estre saintement cruelle sur soy-mesme; & l'application continuelle de son esprit à la meditatió des choses celestes & divines, que l'Escriture appelle une affliction fatigante de la chair, avoient tellement diminué ses forces, qu'encores que sa complexion fust naturellement fort bonne & fort saine, elles la rendirent neantmoins sujette à beaucoup d'infirmitez, qu'elle cachoit à tout le monde, de peur qu'on l'obligeast d'y apporter quelque soulagement; & qu'elle se cachoit à soy-mesme, en ne les écoutant pas, ou les surmontant par la patience, qui fait selon la parolle de l'Apostre, que *la vertu se perfectionne dans l'infirmité*. Cependant quelque impitoyable que cette vertu la rendist pour elle-mesme, la charité qu'elle eut pour les autres la fit enfin succomber, & ceder à des maladies qui l'ont accompagnée jusques au tombeau. Le commencement en arriva par l'occasion que nous rapporterons icy.

Eccl. 32.

2. Cor. 12.

L'année 1656. il pleust à nostre Seigneur en l'espace de quatorze ou de quinze jours appeller à soy six des Religieuses du Monastere, par des fiévres malignes, avec des fluxions violentes, & autres maladies qui faisoient connoistre assez clairement qu'il y avoit de la corruption & du peril à s'approcher de celles qui en estoient atteintes. Quoy que la Mere Marie Agnes ne fust pas pour lors Superieure, & qu'elle n'eust point d'Office qui l'engageast par aucun devoir à les visiter souvent, & à s'y tenir long-temps presente; neantmoins la charité de son cœur maternel l'attachoit auprés d'elles pour leur rendre toutes sortes de services, & pour les entretenir de saints discours, & veiller particulierement sur toutes, afin qu'aucune ne

mourust sans recevoir à temps avec connoissance & devotion les Sacremens divins. Ce fut par cét exercice de pieté qu'elle tomba elle-mesme malade. Le mal ne tarda pas beaucoup à se declarer : il commença par une fiévre violente, & fut bien-tost accompagné d'accidens fascheux d'apoplexie, & de l'ethargie, & en vint en peu de temps à ce point, qu'elle fut reduite par l'ordre des Medecins à recevoir à son tour ses Sacremens. Elle le fit aussi avec toutes les dispositions & les affections qu'une ame élevée & éclairée comme la sienne les pouvoit recevoir. Les Medecins ne trouverent point à propos que ses Sœurs y assistassent, ny allassent la visiter, jugeans qu'il y avoit trop de danger. La seule Mere Infirmiere, & les autres qui par le devoir de leurs Offices y estoient engagées, eurent la consolation & le bon-heur de la pouvoir servir : Ce qu'elles firent aussi, & dont elles s'acquitterent plus par leur inclination propre, que par l'obligation que leur charge leur imposoit. Mais ce qui augmentoit de beaucoup ses douleurs estoit le tourment charitable qu'on estoit forcé à toute heure de luy faire souffrir pour la réveiller de sa lethargie, ou pour empécher qu'elle n'y retombast: Ce qu'elle enduroit avec une soûmission & une benignité qui touchoit le cœur de toutes celles qui la voyoient: Et autant de fois que son Infirmiere luy demandoit pardon de la violence dont elle estoit obligée d'user sur elle, la malade de son costé la confondoit par ses humiliations, & par ses reconnoissances, luy demandant pardon des peines qu'elle luy causoit, & des incommoditez qu'elle apportoit à toute sa Communauté.

Les Religieuses cependant sçachant que son mal augmentoit tous les jours, & la mettoit en de plus grands dangers de mourir, augmenterent aussi leurs prieres & leurs fer-

veurs, pour demander à Dieu sa conservation & sa parfaite guerison. Car elles la respectoient toutes communément comme leur veritable Mere, & elles la regardoient comme un gage de la benediction de Dieu sur leur maison, & une ayde tres-puissante pour les faire continuellement avancer à la perfection. Pour cela elles joignoient leurs vœux à ceux de plusieurs autres personnes qui la connoissoient, qui l'estimoient, & l'aimoient comme elles. Sur tout à ceux de sa chere Sœur Claude Marie Dauvaine, Religieuse de la Visitation, qui receut cette nouvelle quand sa Sœur estoit à l'extremité. Mais entre celles de sa Communauté qui furent plus touchées de l'apprehension de cette perte qu'elles voyoient estre si proche, il y en eut une qui se crut fortement inspirée d'aller de ce pas trouver la Mere Prieure, & la supplier avec larmes de tenter tout ce qui se pourroit pour conserver une personne si precieuse au bien de toute la Communauté. La Mere Prieure l'ayant sur l'heure consolée, & luy ayant promis de ne negliger aucun des remedes ny humains ny divins pour une chose si juste & si utile, alla parler tout au mesme moment à une bonne Sœur Converse qui avoit esté l'une des premieres Novices de la Mere Marie Agnes, & qui a toûjours vescu depuis parmy ses Sœurs dans une grande opinion de sainteté, regardée d'elles comme un Ange du Ciel à cause de sa merveilleuse innocence, de son obeïssance, de son humilité, de sa mortification, & de son union avec Dieu en l'Oraison.

La Mere Prieure conformément à l'opinion qu'elle avoit aussi bien que toutes les autres du merite extraordinaire de cette Sœur, luy dit : *Ma chere Sœur, allez demander à nostre Seigneur qu'il luy plaise que nostre Mere Marie Agnes ne meure point si tost.* Cette bonne Sœur autant simple en l'obeïssance,

l'obeïssance, qu'asseurée de la bonté de Dieu, se trouva d'abord dans quelque perplexité, si nostre Seigneur ne vouloit point attirer à soy la malade, la jugeant digne de son Paradis: ou s'il la voudroit encores laisser sur la terre pour la faire augmenter en graces & en merites. Neantmoins sans s'embarasser davantage de l'evenement, & se rendant sans aucune replique à ce qui luy estoit commandé, elle pria qu'on luy donnast une Relique de la vraye Croix, qui est dans la Maison, & elle commença devant cette sainte Relique à faire une neufvaine, suppliant nostre Seigneur que si cette Mere pouvoit encore le glorifier sur la terre, l'aimer davantage, & faire advancer en son amour les ames de ses fidelles Espouses, il luy pleust de la laisser en vie autant d'années que la sainte Vierge y en avoit passé. Elle ne demanda que cela, & nostre Seigneur exauça si ponctuellement ses prieres, qu'en effect la malade commença deslors un peu à respirer, mais non pas à guerir tout-à-fait, & elle subsista encore dans cét estat contre l'advis des Medecins l'espace de quelques années, qui jointes à celles qu'elle avoit déja vescu, ont fait au juste le nombre de celles que la pieuse creance tient d'ordinaire que la bien-heureuse Vierge a passées en ce monde.

Aussi tost que les Superieures trouverent lieu d'esperer pour sa vie, & qu'elles virent quelque commencement de convalescence, elles permirent aux Religieuses de l'aller visiter comme leur commune Mere, & quelqu'une d'entr'elles se hazardant à luy conseiller de demander à nostre Seigneur sa parfaite santé: La malade qui n'avoit plus d'autres volontez que celles de Dieu, éleva son cœur & ses yeux vers une Image de la sainte Vierge qu'elle tenoit en ses mains, & s'adressant à elle luy dit ces paroles dans

une refignation pareille à celle du grand S. Martin. *Sainte Vierge si vous connoissez que ie puisse estre encores utile à mes Sœurs, & servir à la sainte Observance de ma Regle, ie m'offre de demeurer icy, tant qu'il plaira à vostre Fils & à Vous, quand ce seroit jusques à la fin du monde, dans toutes les infirmitez & les douleurs que ie sens, & de plus grandes encores s'il luy plaist me les envoyer.* Il parut que nôstre Seigneur voyant la parfaite resignation de son Espouse, & les desirs de ses cheres Filles, ne voulut pas pour lors l'appeller au lieu du repos éternel : car il la laissa encores, mais ce fut en verité afin qu'elle leur fust un exemple de patience, comme elle avoit esté celuy de tant d'autres vertus. En effet il sembloit qu'il ne l'avoit laissée sur la terre, que pour achever en elle, comme dit le Saint Apostre, *ce qui manquoit à la Passion de nostre Seigneur* JESUS-CHRIST, parce qu'encores qu'elle recouvrast un peu de santé, ce fut pour peu de temps, & par divers intervalles elle retomboit toûjours, & souvent plus dangereusement. Enfin tout cela ne fut que pour la preparer à souffrir de bien plus grandes douleurs, qu'elle éprouva dans l'esprit, aussi-bien que dans le corps.

Coloss. 1.

Aussi tost qu'elle eut un peu repris ses forces, elle ne manqua pas de faire ses remercimens aux personnes qui l'avoient assistée de leurs saintes prieres, & témoigné prendre plus de part à ses maux. Elle écrivit pour ce sujet une Lettre entre plusieurs autres à sa chere Sœur la Reverende Mere Claude Marie Dauvaine, dont voicy la teneur.

MA TRES-CHERE MERE, ET BONNE SOEUR,

JESUS soit vostre recompense eternelle, & celle de vostre

Reverende Mere Superieure, & de toute voſtre Communauté, pour tant de bontés que vous avez euës pour une
perſonne qui en eſt tout à fait indigne. Les Jugements de
Dieu, ma chere Sœur, ſont des abiſmes profonds. Je les
adore & le remercie avec vous, de m'avoir rappellée à la
vie, quoy que j'en ignore entierement les raiſons, hor-
mis celle de mon amendement, pour lequel je vous ſupplie pour ſon amour de vouloir prier aſſiduëment. Car
j'en ay bien plus grand beſoin que de vivre, & il y a beaucoup plus de charité d'aider une ame à aller au Ciel, que
de la retenir en la terre. Il n'y a nul doute, chere Sœur, qu'il
ne me faille plus de reſignation pour vivre que pour mourir, principalement quand je vois mes Sœurs retirées auprés de Dieu en grand nombre, & que je m'en vois ban-
nie ne ſçachant pour combien de temps. Dieu ſoit beny
de tout, & qu'il me donne la grace de reconnoiſtre les
biens que j'ay receûs tant de voſtre Communauté que de
la noſtre. Ce qui me donne de la conſolation, c'eſt
qu'ayant tout fait pour l'amour de Dieu, il ne l'oubliera
jamais, & ne le laiſſera pas ſans recompenſe. Or ſus, ma
chere Sœur, diſons un *Laudate Dominum*, qui dure eternellement. Nos bons Anges le continuëront volontiers
juſques à ce qu'ils nous ayent conduittes auprez de nôtre
Commun Seigneur & Pere. Entre-aidons nous cependant à nous rendre dignes de cette grace; je vous la ſou-
haitte avec la plenitude du Saint Eſprit, afin que noſtre
Seigneur JESUS-CHRIST nous poſſede entierement, &
nous uniſſe en luy dans le Ciel, ſi nous ſommes pour luy
meſmes ſeparées en la terre. C'eſt en luy que je ſuis,

MA CHERE SOEUR,

Voſtre tres-humble, &c.

Depuis cette grande maladie sa vie ne fut plus qu'une vie de souffrance, d'infirmitez & de langueurs qui pouvoit faire qu'on dist d'elle apres le Prophete, *defecit in dolore vita mea & anni mei in gemitibus*, ma vie a pris fin dans la douleur, & mes années se sont terminées dans les gemissemens. Les Medecins qui la connoissoient de longue main, l'avertirent qu'elle mouroit d'Appoplexie ou de Paralisie, d'autant que cette fievre maligne avec ses accidens fascheux, luy laisserent le reste de ses jours de tres-dangereux effets. La Vertueuse Mere ayant entendu cette Sentence qu'elle regarda comme prononcée de la bouche de Dieu, ne fut point empeschée du choix qu'elle devoit faire de la resignation avec laquelle elle s'y devoit soufmettre. Elle embrassa humblement cette Croix, & recût avec des actions de graces le Calice que la propre main de nostre Seigneur luy donnoit, & élevant son cœur vers le Ciel, elle dit dans l'union avec le Seigneur son Espoux, *Fiat voluntas tua*, & elle repeta plusieurs fois, *non mea sed tua voluntas fiat*. Que vostre volonté & non pas la mienne s'accomplisse. Apres cela elle s'abandonna sans aucune reserve à toutes les infirmitez, à toutes les douleurs, les souffrances & les miseres d'une vie languissante & mourante, qui tenoit déja beaucoup plus de la mort que de la vie. Et cela dans une disposition parfaitte d'un veritable Holocauste qui persevere à se consumer devant Dieu jusques à la fin du monde, si telle estoit sa volonté.

Nonobstant toutes les deffaillances de la nature, ce fut une chose surprenante de voir la vigueur nonpareille qu'elle avoit pour l'exercice de toutes les vertus, dont elle avoit aquis de si longues & de si fortes habitudes. Elle obtint permission des Superieurs de faire tout le bien qui luy seroit possible, & d'assister autant qu'elle pourroit à

toutes les actions de la Communauté, voulant mourir si elle eût pû dans l'entiere observance de toutes ses regles. Pour cela elle ne vouloit user d'aucune dispence, ny d'aucun des soulagements que l'on donne d'ordinaire aux infirmes, que lors qu'elle y estoit contrainte par l'obeïssance, ou que l'impuissance la reduisoit à la necessité absoluë de s'y assujettir. Les Superieures qui connoissoient son fonds de grace & de vertu craignant de resister à Dieu condescendirent à plusieurs de ses loüables desirs, & comme elle tiroit des forces de sa foiblesse quand il se presentoit à son esprit quelque chose à faire pour le service de Dieu, elle eust poursuivy jusques à la derniere extremité, si on n'eust veillé sur elle, & se fust laissée mourir plutost que de croire qu'elle dût demander du soulagement. Il falloit quelques fois que deux Religieuses la ramenassent à l'infirmerie à cause des accidents d'Apoplexie qui l'attaquoient, & lors que l'on croyoit qu'elle fust morte, aussi tost qu'elle estoit revenuë, & qu'elle se sentoit un peu mieux, elle alloit par tout, comme si son mal n'eust esté qu'une feinte ou une menace, ou comme s'il n'eust pas esté pour revenir bien-tost aprés.

 Elle avoit eu permission de Communier plus souvent que de coustume, à raison des divers accidents de sa maladie, & parce que ses infirmitez la privoient de l'assiduité au Chœur, comme aussi de plusieurs Communions, qu'elle ne pouvoit faire avec la Communauté, & qui estoient l'unique consolation de son Ame. Ayant souhaitté le long de sa vie d'avoir le bon-heur d'expirer bien-tost apres la consomption de cette divine nourriture, afin de n'estre pas separée un momēt de l'union avec son adorable Sauveur, elle avoit obtenu cette grace de le recevoir le plus souvent qu'elle pourroit, afin qu'il se trouvast par la plus

Rr iij

proche de sa fin, & que le dernier moment de sa vie se treuvast établi pour jamais dans la joüissance anticipée de ce souverain bon-heur. Ainsi prevoyant ce qui luy pouvoit arriver à toute heure, elle taschoit de prevenir le temps où elle ne pourroit plus agir selon les desirs de son cœur afin de le bien recevoir. Elle s'approchoit encores de cette Divine viande, pour obtenir malgré les infirmitez de son corps, la vertu de surmonter les ennemis de son Salut, qui luy livrerent en ce temps-là de grands combats, & elle assistoit pour ce sujet à plusieurs Messes, & à tous les autres exercices spirituels. De sorte qu'une Religieuse voyant son assiduité qui luy paroissoit excessive, luy dit une fois. *Mais ma bonne Mere, je crois que si vous pouviez, vous entendriez toutes les Messes qui se disent dans Paris.* Elle luy répondit, *ma chere Sœur, il faut faire promptement tout ce que nous pouvons, car nostre Seigneur dit qu'il viendra un temps auquel on ne pourra plus rien faire pour luy ny pour son salut.* C'estoient les pressentiments qu'elle avoit de son impuissance future, & elle y estoit si fortement appliquée, que si elle estoit obligée de demeurer à l'Infirmerie, elle n'y estoit point oysive, & n'y pouvant travailler autrement, elle visitoit les autres malades avec un livre spirituel à la main, pour leur dire ou pour leur lire quelque parolle d'edification & de consolation, ayant toujours pour toutes un cœur de Mere, & compatissant à l'infirmité de chacune avec des entrailles d'une parfaite charité.

Ioan. 9.

 Elle avoit toute sa vie pris à cœur de participer le plus qu'il luy estoit possible aux adorables vertus du Saint Enfant JESUS, & principallement à son innocence, à sa simplicité, à sa douceur, & à sa dépendance. Elle estoit dans un total abandon d'elle mesme, non seulement à la

Divine providence, mais aussi à la conduitte de ses Superieurs, & des autres qui avoient soin d'elle. Jamais elle ne demanda aucune chose pour ses commoditez, & quand les Infirmieres luy demandoient comme elle se portoit elle leur respondoit. *Assez mal, je ne suis pas digne de la santé, la volonté de Dieu soit faite.* Elles luy disoient quelquesfois, vous ne demandez rien, ne voulez vous point quelque chose ? elle respondoit, *ce qu'il plaira à Dieu vous inspirer, tout ce qui vient de sa main est bon, hors de là je ne demande & je ne desire rien.* S'il arrivoit sur cela que par megarde on oubliast, ou qu'on differast de pourvoir aux choses dont elle avoit besoin, elle attendoit avec patience sans dire un seul mot de plainte, ny donner le moindre témoignage de chagrin. Mais seulement elle disoit ce qui luy estoit assez ordinaire, *à rien, rien n'est dû*, & elle recevoit comme une pure aumosne tout ce qu'on faisoit pour sa necessité. L'Infirmiere luy disoit de temps en temps, *Vous devriez demander ce qui vous est utile : car vous les sentez mieux que nous ; mais ie pense que vous voulez imiter le Saint Enfant* JESUS. Elle luy respondit une fois d'une façon riante & toute Angelique : *Il est vray ; je le veux honorer en imitant l'abandon qu'il faisoit de soy-mesme aux soins de sa sainte Mere, & de S. Ioseph son pere putatif.* Et quand on vouloit qu'elle prist quelque chose où elle avoit de la difficulté, il ne falloit que luy dire, *Souvenez-vous du Saint Enfant* JESUS : Car aussi-tost on voyoit son esprit soûmis à tout ce qu'on vouloit.

Mais ce qui la faisoit davantage admirer en cét estat, c'estoit qu'on ne voyoit en elle aucun des deffauts communs aux enfans d'Adam ; qui sont d'ordinaire le rebut, l'ennuy, la tristesse, la cholere, & le chagrin, & les fascheuses humeurs dans une longue infirmité. La grace avoit si

parfaitement assujetty la nature, qu'encores que par intervalles l'humeur de l'apoplexie offusquast & abbatist son esprit, neantmoins par les habitudes acquises, elle agissoit toûjours d'une maniere vertueuse & sainte, & elle demeuroit dans la tranquillité aimable d'un enfant qui attend tout, qui reçoit tout, & qui agrée tout ce qu'on fait de luy. On remarquoit cela quand par mégarde, ou mesme par necessité on luy faisoit de sensibles douleurs dans les accidens de l'apoplexie, où l'on estoit obligé de la tourmenter & de l'écorcher quelques-fois pour la faire revenir. Jamais elle ne témoigna le moindre signe d'impatience, ny de chagrin contre qui que ce fust, & il sembloit que c'estoit à une autre qu'on fist ces tourmens, ou qu'elle eut un corps insensible à toutes ces sortes de douleurs, tant son ame estoit accoustumée à souffrir, & à faire toutes choses dans la perfection. Une fois entr'autres qu'elle estoit dans un estat où l'on croyoit qu'elle deust bien-tost passer, à cause d'une violente convulsion qui luy survint, une Religieuse qui ne sçavoit plus quel remede luy appliquer, & qui sçavoit aussi par experience ce qui faisoit les plus fortes impressions sur elle, s'advisa de luy crier à l'oreille, *Paradis, ma Mere, il faut aller en Paradis.* Ce mot la réveilla tout aussi-tost, & comme si elle fut revenuë d'un profond sommeil, elle cómença d'ouvrir les yeux, & de les tourner vers le Ciel, & avec une façon engageante à desirer le Paradis, elle témoigna par des gestes devots qu'elle estoit toute preste à partir. Le Medecin qui estoit present dit, *Voila qui est merveilleux, qu'il faille parler du Paradis à cette sainte Ame pour la faire revenir en ce monde.*

Elle estoit dans une telle impuissance, qu'il falloit la lever, l'habiller, & luy ayder à dire ses prieres, & à faire
toutes

toutes choses, comme on ayde à un petit enfant : Mais si elle venoit à prononcer quelque chose, ce n'estoit jamais que des paroles d'édification, d'humilité, de resignation, d'amour de Dieu, de patience, de benediction, & de choses semblables. Que si on luy en demandoit quelqu'autre, ses responses estoient toûjours, *Ce qu'il plaira à Dieu. Si c'est la volonté de Dieu* : Son cœur estant si remply de cela, qu'elle n'y pouvoit donner place à aucune autre pensée. Lors que l'humeur de l'apoplexie ne l'accabloit pas si fort, & qu'elle avoit l'esprit plus libre, l'on voyoit par des signes exterieurs, les actes qu'elles faisoit au dedans du cœur, levant de fois à autres les yeux au Ciel, soûpirant tendrement, frappant sa poitrine, baisant son Crucifix. Mais sur tout l'on voyoit la sainte habitude qu'elle avoit acquise pour les pratiques de l'Institut, & pour les prieres de la Regle. Car elle les faisoit avec tant d'applicatió & de Devotion aussi-tost qu'elle estoit éveillée, qu'elle excitoit celles qui la voyoient à Benir Dieu avec elle. Lors que durant le jour elle estoit assise dans sa chaise, & qu'elle entendoit le signe de la Cloche pour l'Office ou pour la Messe, l'on voyoit ce corps tout pesant & tout moribond qu'il estoit, vouloir se remuer, & faire des efforts pour y aller, & cette Ame qui y estoit encore, jetter de profonds soupirs qui témoignoient son regret, & faisoient connoître qu'elle estoit plus ou elle aimoit, que ou elle animoit, & que si *la chair estoit infirme, l'esprit*, comme dit nostre Seigneur, *ne laissoit pas d'estre encore prompt & fervent*. La *Mat.* 26. pieuse mourante avoit entr'autres une Image de la tres-Sainte Vierge aux pieds de son lict, & elle la regardoit fixement & amoureusement, & avec des soupirs enflammez elle faisoit sans cesse entre ses mains des actes d'abandon, & de resignation, luy recommandant son ame,

& son Salut comme à sa tres-bonne & tres-charitable Mere. Les Religieuses qui estoient dans sa chambre entendoient souvent ses aspirations vers nostre Seigneur à qui elle disoit quelquesfois. *Mon Dieu je mets tout mon amour toute ma joye & toute mon esperance en vous, je me sousmets à tous vos vouloirs & pouvoirs. Faites tout ce qu'il vous plaira du corps & de l'ame de vostre pauvre servante*: employant admirablement bien ces intervalles ou son esprit estoit plus dégagé de l'humeur qui l'offusquoit. Et une nuit entr'autres qu'elle ne pouvoit dormir, elle demanda permission à cause du silence, de s'entretenir avec la bonne Sœur converse qui avoit charge de coucher dans sa chambre, laquelle à raporté qu'elle passa tout ce temps à parler de Dieu, & à dire les choses du monde à son sens les plus belles de ses perfections infinies, & de l'obligation qu'ont tous les hommes à l'aimer, & en suitte à produire les plus beaux actes, les plus Devots, & les plus saints qui se puissent imaginer. En sorte que toute la nuit sembla courte a cette bonne Sœur, tant ces saints Colloques luy avoient semblé ravissans, & engageans les ames les plus insensibles à aimer un Dieu si grand si bon si saint & en toutes les manieres si digne d'estre parfaittement aimé. Le matin venu la malade pria qu'on la levast pour aller visiter une autre Religieuse qui estoit proche de sa chambre, & elle tascha de la consoler par de semblables discours avec autant de tranquillité & de Benignité que si elle n'eust pas esté elle mesme la plus malade, & la plus affligée. Elle fut encore assez long-temps aprés si penetrée d'un sentiment de Dieu, qu'elle en parloit à toutes celles qui se rencontroient, les excitant fortement à l'amour de nostre Seigneur. Mais apres que cette bonnace fut passée, elle rentra dans son assoupissement ordinaire,

& dans son impuissance de parler & d'agir exterieuremēt, mais non pas de recevoir interieurement les effects de la protection specialle de Dieu, & de donner par divers intervalles des marques visibles des grands sentiments qu'il versoit dans son cœur au plus fort de ses douleurs. Cependant toutes ces peines du corps n'estoient rien à l'égal de celles de son esprit, & c'est d'elles que nous ferons un Chapitre à part.

Suitte de sa patience dans les peines de l'esprit, & dans les delaissements de Dieu.

Chapitre XXXIV.

Quand Dieu abandonna Job, le miroir de la patience, à toutes les violences du Demon qui devoit faire l'espreuve de sa constance, l'Escriture a remarqué qu'au moins il reserva l'ame de ce saint Homme. Soit qu'on entende par ce mot la vie, à laquelle il ne permettoit pas à son ennemy d'attenter. Soit qu'on entende la grace & le salut, duquel il ne vouloit pas que ce predestiné souffrît la perte parmy toutes ses tentations. Mais pour les peines de l'esprit aussi bien que pour celles du corps, il ne faut pas douter que Job ne les ait toutes ressenties, & c'est ce qui tiroit de sa bouche les paroles de complainte qui sembloient quasi aller jusques au desespoir. La Mere dont nous parlons a esprouvé une conduitte de Dieu pareille en ce point à celle qu'il tint sur cet homme incomparable. Outre les persecutions que luy furent suscitées, & outre les maladies du corps, elle eut beaucoup davantage à souffrir par les tentations du Diable, par les desolations

Iob. 1.

de l'ame, par les delaissemens de Dieu: le tout neantmoins sans pecher, & sans perdre la vie, que Dieu reservoit pour la luy faire comme à son Fils, apres beaucoup de travaux achever sur la Croix. Elle avoit esprouvé comme nous avons raporté peu aprez son entrée en la Religion, la privation des lumieres & des consolations qu'elle avoit abondamment goustées estant encores dans la vie du siecle, & cela joint à l'incertitude de son salut n'avoit servy qu'à la rendre plus humble & plus fervente. Elle passa en de plus tristes privations pour les extrémes oppositions qu'elle avoit apportées aux charges qu'on luy vouloit donner, mais tout cela encore n'avoit esté qu'une leçon pour luy apprendre à se laisser conduire à la Providence de Dieu, & deferer plus aux signes de la volonté Divine, qu'à la connoissance qu'elle avoit d'elle mesme. A la fin Dieu permit qu'au temps ou elle avoit plus de besoin de ces consolations, & de ces assistances, qui soustien-

Psal. 4. nent en mettant comme parle le Prophete, le courage & l'allegresse dans le cœur, elle tomba dans un estat si opposé, qu'il sembloit que nostre Seigneur s'estoit caché entierement pour elle, & avoit retiré de dessus elle ses soins, & son amour. Non seulement elle ressentoit des delaissements tres-penibles & des repugnances horribles à toutes les choses qui regardoient son service, & l'acquiessement à ses divines volontez, mais encore toutes les peines qu'elle avoit endurées jusques alors contre la confiance en Dieu, & l'esperance de son salut; sur l'inquietude de son estat, si elle estoit en grace, ou si elle estoit en peché; sur ses doutes si elle avoit la Foy, ou si elle ne contredisoit pas en son cœur à tous les Mysteres dont elle avoit neantmoins une si merveilleuse intelligence, & qu'elle exprimoit avec des termes si purs & si justes. Toutes ces

pensées se renouvellerent dans son esprit, & y firent d'effroyables ravages.

Tous ces troubles comme un gros de formidables ennemis se presentoient à elle, & le Diable prenant advantage de la foiblesse ou les infirmitez du corps avoient plongé son ame, Dieu le permettant ainsi pour en tirer plus de gloire pour soy mesme, & plus de merite pour sa fidelle servante, faisoit ses efforts pour luy persuader qu'elle estoit separée de Dieu & reprouvée, privée de sa grace, & effacée du Livre de vie, sans pouvoir jamais r'entrer en son amour, ny pour le temps ny pour l'Eternité. Que si la pauvre ame accablée de cette sorte rappelloit quelques reste de force & de courage, dans la pointe de son esprit, pour se relever vers son Dieu à la faveur de quelque rayon d'esperance qui commencoit à reluire, elle ne trouvoit que des rebuts, & voyoit toutes les approches fermées; comme si Dieu eut esté sourd à ses prieres & aveugle à ses larmes. Il sembloit qu'il estoit devenu pour elle tel que Job se le figuroit quand il disoit, *vous estes changé pour moy en un cruel. Mutatus es mihi in crudelem.* Iob. 30. Son entendemét estoit plein d'obscuritez & de tenebres, sa volonté pleine d'ennuys & de degousts, toute son ame, de terreurs, d'angoisses, de frayeurs, & de découragements. Mais nonobstant tout cela, plus cet estat estoit penible & crucifiant, plus elle faisoit paroistre sa fidelité & sa perseverance, adorant vrayement Dieu en esprit & en verité, puisque le sens ny la raison ny avoient aucune part, & que tout ce qu'elle operoit, estoit l'ouvrage de la Foy la plus pure, & de la plus désinteressée charité. *Luc.* 2. Comme le Fils de Dieu dans ses agonies, elle continuoit à prier & plus long temps & plus fervemment.

Elle perseveroit en l'Oraison avec tant de fermeté & de

constance, que l'égalité de son esprit toûjours semblable à soy-mesme, ne permettoit pas qu'on discernast si elle estoit dans l'abondance, ou dans la sterilité des consolations; dans les tenebres de la nuict, ou dans la clarté du jour : Et plus elle éprouvoit la soustraction de la presence sensible de Dieu, plus elle se rendoit assiduë aux actions par lesquelles il peut estre trouvé. Elle entendoit plusieurs Messes, & s'attachoit à de saintes lectures; Elle pratiquoit des actions d'humilité, & de charité, & n'oublioit rien de tout ce qu'elle pensoit estre plus agreable à nostre Seigneur. Elle travailloit davantage à la mortification d'elle-mesme, quand les consolations interieures manquoient à son esprit. Elle augmentoit ses penitences, ses jeusnes, & ses disciplines: & comme dans ses premieres ferveurs pour correspondre à cét amour qui luy faisoit gouster les douceurs de sa presence, elle en prenoit souvent à l'écart de si sanglantes, que les lieux où elle les faisoit en demeuroient long-temps marquez, ainsi dans ces grands delaissemens elle en faisoit encores d'aussi rudes, pour attirer sur soy la grace, & appaiser la colere de Dieu, s'il estoit offensé. Elle ne cessa ses exercices que dans le temps de ses infirmitez, où elle ne pouvoit plus agir, mais seulement pastir. Et alors elle disoit : *Helas! mes cheres Sœurs, faisons tout le bien qui nous est possible, tandis que nous en avons les forces : car la nuict vient où on ne peut plus rien faire. Dieu cependant ne se peut trouver sans peine, ny se perdre sans un extréme malheur.*

Ioan. 9.

Elle s'animoit elle-mesme sur cela par l'exemple de la tres-sainte Vierge, qui nonobstant qu'elle fust si avantagée de graces & de prerogatives de pureté, & de sainteté, l'avoit neantmoins perdu, & cherché avec tant de douleur & d'amertume, avant que de le trouver au Temple.

Et en suite elle deploroit la tepidité des ames qui ne s'en mettoient point en peine, & qui ne ressentoient pas leur perte, quand elles en sont privées par leur faute, ce qui ne se trouva point dans la sainte Vierge. Elle reïteroit souvent ses premieres resolutions, que quand Dieu auroit determiné de la perdre pour jamais, elle s'efforceroit d'autant plus de l'aimer & le servir en cette vie, puis qu'elle seroit assez malheureuse pour ne le pouvoir aimer ny servir en l'autre. C'estoit ce qui faisoit un des sujets de ses plus grandes souffrances, fondé sur l'estime singuliere qu'elle avoit de Dieu, & le grand desir de se voir en estat de ne luy plus déplaire. De sorte qu'elle disoit quelques-fois en pleurant, sur la crainte qu'elle avoit d'en estre separée: *Helas! i'ay toûjours desiré de mourir afin de voir Dieu & de le posseder, & il me semble que c'estoit pour l'amour de luy-mesme que i'avois ce grand desir; mais maintenant i'advoüe que ie le desire encores, non seulement pour cela, mais aussi pour la crainte que i'ay de le perdre, & d'en estre privée pour iamais.* C'estoit ce qui luy rendoit la vie extrémement penible, & ce qui la faisoit soûpirer sans cesse apres la mort, & qui fournissoit continuellement une matiere nouvelle de ses peines. Il pleut à nostre Seigneur d'appesantir encores sur elle le fardeau de sa Croix, en la dépoüillant non seulement des lumieres & des consolations, mais encores en la privant de la vivacité de son esprit naturel, de son heureuse memoire, de la facilité merveilleuse qu'elle avoit à comprendre les choses de Dieu & à les exprimer, & enfin de l'usage de ses facultez interieures, & mesme des organes & des fonctions de son corps, luy laissant seulement le jugement pour connoistre son pitoyable estat, & la liberté pour aimer & accepter les ordres de la divine Providence sur elle.

Ses afflictions estoient si universelles qu'une Religieuse, qui pour lors estoit sa Superieure, & à qui elle avoit recours en ses angoisses & en ses agonies, dit quelque temps apres sa mort, qu'elle avoit esté dans l'estat du monde le plus lamentable, parce qu'outre la terreur des Jugemens de Dieu, les troubles de sa conscience, & l'apprehension de se perdre sans ressource, elle avoit experimenté toutes les sortes de tentations que l'on rapporte des Saints Anachorettes dans leurs antres & dans leurs deserts: & que cette Ame Angelique qui avoit ignoré toute sa vie ce que c'estoit que du vice contraire à la vertu qu'elle avoit le plus cherie, en l'âge de soixante & quatre ans se trouvoit agitée de representations diaboliques dont jamais elle n'avoit eu les premieres idées. Ce qui luy faisoit jetter sans cesse des soûpirs & des larmes, croyant que tout fust perdu pour elle: Et comme elle avoit gousté Dieu, & qu'elle le desiroit encores plus ardamment que jamais dans le fonds de son ame, ce luy estoit un supplice insupportable de penser qu'elle en seroit à jamais separée, & ce pour des pechez qu'elle s'imaginoit commettre, tandis qu'elle les avoit plus en horreur que tous les tourmens de l'Enfer.

Dans cette conjoncture si penible & si abandonnée de tout secours, elle ne pouvoit se souffrir elle-mesme, non plus que le Saint homme Job, qui disoit, *Pourquoy m'avez* *vous rendu opposé à vous, & pourquoy suis-je devenu pesant & fascheux à moy-mesme?* Mais elle n'adjousta pas comme luy dans ces extrêmes douleurs, *Que le iour de ma naissance* *perisse, & ne soit point compté dans le nombre des iours ny des* *mois.* Au contraire se tenant ferme à l'exemple de celuy qui a esté la mesme patience, & a dit, *Que vostre volonté* *se fasse & non la mienne:* Elle adjoustoit encores avec luy,

Job. 7.
Job. 3.
Luc. 22.

Si ce

Si ce Calice quelque amer qu'il soit ne peut passer sans que ie le boive, qu'il vienne & qu'il dure iusques à la fin du monde. Ce sentiment qui la soustenoit dans la plus haute partie de son ame, par un autre retour continuoit à l'affliger plus cruellement, en luy faisant aimer Dieu par un amour d'estime & de preference à toutes choses, & aussi tost retombant sur soy-mesme, il luy persuadoit qu'elle ne l'aimoit pas, & qu'au contraire elle le haïssoit. Dans ces lumieres tenebreuses & affreuses, elle ne découvroit rien en elle qui ne fût defectueux, criminel, impie, & detestable. Ses pensée ses paroles, & ses actions, luy paroissoient des môstres, & luy donnoient des dégousts, & des frayeurs épouventables, parce qu'elle n'y pouvoit rien concevoir qui ne luy parust infiniment desagreable à Dieu. Elle s'estimoit estre dans un estat commencé de damnation, & il luy sembloit mesme qu'elle n'estoit plus qu'une opposition continuelle à Dieu & à sa gloire, ce qui mettoit le comble à sa douleur, & la tourmentoit d'une estrange maniere. Dans cette mer d'amertume où elle estoit plongée, tout son recours estoit d'aller trouver sa Superieure : Et une fois entr'autres elle luy dit outrée d'une inexplicable douleur, *Ie ne sçay ce que ie suis devant Dieu ; mais ie pense qu'il m'a delaissée tout-à-fait, ne le pouvant plus trouver, quelques efforts que ie fasse pour cela.* Cette pensée là faisoit pleurer souvent à chaudes larmes, jusques au point que la Sœur Converse qui couchoit en sa chambre, entendant le bruit de ses soûpirs estoit quelques-fois obligée de se lever durant la nuit pour luy aller dire quelque parole de consolation. La pauvre affligée l'écoutoit avec une humilité profonde, s'unissant avec nostre Seigneur au Jardin des Olives durant son agonie mortelle : Et la regardant comme son Ange Confortateur, elle luy en témoignoit beaucoup de reconnois-

Tt

sance. Une nuit entr'autres que cette bonne Sœur s'estoit levée pour aller sçavoir ce que la Mere desiroit, elle luy répondit selon sa coustume d'un cœur plein d'angoisses & d'amour, *Ie veux mon Dieu, & rien plus* : Elle s'arresta là pour l'affluence des larmes qui luy estoufferent la voix.

Il pouvoit bié luy rester encores quelque support à esperer des personnes qui l'avoient le plus estimée, ou qu'elle avoit davantage obligées autrefois; mais nostre Seigneur qui vouloit l'épurer comme l'or jusques au dernier degré, permit encores que tout cela luy manqua dans le dernier de ses besoins; car tous ceux & toutes celles qui avoient eu plus d'affection & de veneration pour sa vertu, & qui luy estoient les plus acquises, sembloient l'oublier & la tenir dans l'indifference, & mesme dans le mespris, ou comme parle l'Escriture, *comme déja morte dans leur cœur*. Tout cela neantmoins estoit sans dessein aucun de l'affliger, & sans diminution de la haute estime qu'on conservoit pour sa rare vertu. Mais parce qu'elle vouloit toûjours plus faire qu'elle ne pouvoit, & qu'elle croyoit pouvoir davantage qu'on ne se persuadoit, les meilleures de ses amies la contredisoient en toutes sortes de rencontres, & la reprenoient mesme avec quelque sorte d'aigreur. A tout cela cette humble Mere qui vouloit correspondre à toute la grace & à toute la conduite de Dieu sur elle, sans y trouver aucun goust, croyoit estre obligée à se reduire en toutes choses à tout ce qu'on vouloit, soit pour l'exterieur, soit pour l'interieur, à la façon d'une Novice de peu de jours, & la moins considerable de toute la Communauté. Ceux-là mesme qui avoient du pouvoir sur elle, par le dessein de contribuër à son repos, contribuoient aussi bien que les autres à ses peines & à ses anneantissemens, luy ordonnant pour le bien de la paix, de garder en

Psal. 30.

tout le silence, & de ne plus penser à rien qu'à sa santé, ou à sa perfection. Ce qu'on luy disoit, parce que quand elle s'advançoit à vouloir faire quelque chose de plus, par un effet de son ancien zele, ou par le desir de rendre à ses Sœurs quelque service dont elle n'estoit plus capable, cela causoit des murmures, & luy attiroit quelque reprehension qui l'affligeoit comme si en effet elle eût commis quelque peché signalé. Elle recevoit neantmoins ces ordonnances & autres semblables qu'on luy faisoit, avec beaucoup de reverence, & quoy qu'obligée durant quelque temps par l'Office de discrette qu'on luy avoit laissé par respect, & de Maistresse des Novices qu'elle exerçoit encore un peu auparavant, d'avoir soin des autres, & de dire ses advis, elle ne le faisoit pas : mais elle renouvelloit le Sacrifice qu'elle avoit fait plusieurs fois en sa vie, de mourir tout à fait à soy mesme avant que de mourir, ainsi qu'on l'a treuvé en un papier escrit de sa main, où elle demande à Dieu le dépoüillemẽt total d'elle mesme, de son esprit & de son jugement, & de toutes les choses créés jusques aux plus saintes, & apres plusieurs actes d'abnegation qui y sont specifiez, elle adjouste celuy-cy.

Je crois devoir encores mourir au trop grand soin & desir que je ressens du salut & de la perfection de mes Sœurs, & que je dois les abandonner toutes à Dieu sans m'en plus occuper si fort que je fais. De sorte qu'ayant une fois ouvert la bouche pour en avertir charitablement une, sur quelque petit manquement qu'elle commettroit sans y prendre garde, cette bonne Mere vraiment humble & obeïssante, s'en appercevant apres avoir dit la premiere syllabe, ne poursuivit pas davantage, & en démeura là, tant elle se plaisoit à se tenir dans l'estat d'humiliation, où Dieu la vouloit mettre sans en sortir sous quel-

quesspecieux pretextes que sa raison, son zele, ou le bien de la Communauté, ou l'amour de Dieu mesme luy pussent suggerer au contraire. Il arrivoit aussi fort souvent que celles de qui elle pouvoit recevoir du soulagement ou de l'appuy dans ses peines, ne se trouvoient pas quelquesfois en pouvoir de l'écouter & de la secourir, de façon que cette vertueuse affligée n'ayant aucun support ny consolation du Ciel ny de la terre, pouvoit s'approprier ce que dit le Prophete. *J'ay cherché qui me consoleroit, & n'ay trouvé personne.* Mais quoy que toutes ces choses luy fussent extrémement sensibles, elle demeuroit en la veuë de Dieu comme un Agneau sous la main de celuy qui le tond ou qui le conduit à la mort, & elle n'ouvroit non plus que luy la bouche pour se plaindre, ou pour murmurer. Elle disoit seulemét quelquefois ces paroles. *Humilions nous sous la puissante main de Dieu*, quelques fois auec Job, le Seigneur nous avoit donné ces choses, il nous les a ostées, il a fait comme il luy a plû: son saint Nom soit beny. Elle se fortifioit ainsi par plusieurs sentimens tirez de la Sainte Escriture, & produisoit des actes heroïques des plus excellentes vertus. Car dans toutes ses détresses ses confusions & ses amertumes de cœur, elle avoit toujours une serenité de visage, & une façon douce & modeste, qui inspiroit la Devotion, sans rien faire paroistre de ses peines interieures, non plus que de celles qui luy venoient d'ailleurs. Pareille à un astre qui attaché au Firmament, fait paisiblement sa course, & donne reglement sa lumiere, sans estre alteré ny changé par tous les troubles qui arrivent icy bas.

Il plût à Dieu que des sept années de maladies & de souffrances qu'elle a endurées, les dernieres fussent les plus penibles. Car selon ce que les Medecins avoient ju-

gé long-temps auparavant, sa maladie avoit des symptomes d'appoplexie & de paralysie, les accidents de laquelle se renouvelloient plus frequemment & plus violemmét. La malignité de cette humeur luy occupoit alors le cerveau, & empeschoit ses organes de faire leurs fonctions, en sorte qu'elle parut quelques fois comme en estat d'enfance, sans estre neantmoins privée du jugement qu'elle a toujours conservé jusques à la fin, si ce n'estoit par quelques intervalles quand l'humeur se répandoit plus abondamment : Dieu le voulant ainsi pour accroistre encores par là son merite. Car dans cét estat d'humiliation & de misere, qu'elle a advoüé estre la chose du monde qu'elle avoit le plus aprehendée, à cause de l'impuissance où elle met l'ame de rien faire pour Dieu, elle s'abandonnoit pourtant si entierement à luy, qu'elle acceptoit tout ce qui luy arrivoit, soit au corps soit en l'ame, sans vouloir seulemét estre plainte, ny desirer d'être en un autre estat que celuy où elle se voyoit reduite. Elle continuoit ses exercices spirituels, autant qu'il luy estoit possible, elle alloit à l'Office Divin autant qu'elle y pouvoit aller sur les bras de celles qui luy aidoient à marcher, & si elle n'y alloit pas, elle le recitoit avec quelqu'une de ses Sœurs. Ce qu'elle a fait jusques à l'extremité, & jusques à ce qu'elle n'a plus eu le moyen de parler. Sa memoire & son esprit s'abaissoient à chaque jour : mais la volonté *se glorifioit* comme dit le Saint Apostre *dans ses* 2. *Cor.* 12. *infirmitez*, & elle ne se mettoit point en peine de cacher sa pauvreté qu'elle voyoit comme parle le Prophete, *sous la* Thre. 3. *main du Seigneur.* Elle alloit à la moindre de la maison porter son Breviaire, & demander par charité qu'elle luy montrast comment il falloit qu'elle dist son Office, & pareillement qu'elle fist son ouvrage : Car elle prenoit plai-

sir de faire voir en toutes choses l'incapacité où elle estoit de se conduire soy mesme. Elle avoit tant de satisfaction de s'exposer en cét estat dans la conversation avec toutes ses Sœurs, qu'un jour où il luy eschappa quelque parole qui sembloit un peu moins raisonnable, comme une Novice l'ayant entenduë s'en fut prise à rire par mégarde, une Ancienne qui estoit presente, la reprit serieusement du peu de respect qu'elle portoit à une personne qui avoit tant de merite, mais la bonne Mere qui recevoit toutes ces choses avec une extreme joye de son cœur luy dit, *vous estes trop sensible pour moy, je suis digne de mocquerie, elle a sujet de rire. Laissez-la prendre sur moy sa recreation.* Vne autre fois lors qu'elle desiroit encore aller avec la Communauté par l'affection qu'elle conservoit toujours d'être avec ses Sœurs, quelqu'une pour l'en divertir luy representa qu'on ne luy diroit rien, & qu'elle n'y auroit pas de satisfaction. Elle respondit, *ne faut-il aller qu'où l'on treuve de la satisfaction ? c'est pour cela mesme qu'il y faut aller afin de trouver l'occasion d'estre mesprisée & mocquée, puisque nous le meritons.*

Ses infirmitez passerent jusques au point qu'elle estoit toujours ou couchée dans son lict ou assize dans une chaize, & demeuroit dans la mesme posture où on l'avoit mise, sans qu'elle pust se remuer d'une place ny changer de situation. Cela luy causa des playes à la fin extrémement douloureuses en plusieurs lieux de son corps, & elle devint paralytique d'une partie de ses membres qui estoient déja demy morts pour les longues douleurs qu'elle y avoit endurées. Elle ne se pouvoit aider de ses bras, ny porter sa main à la bouche, & beaucoup moins se lever ny se tenir debout un moment. Deux de ses Sœurs de fois à autre la tenoient sous les bras, & la faisoient un peu

marcher afin de soulager en quelque maniere sa grande lassitude, & empescher que le reste de son corps ne s'engourdist tout à fait. Les postures contraintes où elle s'étoit reduitte durant sa vie, pour se mortifier & pour resister au sommeil durant l'Oraison, luy avoient beaucoup endommagé la taille: Elle en estoit toute pliée en deux, en sorte que pour regarder les personnes, il falloit qu'elle levast en haut la teste, & qu'elle se fist beaucoup de violence. L'humeur de l'apoplexie luy avoit osté d'autre part le pouvoir de parler, à cause d'une veine qu'elle avoit sous la langue qui estoit devenuë fort enflée, & empeschoit qu'on ne pust l'entendre qu'avec beaucoup de peine declarer. Quand elle vouloit exprimer son mal, ou ce qu'elle avoit dans l'esprit, il falloit deviner, ou lire dans son cœur, & sur son visage ce qu'elle vouloit dire pour y aporter du soulagement. Il n'y avoit que quelques Religieuses qui estoient toujours auprez d'elle, qui comme les amis de Job jugeoient de sa douleur par quelques signes exterieurs, & par quelques mots entrecouppez qu'elle formoit comme elle pouvoit pour declarer sa constante resignation sous le bon plaisir de Dieu, disant souvent ceux de David, [*Iustus es Domine & rectum judicium tuum.*] *Vous estes juste, ô Seigneur, & vostre jugement est juste*: Ou ceux de nostre Seigneur, *Ita pater, &c.* *Oüy, mon Pere, parce qu'il vous a semblé bon il sera fait ainsi*: Ou d'autres semblables que nous avons cy-dessus rapportez. Psal. 118.
Matt. 11.

La conformité que nostre Seigneur luy donnoit avec soy, estoit si grande & si universelle, qu'on eust pû verifier en elle ces paroles du Prophete, *Qu'il n'y avoit rien en elle qui n'eust sa blessure, & qui ne fust un sujet de douleur*. Mais pour porter cette ressemblance jusques au dernier point, Isa. 1.

il permit que parmy tant de perfonnes qui avoient une fi haute idée, & une fi parfaite connoiffance de fes vertus admirables, il fe rencontra quelques efprits affez peu éclairez dans les voyes de Dieu, ou affez faciles à eftre changez par leurs propres foibleffes, pour douter fi une conduite fi extraordinaire n'eftoit point dans le vray un effect de la Juftice de noftre Seigneur, qui vouloit punir quelques deffauts particuliers qu'on n'avoit pas affez bien connus durant fa vie, & qu'elle-mefme n'avoit pas pris affez de foin de corriger. Et comme on ne l'auoit jamais blafmée d'autre chofe que de fon excés de ferveur & de zele à foûtenir l'exacte obfervance de fes Regles, & n'ufer d'aucune condefcendance pour les autres non plus que pour foy-mefme, ils ne furent pas fort empefchez de croire qu'en effect des épreuves fi feveres & fi longues, comme eftoiët la ceffation apparente des lumieres & des confolations fpirituelles qu'elle recevoit de Dieu, la privation de tous les talents naturels de fon efprit, & la fufpenfion mefme des organes du corps, eftoit un chaftiment que noftre Seigneur exerçoit fur elle pour luy faire fouffrir icy fon Purgatoire, à caufe de la trop grande feverité dont elle avoit ufé, & pour les peines qu'elle avoit fait fouffrir aux autres.

Il fut aifé que des penfées, des foubçons, & des jugemens, on paffaft jufques aux paroles, & que premierement en fecret, puis en commun, & apres en public, on fe dift l'une à l'autre, que Dieu avoit voulu môtrer par cét exemple l'indulgence & la condefcendance que les Superieurs doivent avoir pour leurs inferieurs, fur le modelle du Souverain Superieur, & du Pafteur univerfel de tous, qui a dit,

Matt. 11. *Que fon joug eftoit doux, & fon fardeau eftoit leger.* A tout cela on adjouftoit d'autres paroles encores plus penetrantes

tes, sur des choses qui pouvoient avoir despleu à quelques-unes, comme les meilleures choses ne plaisent pas à tous égallement, & que les plus vertueux aussi de leur costé, ne sont pas de tout point impeccables. Mais le plus fascheux, & la derniere épreuve pour la patience de cette pauvre affligée, fut que tous ces discours ne luy furent pas entierement inconnus. Ces sentimens ne luy furent pas aussi judicieusement cachez, comme ils estoient mal fondez. Elle s'apperceut que quelques-unes sembloient avoir du refroidissement pour elle, & comme sa plus grande affection avoit toûjours esté pour ses Sœurs, le mécontentement qu'elle crut avoir donné à quelques-unes, fut la blessure mortelle qui luy perçoit le cœur autant de fois que leur veuë & leur approche luy en faisoient renaistre la memoire. Elle ne s'en pouvoit neantmoins à son sens, prendre qu'à soy-mesme. Car elle estoit solidement persuadée que toutes estoient infiniment meilleures qu'elle, & sa conscience luy estoit un garant bien fidelle, que jamais elle n'avoit manqué, ny d'amour, ny de tendresse, ny d'estime pour aucune, & qu'en tout ce qu'elle avoit fait elle n'avoit conté que sur les grands desirs & les dispositions que chacune luy faisoit paroistre pour tendre avec la grace de Dieu, aux vertus les plus parfaites de sa vocation. Parmy tout cela neantmoins elle se faisoit une consolation inconnuë à toute la nature, de se voir reduite pour ses fautes, comme elle s'imaginoit, à participer en-encore en cette maniere aux humiliations de celuy qui n'ayant pû jamais faillir, a fait dire de soy par son Prophete, [*Ego sum vermis & non homo : opprobrium hominum, & abjectio plebis.*] Psal. 21. Je suis un ver de terre, & non un homme; l'opprobre des hommes, & le rebut du peuple.

Cette maladie luy causoit de grandes privations, entre

lesquelles celle des Sacrements luy estoit la plus sensible; parce que c'estoit de là qu'elle prenoit toutes ses forces. Elle la portoit neantmoins avec une humilité & une resignation merveilleuse, & elle recevoit avec patience les refus qui luy en estoient faits, s'en estimant indigne. Une fois entre autres qu'elle fondoit en larmes, la Mere Infirmiere s'approcha pour sçavoir ce qu'elle deploroit si fort. Elle luy dit, *c'est de ne pouvoir me souvenir des fautes que j'ay faites pour m'en confesser & pour communier.* Tout ce que put faire la charitable Infirmiere, fut de luy promettre sur le champ de luy écrire sa Confession: ce qu'elle fit, non pas pour le besoin qu'elle crut qu'en eut la malade; car elle estoit trop instruite de la pureté de son ame, mais seulement pour satisfaire au desir qu'elle luy en faisoit paroistre. Les Superieures estans fort empéchées, si elles la laisseroient communier à cause qu'elle ne pouvoit parler pour se confesser, en demanderent advis à des personnes de conscience, & sur tous à Monsieur le Doyen de l'Eglise de nostre Dame de Paris, leur Superieur, qui connoissoit particulierement l'innocence & la pieté de la malade. Tous furent d'avis, & luy par dessus tous, que dans les temps où son esprit seroit libre, on la fist communier sans crainte aucune, parce qu'on estoit depuis long-temps trop bien persuadé des excellentes dispositions de son ame: Et on remarquoit que nostre Seigneur luy accordoit cette consolation principalement dans les solemnitez pour lesquelles elle avoit eu une plus particuliere devotion. On prenoit toûjours soin de l'interroger auparavant pour reconnoistre son estat: mais jamais on ne luy demandoit si elle vouloit communier qu'elle ne respondist toûjours que c'estoit son unique desir. Un jour qu'elle estoit descenduë pour cela, on luy vint dire,

sans luy en apporter d'autre cause, que ce seroit pour une autre fois. A ce mot elle se retira humblement sans rien témoigner de la peine qu'elle avoit euë de descendre, & qui estoit telle, que ne pouvant marcher il falloit deux personnes pour la soustenir. Le mesme luy arriva une autre fois, lors qu'estant proche de la fenestre pour recevoir la Sainte Hostie, elle fut retirée trop promptement par la Sœur qui la soutenoit, & qui croyoit qu'elle eust cómunié. La bonne Mere ne dit rien, & se laissa conduire à sa place la larme à l'œil, sans demander pourquoy on la retiroit du lieu d'où elle attendoit son bonheur. Le Sacristain vint avertir qu'elle n'avoit pas receu la Cómunion, & elle dit qu'il estoit vray, mais qu'elle avoit crû que l'obeïssance ne l'avoit pas voulu, elle adjousta; *J'ay bien merité cette privation, pour en avoir autres fois trop souvent mal usé.* Cette responce edifia beaucoup celles à qui elle fit paroistre tant de douceur & tant d'humilité, & elle alla en suitte avec plus de merite à la Communion qu'elle receut avec la mesme paix du cœur, qu'elle l'avoit quittée.

Quand elle fut reduite à ne pouvoir plus sortir de l'infirmerie, les Superieures luy donnerent une Religieuse Ancienne, & quelqu'autre pour demeurer avec elle. Toutes deux ne l'entretenoient que de Dieu & des choses Celestes, car elle ne pouvoit trouver de satisfaction en aucune autre chose. Ce qui paroissoit bien lors qu'on vouloit la divertir par quelques discours moins serieux, car elle tournoit aussi tost la teste d'un autre costé, montrant qu'elle avoit si fort oublié les choses de la terre, qu'elle ne pouvoit entendre qu'avec ennuy, ce que l'on en disoit. Dans une occasion particulierement où plusieurs étoient allées la visiter pour la divertir, la Mere Prieure prenant

340　*La Vie de la Venerable Mere*

garde qu'elle estoit dans un profond silence l'avertit, de se réveiller sur quelque chose qui pouvoit la réjoüir. Elle respondit en souspirant! *Helas! je n'oze quasi parler crainte de dire quelque chose qui ne soit pas agreable à Dieu. Mais si vous avez à nous dire quelque chose qui nous apprenne la maniere de luy plaire parfaitement, je me mettray volontiers de la partie.* Ce qui fit bien voir que son silence ne procedoit pas toujours de ses infirmitez, mais qu'il venoit bien souvent du soin de conserver son cœur & sa langue pure de tout ce qui peut soüiller l'ame. En effet lors qu'on commençoit à luy parler de Dieu, son visage paroissoit tout joyeux, & encores qu'elle ne pust facilement respondre, elle écoutoit avec allegresse, & cela seul la pouvoit recréer. Vne fois que l'on discouroit auprez d'elle de ce que les Martyrs ont souffert pour Dieu, & pour son Eglise, on luy demanda, *Hé bien, que feriez vous si on vous disoit presentement, il faut que vous renonciez à la foy, ou que vous mouriez par d'horribles tourments ?* Elle respondit d'un ton & d'un visage qui marquoient encore sa premiere generosité: *Ha! plutost mille morts*, elle n'en put dire davantage: mais ses larmes témoignerent l'ardant desir qu'elle en avoit dans le cœur. Elle disoit une autre fois, *Helas! je ne fais rien pour Dieu*: on luy repartit ; *mais ne souffrez vous pas volontiers pour son amour?* elle répondit, *oüy, tout ce qui luy plaira, & tant qu'il luy plaira*, & au lieu que toute sa vie elle avoit desiré avec tant d'ardeur, *d'estre delivrée de*

Philip. 1. *son corps pour estre unie avec* JESUS-CHRIST, maintenant que ce mesme corps luy estoit insupportable par les douleurs, & par les humiliations qu'il luy apportoit, elle s'offroit à souffrir mille fois davantage, & demeurer ainsi jusques à la fin du monde, sans vouloir que les Religieuses qui l'alloient visiter, ny ses amis, demandassent autre

chose à nostre Seigneur pour elle, que l'accomplissement de sa Sainte volonté, sans aucune reserve ny diminution. Le desir mesme si vehement qu'elle avoit toûjours eu de jouïr de Dieu, & de son Paradis, estoit comme absorbé dans celuy qu'elle ressentoit encore plus ardant de voir sa Sainte volonté parfaitement accomplie.

Les Religieuses qui de temps en temps alloient la visiter, goustoient toûjours une devotion sensible, dautant qu'il sortoit de toutes ses paroles & de toutes ses actions comme un baume celeste qui exhaloit la sainteté, & on estimoit en la regardant voir une sainte en la terre, ou converser avec un Ange du Ciel. Au deffaut de la voix, elle témoignoit par les caresses d'une mere envers ses enfans, la tendresse qu'elle conservoit pour toutes dans son cœur: Et d'une façon plus aimable qu'on ne la peut exprimer, elle leur donnoit le baiser de paix, qui à la verité les excitoit à la compassion de la voir dans une si grande extrémité de douleurs & de souffrances, mais qui leur donnoit à mesme temps une merveilleuse joye de la reconnoistre si soûmise & si conforme aux volontez de Dieu. Une ancienne Religieuse luy parla d'une pratique de vertu qu'elles avoient autrefois concertée ensemble dans le temps de leur Noviciat. Qui des deux seroit plus soigneuse de faire toutes ses actions par le principe de la plus grande gloire de Dieu. La devote malade luy répondit, qu'elle avoit toûjours continué à le faire, & qu'il y avoit long-temps qu'elle le faisoit sans peine ny sans contrainte aucune, ce qui édifia beaucoup cette fidelle compagne, de trouver tant de vertu dans un corps si consommé de maladies, & dans un esprit qui pour tout le reste sembloit ne retenir rien de sa premiere vigueur. Mais c'est aussi ce qui nous persuade que s'estant donnée tant de fois à nostre

Seigneur, & eſtant demeurée ſi fidelle à ſa grace, ce Dieu de bonté continua d'agir plus efficacement en elle, quand les forces naturelles luy manquerent, pour luy faire éprouver ce que demandoit le Prophete avec tant d'inſtance, [*Cum defecerit virtus mea, ne derelinquas me.*] *Quand mes forces auront manqué, ne m'abandonnez pas.*

Pſal. 71.

De l'extremité de ſa maladie, & de ſa ſainte mort.

CHAPITRE XXXV.

ENfin noſtre Seigneur voulut tirer à ſoy ſa chere Eſpouſe, & la recompenſer du long martyre qu'elle avoit enduré avec tant de patience & de reſignation. Ce jour tant de fois deſiré par cette ame navrée d'amour pour Dieu, eſtant proche, apres qu'elle eut entendu la ſainte Meſſe, & communié en la Chappelle des malades, qui fut la derniere fois qu'elle receut ce divin Sacrement, le quatorziéme de May de l'année 1665. jour de l'Aſcenſion de noſtre Seigneur, qui vouloit par luy-meſme la diſpoſer à le ſuivre bien-toſt dans le Ciel, il permit que ſes maux augmenterent de beaucoup, & qu'une groſſe fiévre la prît avec des redoublemens violens, & une inflammation de gorge & de poitrine. Tous ces maux compliquez, luy durerent depuis l'Aſcenſion quatorziéme de May, juſques au dix-ſeptiéme de Juin de la meſme année, qui fut celuy de ſa mort: Et les forces de ſon corps & de ſon eſprit diminuant tous les jours, luy oſterent la conſolation de communier depuis, quoy qu'elle euſt ardamment deſiré d'avoir encores le bon-heur le jour de la Pentecoſte de recevoir le Corps & l'Eſprit de noſtre Seigneur au jour au-

quel il avoit envoyé son S. Esprit à son Eglise qui est son Corps mystique. Mais elle ne le put faire, non pas mesme en viatique, à cause qu'elle entra dans une lethargie dont on ne put la faire revenir, quoy qu'on y employast les derniers remedes, & qu'on fist les plus grands efforts pour luy donner cette consolation: Nostre Seigneur le permettant ainsi pour consommer son Sacrifice, & voulant qu'elle fust comme luy privée à cette derniere heure de la presence sensible de son Dieu.

Il se contenta sans doute de ce que toute la vie de cette Servante fidelle n'avoit esté qu'une continuelle preparation à ce dernier moment, & à la venuë de cét Espoux celeste. Il voulut encores peut-estre nous apprendre, comme elle avoit parfaitement bien mis en pratique ces paroles qu'elle avoit apprises de luy. *Veillez & priez: car vous ne sçavez quand le Seigneur viendra.* Mat. 15. Elle les avoit si bien comprises qu'elle disoit fort souvent, que le meilleur moyen pour se rendre ce dernier jour favorable, estoit de se rendre si amie de son Juge, qu'il prist sur soy-mesme le soin de deffendre la cause de sa pauvre creature, & que de Juge il devint son Advocat & son Protecteur. Pour ce sujet elle avoit mis tout son cœur à luy plaire uniquement, & à se purifier, & s'enrichir tous les jours par des œuvres & satisfactoires & meritoires. De plus elle avoit passé un accord special avec nostre Seigneur pour estre assistée de luy en cette derniere heure: Et pour cela elle avoit fait depuis tres long-temps des devotions particulieres pour honorer son agonie en la Croix. En suite dequoy, elle faisoit un fonds merveilleux de confiance, sur cette union qu'elle avoit avec JESUS agonisant, luy recommandant par là sa derniere agonie, & le suppliant d'estre present pour la secourir contre ses ennemis invisibles en cét important

combat. Mesme dans la pluspart de ses Communions, & principallement depuis ses grandes maladies, elle avoit presque toûjours receu nostre Seigneur comme pour viatique, & comme pour la derniere fois : Et elle avoit à chaque fois esté dans l'attente de ce bien-heureux jour qui la devoit enfin mettre en possession de son souverain bonheur.

On fit neantmoins tout ce qui fut possible pour la réveiller de cette profonde lethargie, & à force de la tourmenter elle eut quelque peu d'intervalles; mais qui ne furent pas d'une fort longue durée, & qui n'eurent pas une parfaite liberté de raison. Au mesme instant neantmoins qu'elle en eut assez pour former quelques paroles, les sentimens qu'elle avoit dans son cœur se declarerent en employant ce qu'elle avoit de forces pour faire une humble, mais fervante instance qu'on se pressast de la communier, parce qu'elle prevoyoit bien que le temps seroit court, & qu'il n'y avoit pas un moment à perdre si on vouloit ménager l'occasion de luy procurer cette signalée faveur. Cependant de quelque diligence qu'on pust user pour luy faire recevoir au moment le plus proche de sa mort cette consolation qu'elle avoit si ardamment souhaittée, on ne pût avoir assez de loisir pour faire appeller les personnes qui estoient necessaires & tenir toutes choses prestes, que la malade ne retombast encores dans son assoupissement, dont elle ne fut point délivrée assez considerablement, pour luy donner dans le Sacrement l'Autheur de la vie, qu'elle devoit apparemment bien-tost posseder clairement en la terre des vivans.

Tout cela se passa trois jours avant sa mort, dans lesquels la Reverende Mere Marie Elizabeth de Rantzau, l'alla visiter, & luy dit, Qu'elle l'estimoit bien heureuse

reufe d'eſtre ſi proche du terme qu'elle avoit tant de fois deſiré, afin de joüir de la preſence de celuy qui fait toute la felicité d'une ame Chreſtienne & Religieuſe : Et puiſ-que l'Egliſe chantoit des Cantiques d'actions de graces & de loüanges, au jour que ſes enfans les Martyrs avoient conſommé leur Sacrifice, elle venoit ſe réjoüir avec elle de ce qu'elle alloit bien-toſt faire quelque choſe de ſem-blable, & que par l'ordre de Dieu, ſon ſaint Amour allant reduire ſon corps en cendre, feroit revivre eternellement ſon ame bien-heureuſe à la ſuite & en la compagnie de l'Agneau immaculé. La malade ſe prit à ſouſrire à cette parole, & regarda fixement celle qui luy annonçoit ou qui luy confirmoit une ſi agreable nouvelle. Et la meſme Mere la voyant en cét eſtat, au lieu de dire les recomman-dations de l'ame, commença auſſi-toſt, *Laudate Dominum* Pſal. 116. *omnes gentes* : ce que toutes celles qui eſtoient preſentes pourſuivirent d'un meſme accord avec elle. La malade montra encore qu'elle ſe joignoit de cœur avec toutes ſes Sœurs, faiſant paroiſtre une admirable gayeté ſur ſon viſa-ge, avec un regard tendre, & un aſpect tout-à-fait Ange-lique, qui reſſentoit un avant gouſt du Paradis, & élevoit l'ame à la Patrie celeſte. La meſme choſe eſt arrivée plu-ſieurs fois à d'autres, qui s'approchant de la mourante avec compaſſion & avec regret, s'en retiroient toutes em-baumées des ſentimens de joye & de devotion : Il y eut meſme une Novice qui n'avoit pas encore l'habit, & qui demanda pour une grace ſinguliere, d'aller viſiter cette Mere qu'elle n'avoit jamais veuë, & qui tendoit à la fin. Ayant eſté auprés d'elle quelque peu de temps, elle fut ſi puiſſamment touchée, & remplie d'une onction ſi douce, qu'en ſortant de la chambre les larmes aux yeux, elle dit à ſa Maiſtreſſe, Qu'elle ne doutoit plus que Dieu ne fuſt

d'une façon bien éminente dans cette sainte Ame, puis qu'il en faisoit si promptement & si visiblement sentir les effets, & que par cette veuë elle éprouvoit en soy mesme un si grand desir d'estre desormais toute à Dieu, qu'elle pouvoit assez le benir de l'avoir appellée à un Ordre, où par experience elle connoissoit qu'on apprend à faire une si heureuse fin.

Le Mardy qui fut le seiziéme du mesme mois, la mourante s'éveilla un peu sur les trois heures apres midy, & jetta un grand soûpir. A l'instant une ancienne Religieuse qui estoit toûjours auprés d'elle, & qui veilloit incessamment sur elle, s'approcha & luy dit, *Ma chere Mere, dites* JESUS, MARIA: elle le fit & reïtera par trois fois ces deux noms sacrez, mais si bas qu'à peine la pouvoit-on entendre, aussi furent-ils ceux qui luy fermerent la bouche, & les dernieres paroles qu'elle forma avant que de mourir. Toutes celles de ses Sœurs qui estoient auprés d'elles, luy aydoient à faire des actes de Foy, d'Esperance, & de Charité, & les autres qu'on a coustume d'inspirer aux moribonds en ces precieux moments: Et elle témoignoit par des signes qu'elle entendoit bien leurs paroles, & qu'elle s'unissoit autant qu'elle pouvoit à ce qu'elles luy disoient, quoy qu'elle ne le pust exprimer autrement que par des soûpirs assez foibles, & par quelques regards languissans. Le soir du mesme jour elle receut l'Extréme-onction, où toute la Communauté fut presente qui prioit sans cesse pour celle à qui chacune se trouvoit obligée du bon-heur de la Religion, y ayant esté receuë ou instruite par elle, & comme elle n'estoit pas encores prés de passer, plusieurs se retirerent apres avoir achevé les prieres qu'on dit sur celles qui sont en cét estat. D'autres qui demeurerent pour la servir les continuerent toûjours, & témoigne-

rent le lendemain matin qu'elle avoit beaucoup enduré toute la nuict, parce que l'inflammation qu'elle avoit au dedans de la gorge & de la poitrine estoit si ardante, que quand on luy faisoit prendre du boüillon, ou quelqu'autre liqueur, on entendoit un son pareil à celuy qu'on entend quand on jette de l'eau sur la braise, & que ce peu qu'elle prenoit, estoit aussi-tost consommé qu'elle l'avoit pris.

Elle demeura tout le temps dans cette lethargie, & elle perdit entierement l'oüye, la veuë, & la parole, l'ardeur de la fiévre la consumant toûjours jusques au Mercredy dix-septiéme qu'elle expira enfin sur les quatre heures du matin, & quitta cette vie si penible, & si triste pour elle, afin d'entrer en celle de son divin Espoux, & de posseder en luy ce qu'elle avoit si long-temps desiré, si ardamment aimé, & si soigneusement cherché: En sorte que nous pouvons bien luy appliquer ce que l'Eglise chante en la Feste de sa Bien-heureuse Patronne sainte Agnes, [*Ecce quod concupivi jam video ; quod speravi jam teneo : illi sum iuncta in cælis, quem in terris posita tota dilectione quæsivi.*] *Je voy maintenant ce que i'ay desiré ; ie possede ce que i'ay esperé : ie suis unie dans le Ciel à celuy qu'estant sur la terre, i'ay cherché avec toute l'ardeur de mon cœur.*

Plusieurs Religieuses qui eurent le bon-heur de l'assister en ce dernier passage, & de luy rendre comme à leur vraye Mere, tous les devoirs de veritables Filles, apres sa mort remarquerent que son visage qui estoit changé par l'ardeur de la fiévre, & par la longueur de la maladie, revint dans sa premiere beauté. On reconnoissoit en elle tout ce qu'on y avoit veu d'agreable, de modeste, de doux, & de gagnant durant tout le cours de sa vie. On ne pouvoit se lasser de la regarder, & de remarquer toûjours en

elle cette façon qui donnoit encores plus de tendresse & de veneration en la voyant morte, que quand elle estoit vivante. Chacune se mettoit à l'entour d'elle, & faisoit des lamentations de la perte que toutes avoient faite. Chacune racontoit les vertus qu'elle avoit admirées, & rapportoit ce qu'elle luy avoit veu faire, ou dire, ou pâtir en sa vie. Les unes luy baiserent les mains, & les autres les pieds avec reverence. On couppa de ses cheveux & de ses habits, pour les garder comme des Reliques. Les unes luy faisoient toucher des Croix, des Chappelets, & des Images. Toutes la publioient une Sainte, & se disoient les unes aux autres, *Nous perdons aujourd'huy nostre thresor, nostre consolation, & nostre support, en perdant une Mere qui s'est toute consommée pour le service de Dieu, & pour celuy de nostre pauvre Communauté.* L'on sentoit de la joye & de la devotion de se voir dans sa Chambre, qu'on honoroit presque comme un lieu Saint, & on regardoit cette admirable deffunte comme un Temple du S. Esprit, devant lequel on prioit avec plus de ferveur & de confiance en Dieu que jamais.

Son visage fut tiré en moule par la Reverende Mere Angelique de S. Jean, Religieuse de Port-Royal, qui estoit pour lors en ce Monastere de l'Annonciade Celeste par l'Ordre de Monseigneur l'Archevesque, dans le temps où plusieurs autres Religieuses du mesme Convent de Port-Royal furent mises par le mesme ordre en diverses autres Maisons du Diocese. Et en verité on raconte avec beaucoup de reconnoissance, que cette fille habille & adroite parfaitement en cét Art de tirer en plastre & en cire des visages, s'offrit tres volontiers à rendre cét office de charité à la Communauté où elle estoit, voyant l'estime generale qu'on avoit de la rare vertu & de la sainteté commu-

nément recónuë de cette digne Mere, & les larmes qu'on répandoit autãt pour le regret de l'avoir perduë, que pour le desir de conserver la memoire de ses admirables actiõs. Ce fut pourquoy ne pouvant posseder plus long-temps sa personne, elles desiroient toutes ardemment de garder au moins son Image. Et c'est sur ce modelle, que le moins mal qu'il a esté possible, on a gravé le portrait qu'on a mis au commancement de ce Livre. Car pour en avoir un veritable & parfait des graces & des vertus de cette illustre defunte, il faudroit l'aller prendre dans le Cœur de Dieu mesme qui l'avoit si abondamment ornée de ses dons: ou dans celuy de ses Filles qui par le soin qu'elles prennent de l'imiter, la font revivre apres sa mort plus excellemment & plus heureusement que les Peintres & les Graveurs ne la pourront jamais representer.

Elle fut inhumée au mesme endroit où la Reverende Mere Marie Jeanne Magdelaine, premiere Superieure de ce Monastere, avoit esté mise il y avoit trente ans. Et ce fut une pensée bien consolante, & bien fondée dans l'esprit de toutes les Religieuses, que ces deux grandes Servantes de Dieu, apres avoir long-temps vescu ensemble sur la terre dans une tres-estroite union, apres avoir pratiqué d'un mesme esprit tous les exercices de la Religion, fondé leur Ordre dans la France, & Gouverné leur premier Monastere dans Paris, auront un nouveau surcroist de joye dans le Ciel, en voyant leurs Corps reposer dans un mesme Tombeau, jusques à ce qu'estans reunis à leurs ames en la Resurrection generalle, elles se retrouvent toutes deux entierement jointes avec Dieu dans la gloire des Saints, où la charité qui sera parvenuë à sa derniere plenitude, ne sera plus sujette à aucune separation.

Des graces extraordinaires qui paroissent avoir esté accordées à la Mere, ou obtenuës par son moyen.

Chapitre XXXVI.

LEs miracles ne sont pas des signes concluans infailliblement pour la saincteté. Aussi ne sont ils pas absolument necessaires pour faire reconnoistre les Saints. Les pecheurs en ont fait, & quelquesfois mesme de plus grands que ceux qu'ont fait les Justes. Judas a gueri des malades, & a chassé les Demons. Baalam, & Saül, & Caïphe ont dit des Propheties: & ceux qui ne suivoient pas le Fils de Dieu, n'ont pas laissé de faire en son nom des œuvres merveilleuses. Au contraire, saint Jean le plus grand entre les enfans des hommes, ne fit jamais aucun signe, parce qu'au sentiment des Peres, il fut luy mesme un assez grand miracle. Et le Sauveur du monde a bien voulu que ses Disciples, comme il l'avoit promis, en ayent operé en son nom de plus grands, que ceux qu'il avoit operez luy mesme durant sa vie par sa propre vertu.

Matt. 7.
Num. 24.
1. Reg. 19.
Ioan. 11.
Ioan. 9.
Ioan. 10.
Ioan. 14.

Les choses merveilleuses qui passent le pouvoir ordinaire de la nature ne laissent pas pour cela d'estre toûjours des marques éclatantes de l'amour que Dieu a pour ses Saints, & des preuves illustres du credit que leurs vertus ont aquis auprez de sa bonté. Nostre Seigneur a dit *qu'il glorifiera ceux qui l'auront glorifié* : & le Prophete adjouste *qu'il fera la volonté de ceux qui le craignent*. Pour cela, il honore ses Saints, operant en eux, ou par eux, des choses qui passent le pouvoir de la nature : & il accomplit leur volonté en leur accordant l'effet de leurs demandes, ou celuy qu'on espere obtenir de luy par leurs merites. Cela est si vray, que ce don d'operer des miracles, a toûjours esté comme un appanage asseuré

1. Reg. 2.
Psal. 144

de l'Eglise de Dieu. Le Sauveur luy en legua le pouvoir, *Mar. 16.* quand il partit de ce monde pour retourner à son pere: & ç'a toujours esté l'une des marques qu'on a produittes pour prouver l'assistance infaillible que son espoux luy a promise jusques à la fin des Siecles.

Cependant on sçait bien qu'il n'appartient nullement aux particuliers de s'en faire juges, ny de les authoriser par leurs propres témoignages. Les levres du Prestre, dit *Psal. 36.* le Saint Esprit, sont establies de Dieu pour estre les Gardiennes de la science, & c'est de sa bouche que le reste du monde doit prendre la Loy. L'Eglise a justement reservé cette puissance aux Prelats dans les lieux soumis à leur conduitte, & au souverain Pontife dans toute l'etenduë de la terre. Suivant ce principe nous ne rapporterons en ce lieu quelques unes des choses qui ont paru extraordinaires en cette Mere, que comme un simple recit de ceux ou de celles qui les ont estimées estre telles. Ou tout au plus, pour donner sujet de les faire examiner par ceux qui en ont le pouvoir, si Dieu leur en inspire quelque jour la pensée: & jusques à tant qu'ils les ayent approuvées, on n'entend y donner aucun autre credit que celuy de la bonne Foy qui est dans le comerce des homes. Les Saints mesmes en ont ainsi usé écrivant les vies de ceux qui les ont precedez. Saint Athanase & S. Hierosme, l'ont fait en celle de Saint Antoine. Saint Gregoire, en celle de Saint Benoist, & de plusieurs autres. Saint Bernard en celle de Saint Malachie: & dans celle de Saint Bernard, son Compagnon fidele qui l'a suivy dans tous ses voyages, & qui a esté témoin de toutes ses merveilles. Apres cette declaration tres-juste & tres-veritable, il a semblé qu'on pouvoit suivre le conseil de l'Ange qui disoit à To- *Tob. 12.* bie. *Il est bon de garder le secret des Roys, mais il n'est pas*

moins honorable de raconter les merveilles de Dieu.

Dés le commencement cette fille fut un enfant de prieres comme nous avons dit ; & ces feux qui sembloient entourer sa Mere quand elle estoit enceinte d'elle, & qui furent vûs par son Confesseur, estoient des presages des flammes de l'amour Divin qui devoit brûler dans le cœur de cette fille, & de la lumiere que sa bonne vie & sa reputation devoient apporter apres elle.

Les guerisons que dans son aage le plus tendre elle donnoit à ses petits maux par de l'eau Benite, n'estoient pas de petites marques de sa grande Foy, & le mesme remede qui n'operoit pas les mesmes effets en ses compagnes à qui elle conseilloit d'en user comme elle, montroit bien qu'elle se distinguoit d'avec elles par une Foy qui estoit de la nature de celle à qui Dieu a promis des merveilles.

Mais rien ne parut plus merveilleux que la prompte guerison qui se vit en la personne de sa Superieure, la Mere Marie Jeanne Magdeleine, & que nous avons raportée plus au long dans le Chapitre de son obeïssance sur le témoignage du Reverend Pere Jaquinot, Provincial des Peres Jesuites : Et cette mesme Superieure assura le Reverend Pere, que ce n'estoit pas la premiere fois qu'elle avoit éprouvé que nostre Seigneur accordoit de semblables faveurs aux prieres de cette Fille. Elle eût pû mettre encore en ce rang & conter pour telle, si elle en eust eû pour lors connoissance, la prolongation de sa vie, que cette bonne Mere avoit obtenuë de Dieu, au moins pour l'espace de douze ans, comme nous avons dit au Chapitre treiziéme, afin qu'elle soustint sa Communauté qui en avoit un besoin pressant dans ses commencements. Car l'effet fut si juste & si mesuré avec

sa

sa prière que le terme de la vie ne passa point celuy des douze années qu'on avoit expressement demandées à Dieu, la mesme Mere solicitée de prier une autre fois pour obtenir la continuation de la mesme grace, s'excusa en disant qu'elle n'osoit prendre une hardiesse pareille à la premiere, n'en ayant point de mouvement particulier. Car il est ordinaire aux Saints de ne rien entreprendre auprez de nostre Seigneur, à moins de ressentir une inspiration secrette qui leur declare sa volonté, & à moins que d'avoir cette marque que leur demande luy sera agreable, ils n'osent pas seulement en concevoir le desir. Entre quelques effets dont la Mere Prieure fit recit au Reverend Pere Jaquinot qui, depuis en assura plusieurs fois des personnes tres-dignes de creance, nous pouvons mettre la guerison non moins merveilleuse que prompte de cette bonne Sœur qui avoit une douleur tres-violente à un genoüil comme nous avons dit au Chapitre 21. Car elle sentit un soulagement manifeste tandis que la Mere la touchoit, & en estant guerie entierement peu de temps apres, elle n'attribua sa parfaite santé qu'aux mesmes prieres, non plus que la fin d'une autre maladie interne, que nous avons aussi raportée dans le mesme Chapitre, en parlant de la charité qu'elle avoit pour ses prochains.

Vne autre Religieuse assure que se tenant redevable du bon-heur de la Religion aux prieres & aux soins de cette charitable Mere, elle y avoit eu son recours ordinaire dans des besoins qu'elle en avoit ressentis sur la fin de son Noviciat, & au commencement de sa Profession. Elle fut tourmentée d'une douleur de teste si extraordinaire, qu'à son sentiment elle n'avoit point de parolles qui la pussent égaller. Tout ce qu'elle en pût dire, c'estoit

Y y

qu'elle luy sembloit passer tous les maux qu'elle avoit jamais soufferts, & qu'elle ne croyoit pas qu'il y ait aucun genre de suplice qui ne luy eut esté plus supportable. De sorte que la plus grande grace qu'elle eust pû demander à Dieu, s'il ne vouloit pas diminuer son tourment, c'estoit qu'il finist sa vie : Et qu'elle eut pris tres-volontiers les moyens de la finir elle mesme s'ils luy eussent esté permis, plustost que de porter plus long-temps la violence d'une si extréme douleur. Il arriva une fois qu'apres en avoir souffert les plus rudes assauts durant une nuit entiere, elle alla s'en declarer à la bonne Mere qui avoit une charité nompareille pour toutes les malades, elle luy dit, *Hé quoy, ma fille, pourquoy ne m'appelliez vous pas? nous eussions fait ensemble nos Prieres : & je tiens pour une chose toute sure que nostre Seigneur vous eust donné du soulagement.* La jeune Sœur retint fort bien ces paroles, & quelque temps apres estant durant une autre nuit assaillie plus terriblement à son sentiment que jamais du mesme mal, elle usa des offres de la Mere, & prit la liberté d'appeller. Celle-cy la vint aussi tost trouver, & passa quelques heures aupres d'elle ; & puis ayant eslevé sa confiance en Dieu, & prié au chevest de son lit l'espace d'une demie heure avec les termes du monde les plus tendres & les plus penetrans, elle luy fit former des actes de conformité au bon plaisir de Dieu, & d'union au Chef Sacré de JESUS-CHRIST couronné d'espines. La malade au mesme temps se sentit soulagée, & ce qu'elle estima davantage fut qu'elle se trouva dans un repos d'esprit preste à souffrir toutes les pointes de ce mal tant qu'il plairoit à Dieu, adjoûtant qu'elle avoit encores experimenté en plusieurs autres occasions les effets sensibles des Prieres & des merites de cette servante de Dieu.

Plusieurs Dames qui la connoissoient particulierement, quand elles estoient malades, ou quand elles estoient au fort de leurs affaires, l'envoyoient prier d'employer pour elles son credit auprés de nostre Seigneur, & elles ont fort souvent reconnû & hautement declaré que leur esperance n'avoit pas esté vaine. Vne entre les autres de la premiere qualité, estant fort affligée de se voir depuis long-temps privée du fruit d'un illustre mariage duquel dépendoit la conservation de toute une grande maison, s'adressa à elle, & la pria instamment de demander à Dieu, que si c'estoit pour sa gloire & pour le salut de celle qui l'en sollicitoit, il eust la bonté de luy accorder ce qu'elle souhaittoit: Promettant que si elle l'obtenoit, elle s'appliqueroit avec plus de soin à tous les exercices de la Devotion, & qu'elle éleveroit le plus Chrestiennement qu'il luy seroit possible pour le service de Dieu, ce fruit de ses prieres. Elle obtint bien-tost aprés l'effet de son desir, & elle s'en tenoit tellement redevable à la Mere, que luy amenant quelque fois cét enfant, elle le nommoit vostre Fils, comme nous avons dit, & quand il estoit malade ou en santé, elle luy mandoit hardiment, *vostre Fils est malade, ou il se porte bien*: Dequoy la Mere aussi ne se deffendoit pas si fort, qu'elle ne se servist de ce nom pour continuer à prier pour luy avec plus de tendresse, de ferveur, & de perseverance. Les effets de ses Prieres & de sa Confiance en Dieu ne paroissoient pas seulement dans le succez des choses temporelles : on en voyoit des marques bien plus frequentes dans les spirituelles. L'empressement extraordinaire d'un Prestre imprevû qui vint de grand matin pour celebrer la Messe en leur Chapelle, au jour où la Mere Prieure avoit refusé la Communion à cette malade par la prevoyance qu'elle ne la pourroit rece-

voir auſſi matin que ſon mal l'exigeoit, en fut une preuve qui parut merveilleuſe à toute la Communauté, comme nous l'avons dit: Parce que l'effet arriva ſans que perſonne en ait connu la cauſe, & que la Mere prit de là un ſujet ſi convainquant de publier par tout la bonté de ſon pere celeſte qui avoit une providence particuliere pour ſecourir ſes pauvres enfans dans leurs preſſantes neceſſitez, qu'aucune ne douta que celuy qui luy inſpiroit tant de reconnoiſſance, eſtoit celuy là meſme qui avoit operé cét effet. Les converſions des deux perſonnes dont nous avons auſſi parlé au Chapitre 21. dont l'un eſtoit un Prince: Et les grandes eſperances de leur ſalut fondées en ſuite ſur leur heureuſe mort, en ont eſté encores des témoignages plus ſalutaires pour eux, & plus ſouhaittables pour elle. Car comme il n'eſt point de grace que les Serviteurs de Dieu pourſuivent avec plus de ferveur pour la gloire de leur Divin Maiſtre, & pour le ſalut du Prochain, il n'en eſt point auſſi qu'ils obtiennent moins ſurement & moins communement, quand la miſericorde laſſée par des pecheurs endurcis, laiſſe à la Juſtice le temps de punir en ce dernier moment les crimes de pluſieurs années.

Entre les ſignes par leſquels Dieu a ſemblé monſtrer combien les Devotions de ſa fidelle Servante luy étoient agreables, on peut ſe reſſouvenir avec beaucoup de ſentimens de pieté, du fruit qu'elle trouvoit à faire ſouvent les Proceſſions dont nous avons parlé aſſez au long ailleurs, pour honorer les Communications eternelles de Dieu, & imiter celles de noſtre Seigneur en la Terre. Nous avons dit ce qui en fut declaré par un perſonnage connu dans Paris pour eſtre d'une vertu tres-extraordinaire; & par un Pere Minime ſon Confeſſeur, Directeur

pour lors des Novices du Convent de la place Royalle, au temps que cette Mere avec sa Communauté s'employoit auec tant de zele & de ferveur à ces pieux Exercices, durāt les guerres de la Rochelle, & de l'Isle de Rhé. On pourroit y joindre quelque chose qui ne seroit pas moins considerable, sur le sujet d'une autre Procession qu'elle faisoit avec ses Novices au temps où elle honoroit la Naissance de nostre Seigneur en visitant un Oratoire où estoit representée la Créche, y chantant des Litanies & des Cantiques, & faisant d'autres devotions dressées à cét effet. Mais pour la mesme raison qui nous a fait passer fort legerement sur l'une, nous ne dirons rien du tout de celle-cy. On en garde les memoires dans le Monastere pour y avoir égard quand Dieu voudra qu'on ait la pensée de les examiner, ou que quelqu'autre raison obligera à les expliquer plus au long. Pour le present on en laisse toute la connoissance à celuy-là seul qui sçait bien, quand il luy plaist, de découvrir les graces qu'il a faites, & les faire approuver par les voyes qu'il a luy-mesme ordonnées. Nous passons à d'autres qui n'ont pas moins confirmé la haute opinion qu'on avoit conceuë de la vertu extraordinaire de la Mere, & qui tiennent moins de ce qui passe dans l'opinion du monde pour estre des miracles visibles.

Il n'est rien qui porte un caractere plus assuré de l'assistance de Dieu, que les predictions faites long-temps auparavant, quand elles sont confirmées par des évenemens veritables. La Mere Marie Agnes n'a pas esté sans donner des marques qui ont souvent fait croire qu'elle avoit des connoissances communiquées du Ciel. La premiere fut lors qu'estant encore Novice, on luy apporta la nouvelle de la mort de son pere. Car outre la constance qu'elle fit

voir en gardant la tranquillité d'esprit & la conformité au bon plaisir de Dieu que nous avons racontée, elle adjousta sans déconcerter la paix de son ame, & sans montrer aucun doute de ce qu'elle advançoit, *Ma mere le suivra bien-tost.* Car cela arriva dans quatorze ou quinze jours apres, quoy que la Dame n'eust ny l'aage, ny aucun mal qui pust faire craindre un si prompt accident. La justesse de cette prediction donna lieu d'en croire beaucoup d'autres qui ont esté verifiées en des sujets encores plus éclatans.

Quand la Reyne Marie de Medicis, apres la declaration des sensibles déplaisirs qu'elle souffroit à la Cour, partit pour se rendre à Compiegne, d'où elle ne revint plus : Elle pria la Mere de ne luy point cacher sa pensée sur le succés de ce voyage qu'elle avoit resolu d'entreprendre. La Mere apres beaucoup de pieux & de sages discours qu'elle eut avec elle, luy dit, *Madame, vostre Majesté veut donc que je ne luy cache rien des veuës qu'il plaist à nostre Seigneur me donner pour sa personne : ie luy obeïray ponctuellement. Il faut qu'elle se dispose à suivre nostre Sauveur par le chemin de la Croix, dautant qu'elle en aura de bien grandes & bien longues à porter. Et c'est à quoy elle se doit attendre. Nostre Seigneur ne me fait connoistre pour le present autre chose sur elle. Ie le conjure qu'il soit toûjours avec elle, pour la conseiller & pour la consoler.* Elle exprima plus en détail le cours des disgraces qui sont arrivées depuis à cette grande Reyne. Mais il n'est point necessaire au cours de cette Histoire d'en faire icy un plus long recit. Ce que nous en avons dit suffit pour soûtenir la creance qu'on eut alors, que la Mere avoit des lumieres de Dieu bien particulieres, & la Reyne en demeura si persuadée, que s'en retournant elle disoit aux plus confidentes de ses Dames, *Vraiment cette Mere a l'Es-*

prit de Dieu: Et dans le plus fort de ses peines, celles qui l'ont suivie en ses voyages sçavent qu'elle adjoustoit: *La Mere Marie Agnes me l'avoit bien predit.* Dequoy le Reverend Pere Suffren, de la Compagnie de Jesus, qui connoissoit la Mere, & qui avoit souvent conversé avec elle, ne manquoit pas de se servir utilement pour consoler sa Majesté dont il estoit le Confesseur.

Le mesme arriva & bien plus visiblement encores à Madame la Princesse de Condé, quand s'estant adressée à elle pour luy faire confidence de quelques traverses qu'elle recevoit, & trouver dans ses prieres & dans ses conseils des remedes à les adoucir: La Mere fit ce qu'elle put pour destourner la Princesse du dessein qu'elle avoit pris de sortir de la Cour, & pour la resoudre à porter patiemment ce que Dieu permettoit pour son salut. Mais la voyant ferme dans son dessein, elle luy dit, *Madame, sçachez qu'en suivant vos pensées, Vostre Altesse s'engage à des maux plus grands que ceux qu'elle souffre avec tant de chagrin, & qu'elle se verra reduite dans un abandon si general, qu'elle reconnoistra & confessera qu'il est prejudiciable de resister aux volontez de Dieu, & refuser de prendre le Calice qu'il nous envoye.* Elle poursuivit en expliquant les choses plus en particulier; de maniere que la Princesse dans l'épreuve qu'elle en fit apres, eut la consolation de se souvenir fort exactement de ce que la Mere luy avoit dit auparavant, & conserva toute sa vie pour elle beaucoup plus de confiance & de veneration. Elle raconta cela elle-mesme à plusieurs personnes, & entr'autres aux Reverends Peres Motet & Jaquinot, l'un & l'autre Jesuites, & tous deux en ont fait le rapport à des gens dignes de foy, dequoy les Religieuses qui l'ont appris, conservent un memoire écrit & signé de leur main.

Ce qui regarde le Prince souverain dont nous avons parlé, est d'autant plus fort en ce sujet, qu'il semble contenir la preuve des deux sortes de communicatiós que Dieu fait, quand il declare aux ames les deux sortes de secrets dont il s'est reservé la clef. Ce sont les évenemens futurs, & les pensées des cœurs. Ce Prince à la Cour duquel, la Mere avoit esté nourrie, l'estant venu visiter à Paris, n'avoit encores découvert à personne le projet qu'il faisoit pour la dissolution d'un mariage avec la Princesse sa parente, qui avoit fait par cette union le repos de ses Estats : Du moins la Mere n'en avoit oüy parler à personne. Elle l'en advertit neantmoins la premiere, & luy fit connoistre qu'elle en estoit instruite par la lumiere de celuy qui penetre les cœurs. Mais n'ayant pû le divertir de cette volonté par toutes les raisons de la conscience & de l'honneur, touchée de compassion elle luy declara en gemissant les malheurs qui devoient seurement tomber sur sa personne, sur sa Maison, & sur ses Estats, s'il en venoit à l'execution. L'évenement en a esté si public, qu'il n'est pas moins superflu d'en parler pour le faire connoistre, qu'esloigné de la Profession des Religieuses separées du monde, de s'y arrester pour en chercher les raisons.

Nous avons raconté ailleurs comme deux Novices estans dans la maison alors qu'elle estoit malade, & que la Communauté s'assembloit pour deliberer sur leur reception, on la pria de recommander à Dieu le jugement qu'on en devoit faire. Elle ne les avoit suffisamment ny veuës ny entenduës pour en faire le discernement. Elle se recueillit un peu de temps avec Dieu, & puis elle répondit sans balancer & sans differer, *l'une* qu'elle nomma *demeurera & perseverera : l'autre sortira & ne sera jamais Religieuse*, cela arriva ainsi qu'elle avoit dit, & verifia la parole

role du Fils de Dieu dans l'Evangile, l'une sera prise, & l'autre sera laissée. Vn autre exemple est encores plus present & plus agreable, puis qu'il n'a rien qui ne soit consolant. Vne jeune fille née d'une Dame voisine du Monastere, mesme avant sa naissance avoit esté voüée à Dieu par sa mere, & promise à la Mere Marie Agnes pour le servir dans cét Ordre, s'il luy plaisoit l'appeller à la Religion quand elle seroit en aage d'en faire le chois. Elle fut élevée dans cette maison durant quelques années, avec toute sorte d'apparence qu'elle y voudroit demeurer, & qu'elle n'y seroit pas receuë moins volontiers de toutes les Religieuses. Quelques considerations persuaderent à sa mere de la retirer, & de la mettre dans une autre maison Religieuse, ce qui ne se fit pas sans regret pour celles qui témoignoient beaucoup d'amitié à cette jeune enfant, & qui avoient conçû beaucoup d'esperance qu'elle seroit un jour un bon sujet de sa Communauté. La Mere Marie Agnes dit toujours qu'on ne s'en mist point en peine, que surement elle reviendroit, & y seroit Religieuse. Cela s'est accompli aprés la mort de la mere, si veritablement, qu'encores qu'elle eût esté mise dans une Religion fort vertueuse & fort sainte, où elle estoit fort aimée, & où elle ne s'aimoit pas moins : lors qu'on n'y pensoit plus du tout, par des mouvements dont on ne peut découvrir la cause Madame sa mere l'alla querir, & la ramena elle mesme dans ce Monastere où elle avoit esté promise, & elle l'y a veuë avec toute la ferveur possible prendre l'habit, & faire Profession. Ce qu'on a toujours attendu pour justifier la Prediction de celle qui en avoit parlé si positivement, dans un temps où il n'y avoit apparemment aucun sujet de le croire.

Il resteroit pour finir ce Chapitre de joindre icy quel-

ques grâces merveilleuses qu'on tiét avoir esté obtenuës depuis la mort de cette mere, par l'intercession de ses prieres. On n'en manqueroit pas si on vouloit raconter tout ce que l'on en rapporte: mais ne pouvant faire de Foy à moins qu'elles soient reconnuës par ceux qui en doivent juger, il vaut mieux en laisser le sentiment à ceux ou à celles qui les ont receuës, que de les publier à ceux qui ne se tiendroient pas obligez de les croire.

Du jugement que plusieurs personnes considerables ont fait d'elle & des loüanges qu'elles luy ont données.

CHAPITRE XXXVII.

APres le témoignage que Dieu a semblé donner par les faveurs extraordinaires qu'il a faites à sa fidelle Servante, ou qu'il a accordées par elle, il est bien juste d'adjouster celuy des hommes de son temps les plus remarquables, ou pour leur qualité, ou pour leur science, pour leur prudence, ou ce qui est encores plus important pour leur excellente vertu. Dieu qui cache ses Secrets aux grands & aux sages du monde, ne laisse pas de leur découvrir quelques fois les thresors qu'il met dans les ames d'élite qu'il a choisies particulierement. Il l'a fait si parfaittement bien en cette illustre morte, qu'il semble *Eccl. 50.* selon la parolle du Sage, qu'elle a esté semblable à l'étoille du matin qui paroist entourée d'un nuage, mais qui conserve neantmoins sa lumiere. Elle s'est cachée elle mesme autant qu'elle a pû sous les voiles de son humilité. Elle a esté obscurcie par les ombres des contradictions à des oppositions. Elle a esté noircie par des invectives &

des calomnies qu'on luy a suscitées. Mais parmy tout cela Dieu a fait que les puissans, que les Sçavans, & que les plus pieux du Siecle l'ont singulierement estimée, honorée, & loüée : Et tout ce qui luy a paru contraire, n'a servy qu'à rehausser son éclat.

Je ne repeteray point ce qu'en ont dit la Reyne Marie de Medecis, Madame la Princesse de Condé, & le Prince Souverain dont nous avons parlé dans le Chapitre precedent: Mais je ne puis taire ce que la deffunte Reyne Mere Anne d'Autriche, dit aux Religieuses de la Visitation Sainte Marie du Pont à Mousson, quand elle entra en leur Monastere au voyage que le Roy fit en Lorraine. en l'an 1633. Car ayant appris que la Superieure, qui estoit la Mere Claude Marie Dauvaine, estoit Sœur de la Mere Marie Agnes, Sa Majesté eut bien la bonté d'y aller exprés pour la voir, & la congratuler d'avoir une Sœur si Sainte: & entre les termes dont sa Majesté usa pour exprimer sa pensée, elle dit que c'estoit à son jugement une des plus excellentes ames du Siecle, qu'elle la tenoit au nombre des plus grandes Servantes de Dieu, qu'elle contoit beaucoup sur l'amitié d'une personne qui estoit si bien aupres de nostre Seigneur, que surement elle se confioit beaucoup en ses Prieres, qu'elle avoit esté à son escholle pour apprendre à faire l'Oraison, & qu'elle luy avoit enseigné d'en tirer pour profit l'amour de la Croix. Qu'elle n'en estoit pas encores venuë à ce point là, & qu'elle n'en avoit pas encores eu le courage, quoy qu'elle tafchoit de s'y former tous les jours. Madame la Marquise de Senecey & les autres Dames qui estoient à la suitte de la Reyne encherirent à l'envy, & adjousterent beaucoup d'autres loüanges qui témoignoient une estime nonpareille de cette Sœur qui avoit esté tirée de ce

païs là pour venir eſtablir le Monaſtere de Paris.

Il ſe trouva une autre occaſion de faire porter plus loin ſa reputation, & de la faire connoiſtre au païs où l'Ordre a pris ſon origine. Monſieur Auguſtin Centurion, de l'une des premieres maiſons de Gennes, & fils d'une des Fondatrices de cette Religion, eſtoit à Paris Reſident auprés du Roy pour les affaires de la Republique. Côme il prenoit un ſingulier intereſt en cét inſtitut, tant parce qu'il eſtoit né dans ſa Ville, que parce qu'il avoit eſté en partie fondé par ſa mere, premiere compagne de la venerable Mere Marie Victoire, & ſouſtenu par le credit & les biens-faits de Monſieur Eſtienne Centurion ſon pere qui en avoit obtenu Approbation à Rome, & l'établiſſement dans Gennes. Il venoit aſſez ſouvent faire ſes Devotions en la Chapelle de leur Monaſtere, & viſiter la Mere Marie Agnes avec laquelle, comme il eſtoit fort pieux, ils s'entretenoient de choſes ſpirituelles avec beaucoup de conſolation de ſon ame. Il en ſortoit toujours ſi ſatisfait & ſi édifié, qu'il ne pouvoit s'empeſcher de faire paſſer juſques en Italie les ſentiments qu'il en avoit. Mais eſtant retourné à Gennes il en fit un ſi admirable recit, que ces Meres qui ſont en tres-grande conſideration dans cette ville là, juſques à y avoir trois Monaſteres bien floriſſans, n'ont ceſſé depuis ce temps là de faire inſtance à celles de Paris, de leur communiquer ce qu'elles ont de plus particulier de cette Illuſtre deffunte qui a ſi Saintement eſtabli leur inſtitut en France : & faire que toutes leurs maiſons & le Public en ayent bien-toſt la vie, comme on a celle de la venerable Mere Marie Victoire qui l'a premierement Fondé en Italie. Au reſte, pour donner tout le poids qu'on doit au témoignage de ce Seigneur, & l'idée qu'on doit avoir de ſa perſonne, je

diray qu'ayant dignement souftenu la commiſſion qu'il avoit euë en France, & terminé les affaires au gré de ſa Republique, il en fut éleu Duc apres ſon retour, & ayant encore remply avec une approbation generalle tous les devoirs de cette dignité la premiere de l'Eſtat, il abandonna tout pour conſacrer au ſervice de Dieu le reſte de ſa vie dans la Compagnie de JESUS, où il a veſcu tres religieuſement quelque temps, & eſt mort peu apres en odeur de grande ſainteté.

Mais nul ne peut plus aſſurément ny plus juſtement parler de cette Mere, que Monſieur de Contes, Doyen de l'Egliſe Metropolitaine de Paris, Conſeiller ordinaire du Roy, & Superieur depuis plus de trente ans de ce Monaſtere de l'Annonciade Celeſte tant, par la connoiſſance qu'il en a euë durant tout ce temps-là, que par les communications qu'elle a eſté obligée d'avoir avec luy pour toutes ſortes d'affaires. Il en avoit conceu une ſi haute eſtime, qu'outre ce que nous en avons déja rapporté, il la propoſoit en toutes les occaſions, & à toutes les Communautez, pour un exemple également achevé de toutes les vertus Religieuſes. Et lors qu'on luy fit ſçavoir ſon decez, entre les autres choſes qu'il dit pour montrer l'opinion dans laquelle il la tenoit, il s'ecria, *Que c'eſtoit une ame des plus parfaites qu'il euſt jamais connuës : Qu'elle avoit les vertus les plus ſolides, & les plus élevées : Qu'elle avoit achevé ce que Dieu vouloit d'elle en ſa vie, & qu'elle s'eſtoit conſommée pour le ſervice de noſtre Seigneur, & pour celuy de ſa Communauté. Que c'eſtoit un threſor à ſon Ordre & à ſon Monaſtere : Et qu'elle luy ſeroit plus utile dans le Ciel, qu'elle n'avoit encores eſté ſur la terre.* Il a confirmé le meſme en diverſes autres rencontres, tant ſur la connoiſſance qu'il avoit par ſoy meſme, que ſur celle qu'il avoit priſe par les rapports qu'on

luy en a faits, lors qu'elle estoit dans les estats differents dont nous avons parlé.

Le Reverend Pere de Gondran, second General de l'Oratoire, de qui la memoire est en benediction parmy ceux de sa Congregation, & parmy ceux du monde qui ont eu le bon-heur de converser avec luy plus familierement, comme on luy faisoit voir durant qu'il vivoit quelques-uns des écrits & des Meditations de la Mere pour le supplier de les examiner, & d'en donner son jugement; ayant oüy parler d'elle à plusieurs, & lû ce qu'on luy presentoit, il en dit son sentiment, & donna son approbation en ces termes par un écrit qu'il signa mesme de sa main; *Ce que i'ay lû de ces pensées, & ce qu'on m'a rapporté de celle à qui Dieu les communique, me paroist estre d'une ame tres-illuminée de luy, tres-destachée de la terre, & toute transportée dans le Ciel. En un mot, il me semble que cela est d'une ame toute passée en Dieu, & plustost d'une Bien-heureuse que d'une Voyagere en ce monde.* Voila le jugement que ce grand homme en portoit.

Le Reverend Pere Barthelemy Jacquinot, celebre entre les Peres Jesuistes pour avoir esté Superieur de leur Maison Professe de Paris, Provincial de France, & Assistant de leur Reverend Pere General à Rome, dans le temps que la Mere vivoit, la visitoit fort souvent: & comme elle luy rendoit compte de tout son interieur, il admiroit si fort les dons de Dieu dont il la trouvoit remplie, & la fidelité avec laquelle elle y répondoit, qu'il ne pouvoit quasi trouver de termes assez hauts pour l'expliquer, ny garder des mesures justes dans les loüanges qu'il luy donnoit. Jusques-là qu'on a sceu de personnes dignes de foy, qu'il leur a dit, *Que s'il la survivoit il auroit de la consolation de composer l'Histoire de sa Vie. Qu'il avoit des memoires &*

des connoissances toutes particulieres pour faire voir que c'estoit une ame tres pure, tres élevée en Dieu, & doüée de toutes les plus excellentes vertus. Que ce qu'on sçavoit d'elle n'estoit que la moindre partie de ce qu'elle estoit en effet. Que ce qu'on lit des extases & des ravissemens dans la vie des autres Saintes, n'a point passé ce qu'il sçavoit estre assez ordinaire en elle. Que le don de Prophetie ne luy a point manqué, non plus que celuy des Miracles. Sur quoy il rapporta la guerison de la Mere Prieure arrivée en sa presence, & il adjoustoit d'autres exemples non moins considerables que celuy-là. Il asseuroit encores qu'il l'avoit fait parler sur les Mysteres les plus hauts & les plus cachez de la Foy & de la Theologie. Sur la distinction des divines Personnes, sur les Attributs, & les Relations: & sur plusieurs autres choses, dont il n'est pas necessaire de rapporter icy le sens, ny les termes: Qu'elle luy avoit répondu admirablement bien sur toutes ces choses, & qu'elle les avoit expliquées avec tant de netteté & d'intelligence, qu'il ne pouvoit douter qu'une penetration si profonde, & une expression si claire dans une ame aussi sainte qu'estoit celle-là, ne vinssent d'une lumiere infuse, & ne fussent un don de science & d'intelligence communiqué de Dieu: Que s'il la survivoit assez long-temps pour cela, il ne refuseroit point d'aller à Rome afin de la faire connoistre, & approuver tout ce qu'il produiroit de sa vie, & de ses écrits, en dessein mesme de procurer sa Beatification, laquelle il estoit persuadé qu'il ne seroit pas fort difficile d'obtenir du S. Siege, tant il trouvoit de vertus & de merveilles dans cette incomparable Mere. Enfin dans tous les lieux où la charge de Provincial qu'il a exercée en diverses Provinces de sa Compagnie l'obligeoit d'aller, il disoit communément, Qu'il avoit connu deux Saintes en sa vie: L'une la Venerable Mere Marguerite d'Arbouze, Fondatrice de la celebre Abbaye du Val de Grace à Paris: Et l'autre la Mere Marie Agnes Dauvaine,

& *que iamais il ne penſoit à elles, qu'il ne miſt entre les plus grandes graces qu'il euſt receuës de Dieu, celle d'avoir eu connoiſſance particuliere de deux ſi ſaintes perſonnes.*

Le Reverend Pere Arnou, auſſi Jeſuiſte, Predicateur illuſtre de ſon temps, & Confeſſeur ordinaire de Loüis XIII. donnoit de pareilles loüanges ſur ce qu'il avoit ſceu & connu d'elle. En particulier il admiroit les hautes lumieres dont ſon eſprit eſtoit éclairé, & les conſtantes ferveurs dont ſon ame eſtoit embraſée pour Dieu. Par deſſus tout, il loüoit en elle la pureté de cœur & l'humilité, & il diſoit, *Qu'à ſon jugement elle faiſoit honte aux meilleurs Theologiens, & qu'elle raviroit les plus élevez en la vie myſtique, ſi elle exprimoit les choſes que tous les jours noſtre Seigneur operoit en elle.* Voila le témoignage que ce celebre perſonnage en a ſouvent rendu.

Le Reverend Pere Cauſſin de la meſme Compagnie, aſſez connu par ſes beaux Livres, & qui avoit une habitude plus particuliere qu'aucun autre avec cette vertueuſe Mere, a dit à pluſieurs perſonnes qui l'ont rapporté, que ſi elle n'euſt pas eu l'application qu'elle avoit à ſe tenir cachée autant qu'il luy eſtoit poſſible, il n'y euſt point de ſon temps eu de perſonne plus connuë & plus admirée qu'elle, *que ſon eſprit eſtoit tres rare, ſa vertu encore plus rare, ſon courage invincible : Et qu'elle euſt eſté ſans doute une de ces ſainte Vierges qu'on honore dans l'Egliſe pour avoir enduré le Martyre, ſi elle euſt veſcu dans les ſiecles où des Vierges comme elle, donnoient leur ſang pour le Nom de* JESUS-CHRIST. Il luy écrivoit aſſez ſouvent, & il ſe recommandoit à ſes ſaintes prieres. Et ce fut par luy que le Confeſſeur du Monaſtere fut connu du Roy Loüis XIII. dont le Pere eſtoit pour lors Confeſſeur, & que ſa Majeſté dit de la Mere & de ſon Inſtitut les biens que nous ne pouvons oublier,

pour

pour estre sortis de la bouche d'un si grand Roy, porté à estimer & loüer tout ce qui estoit de pieté & de Religion.

Ce Monarque tres-Chrestien se faisoit en ce temps là un pieux divertissement de composer avec son Confesseur quelques petits Offices Ecclesiastiques. Le Confesseur en fournissoit les parolles, & sa Majesté qui estoit fort intelligente en la Musique, leur donnoit le chant qui revenoit davantage à sa devotion. Il fallut choisir quelqu'un qu'on employast à l'impression : Et le Pere presenta cét Ecclesiastique fort homme de bien, & qui estoit depuis long temps Confesseur en ce Monastere, & amy de la plus part des Peres Jesuites. Le Roy prit plaisir à la sincerité de cét homme qui estoit d'autre part fort discret : & sçachant son occupation, il luy demanda quelles estoient ces Religieuses, quel leur Institut, & quelle toute leur maniere de vie. L'Eclesiastique répondit selon la veritable connoissance qu'il avoit, tant de l'Institut, que du Monastere où il estoit Confesseur depuis beaucoup d'années, mais sur tout il dit à sa Majesté tant de choses de la Mere qui estoit alors Superieure, de sa retraitte, de son humilité, de sa regularité, de son don d'Oraison, des Communications qu'elle avoit avec Dieu, des graces qu'il accordoit souvent à ses Prieres, que sa Majesté reflechissant sur ce qu'elle avoit entendu, luy dit, *Je vous estime bien heureux d'estre Confesseur de filles aussi vertueuses, aussi devotes, aussi Saintes, mais sur tout aussi retirées du monde que sont celles là. Pour moy je ne tiens pas pour bonnes Religieuses celles qui sont trop souvent aux grilles & aux Parloirs. Elles se secularisent avec les gens du monde. Et à mon sens, elles ne gardent de la Religion que l'habit, & ne sont dans le Cloistre que de corps. Pour ce que vous me dites de leur Superieure, j'en*

AAa

fais encores bien plus d'estat, & je suis bien aise qu'il y ait dans Paris & dans mon Royaume des ames qui servent si bien Dieu, & qui le prient pour moy. Exhortez-la bien à continuer de le faire. Ce qu'il recómanda encores davantage quand le Pere Caussin eut confirmé par son témoignage que ce qu'on avoit dit à sa Majesté n'estoit point au dessus, mais au contraire beaucoup au dessous de la verité touchant l'estime qu'on devoit faire de cette ame excellente.

Que si apres les témoignages estrágers on en peut mettre de domestiques, celuy de Madame de Rantzau, jadis Mareschalle de France; & maintenant la Mere Marie Elizabeth, pourra bien y avoir place. Cette Mere s'en allant en Allemagne pour establir un Monastere, de son Ordre en la ville d'Hildeshim, partit de Paris si remplie de l'opinion qu'elle avoit de la Mere, & des instructions qu'elle en avoit receuës, qu'aprés en avoir donné toutes les asseurances possibles, elle conclud qu'elle en avoit encores de plus grandes & de plus particulieres que celles qu'on avoit par écrit: & que son plus sensible regret en quittant la France, estoit de s'éloigner d'un lieu, où avec ses cheres Sœurs, elle avoit tant remarqué de vertus dans leur commune Mere. Pour montrer qu'elle en gardoit un souvenir tres-respectueux & tres-tendre, elle voulut emporter un parement d'Autel travaillé de la main de cette grande servante de Dieu, pour en parer sa Chapelle comme d'une Relique dans les jours les plus solemnels de l'année, & pour avoir sujet de dire aux filles que Dieu luy donneroit, ce qu'elle avoit remarqué dans la vie de celle dont elle leur monstreroit l'ouvrage. Je finirois volontiers ce Chapitre par les pressentiments que le Reverend Pere de la Compagnie de Jesus de leur maison Professe de Saints Loüis à Paris, conceut d'elle & des grands ad-

vantages qu'il jugea qu'elle apporteroit à son Ordre, & à son Monastere, lors qu'estant arrivée de Nancy, elle commença par les Exercices spirituels sous sa conduitte à se disposer aux emplois pour lesquels elle estoit amenée. C'estoit un homme fort spirituel & fort experimenté en la conduitte des ames, qui ayant observé avec beaucoup d'application, celle que Dieu tenoit sur celle-cy, & avec une pareille attention remarqué la fidelité qu'elle apportoit à suivre tous ses mouvemens, dit à la Mere Prieure, *que c'estoit une ame toute penetrée & toute possedée de Dieu. Que quoy qu'elle fust déja fort remplie de ses dons, il l'en rempliroit encore davantage pour l'élever elle mesme, & en amener d'autres aprés elle à une eminente perfection. Enfin qu'elle la pouvoit regarder dés lors comme un precieux depost que Dieu luy donnoit, & comme un germe de Sainteté qu'il preparoit à son Ordre & à sa Communauté.*

 Mais je ne puis mieux conclure que par l'extrait de quelques Lettres que le vertueux Ecclesiastique qui a esté Confesseur de ce Monastere prés de 20 ans, & qui ne l'étoit plus au temps du decez de cette Mere, escrivit sur la nouvelle qu'il eut de sa mort. *Ce n'est pas ma coustume,* dit-il, *de parler ny d'écrire beaucoup des personnes vivantes, ny mesme de celles qui sont mortes. Quelques uns de mes amis m'ont dit pour cela quelquesfois, que quand je publierois des miracles de Religieuses que j'aurois connuës, ils y donneroient aysément creance. Mon dessein n'est pas d'en blasmer ny d'en mépriser aucune; ayant une estime singuliere pour toutes les espouses de* JESUS CHRIST, *qui sont la plus pure portion de tout le troupeau de l'Eglise. Mais aprés m'estre declaré de la sorte, & avoir pris par advance ces mesures, je ne crains point de confirmer avec serment, ce que j'ay souvent dit, que j'ay connu par excellence en ma vie, une Religieuse vraye, solide, parfaite, &*

AAa ij

Sainte de tout point. C'est la Reverende Mere Marie Agnes. Car i'ay remarqué en elle tant de veritables desirs, avec une si constante poursuitte de toute la perfection Chrestienne & Religieuse, que contre mon ordinaire, ie n'ay pû m'empescher d'en parler souvent, & d'y penser presque continuellement. I'advoüe que si Dieu m'avoit donné l'eloquence de quelqu'un des Escrivains qui sont les plus polys de ce Siecle, ie prendrois un grand plaisir de l'employer à escrire la vie de cette Sainte personne. Car ie n'ay rien veu en elle qui ne soit digne d'admiration, & i'ay peu veu de choses admirables en fait de vertu dãs la vie des Saints, que ie n'aye treuvé en elle. Mais ce que i'ay plus admiré a esté cette humilité, & cette obeïssance dont elle donna une si belle preuve, lors qu'elle jetta au feu toutes les Meditations qu'elle avoit composées pour ses Novices, parce qu'estant consulté par elle s'il n'y avoit rien à y corriger, ie luy dis pour l'éprouver, qu'elles n'estoient bonnes que pour le feu ; entendant le feu de l'amour Divin, qu'elles me sembloient tres-propres à allumer dans le cœur de ses filles. En effet elles estoient assez considerables pour meriter que quantité de personnes pieuses & doctes en voulussent avoir des coppies, & fussent d'advis qu'on les fist imprimer au plutost. Vous sçavez aussi l'estime que la Reine Marie de Medicis faisoit d'elle, vous sçavez en quels termes la Reine Anne d'Autriche en parloit. Mais jamais on n'a remarqué ny au dedans ny au dehors du Monastere, que son cœur se soit élevé pour cela, ou ait pris aucune complaisance en toutes ces faveurs des grands de terre, dont plusieurs autres auroient fait beaucoup d'éclat, & de bruit : & quand leurs Majestez luy ont fait l'honneur de luy écrire, elle ne rendoit point d'autres responses, sinon qu'elle continueroit à prier nostre Seigneur pour elles, puis que c'estoit tout ce qu'on pouvoit attendre d'une pauvre Religieuse. Jusques icy sont les paroles de cét Ecclesiastique dans une de ses Lettres.

Dans une autre, apres avoir demandé par un motif de devotion, quelque chose qui eust esté à l'usage de la Mere, comme on luy eut envoyé, son Chappelet il en fit des remerciments à la Mere Prieure en ces termes. *Ie vous rends de tres-humbles actions de graces de la faveur signalée que vous m'avez faite en m'envoyant ce present Ie vous proteste que ie garderay cherement ce precieux gage, venant d'une personne dont la vie a esté si exemplaire & les vertus si admirables, que ie ne fais aucune difficulté de l'invoquer tous les jours en mon particulier. Ie me souviens fort bien que le Reverend Pere Caussin m'a souvent dit, Que si elle eust voulu se produire au dehors, elle eust attiré l'admiration de tout Paris, & eust eu à sa grille les personnes les plus spirituelles pour l'entendre. Mais qu'elle a pris autãt de soin à se cacher par humilité, que plusieurs autres ont d'ambition & de vanité à se faire connoistre. Aussi estoit-elle comme vous le sçavez, si ennemie des Parloirs, que d'y aller c'estoit pour elle un supplice. Madame la Duchesse d'Angoulesme, qui l'aimoit fort, & qui l'honoroit quelques-fois de ses visites, a observé qu'elle prenoit congé d'elle tout franchement, aussi tost que l'heure l'appelloit à quelque Observance de sa Communauté. Vous sçavez mieux que moy son exactitude & sa fidelité à toutes les autres pratiques de vostre Regle, ayant conversé avec elle si long-temps. Ce que ie puis assurer, c'est qu'elle les a gardées avec tant de devotion, & qu'elle les a maintenuës avec tant de force, qu'elle m'a souvent dit, qu'elle n'avoit rien au monde plus à cœur que cela, & qu'elle donneroit sa vie avec bien de la joye pour les maintenir inviolablement dans leur parfaite vigueur.* Tout cecy est de l'Ecclesiastique Confesseur du Monastere, qui a toûjours esté reconnu pour un homme vertueux, veritable, & judicieux.

Plusieurs Convents de cét Ordre en France & ailleurs, ayant appris le decez de la Mere, de qui la reputation

estoit si grande par tout, témoignerent à celuy de Paris par leurs Lettres, la part qu'ils prenoient à sa perte, avec des loüanges pour cette Illustre Deffunte, pareilles à celles que nous avons rapportées icy. Plusieurs Religieuses qui avoient eu le bien de la connoistre, & de la voir par diverses rencontres, manderent qu'elles s'en tenoient heureuses, & qu'elles s'en rafraischissoient la memoire pour se porter à l'imitation de ses vertus. D'autres qui n'ont pas eu le mesme advantage, ont écrit qu'elles la regardoient comme un des plus grands ornemens de leur Ordre, & qu'elles ne faisoient point de difficulté de la prier comme une Protectrice nouvelle qu'elles avoient dans le Ciel. Pour celles du Monastere de Paris qui l'ont possedée si long-temps, & qui en gardent encores une idée si presente dans leurs esprits, elles avoüent que si elles ont quelque haute estime pour leur vocation, & quelques desirs ardans pour tendre à la perfection, elles en sont redevables à ses saintes instructions, & à ses admirables exemples: comme par ses merites elles esperent d'en voir tous les jours continuër & augmenter les effets, parmy celles qui viendront apres elles servir Dieu dans cette mesme Maison.

CONCLUSION.

C'Est icy que nous finirons l'Histoire de la Vie, les Vertus, & les Instructions de cette admirable Mere: ou si nous n'avons pas mis dans leur plus beau jour toutes les choses qui nous ont esté rapportées, il n'en faut accuser que l'excellence du sujet, & nostre incapacité. Car il est vray que ceux qui ont penetré plus avant dans les secrets interieurs de cette ame, ont toûjours asseuré qu'ils passoiét incóparablement tout ce qui paroissoit au dehors, & tout ce qui s'en pouvoit exprimer par les paroles. Que si nous

n'avons pas mesme recueilly toutes les choses excellentes qu'elle a faites, il ne s'en faut prendre qu'à son humilité qui les a dérobées autant qu'elle a pû à la connoissance mesme des personnes qui luy estoient les plus proches & les plus confidentes. Car il est encore vray qu'elle n'a gueres moins pris de soin à cacher le bien qu'elle a fait, qu'à le faire: & qu'elle n'a rien ny craint ny évité davantage apres le peché, que l'éclat & la loüange de la vertu. Enfin nous avons eu à observer, outre les Ordonnáces du S. Siege qui deffendent de donner à personne le nom de sainte & de Bien-heureuse avant son jugemét, celles de Monseigneur l'Archevesque qui deffendent de nouveau de faire passer sans son approbation, pour Miracles les choses qui tiennent du merveilleux, & de l'extraordinaire. Cela nous en a fait supprimer quelques-unes qui nous ont esté dites, & en amoindrir d'autres qu'on eust pû produire avec plus d'avantage. Le dessein a principalement esté de satisfaire & de profiter aux Religieuses de cét Ordre, qui sont en diverses Provinces & en divers Royaumes, & qui l'ont toutes constamment demandé C'est pourquoy nous nous sommes principalemét estendus sur les vertus, & sur les Instructions, dont les unes font les exemples, & les autres donnent les advis & les Regles de la perfection où est arrivée celle qui a si bien imité JESUS CHRIST, *qui* *Actor.* 1. *commença à faire & puis à enseigner les autres.* Que si cét Ouvrage peut encore servir à d'autres, de quelque estat & de quelque condition qu'ils soient, ce sera un surcroist de gloire à Dieu, d'honneur à sa Servante, & pour nous, ce sera le fruict que nous avons uniquement desiré lors que nous l'avons entrepris.

FIN.

ERRATA.

Page 148. *ligne* 25. perler *pour* Parloir.
Page 188. *ligne* 28. voſtre Egliſe *pour* à voſtre Egliſe.
Page 189. *ligne* 12. aimé *pour* aimée.
Page 201. *ligne* 2. Oratoire *pour* l'Oratoire.
Page 264. *ligne* 6. diſtingue *pour* diſtinguent.
Page 268. *ligne* 18. faittes *pour* faits.
Page 282. *ligne* 2. elles *pour* celles.
Page 335. *ligne* 13. oſtez declarer.

LA VIE
DE LA VENERABLE MERE
MARIE AGNES
DAUVAINE,
L'UNE DES PREMIERES FONDATRICES
DU MONASTERE
DE L'ANNONCIADE
CELESTE DE PARIS.

Recueillie fur les memoires des Religieufes du mefme Monaftere.

Et compofée par un Pere de la Compagnie de JESUS, *Amy de l'Ordre.*

A PARIS,
Chez ESTIENNE MICHALLET, ruë S. Jacques, à l'Image S. Paul, proche la Fontaine S. Severin.

———

M. DC. LXXV.
Avec Approbations & Permiffion.

Cupio dissolui et esse cum Christo. *phil. 1*
La Venerable Mere Marie Agnes Dauuaine l'vne des premieres Fondatrices
du Monastere de l'Annonciade Celeste de Paris decedée le 27.e de Iuin
l'an 1667. agée de 64 ans.